G. BENEDETTI

Psychiatrische Aspekte des Schöpferischen

Psychiatrische Aspekte des Schöpferischen

und schöpferische Aspekte der Psychiatrie

Von

GAETANO BENEDETTI

unter Mitwirkung von Therese Wagner-Simon
und Louis Wiesmann

Mit 9 Abbildungen

Verlag für Medizinische Psychologie im Verlag
Vandenhoeck & Ruprecht in Göttingen

CIP-Kurztitelaufnahme der Deutschen Bibliothek
Benedetti, Gaetano
Psychiatrische Aspekte des Schöpferischen und schöpferische Aspekte der Psychiatrie / unter Mitw. von Therese Wagner-Simon u. Louis Wiesmann.
ISBN 3-525-45641-7

Umschlag: I. Suckstorff

Satz und Druck: Gulde-Druck, Tübingen.
Bindearbeit: Hubert & Co., Göttingen

An meine Tochter Dorothea

Vorwort

Das Thema der Psychopathologie in Dichtung und Kunst ist so weit gespannt, daß ich, wollte ich es erschöpfend behandeln, keine andere Wahl hätte, als daß ich die Grundgedanken, die ich hier ausspreche und mit wenigen Beispielen belegen werde, systematisch an der Entwicklung der gesamten Literatur und Kunst prüfen würde. Erst durch Vermehrung der Beispiele, durch die genaue Bestimmung der Häufigkeit gewisser Zusammenhänge, durch kritisches Durchleuchten der vielen Varianten und Ausnahmen, könnte ich das Gewicht der Einzelphänomene in einem ganzheitlichen Zusammenhang ermessen und mich dem relativen Wert mancher Erscheinungen nähern. Im Rahmen, der mir abgesteckt ist, ist das nicht möglich. Deshalb wird an den Leser der Anspruch gestellt, selber kritisch mitzudenken. Jeder mit der Dichtung und Kunst Vertraute möge selbst herausfinden, inwieweit die hier geäußerten Gedankengänge eines Psychiaters verallgemeinert werden können oder auf Einzelfälle der Dichtung und Kunst eingeengt werden müssen. Jeder Leser, welcher der Psychiatrie fernsteht, möge selbst feststellen, inwiefern in den Gedankengängen eines Psychiaters über die Beziehung zwischen Psychopathologie, Kunst und Dichtung Brauchbares steckt.

Ich werde das Hauptthema in einige große Kreise gliedern. Zuerst werde ich auf einige manifest geisteskrank gewordene oder psychisch leidende Dichter eingehen. — Ich werde mich freilich nicht damit begnügen, aufzuzeigen, wie sich in ihren Werken die Geisteskrankheit widerspiegelt: sondern ich werde versuchen nachzuweisen, daß sich ihre Werke teilweise von der Substanz der Geisteskrankheit selbst nähren und nicht ohne ihren psychopathologischen Ursprung denkbar wären. Diese Werke haben uns gerade in ihrer besonderen geisteskranken Gestalt Wesentliches mitzuteilen.

Dann gedenke ich Werke geistesgesunder Dichter zu behandeln, die in geistesgesundem Zustand entstanden sind, welche aber von menschlichen Zuständen handeln, die uns Psychiatern als beispielhaft für das Verständnis der Geistesgestörten gelten dürfen. Das heißt: nicht der Dichter, sondern sein Held, sein Protagonist, seine Maske, sein Text tragen Züge der Geisteskrankheit oder dessen, was ihr verwandt erscheint, des psychischen und nicht nur menschlichen Leidens. Es ist freilich ein Geheimnis, wie der Dichter solche Darstellungen erreicht. Das Schicksal des geisteskranken Menschen mag ihm zufällig begegnet sein. Dem scharfen Auge des Dichters konnte die Rolle und die Tragik des Menschen, der in geistiger Umnachtung zugrundegeht, nicht entgehen. Zuweilen hat man aber eher den Eindruck, oder gar den Beweis, daß der Dichter, Tiefen dichterisch auslotend, eine latente Verwandtschaft mit dem psychisch Leidenden ausgedrückt hat.

Schließlich werde ich auf Werke von geistesgesunden Dichtern eingehen, die unter dem Einfluß von belastenden, aber vorübergehenden Lebensumständen oder von bewußtseinsverändernden Mitteln, wie etwa Drogen, entstanden sind. Hier kann man im Gegensatz zur ersten Kategorie von Dichtern den Einfluß einigermaßen ermessen, den die Erfahrung der Veränderung des geistigen Zustandes auf das Kunstwerk ausübt. Die Grundfrage wird hier behandelt, wie Erfahrungen in der Situation der psychisch Kranken möglich werden, die sonst nicht möglich sind, und welche also den Horizont der Existenz durch die Grenzsituation der Krankheit erweitern — mitten im Zerstören.

In einem kurzen zweiten Teil werden wir einige Zusammenhänge zwischen schizophrener Kunst und neuerer bildender Kunst besprechen. Diese jedoch kürzeren Ausführungen wollen lediglich das im ersten Teil des Buches aufgegriffene Problem abrunden; sie erheben nicht den Anspruch auf eine grundsätzliche Behandlung dieser zweiten Thematik.

Inhaltsverzeichnis

II. Teil:
Psychopathologie in der Kunst und Kunst in der Psychopathologie

Einführung

Psychopathologische Grenzsituation als Dichtung

Die Frage ist alt. Seitdem wir psychiatrisch denken, d. h. seit nicht viel mehr als 100 Jahren, hat uns die *Frage der Norm* in ihrer Verflochtenheit mit den Phänomenen des *Schöpferischen* keine Ruhe gelassen. Mit Recht! Denn Schöpferisches ist oft Auflehnung gegen eine Norm, Entgrenzung der gewohnten Realität, Aufreißen des vertrauten Horizontes, Abgleiten in das Leiden, Erschütterung bis zum Kranksein, Selbstverlust um den Willen, sich selber neu zu gewinnen; es kommen uns die Worte des Malers *Munch* in den Sinn: „Ohne Angst und Kranksein wäre mein Leben wie ein Boot ohne Ruder" *(Benesch)*.

Entgrenzung, Erschütterung, Leiden sind Begriffe, welche ein doppeltes Gesicht aufweisen. Sie gehören ebensosehr zum eigentlichen Wesen des Menschen, wie sie auch die Signale sind, an denen wir die Innerlichkeit des psychischen *Krankseins* wahrnehmen.

Eine unsaubere Handhabung des Wortes kann uns deshalb leicht dazu verführen, einerseits dort psychiatrische Situationen zu sehen, wo die menschliche Existenz in einer schöpferischen Weise nur aufgewühlt ist; anderseits — umgekehrt — die allfällige *psychopathologische* Dimension eines Kunstwerkes, das uns ergreift, zu übersehen.

Eine scharfe Trennung dieser beiden Bereiche — des Schöpferischen und der Psychopathologie — kann uns allerdings, als eine eher begriffliche Konstruktion, über deren gelegentliche teilweise Überschneidung und Verflochtenheit nicht hinwegtäuschen: gerade das erwähnte Beispiel *Munchs*, der an Depressionen litt und psychiatrisch hospitalisiert wurde, weist in diese Richtung. Welcher Art diese Verflochtenheit ist, soll die vorliegende Monographie[1] untersuchen.

Sie will das Thema sowohl im Bereich der Dichtung wie auch der bildenden Kunst prüfen: einmal aus der Sicht der Begegnung mit der Dichtung und dem Kunstwerk des psychisch leidenden Menschen, sei er nun ein bekannter Exponent der Kunst oder ein anonymer Patient in einem psychiatrischen Spital, mit dessen schöpferischen Versuchen wir konfrontiert werden. Auf der anderen Seite möchte meine Untersuchung die wesentlichen Aspekte der neueren Dichtung und der neueren Kunst unter dem Gesichtspunkt der ihr innewohnenden Formgesetze, welche die Psychiatrie aus anderen Erfahrungsbereichen teilweise kennt, erörtern.

[1] Diese Schrift geht aus einer Reihe von Vorlesungen für Hörer aller Fakultäten hervor. Man kann von ihr nicht erwarten, daß sie eine systematische Untersuchung des Gebietes darstellt. Sie will Ideen mitteilen und Diskussionen anregen.

Darüber hinaus stelle ich folgende Grundfrage: wenn die aus dem Kranksein geborene Kunst bei aller psychopathologischen Struktur immer eine psychische Grenzsituation der Psychiatrie ist (weil sie, wie alles Schöpferische, vom wissenschaftlichen Geist nie zu einem Naturgegenstand gemacht werden kann): inwieweit fällt ihr dann die Funktion zu, jene psychische Durchschnittsmitte des Menschen zu erhellen, wo Ansätze zum Schöpferischen sich regen, die wir aber leicht mitten im Abnormen verkennen, also den Stellenwert des Patienten im schöpferischen Problem?
Und welche schöpferische Dimension kann dem Kranksein als solchem innewohnen, wenn es anderseits am Ende das Schöpferische meist zerstört?
Den Anspruch auf eine genaue Untersuchung dieser Verhältnisse kann die Psychiatrie eigentlich nur in einer Minderzahl der Fälle erheben; es sei denn, sie wolle die eigenen Grenzen überspringen. Vor nichts soll nämlich mehr gewarnt werden als vor einer „Psychiatrisierung“ des Genies; sie ist noch fragwürdiger als Versuche der Psychoanalyse und der Psychologie, das Wesen des Kunstwerkes zu ergründen. Die „Psychiatrisierung“, welche das menschliche Leiden, aus dem dichterisches und künstlerisches Schaffen oft quillt, auf Krankheit und Abnormität reduziert, ist geradezu ehrfurchtslos. Von deren „hoher Warte“ aus wird das beurteilt, was sie doch an Wirklichkeit überragt. Sie setzt stillschweigend die positivistische Wissenschaftlichkeit als den Grund der Dinge voraus, und damit wird sie unglaubwürdig.
Anders, wenn unser psychiatrisches Augenmerk sich auf Dichter und Künstler richtet, die manifest krank waren, ja vorübergehend in psychiatrischen Spitälern behandelt wurden, weil sie unter offensichtlich psychiatrischen Symptomen, wie Wahnideen oder Depressionen, litten. Die berechtigte Frage drängt sich dann auf, ob ihre Krankheit in einem Zusammenhang mit dem Kunstwerk steht, und in welchem. Hat die Größe der Aufgabe, das Scheitern an ihr, die Umnachtung hervorgerufen? Das ist eine idealistische Auffassung, welche heute von manchen Sozialkritikern wieder vertreten wird, dann nämlich, wenn das Scheitern des Dichters als Symptom des Versagens seiner Sozietät, ihn zu verstehen, interpretiert wird.
Oder hat, umgekehrt, die latente, die schleichende, eigengesetzliche, sich erst spät manifestierende Krankheit die dichterische, künstlerische Begabung irgendwie gefördert? Oder ist die künstlerische Leistung neben der Krankheit, trotz der Krankheit zustandegekommen? Oder ist sie schließlich der Krankheit zum Opfer gefallen? Die Wahl des Gesichtspunktes präjudiziert oft das Schlußergebnis bei der Beantwortung solcher Fragen, denn schlagende Beweise wie im Bereich einer Naturwissenschaft gibt es auf diesem Gebiete kaum. Unsere Erfahrung beginnt und endet mit dem Verstehen; und das Verstehen hängt teilweise wiederum vom Gesichtspunkt ab, den man wählt. Dieser muß methodisch möglichst sauber sein.
Eine Sicht, die ich bei der psychiatrischen Betrachtung der Dicht- und

Kunstwerke seelisch und geistig kranker Menschen wählen muß, stammt aus der Art meiner *psychotherapeutischen Erfahrung*. Immer wieder bin ich von dem Unterschied des Maßstabes beeindruckt worden, mit dem man menschliches Leiden in der Gesundheit und in der Geisteskrankheit mißt. Menschliches Leiden in der Gesundheit wird allgemein als eine Förderung der existentiellen Reife, als Erkenntnismittel, als tragisches Schicksal anerkannt, in dem der Einzelne auf ein tieferes Verständnis des Daseins hin wachsen kann.

Im Leiden werden dann die letzten Dinge sichtbar; der Einzelne kann über seine persönliche Not hinaus und durch die Identifizierung mit anderen Schicksalen zu deren unüberhörbarem Sprachrohr werden.

Diese Ansicht wird beim psychisch Kranken wenig vertreten. Der jahrhundertelange Ausschluß des psychisch Kranken aus unserer Mitte hat sich auch darin ausgedrückt, ihm das Recht abzuerkennen, etwas zum Wesen der Existenz auszusagen; etwas, allerdings, das vielleicht nur er, aus seiner Grenzsituation heraus, mitteilen könnte.

Nur dann, wenn der leidende Kranke ein großer Mensch ist, horchen wir vielleicht etwas auf. Wenn wir aber über ein solches Vorurteil hinausschreiten und entdecken, daß Krankheit eine echte Grenzsituation der Existenz bedeutet, die als solche nicht nur zur Grenze, sondern auch zum Zentrum der Existenz gehört, so haben wir einen entscheidenden Schritt in die Richtung des Verstehens gemacht, das auch dem gewöhnlichen psychisch Kranken zugute kommt. Wir erkennen dann, daß der psychisch Kranke sich nicht bloß vom Zentrum der menschlichen Existenz abwendet, sondern dieses in einer beängstigenden, beunruhigenden Weise ausspricht. Dieser Mensch ist allzu durchlässig für die Spannungen und die Widersprüche des Daseins, die wir ausklammern, verdrängen, eskamotieren, die ihn aber scheitern lassen.

Sein psychisches Scheitern ist freilich gründlicher als dasjenige eines Menschen, der nur leidet. Die Stimme der beredten, gelegentlich dichterischen Aussage, die Gabe des verständlichen Mitteilens, der harmonischen Gestaltung, die Fähigkeit zur Identifikation ist im Ichzerfall oft erloschen.

Aber der Psychotherapeut weiß auch um Anderes. Er lebt stundenlang mit seinen Patienten zusammen, er kann auch mitten in ihrem Ichzerfall erkennen, daß selbst der gewöhnliche psychisch Kranke zum Sprachrohr einer überindividuellen menschlichen Tragik wird. Wir können dies erst recht am Genie erkennen, das geisteskrank wird. *Unsere Art, sich mit ihm zu befassen, hilft uns nicht nur bei ihm, sondern auch bei den anderen das zu erfassen, was sonst nicht augenfällig ist.* Die menschliche Erschütterung ist dann dieselbe, auch wenn die künstlerische wegfällt.

Die Psychiatrie der Dichtung gilt aber nicht nur dem kranken Dichter. Sie untersucht auch das Werk eines geistesgesunden Dichters, aus dem jedoch ein geisteskranker Romanheld spricht. Die Rolle, die Gestalt, der Romanheld, nicht der Dichter, ist also krank. Wenn die Rolle unübertrefflich dargestellt wird, wenn sie oft in verschiedenen Variationen wiederkehrt, als eine Lieblingsgestalt des Autors, dann erfassen wir sie besser, indem wir unseren Blick auch auf den Geist richten, der sie schuf. War er latent krank? Sprach er in seiner Dichtung eine eigene, im Ansatz durchlittene Erfahrung aus? Verwirklichte er sich in dieser Dichtung, indem er eine eigene negative Möglichkeit radikal entwickelte?

Manchmal mag uns die Katamnese weitgehend recht geben. Manchmal bleibt es aber beim Fragen. Man weiß dann nur, daß der Dichter sich leidenschaftlich in den Geisteskranken *eingefühlt hat.*

Dann war er, mindestens im Augenblick der Einfühlung, *wie dieser.* Wir werden an jene psychotherapeutischen Situationen erinnert[2], wo der Patient vom Partner sagen kann: „Er ist in mir, oder ich bin in ihm."

Es mag freilich sein, daß der Dichter auch in seiner tiefen Identifikation der nur Beschreibende, der von außen Beobachtende bleibt. Unbewußt kommt er aber jenem Psychotherapeuten nahe, der den Menschen aus einer Identifikation mit ihm versteht. Jede kräftige Identifikation schafft eine Nähe, die Wirkung bedeutet — nicht nur sich selber, der eigenen Seite, sondern allen Menschen gegenüber.

Es ist in vergangener Zeit oft von Psychopathologie in der Dichtung die Rede gewesen. Es ist jedoch nur selten ein wirklich erhellender Blick aus dieser Sicht gelungen. Oft hat man versucht, auch das von der Psychopathologie fernab liegende Dichtwerk psychoanalytischen Betrachtungen derart zu unterziehen, daß man dabei gerade das Wesentliche, nämlich das schöpferische, in der rationalen Gliederung psychischer „Mechanismen" kaum faßbare Moment verpaßt hat. Oder man hat durch eine offensichtliche Psychopathologie des einzelnen Dichters sein Werk so gedeutet, wie man eben oft die Krankengeschichte eines Patienten als eine Aneinanderreihung abweichender abnormer psychischer Merkmale „versteht"; in dieser Weise mag man zwar klinisch-diagnostisch Richtiges, teilweise Zutreffendes aufdecken, man verfehlt aber den Zauber, der aus dem Schicksal des Kranken als Gestaltung und Wesen strahlt. Der Charakter der Ehrfurchtlosigkeit prägte des öfteren diese psychiatrischen Versuche, was zur Folge gehabt hat, daß man von nicht psychiatrischer Seite aus das Werk eines leidenden Dichters umgekehrt unter Abblendung oder Nichtbeachtung des in Wirklichkeit vorhandenen psychopathologischen Momentes betrachtet hat.

Ein Grund dieser letzteren Haltung dürfte wohl der sein, daß Psychopathologie vom Laien manchmal weniger an ihrer geistigen Gestalt, als vielmehr am sozialen Versagen des Menschen erkannt und bewertet wird. Wo dieses, wie in einem dichterischen Werk, nicht mehr wahrnehmbar ist, bleibt die zerrüttete Gestalt: Zerrform oder uns zerrende

[2] Ich denke hier an Erfahrungen bei psychotischen Patienten.

Form des Leidens? Die Grenze ist dann oft nicht deutlich, weil sie selber eine Grenzsituation birgt.

Mein Ausdruck „psychische Grenzsituation" will einer solchen Lage Rechnung tragen. *Die psychische Grenzsituation, wie ich sie in diesem Kontext verstehe, ist die positive Seite eines negativen Phänomens, nämlich der Psychopathologie.* Meint also Psychopathologie das psychisch Abnorme, Abweichende, Ausfallende, so weist der Begriff der psychischen Grenzsituation nicht nur darauf hin, daß es Grenzzustände zwischen Krankheit und Gesundheit gibt, sondern noch mehr darauf, daß die psychische Krankheit selbst als eine Grenzsituation der Existenz wesentlich dazu beiträgt, diese zu erhellen, weil der in ihr weilende Mensch gerade von dieser Position aus etwas zu erfassen vermag, was dem in der frageloseren Mitte Wohnenden entgeht.

Meine These, daß der geisteskranke Dichter oft, gerade aus der Sicht seiner psychischen Zerrüttung einen Einblick in die Grundfragen der Existenz zu gewinnen vermag, um so eine eigentümlich-tiefe Beziehung zur Existenz zu verkünden, wird bestätigt durch die Art und Weise, wie der unvoreingenommene Nichtpsychiater auf solche Dokumente manchmal antwortet; so schreibt *H. Straub* beispielsweise zum Roman Aurelia des geisteskranken Dichters *Nerval*:

„Aurelia ist nicht ein vorwiegend visionär eingegebener Text, sondern im Gegenteil ein intellektuell gesteuerter Versuch, in klaren dichterischen Bildern das zu sagen, was *Nerval* seit 12 Jahren in Form von Symbolen und Mythen ausgedrückt hatte." „In dieser bekenntnisnahen Dichtung hat *Nerval* selbst den Schlüssel zum Verständnis seiner Werke gegeben. Hier ist es ihm gelungen, den Ursprung seiner mythisch-visionären Bilder verständlich zu machen, den Sinn seiner Träume, das Geheimnis seiner Seele zu enthüllen." „In seinen Visionen offenbart sich ihm das zweite, wahre Gesicht der Wirklichkeit; in der Durchdringung des Vordergründig-Sichtbaren berührt ihn der Hauch der Unendlichkeit. Jenseits der spektakulären Wirklichkeit erkennt *Nerval* in der Gestalt Aurelias das wahre Gesicht der Welt. Die Widersprüche des Daseins lösen sich auf in der mystischen Vereinigung der sichtbaren und unsichtbaren Welt."

Ein Gegensatz zur Psychopathologie? Mitnichten! Darüber werde ich mich später eingehender äußern.

Gewiß gehört Zerstörung, Verstummen, Entleerung zur krankhaften Grenze. Aber im Neben- und Nacheinander von schöpferischem Einfall und Absterben liegt gerade eine Tragik, die an eine Quelle rührt. Das persönliche Schicksal wird selber zu einem uns zutiefst ansprechenden Bilde, ununterscheidbar vom Dichtwerk. Die Frage sodann, ob beispielsweise die Schizophrenie in einer gewissen Phase der Entwicklung Schöpferisches stimuliert oder dieses vielmehr zerstört, wird bei all ihrer Bedeutung sogar zweitrangig. Wesentlicher als die Frage, ob der krankhafte Prozeß nur abbaut oder reaktive Kräfte mobilisiert, ist eine andere: was erfährt der Mensch in der Grenzsituation? Oft ist er nicht imstande, uns das zu beantworten. Ein großer Geist kann sich freilich leichter ausnehmen und auch in der Krankheit Großes leisten. Seinem Werk haftet jedenfalls ein

Hauch vom Jenseitigen, Zerrütteten, Untergehenden und sich im Untergang nochmals Zusammenfassenden und Behauptenden an, das uns in der eigentümlichen Weise erschüttert, wie das entsprechende menschliche Schicksal selbst.
In dieser Sicht schreitet die Erfahrung gelegentlich sogar über die bekannte klinische Grenze zwischen Schizophrenie und psychoorganischer Geisteskrankheit hinaus. Erstere kann auch im fortgeschrittenen Stadium produktiv sein, während die letztere immer einem geistigen Abbau gleich kommt. In einem letzten Raum wird jedoch diese Grenze teilweise überschritten; denken wir an *Nietzsche*, der an einer progressiven Paralyse erkrankte und vor dem endgültigen Verstummen uns seine abgründigen letzten Schriften hinterließ, wo das Wetterleuchten der anbrechenden Krankheit die Grenzsituation düster erhellt und manchen Leidensfaden des bisherigen Lebens zu seinem ergreifenden Ende spinnt.

Das Erleben des Leidens ist relativ autonom gegenüber der Ursache des Leidens. Ein erschütterndes Leiden kann ebensowohl in der tiefen Identifikation des Einzelnen mit den Gebrechen, dem Schicksal seiner Mitmenschen liegen, wie auch andere Ursachen haben: etwa die neurotische Unfähigkeit, eine aussichtslose Leidenschaft zu überwinden; sich aus einem unentwirrbaren Konflikt zu befreien; sich in der Entscheidung zu verwirklichen. Ein erschütterndes Leiden kann in der Selbstwahrnehmung eines chronischen, unauflösbaren neurotischen Unvermögens wie auch in der Realisierung des eigenen psychotischen Ichzerfalles wurzeln. *Wie* der Mensch auf all diese Situationen reagiert, ist relativ unabhängig von der Struktur der Situation selbst. Eine neurotische Verstrickung kann z. B., von außen gesehen, „banaler" erscheinen als eine metaphysische Leidenschaft. Aber der Mensch kann in jener für ihn unlösbaren „durchschnittlichen" Verstrickung die tragische Begrenztheit der Welt, die im Gegensatz zu seiner Sehnsucht steht, wie einen letzten Sinn wahrnehmen. Er kann sich dann mitten in seinem Ich-bezogenen Leiden mit der Conditio Humana identifizieren und dabei das aussagen, was sehr viele Schicksalsgenossen angeht. Eine stark geistige Seite kann auch im Erleben eines seelischen Unvermögens mitklingen. Es berührt die Unendlichkeit, die gerade durch das Unvermögen versperrt wird.
Der Bereich des Schöpferischen ist heute, wie *Balint* in seinem letzten Werk zugegeben hat, weitgehend der psychologischen und psychoanalytischen Erforschung entrückt. Beim Versuch, sich ihm zu nähern, hat man meistens nur gerade das erfaßt, was man als das Material des Schöpferischen bezeichnen kann; die Quelle bleibt verborgen.
Über Vermutungen hinaus vermag diese Forschung also nicht zu gehen. Sicher scheint es dagegen, daß weder unbewältigte Konflikte, noch Melancholie, noch Entgrenzung des Ichvermögens dem Schöpferischen vollen Einhalt zu bieten vermögen.

Die Studie von *Navratil* über „Schizophrenie und Kunst" einfacher, nicht gebildeter Schizophrener deutet ebenfalls in diese Richtung. Freilich kommt es in der Krankheit oft zu schizophrenen „Zerrbildern" *(Plokker)* oder zum melancholischen Verstummen, zur depressiven Hemmung. Aber dies muß nicht immer der Fall sein. Der Bereich des Schöpferischen zeigt manchmal eine „Resistenz" gegenüber den Noxen, die den Geist angreifen, welche sogar etwas weitreichender als die Widerstandskraft des kritisch-logischen Urteils gegenüber derselben psychischen Krankheit ist. Daß die Qualität der schöpferischen Verarbeitung autonom der Struktur der Leiden stiftenden Situation gegenüberstehen kann, mag uns bei manchem Dichter die Diskrepanz zwischen Werk und Lebenswandel zeigen.

Obwohl wir den gesunden Dichter oder Künstler vom schizophrenen unterscheiden, können wir die Bedeutung dieses Unterschiedes in dem Ausnahmefall nicht mehr erfassen, wo der Dichter am Ende, wie etwa ein *Rimbaud,* krank wird[3]. War sein frühes Verstummen ein Zeichen des existentiellen Ernstes seines Selbstverständnisses, wie *Friedrich* deutet, oder ein Krankheitssymptom? Da öffnet sich uns ein verbindendes Phänomen des Leidens, das sowohl die Innerlichkeit des kranken Menschen deutet, wie auch den sensiblen weltoffenen Dichter und Künstler erkennen läßt. Einzelne große Namen sind wie Fanale, die plötzlich beleuchten, was sonst nur ansatzweise sichtbar wird. Heben wir ein paar Beispiele unter den Modernen hervor! Der Maler *Ray* sitzt jahrelang in französischen Gefängnissen, bevor er bis zu seinem Tode in die Irrenanstalt gesteckt wird; *Wols* Leben ist ein kontinuierlicher Leidensprozeß, gekennzeichnet durch einen Hang zur Selbstzerstörung. Daran gemessen erscheint seine unablässige künstlerische Tätigkeit wie ein Akt der Befreiung. Die Besessenheit, der Zwang zur bildnerischen Artikulation entspringt einem unheilbaren Leiden an der Welt, die auf der fiktiven Ebene des Bildes aufgehoben wird *(Schneede)*[4]. Der norwegische Maler *Munch* konnte schreiben: „Diese Schwächen will ich behalten, sie sind ein Teil von mir selbst, ich möchte das Leiden nicht vermissen, wie viel verdanke ich doch in meiner Kunst dem Leiden!" *(Benesch).*
Das ist es, was vielleicht den Unterschied begründet: ob Leiden oder Kranksein, wenn nicht überwindbar, doch von einer noch bestehenden gesunden Seite integriert werden können, so daß sie den notwendigen Grund stiften; oder ob sie bei völligem Abtreiben der Person den Abgrund eröffnen.
Das Kunstwerk jener Autoren, die in ihrem Leben an Depressionen oder gar an geisteskranken Symptomen gelitten haben, kann uns helfen, dem „inneren Erleben" des Kranken näher zu kommen. Unter „innerem Erle-

[3] Man nimmt heute an, daß *Rimbaud* an einer Schizophrenie erkrankte.
[4] Denselben Zug einer seelischen Befreiung durch die Kunst, zumindest durch die Bildnerei, erlebe ich immer wieder an meinen psychischen Patienten.

ben“ verstehe ich hier jene „Innenseite“ des Erlebens, welche sich in den Selbstzeugnissen, die uns zur Verfügung stehen, nicht immer voll ausspricht, sondern erst im Dialog mit ihnen spürbar wird.

Melancholie und Schizophrenie bedrohen die Kommunikation. *Jahrzehntelang hat man die Innenwelt des Schizophrenen völlig verkannt. Erst die Psychotherapie,* d. h. die lange dialogische Auseinandersetzung mit den Kranken, vermittelt uns eine Ahnung davon. Meistens geht der Gesunde aber an Befunden des Psychotherapeuten kopfschüttelnd vorbei. Man interressiert sich wenig dafür; man wird nicht gepackt durch eine Situation, die unter der Diskrepanz zwischen innerem Erleben und Ausdrucksmöglichkeit krankt. Man verdächtigt den Therapeuten, daß er etwas in seine Patienten „hineinprojiziert“ oder „mit ihnen regrediert“.

Manchmal ist die Ausdrucksmöglichkeit des Patienten durch den Zerfall der Sprache oder die Schwäche der Antriebskraft gefährdet; manchmal ist sie zwar intakt, reicht aber, weil sie das durchschnittliche Maß nicht überschreitet, kaum aus, um die überdurchschnittliche Intensität des Leidens auszudrücken. Schöpferische Menschen jedoch, denen vom Schicksal bestimmt wurde, die Existenz des psychisch Kranken zu erfahren, helfen uns, das Phänomen des „radikalisierten“ Leidens zu verstehen. Es ist dabei nicht einmal nötig, daß das Kunstwerk in der Zeit des geistigen Gebrechens entstanden ist. Es genügt, daß es von einem Menschen stammt, der diese Tiefen kennt. Nicht immer kann der unvorbereitete Zuschauer entscheiden, ob hinter dem Kunstwerk tatsächlich eine solche persönliche Not steht. Dies erklärt sich aus der Autonomie des Schöpferischen, die uns den Entstehungsweg verdunkelt. Wissen wir aber darum, so ergreift uns das Werk doppelt.

Wenn wir etwa erfahren, daß *Munch* unter Depressionen litt und sich in Nervenkliniken aufzuhalten gezwungen war, so muten uns manche seiner Bilder geradezu wie eine Innenschau an, auch wenn sich irgendein Zusammenhang mit dem persönlichen Leidensschicksal zeitlich nicht nachweisen läßt.

Die melancholische Verlorenheit und letzte Hilflosigkeit des depressiven Menschen ist z. B. in seinem „Schrei“ unüberbietbar ausgedrückt. Da wird die letzte Einsamkeit des Schreienden dargestellt, wie wir sie selten im gesunden Leben erfahren, weil ein uns Liebender nahe steht. Die totale Trennung ist aber gerade der Grundzug des melancholischen Erlebens. In einer solchen Hilflosigkeit weitet sich die intrapsychische Verzweiflung zur Welt; diese wird grau, öde, leer, ein Spiegel der Seele. Die Welt als Widerspiegelung des Schreis in einem unbeteiligten und doch von ihm durchdrungenen Raum. Wolke und Land, Fluß und Brücke werden durch die verschlingenden, sich in endlose Ferne hinziehenden Schallwellen des Schreis zu einer einzigen Stimmung der Verzweiflung gestaltet, in der die Gestalt des Schreienden aufgeht. Nicht persönliche Gesichtszüge, nicht Schönheit des Menschen, nicht einmal eine feste Individualität kennzeichnen den einsam Schreienden. Er ist zum Symbol einer Stimmung geworden, die auch *Munch* kannte, die wir seinem psychiatrischen Spitalaufenthalt zugrundelegen dürfen und die er gültig für alle an ihr teilnehmenden Menschen ausgedrückt hat.

Ein zweites Bild *Munchs* sei noch als Beispiel erwähnt. Ich denke hier an das „Selbstbildnis in der Hölle". Schon das Motiv erinnert mich lebhaft an die hilflosen Aussagen so mancher Kranker, welche sich in der Hölle wähnen, und besonders an den Wahn *Strindbergs*. Die weitaufgerissenen, erstarrten Augen des nackten Mannes sind in eine Landschaft eingetaucht, die gespalten ist zwischen zwei gegensätzlichen Farben: Feuer und Schwärze. Während die eine Seite der Seele, die in der Glut des Leidens verbrennende, sichtbar wird, taucht die andere, wie immer bei jeder tiefen Erfahrung des Leidens, ins Unfaßbare. Was ist die dunkle Wolke, die dem Erleben, dem starren Auge, dem Bewußtsein, dem uns zugewandten Gesicht im Nacken sitzt? Sein Schatten? Das Unbewußte? Die Weichheit weiblicher Form, die auf einen unbewältigten Konflikt hinweist? Man kann sich gut vorstellen, daß *Munch* sich manchmal in die Hölle versetzt fühlte, ähnlich wie Strindberg in seinem „Inferno" *(Lamgaard-Revold)*. Von seinem 1895 gemalten Selbstportrait lesen wir: „Hier liegt der Bildausdruck ... im klaren Todessymbol, dem Knochenarm und der grabsteinlichen Inschrift. Vor dem tiefschwarzen Hintergrund leuchtet sein trauriges, von Krankheit und Resignation gezeichnetes Gesicht, als habe der Tod schon gesiegt."

Ein Zeitgenosse schilderte den Maler folgendermaßen: „Helle, graue, verschleierte Augen, die stets wie in eine andere Welt blickten. Er sprach wenig und saß meistens unbeteiligt zwischen den anderen." (Ebd.)

1909 erlitt er einen Nervenzusammenbruch und war 6 Monate lang in einer Nervenklinik. Und doch: „Es mag erstaunen, daß sich *Munchs* Kunst gerade in den Jahren bitterster Erlebnisse so entwickelte, zu einer Zeit, da er sich am meisten benachteiligt oder gar verfolgt fühlte." (Ebd.)

Psychopathologie und Kunst haben einen Zug gemeinsam. Dessen Aufdeckung bedeutet keineswegs die Geschwisterschaft dieser zwei Seinsphänomene (wie etwa *Lombroso* im letzten Jahrhundert in seinem Buch „Genie und Irrsinn" meinte).

Jene Zeiten und Denkweisen sind glücklicherweise vorbei. Der Ausdruck „gemeinsamer Zug" meint lediglich, daß Psychopathologie und Kunst ein unbewußtes Mittelglied haben können, das mit der Welt des Traumes verwandt zu sein scheint. Ich denke hier an die Eigentümlichkeit der menschlichen Träume, die durch Verdichtung und Transponierung der Formen, durch Verabsolutierung gewisser Denkinhalte, eine radikalisierte Wahrheit aussprechen, die niemals durch das logische Abwägen zugänglich wäre. Denn die Verschiebung der Proportionen, die Umgestaltung der Formen, die grelle Akzentuierung entspricht einer prärationalen, affektiven Einsicht, welche sich durch die Zerstörung der sinngemäßen und logischen Realität ausdrücken muß. Diese Dynamik kann die bekannten Formen der Welt sprengen und umschweißen, weil ihr Ziel und Anliegen größer ist, als was uns die relativierende Vernunft der Weltanpassung nahelegt. Wie oft begegnen wir solchen Träumen in der Psychotherapie: Das Überich, ein abstrakter Begriff, erscheint z. B. einem Patienten als konkrete Fratze, auf daß er endlich von dessen Maßlosigkeit erschüttert werde.

Der Maler *Magritte* läßt die Unmenschlichkeit, die uns zuweilen selbst in der Liebe als eine letzte Anonymität trennt, ins Räumliche vorprellen, als tatsächliche *Maske* erscheinen, woraus ein Gefühl der unbegrenzten Einsamkeit resultiert.

In der Psychopathologie, etwa in der Halluzination, treten auch solche Phänomene auf. Wir betrachten derartige Erscheinungen, sicher mit Recht, als psychopathologische. Was drücken sie jedoch aus? Nur krankhafte Varianten, abstruse Abnormität des Erlebens, die jeglichen Sinns entbehren? Oder einen eigentlichen Grund des Seins?

Will uns dann das Unbewußte in der Psychopathologie, ähnlich wie in der Dichtung und in der Kunst, aber unerbittlicher in der Selbstbezogenheit des Leidens, die Dinge erleben lassen, die größer, bedrohlicher und schrecklicher sind, als was die normalen psychischen Vollzugsakte enthalten können?

Gerade die Dichtung und die Kunst konfrontieren uns mit Phänomenen, die ein Bindeglied zwischen Krankheit und Erleben der Traumtiefe darstellen. Man unterscheidet moderne hermetische Lyrik, sicher zu Recht, von schizophrener Lyrik. Kann aber die Tatsache, daß ein hermetischer Dichter wie *Rimbaud* schizophren wurde, ein Bindeglied erkennen lassen?

Die bisherige Einstellung zum „wahnsinnigen" Dichter läßt sich, ein wenig überspitzt, in zwei gegensätzliche Standpunkte polarisieren:

Auf der einen Seite kennen wir seit dem Ende des letzten Jahrhunderts die positivistische medizinische Anschauung, die den heiligen Wahnsinn Platons[5] nüchtern als eine *Nervenkrankheit* betrachtete. *Muschg* kritisiert diese Einstellung: „Die Ärzte haben klinisch untersucht, mit dem Ergebnis, daß die Literaturgeschichte sich in ein Tollhaus verwandelte. Seitdem sie im Künstler den Krankheitsfall und im Kunstwerk die Ersatzleistung eines minderwertigen Individuums erkannten, ist es für den aufgeklärten Banausen ausgemacht, daß sich bei jedem schöpferischen Geist der Defekt nachweisen lasse, der sein Schaffen erklärt, und die geisteskranken Dichter dienen dafür als Paradebeispiele." Man darf allerdings nicht die ge-

[5] „Wer ohne diesen Wahnsinn (der Musen) in die Vorhallen der Dichtung tritt in der Meinung, er könne durch Kunst allein Dichter werden, ist selbst ungeweiht, und seine verständige Dichtung wird von der des Wahnsinnigen verdunkelt." (Platon, zitiert nach *Muschg*.)

samte psychiatrische Anschauungsweise unter die Meinungen ihrer dummen Anhänger subsumieren, auch wenn unter ihnen gelegentlich hochstehende Geister wie der Dichterarzt *Gottfried Benn* figurieren: „Es ist nachweislich klar, statistisch klar, der größte Teil der Kunst des vergangenen Halbjahrhunderts, ist Steigerungskunst von Psychopathen, von Alkoholikern, Abnormen, Vagabunden, Armenhäuslern, Neurotikern, Degenerierten, Henkelohren, Hustern: das war ihr Leben." Als Gegenbeispiel derartiger Äußerungen, aber immer noch im Bereiche medizinischer Denkweise, möchte ich das Werk von *Jaspers* über Hölderlin, Swedenborg und van Gogh erwähnen, eine Arbeit, die der psychiatrischen Feder des späteren Philosophen entstammt und die Schöpferisches und nicht Relativierbares bei völliger Beibehaltung medizinischen Denkens würdigt.

Gerade die Exzesse medizinischer Denkweise („Die Zeiten sind längst vorbei, wo dieses Leiden Ehrfurcht weckte und das Ansehen des Dichters steigerte", *Muschg*) haben eine Gegeneinstellung hervorgerufen, die ungeduldig jedes psychiatrische Denken als etwas, das entweder gar nicht stimmt oder mindestens etwas Unwesentliches trifft, vom Tisch wegwischt. „Die medizinischen Namen des Krankseins sind Wortfetische, die das Rätsel des Lebens nicht aufhellen und darüber hinwegtäuschen, daß es schöpferisches und zerstörendes Leben gibt."

Wenn wir aufhorchen, merken wir allerdings, daß diese „antimedizinischen", also rein literarischen Auslegungen des kranken Dichters einer bestimmten psychiatrischen Denkweise nicht so fremd sind, wie sie es zu sein glauben. Seitdem wir eine Psychotherapie der Psychosen kennen, sind wir Auslegungen geisteskranker Episoden gewohnt, die immer wieder das Verständliche, normalpsychologisch Vollziehbare, Grenzneurotische mitten im Verrückten betonen.

Das „bon mot" geht, daß der Psychotherapeut seinen schizophrenen Patienten, den er in der psychotherapeutischen Sitzung sieht, für normal erklärt, während dieser sich auf der Spitalabteilung allerdings absurd verhält.

Natürlich ist das eine Karikatur der Tatsache, daß sich die Grenze zwischen „Verständlichem" und „Unverständlichem" wesentlich durch die Einstellung des Beobachters ändert. Wir können die Erschütterungen, die Ängste, sämtliche pathologischen Affekte unserer Patienten beinahe vollziehen, wenn wir uns liebevoll in deren Situation versetzen. Und dann erscheinen uns sogar ihre Anschauungen nicht mehr so abwegig. *Genau dies versuchen heute einige Literaten mit dem kranken Dichter.*

Muschg schreibt z. B. zum Dichter *Torquato Tasso*: „Seine Anfälle sind so gut begreiflich, da ihre Beziehung zu Irrsinn nur die bösartige Nachrede einflußreicher Gegner oder jener Philister zu sein scheint, die sich nicht vorstellen können, daß eine edle Seele imstande ist, über die Schlechtigkeit der Menschen außer sich zu geraten. Denn *Tasso* war ein adeliger Mensch, sein Verfolgungswahn nichts anderes als das ewige Leiden des

Sängers an der Disharmonie der Welt, das in der Neuzeit nicht mehr für heilig, sondern für krank gehalten wird. Seine große Unruhe brach aus, als er das „Befreite Jerusalem“ abgeschlossen und die Handschrift den Freunden und geistlichen Zensoren vorgelegt hatte. Die Kritik, die er zu hören bekam, und die Furcht vor der Verurteilung des Werkes durch die Inquisition brachten seine durch Arbeit erregte Seele aus dem Gleichgewicht. Er sah sich rings von Feinden umstellt; seine Furcht verdichtete sich zum Gedanken, er könnte sich gegen die Religion versündigt haben. Das alles ist wahrlich nicht unvernünftig.“

Ja, gewiß nicht. Eine moderne Seite der Psychiatrie bemüht sich gerade darum, vernünftige Anlässe mancher Geisteskrankheit zu finden. Das schließt aber nicht aus, daß man auf die Furcht vor der Inquisition sowohl wie ein *Tasso* als auch wie ein *Galilei* reagieren kann; und daß eine schwere Liebesenttäuschung sowohl eine normale Ernüchterung, Erschütterung oder gar vorübergehende Verzweiflung, wie auch eine reaktive Psychose auslösen, oder schließlich den Anfang einer Schizophrenie markieren kann.

Ein anderes Argument des Literaten ist, daß der Wahnsinn, den wir z. B. als Schizophrenie umschreiben, sich bei genauem Zusehen in einer subtilen, subklinischen Form als eine eigentümliche Wesensart durch das frühere Leben des später erkrankten Dichters hindurchzieht. Der Psychiater *Kretschmer* [1] ist diesem Zusammenhang zwischen „Schizothymie“ und „Schizophrenie“ besonders nachgegangen. Dasselbe beobachtet, auf einer ganz anderen Ebene allerdings, der Literat. „Sein Wahnsinn“, schreibt *Muschg* von *Hölderlin*, „war im Grunde immer in ihm“, auch als er „gesund“ dichtete. Schon damals nämlich dichtete er seherisch, tragisch, schon damals fühlte er sich schaudernd als „Lebendig Toten“, wußte aber auch: „Wer auf sein Elend tritt, steht höher.“

Gewiß.

Die Geisteskrankheit erscheint uns oft bei vielen Menschen wie eine letzte radikale Steigerung einer Situation, welche vor dieser letzten Steigerung nur menschlich, nur tragisch war. Wollten wir deswegen, dem Zusammenhang folgend, auch die letzte psychotische Steigerung (die bei einem *Hölderlin* dazu führen konnte, daß er zur Buchausgabe seiner Gedichte bemerkte: „Ja, die Gedichte sind echt, sind von mir, aber der Titel ist falsch; ich habe in meinem Leben niemals Hölderlin geheißen, sondern Scardanelli, oder Scalier Rosa, oder so etwas“) mit *Muschg* als nur menschlich und tragisch bezeichnen, so würden wir die Tatsache übersehen, daß auch Kranksein menschlich und tragisch sein kann.

Lese ich als Psychiater die psychologisch-literarische Betrachtung *Muschgs* über Hölderlin, so kann ich ihm einerseits beipflichten. *Muschg* findet, daß im (geisteskranken) Verhalten dieses Dichters „eine schreckliche Art von Bewußtsein und Konsequenz liege.“ Warum trat der wahnsinnige *Hölderlin* den Besuchern mit übertriebener Demut entgegen, redete

sie als „Herr Baron", „Gnädiger Herr Pater" und „Euere Heiligkeit" an? „Was war das als der letztmögliche Stolz eines Gestürzten? Er beharrte auf dem ungeheueren Abstand zwischen sich und ihnen, gönnte aber den anderen ihre Überlegenheit und hielt sich dadurch jede Diskussion vom Leibe." . . . Der Abgrund zwischen ihm und den Menschen hatte sich ins Ungeheure erweitert, aber es war immer derselbe Abgrund wie früher.
Anderseits darf man aber bei aller Einfühlung, bei allem Verstehen und sich in den anderen Versetzen, den Pol der Dialektik nicht vergessen, die Unzugänglichkeit des Andersseins nicht übersehen. Gerade die Erweiterung des Abgrundes, von der oben die Rede war, sollte uns verbieten, handkehrum den Kranken einem Normalen gleichzustellen, wie *Muschg* es macht: „Gegen die Studenten, die ihn anpöbelten, warf er Dreck und Steine um sich — man denkt an *Dante*, der in Ravenna Weiber und Kinder mit Steinen bewarf." *Unsere Aufgabe soll nicht die sein, Kranksein durch Verstehen auf das Normale zu reduzieren, sondern die, dem Kranksein die Möglichkeit nicht abzusprechen, Zugang zur Existenz zu sein.* Unser Verstehen soll uns den Kranken nicht dadurch näher bringen, daß wir ihn psychologisch „normalisieren" und den Wahnsinn als Göttereingebung abtun, sondern dadurch, daß wir den Entrückten lieben und hierin den Weg entdecken, den wir, wohl anders denkend als er, aber in Anlehnung an ihn, zu dem Ursprung alles Seins antreten können.
Dies ist eine dritte Einstellung zum wahnsinnigen schöpferischen Menschen, die wir vertreten. Und bei dieser Einstellung entdecken wir, daß existentielle Wegweiser bei solchen Kranken überall vorhanden sind, auch ohne daß sie schöpferisch sein müssen.

Wir müssen uns bei jedem Versuch, das Werk eines Dichters auf seine psychologischen oder psychopathologischen Dimensionen zurückführen, eines fundamentalen Problems bewußt werden. Die seeliche Realität des Menschen ist so beschaffen, daß man sie in zwei verschiedenen, entgegengesetzten Richtungen erforschen kann. Die dem Psychiater, Psychopathologen, Psychoanalytiker, Psychologen vertraute Richtung ist diejenige der *Reduktion*, der *Zurückführung* eines seelisch-geistigen Endergebnisses auf Motivationen, *Triebfedern, frühere Erfahrungen.* Was herauskommt, nämlich das Profil eines Konfliktes, eine psychische Struktur, ein bestimmtes Persönlichkeitsgefüge, ist immer etwas, das vor allem innerhalb unseres psychiatrischen Erfahrungsbereiches lebenswichtig ist: wir sollen es erkennen, um es zu verwandeln. Das leidende Ich muß es erkennen, um es über die Reflexion und das Erleben im Dialog mit dem kundigen Partner zu überwinden. Das ist der „wissenschaftliche" Weg.
Der Dichter schreitet in umgekehrter Richtung. Ein melancholischer Romanheld wird z. B. nicht auf die Psychopathologie zurückgeführt, sondern der Melancholiker in uns wird erkannt. Unsere Patientenseite erfährt also einen Existenzbereich, wo sie sinnvoll wird.

Indem der „Patient" aus dem psychopathologischen Schema oder aus der banal-individuellen Variante heraustritt und durch den Dichter großen Ausdruck gewinnt, weiß er um positive Möglichkeiten, welche in seinem negativen So-sein eingeschlossen sind. Diese zweite Richtung der Behandlung ist die eigentlich schöpferische. Sie erinnert mich übrigens an die Psychotherapie bei Schizophrenen, deren Ich die Reduktion oft nicht erträgt und die vielmehr *durch die schöpferische Sympathie und Phantasie des Psychotherapeuten auf eine „Aussicht hin", nicht bloß auf eine „Einsicht hin" geführt werden sollen.* Das ist ein dem Menschen von der Natur vorgezeichneter Weg, der das Ich erst auf der Bühne seiner Welt zu sich selbst kommen läßt.

Wir haben uns mit der These befaßt und auseinandergesetzt, die annimmt, daß in der menschlichen Psychopathologie eine Kreativität enthalten sein kann, die gerade aus der Erfahrung der Psychopathologie hervorgeht, und daß sich umgekehrt in der Kreativität zuweilen eine Psychopathologie verbergen kann, die aus der radikalen Begegnung des Dichters mit der Existenz, indem dieser sich rückhaltlos der fragwürdigen Seite des Daseins aussetzt, resultiert.

Somit sind Kreativität und Psychopathologie zwei Existenzbereiche, die einerseits in ihrer verschiedenen Ausgestaltung der „Mündigkeit", Reife und Aussagekraft als entgegengesetzt erscheinen, sich aber gleichzeitig in einem wesentlichen Aspekt überschneiden; denn in beiden Bereichen wird das menschliche Selbst durchsichtig, wird aus der Hülle des Alltagslebens herausgelöst und erscheint in seiner unverhüllten Gestalt, aber auch in seiner ganzen Zerbrechlichkeit. Überschneidung und Verschiedenheit sind somit die beiden Fragestellungen, welche die Thematik unserer Abhandlung abstecken, in welcher uns das Doppelgesicht des schöpferischen und des gefährdeten Selbst erscheinen soll.

Wir meinen, daß die Formulierung, mit der wir eine Lösung des Problems vorschlagen, originell sei. Aber die Auseinandersetzung ist bereits alt und zieht sich wie ein roter Faden nicht nur durch den Grenzbereich von Medizin und Literaturphilosophie, sondern auch durch die ganze Psychoanalyse.

Jung ist streng mit *Freud* ins *Gericht* gegangen, wenn er der Freudschen Psychoanalyse vorwirft, das Wesen des Kunstwerkes auf persönliche psychologische Faktoren zurückzuführen[6]. Er übersieht jedoch, daß gerade

[6] „Die reduktive Methode *Freuds* ist eben eine medizinische Behandlungsmethode, welche eine krankhafte und uneigentliche Bindung des Patienten zum Objekt hat. Diese krankhafte Bindung steht an Stelle einer normalen Leistung und muß daher zerstört werden, damit der Weg für die gesunde Anpassung frei wird. In diesem Fall ist die Zurückführung auf eine allgemein menschliche Basis durchaus am Platz. Auf das Kunstwerk angewendet, ... schält (diese Methode) aus dem schimmernden Gewande des Kunstwerkes die nackte Alltäglichkeit des elementaren Homo sapiens heraus, zu welcher Spezies auch der Dichter zählt. Der goldene Schein höchsten Schaffens ... erlischt,

Freud dies nicht tut. *Freud* betont mit Recht, daß durch die Analyse der psychologischen Voraussetzungen des Kunstwerkes gerade sein Wesen nicht erklärt sei. Was weder *Freud* noch *Jung* genügend einsehen, ist allerdings, daß die persönliche Situation des Leidens, des Konfliktes, ja des Krankseins des Künstlers doch Wesentliches über das Wesen des Kunstwerkes aussagen kann, wenn man nicht mehr bloß die Unzulänglichkeit der psychopathologischen Situation herausgreift, sondern nach der Transparenz sucht, die durch die Ungereimtheit auf die existentiellen Widersprüche führt.

Dies bringt uns zu einem weiteren Problem.

Zwischen der persönlichen Erfahrung und dem überpersönlichen Schaffensprozeß scheint — wenn wir die Aussagen der Autoren ernst nehmen, die versucht haben, diesen Prozeß zu schildern — ein paradoxes, ein wechselseitiges Verhältnis zu existieren. *Auf der einen Seite* vernehmen wir die sicher berechtigte Aussage, daß die persönliche Lebenserfahrung des Künstlers eine eigentliche Grundlage des Schöpferischen sei. Möge man diese persönliche Erfahrung in psychoanalytischen Dimensionen untersuchen — wie dies z. B. *Kris* macht — oder möge man sie rein phänomenologisch schildern, als einen nicht zu ergründenden Quell, etwa als „das Leiden des Dichters" — wie *Muschg* in seiner „Tragischen Literaturgeschichte" in vorbildlicher Weise — in jedem Falle kreisen wir hier um eine Frage, die zwar letzten Endes nie ganz auszuformulieren ist[7], die aber eindeutig eine individuelle Lebens- und Selbsterfahrung darstellt.

Auf der anderen Seite hören wir aber, daß das Leiden des Künstlers nicht ein Ursprung sondern — umgekehrt — eine Folge des schöpferischen, überpersönlichen Prozesses sei.

Muschg sagt z. B.: „Dichtung ist ihnen eine Form der Entrückung, die den Träger verzehrt."

Und *Jung*: „Es ist, wie wenn (der Künstler) mit einem gewissen Kapital an Lebensenergie geboren würde. Das Stärkste in ihm, eben sein Schöpferisches, wird das meiste an Energie an sich reißen, wenn er wirklich ein Künstler ist, und für den Rest bleibt dann zu wenig übrig, als daß noch irgend ein besonderer Wert sich daraus entwickeln könnte. Im Gegenteil

weil er derselben Ätzmethode ausgesetzt wurde wie die trügerische Phantastik einer Hysterie" *(Jung)*.

[7] Der Gegensatz ist meiner Meinung nach nicht bloß dadurch zu erklären, daß die Psychoanalyse, wie *Balint* betont, mehr Erfahrungen über den Bereich der Zweier- oder Dreierbeziehung als über den schöpferischen Bereich gesammelt hat; auch nicht dadurch, daß man — entgegen der Ansicht *Freuds* — die Neurose vom schöpferischen Prozeß völlig trennt; eine Erklärung besteht vielmehr darin, daß die Neurose ein Minusphänomen des psychischen Lebens, das Kunstwerk ein Plusphänomen darstellt. Das heißt, daß *wir den Anspruch erheben können, das neurotische Phänomen zu vergegenständlichen*, in ihm Mechanismen, Gesetze usw. zu entdecken, *während das Phänomen der Kunst* — das prinzipiell auch mit Konflikten, Spannungen, Ersatzleistungen usw. beschrieben werden könnte — im Grunde über uns, über unseren psychiatrischen Begriffsapparat hinausreicht und schließlich *uns zum ergriffenen Objekt macht*.

wird das Menschliche zugunsten des Schöpferischen oft dermaßen entblutet, daß es nur noch auf einem primitiven oder sonstwie erniedrigten Niveau leben kann. Das äußert sich oft als Kindlichkeit oder Unbedenklichkeit, oder als rücksichtsloser, naiver Egoismus (sogenannter ‚Autoerotismus'), als Eitelkeit und andere Fehler. Diese Minderwertigkeiten sind insofern sinnvoll, als dem Ich einzig auf diese Weise genügend Lebenskraft zugeführt werden kann."

Diese Interpretation *Jungs*, die freilich spekulativ ist, stellt sich im Wesentlichen sowohl zum klassischen psychoanalytischen Versuch, künstlerische Phänomene als Sublimierung von latenter Minderwertigkeit zu untersuchen, wie auch zur älteren psychiatrischen Position, die wir oben erwähnt haben, in einen Gegensatz. Was ich nun mit dieser Gegenüberstellung sagen möchte, ist folgendes: *es ist zwar möglich, die eine Ansicht mit der anderen zu vertauschen*, aber es ist unmöglich, eine von den beiden völlig fallen zu lassen. Das Verhältnis ist dialektisch.

Der Dichter, der Künstler, auch als Kranker und gerade als Kranker, ist einerseits Stellvertreter unserer allgemeinen Situation, und er kann in diesem Sinne als Mensch angesehen werden, der den Aufbruch zu dieser großen Aufgabe mit übermäßigem Leiden bezahlen muß („Es gibt selten einen schöpferischen Menschen, der den göttlichen Funken des großen Könnens nicht teuer bezahlen mußte." *Jung*). Anderseits kann man sein Leiden, ja sein allfälliges Kranksein als das Ursprüngliche verstehen, aus dem er sich teilweise durch das Schaffen befreit („Krankheit ist wohl der letzte Grund des ganzen Schöpferdrangs gewesen; erschaffend konnte ich genesen, erschaffend würde ich gesund." *Heine*).

Diese Dialektik stellt nun eben keinen logischen Widerspruch dar, weil sie, genau gesehen, der Möglichkeit entspricht, uns dem Dichter und Künstler gegenüber antithetisch einzustellen: *entweder deuten wir ihn psychologisch, oder wir lassen uns von ihm, von seinem Werk deuten.* Wir deuten ihn dann, wenn wir ihn als einen „Analysanden" — nicht unbedingt als einen Neurotiker — untersuchen. Wo gibt es nicht in der Psychoanalyse Wertphänomene, wie Weltanschauung, Mitleid, Ethos, welche unter die Lupe des analytischen Instrumentes wohl genommen werden, aber nicht, um sie als neurotische Phänomene auf Infantiles zu reduzieren, sondern um kausale Teilzusammenhänge mit der Kindheitsneurose zu entdecken.

Umgekehrt *werden wir vom dichterischen oder künstlerischen Kunstwerk „gedeutet"*, dort wo wir davon ergriffen werden und ihm die Fähigkeit zusprechen, das Wesen unseres Zeitalters, unseres Leidens, unseres Suchens stellvertretend auszusprechen.

Nun möchte ich einen Schritt weiter gehen und die These aufstellen, daß diese Dialektik prinzipiell *für jeden Menschen* und für jedes psychische Phänomen gültig ist. Wir können auch durch die Existenzkrise eines Analysanden oder eines schizophrenen Kranken erschüttert werden. *Siirala* hat das Wort der Stellvertretung gerade im Bereich seiner Erfahrungen mit Schizophrenen geprägt. Wir können aber umgekehrt unsere Erschütterung als ein Gegenübertragungsproblem analysieren. Denn oft empfinden wir dieses als Hindernis, um das Problem des Anderen klar und rational sehen zu können.

Wenn uns also diese Antinomie und Dialektik der menschlichen Kommunikation am Beispiel unserer teils analytischen und teils existentiellen Begegnung mit dem schöpferischen Menschen bewußt wird, gewinnen wir die Möglichkeit, solche Antinomie und Dialektik in jeder menschlichen Begegnung mit jedem Leidenden wahrzunehmen, den wir untersuchen und dem wir einen Ansatz zum Schöpferischen nie ganz absprechen.

So wird uns der Dichter, den wir in diesem Sinne deuten, zum eigentlichen Deuter unseres Verhältnisses zum Menschen überhaupt.

Meine These soll noch einen letzten Einwand beantworten. Es besteht die Gefahr, daß man den Begriff der Krankheit zweideutig verwendet, wenn man allzu oft von den subjektiven Affekten der Krankheit, von seelischem Schmerz, Einsamkeit, Selbstentfremdung, trauriger Stimmung usw. spricht. Denn gerade solche Affekte, welche einerseits die Innenseite, das subjektive Gesicht der psychischen Krankheit prägen, finden sich doch, quantitativ anders ausgeprägt, im Leben der meisten Menschen. *Baron* hat unlängst im California Institute for Personality Assessement and Research (1954, 1963) das Problem experimentell untersucht. Bei 80 fortgeschrittenen Universitätsstudenten, welche von ihren Professoren auf Grund ihrer Leistungen und sozialen Verhaltensweisen als reif, ausgeglichen, fähig und schöpferisch eingestuft wurden, fand er heraus, daß Angst, Unsicherheit und Zweifel ihnen keineswegs fremd waren: „Psychopathologisches ist immer in uns, Gesundheit (soundness) ist eine bestimmte Art, auf Probleme zu reagieren, nicht deren Abwesenheit ... Hochgesunde Subjekte werden wie alle anderen von Ängsten, unerfüllbaren Wünschen, Selbstverurteilungen, provozierenden Haßregungen und Spannungen, welche schwer zu lösen sind, erfaßt; sie sind gesund, weil sie ihre Ängste tragen, einen stabilen Kurs einschlagen und ein Gefühl eines letzten Wertes ihres Lebens behalten."

Aber auch wenn Gesunde und Kranke in der Erfahrung des Leidens nahe aneinanderrücken, darf man die Unterschiede in der Qualität des Leidens trotzdem nicht übersehen. Es ist ein großer Unterschied, ob sich der halluzinierende *Strindberg* flüchtig die Frage stellt, ob er geisteskrank sei, um diese Möglichkeit vehement abzulehnen, oder ob *Kafka* schreibt: „Ich bin geistig krank, die Lungenkrankheit ist nur ein Aus-den-Ufern-treten der geistigen Krankheit." Als jemand ihm sagte, er müsse große Studien im Irrenhaus gemacht haben, antwortete er: „nur im eigenen." *Kafka* konnte sich als geisteskrank erklären, weil er es nicht war. Schizophrene aber, die — vornehmlich am Anfang des Leidens — eine Krankheitseinsicht entwickeln, können diese kaum ertragen; manchmal nehmen sie sich das Leben. Wenn *Kafka* im Menschen „das zum Leiden fähige Geschöpf" sieht, sieht der Psychiater im Menschen dasjenige Leiden, das seinen Träger zerstört. Wenn *Kafka* meint, menschlicher Adel beruhe in der Kreuzigung des Geistes am Marterpfahl des leiblichen Daseins, so weiß der Psychiater von einer anderen Kreuzigung, welche die Menschen, geistig Adelige und nicht Adelige, dem Tode ausliefert.

Man lese etwa das Tagebuch, in dem *Clara Schumann* die letzten Tage ihres geisteskranken Mannes, des Musikers *Robert Schumann*, festhielt, um zwischen dem heiligen Wahnsinn *Platons* und dem Wahn im psychiatrischen Sinne zu unterscheiden. Ich möchte hier einige Zeilen wiedergeben, weil sie auf die Frage der „Schein-Inspiration" ein bezeichnendes Licht werfen. Zunächst der Text:

„Freitag, den 10. Februar 1854, in der Nacht auf Sonnabend bekam Robert eine so heftige Gehörsaffektion die ganze Nacht hindurch, daß er kein Auge schloß. Er hörte immer ein und denselben Ton und dazu zuweilen noch ein anderes Intervall. Mein armer Robert leidet so schrecklich! Alles Geräusch klingt ihm wie Musik! Er sagt, es sei Musik so herrlich mit so wundervoll klingenden Instrumenten, wie man auf der Erde nie hörte! Aber es greift ihn natürlich furchtbar an. Die nächstfolgenden Nächte waren sehr schlimm, wir schliefen fast gar nicht. — Den Tag versuchte er zu arbeiten, doch es gelang ihm nur mit entsetzlicher Anstrengung. Er äußerte mehrmals, wenn das nicht aufhöre, müsse er seinen Geist zerstören. Die Gehörsaffektionen hatten sich so weit gesteigert, daß er ganze Stücke wie von einem vollen Orchester hörte, von Anfang bis zum Ende, und auf dem letzten Akkorde blieb der Klang, bis Robert die Gedanken auf ein anderes Stück lenkte. Ach, und nichts konnte man tun zu seiner Erleichterung!

Freitag, den 17., nachts, als wir nicht lange zu Bett waren, stand Robert wieder auf und schrieb ein Thema auf, welches, wie er sagte, ihm die Engel vorsangen; nachdem er es beendet, legte er sich nieder und phantasierte nun die ganze Nacht, immer mit offenen, zum Himmel aufgeschlagenen Blicken; er war des festen Glaubens, Engel umschweben ihn und machen ihm die herrlichsten Offenbarungen, alles das in wundervoller Musik; sie riefen uns Willkomm zu, und wir würden beide vereint, noch ehe das Jahr verflossen, bei ihnen sein. — Der Morgen kam und mit ihm eine furchtbare Änderung! Die Engelstimmen verwandelten sich in Dämonenstimmen mit gräßlicher Musik; sie sagten ihm, er sei ein Sünder und sie wollen ihn in die Hölle werfen, kurz, sein Zustand wuchs bis zu einem förmlichen Nervenparoxysmus.

Montag, den 20., verbrachte Robert den ganzen Tag an seinem Schreibpult, Papier, Feder und Tinte vor sich, und horchte auf die Engelstimmen, schrieb dann wohl öfter einige Worte, aber wenig, und horchte immer wieder. Er hatte dabei einen Blick voll Seligkeit, den ich nie vergessen kann; und doch zerschnitt mir diese unnatürliche Seligkeit das Herz ebenso, als wenn er unter bösen Geistern litt. Ach es erfüllte ja dies alles mein Herz mit der furchtbarsten Sorge, welch ein Ende das nehmen solle; ich sah seinen Geist immer mehr gestört und hatte doch nicht die Idee von dem, was ihm und mir noch bevorstand. —

Dienstag, den 21. Februar, schliefen wir wieder die ganze Nacht nicht; er sprach immer davon, er sei ein Verbrecher und sollte eigentlich immer in der Bibel lesen."

Schumann kam anschließend in eine Nervenheilanstalt, wo er zwei Jahre später starb.

Wir sehen, wie im Wahne *Schumanns* Augenblicke eintreten, die der Laie für eine übermenschliche Inspiration halten könnte: Engelstimmen besuchen den kranken Musiker, ergreifen ihn, vermitteln ihm eine Botschaft, an der er zerbricht. Man wird an die Worte *Hölderlins* erinnert, daß die Leistung des Dichters darin liege, daß er den Blitz ins Lied hülle (wie Semele, die Gefährdete, welche aus dem Blitz Jupiters den Gott des Weines, der heiligen Trunkenheit, gebar). Allein, Schein und Täuschung bestimmen dieses heilige Bild. Das schöpferische Ich wird, wenn auch vom Blitz der Inspiration überwältigt, nie vergewaltigt, sondern es bleibt höchst aktiv. Das schizophrene Ich befindet sich dagegen in jenem merkwürdigen Zustande der Passivität, wo etwas geschieht, das der nicht schizophrenen Inspiration fremd ist: das plötzliche Umschlagen des Ergreifenden ins Verfolgende.
Die Passivität des Ichs, das nicht mehr imstande ist, seine Gedanken und Vorstellungen in psychischen Akten zu entfalten, bringt es mit sich, daß manche psychischen Vorgänge, die normalerweise als die eigenen erlebt werden, sich dem Ich aufdrängen. Das Ich ist an sie ausgeliefert; manchmal überwältigt und entzückt, dabei in einer schmerzlicheren und anderen Weise betroffen, wie wenn ein Dichter von Ergriffenheit spricht. Denn Ergriffenheit heißt hier nicht mehr Auslieferung, um sich neu zu gewinnen; oder Offenheit auf das Unbewußte, um es zu egofizieren, um also in der Begegnung mit dem Es die Grenzen des Ichs schließlich zu erweitern; sondern *Ergriffenheit* heißt hier Vergewaltigung. Das, was zunächst im ergreifenden Augenblick noch als Erlösung, als Befreiung von der Individualität und somit als künstleriche Inspiration erscheinen mag, wird dann plötzlich als Vernichtung der Individualität erlebt. Die Engelsmusik *Schumanns* verwandelt sich so in „Dämonenstimmen mit gräßlicher Musik", wie es das zitierte Dokument eindrücklich schildert.

Was für die Schizophrenie gilt, gilt mutatis mutandis auch für die Melancholie, welche mit dichterischen Worten als Verdunkelung der Seele oder im medizinischen Sinne als Depression aufgefaßt werden kann. Wir lesen bei *Jesaia* die eindrücklichen Verse: „Er hatte weder Gestalt noch Schönheit, daß wir nach ihm geschaut, kein Ansehen, daß er uns gefallen hätte. Verachtet war er und verlassen vom Menschen, ein Mann der Schmerzen und vertraut mit Krankheit, wie einer, vor dem man das Antlitz verhüllt; so verachtet, daß er uns nichts galt. Doch wahrlich, unsere Krankheit hat er getragen und unsere Schmerzen auf sich geladen ..." Ja, auch in der Dichtung begegnen wir der Gestalt des Geistes, der unsere Schmerzen „auf sich lädt" und das Leiden *will*. *Grillparzer* vergleicht die Dichtung mit der Perle, dem Erzeugnis des kranken, stolzen Muscheltieres. *Flaubert* schreibt: „La perle est une maladie de l'huitre et le style peut-etre l'écoulement d'une douleur plus profonde."
Nach *Stifter* war das Göttliche an der Kunst, daß sie das Böse zu überwin-

den vermochte, daß sie ihm selbst erlaubte, sich zu heiligen. „Ich gebe den Schmerz nicht her, weil ich sonst auch das Göttliche hergeben müßte." Und *Keller*: „Wer wollte am Ende ohne diese stille Grundtrauer leben, ohne die es keine rechte Freude gibt?" Die Beispiele ließen sich unzählig vermehren.

Wie deutlich ist aber für den Psychiater der Unterschied zwischen diesen Menschen, die das Leid „auf sich nehmen", und dem Depressiven, der als ein passives, verzweifeltes Opfer in seinem Leiden ertrinkt, keine Aktivität, kein Aufsichnehmen, keinen Adel des Geistes, sondern nur Versündigungs- und Verarmungswahn kennt!

Ich meine, daß solche Unterschiede klar gesehen werden sollen. Sie im Einzelnen aufzuzeigen, wo das auf Grund der uns überlieferten Dokumente möglich ist, stellt eine wichtige differential-diagnostische Aufgabe dar. Aber das alles schließt die andere Einsicht nicht aus, daß die Menschen sich hüben und drüben in der Tiefe, jenseits der Ursachen des Leidens, der Einstellungen zu ihm, berühren. In diesem Sinne möchten wir *Muschg* zustimmen, wenn er z. B. von *Kafka* schreibt: „In seinen Augen sind die Mauern, die Gesunde und Kranke trennen, nur ein Sinnbild für die Blindheit, für die wahre Lage des Menschen, die dort und hier dieselbe ist." Und zu *Dostojewskij*: „(er) war krank, weil er berufen war, als Dichter die Krankheit der Welt darzustellen." In diesem Sinne verstehen wir das Symbol, wenn *Kleist* in seinem ersten Werk einen Verrückten als einzigen Sehenden auftreten ließ. Als Symbol, und nicht in dem uns fremd gewordenen Sinne des Schamanismus. Am Ort, wo der Geist endgültig zusammenbricht, ist kein Sehen. Aber wir verstehen jenen Ort als einen Schnittpunkt unserer Existenz.

I. Teil

Psychopathologie in der Dichtung und Dichtung in der Psychopathologie

A. SCHIZOPHRENIE

1. *Die rote Blume*

Mit unseren kommenden Ausführungen über *Strindberg, Nerval, Hölderlin, Maupassant* und andere wird das Thema so gestellt, als ob sein Inhalt für uns fraglos dastünde: Darstellung der Psychopathologie in der Dichtung. Es ist nun keine Frage, daß der Mensch sich uns in der Geisteskrankheit in einer erschütternden Weise zeigt, und daß diese menschliche Situation Gegenstand der Dichtung sein kann und muß. Wir könnten uns auf dieses Thema beschränken und es uns relativ leicht machen, indem wir ein Beispiel an das andere reihen würden; etwa die Aufzeichnungen von *Gogol,* das Krankenzimmer Nr. 6 von *Tschechow,* die rote Blume von *Garschin,* die schwarzen Masken von *Andrejew* und Dichtungen vieler anderer mehr.

Obschon wir im Sinne haben, auf einige Beispiele der Literatur einzugehen, soll unsere Darstellung jedoch keine bloße Zusammenstellung von paradigmatischen Fällen sein. Wir würden manche Fragwürdigkeiten unseres Themas verdrängen, wenn wir jeweils einen scharfen Fokus der dichterischen Psychopathologie wählten und dann von einem zum andern übergehen würden, ohne das gesamte Feld unserer Untersuchung in seiner Struktur samt seinen Grenzen zu beachten.

Es drängt sich nämlich die tiefere Frage auf: Was ist Psychopathologie? Und umgekehrt: Was ist normale Psychologie? Als Psychiater könnte man versucht sein, hier Definitionen anzubieten, die aber die Grundfrage nur umgehen würden. Diese besteht vielmehr darin, in welchen Kontexten Psychiater Begriffe der psychologischen Norm überhaupt entwerfen können.

Die Psychiatrie hat während Jahrzehnten versucht, in der Gegenüberstellung von psychiatrischen Patienten und gesunden Menschen handfeste psychopathologische Begriffe festzustellen.

Die Schwierigkeiten beginnen deutlich, wenn die Psychiatrie nicht geisteskranke Menschen schildert, die aus irgendeinem konstitutionellen oder lebensgeschichtlichen Grunde psychisch leiden oder ihre soziale Umgebung unter sich leiden lassen. Die zwei großen Kategorien der Neurotiker einerseits, der Psychopathen anderseits, wurden von der Psychiatrie geschildert und begrifflich einigermaßen abgegrenzt.

Hier stellen sich aber auf dem Gebiete der Beziehungen zwischen Psychopathologie, Dichtung und Kunst manche Fragen. Zunächst einmal:

Der Neurotiker ist ein psychisch leidender Mensch. Die menschliche Seele aber, die sich in der Dichtung ausdrückt, kennt das Leiden als die eine Hälfte der Welt, der Wirklichkeit.

Der Naturwissenschaftler, der von Psyche und nicht von Seele spricht, neigt dazu, Leiden, Angst, Freitod, Besessenheit von Gefühlen und Leidenschaften als Gleichgewichtsstörungen, als Symptome eines unbewältigten Konfliktes, als Minus-Zeichen der psychischen Gesundheit zu betrachten.

Der Dichter schildert aber dieselben Dinge als wesentliche Aspekte der vielfältigen menschlichen Wirklichkeit, die sich in Randerscheinungen, in individuellen besonderen Schicksalen vielleicht noch mächtiger und vollblütiger als in einer durchschnittlichen Norm manifestieren kann.

Ferner: Der Naturwissenschaftler sucht das Wesen der beobachteten psychischen Phänomene in bestimmten intrapsychischen Mechanismen, Dynamismen, Regeln, Prinzipien und dergleichen. Er entwickelt Modelle, in denen er die Fülle des Beobachteten unterbringt. Der Dichter sieht aber das Wesentliche in den menschlichen Phänomenen selber, die er nicht erklärt, nicht in Kategorien einordnet, sondern unmittelbar anschaut und versteht.

Die Denkweise ist also hüben und drüben eine grundsätzlich andere. Wenn wir von Psychopathologie in Dichtung und Kunst sprechen, sind wir in der Gefahr, einen Bezugskontext mit einem entgegengesetzten unmerklich zu verwechseln und dieselben Phänomene bald auf der einen, bald auf der anderen Ebene zu untersuchen, ohne uns des Überwechselns bewußt zu werden. Das Überwechseln ist sinnvoll nur dort, wo wir auf der psychiatrischen Ebene nach Bedingungen suchen, welche das humane Phänomen allerdings nicht verursachen.

Psychiatrie war nun ursprünglich Anstaltspsychiatrie. Das heißt, sie befaßte sich in der Hauptsache mit psychotischen, mit geisteskranken Menschen.

Die Unterscheidung zwischen Geisteskranken und nicht Geisteskranken war relativ leicht zu fällen. Selbst diese relativ leichte Unterscheidung wird heute aber von neuen Gesichtspunkten aus untersucht, welche ein früheres, eindeutiges Entweder-Oder in Frage stellen.

Man begann zunächst damit, festzustellen, daß manche Geisteskrankheiten, vornehmlich die Schizophrenien, keine bloßen Krankheiten des Einzelnen seien, sondern sich als End- und Gipfelpunkt einer bestimmten charakterlichen Abnormität der Familie herausstellen können. Man hat heute solche Gedankengänge über den engeren familiären Rahmen hinaus sogar soziologisch weitergeführt *(Bastide, Siirala)*.

Ich bin freilich vorsichtig gegenüber den Annahmen einiger Soziologen zum Thema der endogenen Psychosen; sie sind umstritten. Die soziologische Sicht hat aber einen tieferen Sinn, der über die pathogenetische Richtigkeit hinausgeht. Sie hindert uns, den Kranken als Gegenstand einer ihn vereinzelnden Diagnose aus unserer Mitte auszuschließen; sie zwingt uns vielmehr, die Krankheit, also die Schizophrenie, als eine „menschliche Situation" zu begreifen, in die wir umso tiefer verwickelt werden müssen, je entschiedener wir sie ausblenden wollen.

Ich denke hier beispielsweise an ein modernes Schauspiel von *Peter Weiss* über Hölderlin. Wir haben in der Schulpsychiatrie gelernt, daß *Hölderlin* geisteskrank wurde, an einer Schizophrenie erkrankte. Wir meinen, daß diese Krankheit aus einem Zusammenspiel von erbbiologischen und familiären Komponenten entsteht. Es stellte sich bei dieser Betrachtung lediglich die Frage, wie sich eine solche Krankheit auf das Wirken des Dichters auswirkt.
Nun kann sich aber diese Sicht ändern: „Hölderlin" – sagt *Peter Weiss* von seinem Schauspiel – „ist ein politisches Stück ... Ich habe hier die politische Wirklichkeit, in der Hölderlin lebte, vermengt mit der Problematik eines Individuums, in der sich die ganze Epoche spiegelt. Das Hauptthema ist: Wie verhält sich ein Mensch, der sehr stark an seiner Zeit teilnimmt, gegenüber den gesellschaftlichen Veränderungen? Wie wird er fertig mit den Problemen? Löst er sie oder zerbricht er daran?"
In einem Zeitungskommentar zu dieser Aussage von *Peter Weiss* lese ich: „Wie wenig *Weiss* Hölderlins sogenannte geistige Umnachtung als Wahnsinn versteht, darauf weist er bereits im Prolog zum Stück hin. Für *Weiss* ist Hölderlins Wahnsinn das Ergebnis des *politischen*[1] Druckes, dem Hölderlin ausgesetzt war, aber auch der einzige Weg, seine *politischen*[1] Ideale nicht preiszugeben."

Eine solche Argumentation ruft in vielen Psychiatern freilich ambivalente Gefühle hervor. Auf der einen Seite denkt man, es sei endlich die Zeit gekommen, wo man beginnt, im Geisteskranken den Mitmenschen mit seinen sozialen Bezügen zu entdecken, seine tragische Lebensproblematik zu unserer allgemeinen, gesellschaftlichen Situation in eine Beziehung zu setzen, die Grenze also zwischen Geisteskranken und Nicht-Geisteskranken anders zu verstehen als früher. Bei dieser Aufdeckung von Zusammenhängen zwischen dem Kranken und seiner Sozietät, meinen aber Andere, gerät man in die Gefahr, das Anderssein, die Besonderheit, ja das immer Unverständliche und somit die spezifische Tragik der geisteskranken Phänomene zu verwischen. So interessant die Ausblicke sind, welche z. B. die erwähnte politische Perspektive eröffnet, so erhebt sich doch ein Einwand: es gab in der Geistesgeschichte eine Zeit, wo man das Phänomen der Geisteskrankheit in religiösen Kategorien verstehen wollte. Geisteskrankheit war in erster Linie Abfall von Gott und Ergebnis der Sünde. Heute tauscht man eine solche Eindimensionalität mit einer anderen, indem man versucht, das Phänomen vorwiegend politisch oder soziologisch zu verstehen. Die intrapsychische Wirklichkeit wird übersehen.
Der heutige Psychiater, der diese Unsicherheit in der heutigen Krise der

[1] Hervorhebung von mir.

Psychiatrie aushält, weiß um die Überdeterminierung und Komplexität der Phänomene. Er ist einerseits der Gefahr ausgesetzt, die psychopathologischen Phänomene zu ideologisieren, zu theologisieren oder zu politisieren. Aber er ist einer anderen, nicht minder großen Gefahr ausgesetzt: Alles seelisch-geistige Leben unter seinem begrenzten psychiatrischen, bzw. psychopathologischen Blickwinkel zu betrachten und zu reduzieren. Es ist nicht lange Zeit her, als namhafte Psychiater z. B. bei Christus die Diagnose eines Größenwahnes, einer Paranoia stellten. Genie und Irrsinn wurden als verwandte Phänomene vom Gesichtspunkt einer mittelmäßigen engspurigen Rationalität betrachtet. Dichterische und künstlerische Produktionen von Schizophrenen wurden bis zum Jahre 1921, als *Prinzhorn* seine aufsehenerregende Monographie veröffentlichte und diesen Ansichten widersprach, als ein bloßer Katalog von Krankheitssymptomen betrachtet. Vor 50 Jahren, noch vor der großen Pionierarbeit von *Prinzhorn* über die Bildnereien von Geisteskranken, neigte man in der Psychiatrie also dazu, künstlerische Produktionen von Schizophrenen entweder total zu ignorieren oder höchstens als Symptome des Krankheitsprozesses zu betrachten und auszulegen. Diese Produktionen sagten uns also nichts, sie dienten uns nur zur Krankheitsdiagnose. Heute, nach den Untersuchungen eines *Prinzhorn*, eines *Vomat*, eines *Navratil* [2] spricht man den schizophrenen Gedichten und Malereien den Rang von schöpferischen Leistungen nicht mehr ab. Wir erkennen vielmehr, daß der schöpferische Prozeß in der Gesundheit und in der Krankheit grundsätzlich ähnlich strukturiert ist.

So wie man einerseits den schizophrenen Produktionen den Rang und die Struktur des Schöpferischen heute nicht mehr abspricht, so sucht man anderseits in der neueren Lyrik und in der neueren Malerei geistesgesunder Meister Entsprechungen zu den Empfindungsformen und den Gedankengängen der Schizophrenen. An gewissen Punkten scheinen die Unterschiede also unscharf zu werden. Sowohl diagnostisch, indem man am Kunstwerk die individuelle Psychopathologie nicht ohne weiteres abzulesen vermag, wie auch theoretisch, indem man erkennt, daß das Vorwiegen der sogenannten primären Prozesse im Denkvorgang die schizophrene Struktur des Kunstwerkes sowohl beim Gesunden wie beim Kranken bestimmt.

Es ist nun möglich beide Gefahren, sowohl diejenige der „Kulturalisten" und der „Politiker" wie auch diejenige der naturwissenschaftlichen Positivisten zu durchschauen und also imstande zu sein, einen objektiveren Einblick zu vermitteln. Dies freilich um den Preis, in vielen Fällen keine eindeutigen Entweder-Oder-Antworten anzubieten und die verwirrende Komplexität der Phänomene auszuhalten.

Man muß erstens auf eine einfache Scheidelinie zwischen Geisteskranken und Geistesgesunden verzichten. Wir haben mehrmals darauf hingewiesen, wie trügerisch diese Einfachheit ist, die sich beim Bedenken des Problemes bald als Illusion erweist. Es genügt, medizinisch zu unterschei-

Diese Unterscheidung hat erst vollen Sinn, wenn sie dialektisch-existentiell transzendiert wird. So, existentiell, kann uns der Kranke (und ich meine hier paradigmatisch den kranken Dichter) sogar als der Seher erscheinen, gerade durch seine Krankheit, dort wo der Gesunde seine Norm um den Preis der Ausklammerung der eigentlichen Probleme und des an ihnen zugrundegehenden Kranken erkauft.
Was dem Psychiater als geisteskrankes Verhalten erscheint, wird vom Dichter aus dem medizinischen Kontext herausgenommen und als Symbol einer gemeinsamen Not verwendet.
Als Beispiel eines solchen Vorgehens wähle ich hier die russische Novelle von *Garschin*, welche den Namen „Die rote Blume" trägt. Sie drückt den impliziten Gedanken aus, daß Geisteskrankheit im Erleben ihres Trägers und der an ihm Teilnehmenden das Austragen eines uns alle umfassenden Schmerzes *durch einen Stellvertreter* bedeuten kann.

Der Insasse eines Irrenhauses, ein ehemaliger Revisor, ist von dem Wahn besessen, zum Wohl der Allgemeinheit das Böse in der Welt vernichten zu müssen. Im Zustand rastloser Unruhe und in der festen Erwartung, den Widersacher der Menschheit zu treffen, verwandeln sich ihm in seinen Visionen drei im Anstaltsgarten wachsende Mohnblumen in die sichtbare Erscheinung des Feindes. Nachts bemächtigt er sich einer der Blumen und presst sie bis zum Tagesanbruch an seine Brust, damit das Böse aus ihr in seine Seele ströme — „er würde dann zugrunde gehen und sterben, aber als herrlicher Streiter und als erster Vorkämpfer der Menschheit". Am Morgen ist die rote Farbe, Symbol des Bösen, aus der verwelkten Blume gewichen. Das Gleiche wiederholt sich mit der zweiten Blume, doch diesmal kostet der Kampf den Kranken schon soviel Kraft, daß der Arzt aus Sorge um das Leben seines Patienten den Menschheitserlöser ans Bett fesseln läßt. Mit übermenschlicher Energie gelingt es dem Kranken, sich zu befreien und die letzte, eben erst erblühte Mohnblume zu brechen und zu vernichten. Der Wächter findet ihn am nächsten Morgen tot im Bett — in der erstarrten Hand die „besiegte Blume", das Antlitz „ruhig und hell", erfüllt von „stolzem Glück"[2].

Die Novelle, geschrieben zu einem Zeitpunkt, als *Garschin* unter schwersten seelischen und geistigen Depressionen litt (5 Jahre später trieb ihn die latente Gemütskrankheit in den Freitod), spiegelt sein Verhältnis zu einer Wirklichkeit, in der er stets das Gute vom Bösen überwältigt sah. Der

[2] Dieselbe Entschlossenheit, sich im Wahne zu verwirklichen, finden wir bei einem anderen der Geisteskrankheit zum Opfer gefallenen Dichter, *Nerval:* „Gut, sagte ich mir, bekämpfen wir also den Geist des Bösen, kämpfen wir gegen den Gott mit den Waffen der Überlieferung und der Wissenschaft an. Was er auch tun mag in Dunkel und Nacht, ich bin da – und habe für den Sieg über ihn alle Zeit, die mir auf Erden zu leben noch vergönnt sein wird."

Geisteskranke scheint uns in dieser Novelle als der „dunkle Christus“, wenn man dieses Wort in Anlehnung an Rilkes „dunkle Himmelfahrt“ anwenden darf; als derjenige, der sich täuscht und den niemand beachtet, der aber vielleicht deswegen *das Schicksal des Absurden mit letzter Radikalität auf sich nimmt.* Sein Nichtwissen um dieses Absurde mindert sein Tragen nicht, macht es vielleicht noch gültiger, weil es von der Ironie und Reflektiertheit des Wissens befreit ist. Die geisteskranke Illusion macht hier das Sendungsbewutßsein nicht lächerlich, sondern gibt ihm den heroischen Zug, der den sonst kritischen Geist entwaffnet.

Man kann die Erzählung *Garschins* einfach als eine glänzende dichterische Darstellung eines psychiatrischen Falles verstehen. Man kann sie aber auch symbolisch deuten. Man kann sie dann pessimistisch interpretieren, etwa in folgendem Sinne: Der Geisteskranke der roten Blume ist der Erlöser als Wahnsinniger. In vielen Menschen steckt der verzweifelte Wunsch, andere Menschen von ihren Nöten zu befreien; aber jeder Erlöser ist diesem Geisteskranken ähnlich, der sich einer Illusion opfert, während die Welt ihren schmerzlichen Lauf nimmt.

Oder zeigt die Erzählung, daß in einem symbolischen Sinn die erlösende Absicht durch den Wahn nicht zerstört, sondern erfüllt wird? Der Tod in der Geisteskrankheit macht dann die Opfertat nicht sinnlos, sondern ist der tragische Sprung, der sich durch die Einsamkeit der Sinnlosigkeit spannen muß, um sich zu vollenden[3].

Mir scheint es, daß diese Deutung noch deutlicher wird, wenn wir sie auf dem Hintergrund eines anderen „Schauspiels des Wahnsinnes“, der „Schwarzen Masken“ von *Andrejew*, betrachten. Auch hier wird zwar Wahnsinn als letzte Einsamkeit dargestellt, aber ohne Sinn und Aussicht: der analysierende, sich selbst sondierende Verstand trifft auf das in ihm verborgene Böse, vor dem sich der Mensch durch die Selbstzerstörung „retten“ kann.

Hier eine knappe Zusammenfassung: „Herzog Lorenzo di Spadaro feiert ein Maskenfest. Er hat angeordnet, das Schloß weithin zu erleuchten und den Gästen den Weg zu weisen. Die ankommenden Masken jedoch sind ihm fremd. Glaubt er einen ihrer Träger zu erkennen, so ist dies ein Verstorbener. Die Gäste stellen sich ihm als seine bösen Eigenschaften vor. Alles Bekannte und Gewünschte verkehrt sich: der Wein wird zu Blut, die Musik zu einer kreischenden Kakophonie, das Liebeslied des Herzogs im Munde des Sängers zu einer Hymne an Satan; seine vertrauten Diener und seine geliebte Gattin Francesca, zu der er sich in seiner Verwirrung flüchtet, verlieren ihre Identität, beide spalten sich in eine nicht zu fassende Anzahl von Gestalten auf. Der Herzog selber steht plötzlich seinem *Doppelgänger* gegenüber, den er im Streit um das eigene Ich ersticht. In den Festsaal dringen, von der Helligkeit gelockt, schwarze Masken ein, die selbst die maskierten, gespenstischen Gäste erschrecken. Namenlose Mächte der Finsternis stürzen sich gierig auf jedes Licht und ersticken es, bis das ganze Schloß im Dunkel liegt. Am Sarg des Doppelgängers hört Lorenzo von seinen geheimen Verbrechen; es

[3] Von mancher schizophrenen Situation schreibt *E. Kretschmer:* „Es steigt das zwingende Gefühl großer metaphysischer Zusammenhänge, einer tiefen Verbundenheit mit dem All, mit dem Göttlichen auf.“

enthüllt sich ihm eine ganz andere Welt als jene, die er kannte. Erst vor dem realistischen Hintergrund der Schlußszene wird klar, daß Lorenzo wahnsinnig geworden ist. Wieder läßt er das Schloß festlich beleuchten, doch es kommen keine Gäste. Statt ihrer umgeben ihn die von Francesca angeführten Hofleute, deren wirkliche Gesichter er jetzt unter dem Zwang, alles in sein Gegenteil zu verkehren, als Masken sieht. Lorenzo setzt das Schloß in Flammen. Alle fliehen. Nur der von Lorenzo abhängige Narr bleibt zurück und folgt ihm in den Tod.

Bei *Garschin* ist die Utopie doch Erlösung, sobald man wagt, in sie einzusteigen, weil der Wahn die Austragungsform eines Sinnsuchens ist. Bei *Andrejew* ist aber die Erlösung durch Zerstörung der Existenz der viel schwermütigere Gedanke.

Die Überwindung des Bösen durch Selbstmord und Wahnsinn ist eine dichterische These, die über die Psychopathologie hinausgeht. Wir dürfen nicht überall dort einfach von Psychopathologie reden, wo wir Gefühle der Selbstentzweiung, der Entpersönlichung, ja der Zerrissenheit und des Untergangs beim Dichter antreffen. Obschon diese Erlebnisse sich mit denjenigen unserer psychisch Kranken berühren, sind sie andererseits Zeugnis der Ichfähigkeit, die Brüchigkeit der Existenz wortmächtig zu erfahren. Jeder Gesunde kann deshalb in die Situation ihres Ursprunges geraten. Indem auch der Dichter dies in einer aussagekräftigen Weise bezeugt, ist er uns eine Brücke zum Verständnis des Menschen.

Aber ich möchte auch andeuten, daß manche Geisteskrankheit, welche vom naturwissenschaftlichen Gesichtspunkt aus eine Gehirnkrankheit ist, auf einer anderen Ebene uns wie die Stellvertretung eines uns umgreifenden Leidens erscheint. Der Psychiater *Martti Siirala* schreibt hier beispielsweise:

„Aus einer Verstrickung heraus kann sich eine Anlage vor uns artikulieren, wenn wir ihre Verstrickung als die unsrige erkennen, die uns in ursprünglicher Weise angeht und anreden darf."

Es spricht aus der Seele des Geisteskranken, gleich wie verworren oder eigentümlich luzid seine Sprache auch ist, gleich wie diesseitsverhaftet oder pseudometaphysisch sein Wahn auch klingt, die Sehnsucht nach einer Existenz, in welcher er wieder zu sich kommen könnte, sich selber sein dürfte, sich fassen, finden, fühlen, vollziehen, entwerfen, ordnen und transzendieren würde, aber in einer chiffrierten Weise.

Es ist die Sehnsucht nach einem Menschsein, das er selber aus seiner Vergangenheit nicht eigentlich kennt, weil all sein früheres Trachten, Wünschen, Wollen, Können schon aus der Zukunft seiner Krankheit hervorging.

Existenz kann also vom Geisteskranken nicht einmal in jenem direkten und leidenschaftlichen Sinne verlangt werden, der selbstverständlich unserem Bewußtsein zugrundeliegt; weil mit dem zerronnenen Ichbestand auch der Flügel des Wunsches und die Feder des Dichters schließlich gelähmt werden können.

Nur allzu bitter muß der Geisteskranke versuchen, sich vor seiner Sozietät auszuweisen, als daß er seinen Untergang frei zugeben könnte — wie dies manchmal in der Psychotherapie doch geschieht.
Nur zeitweise, in den Winkeln eines Gespräches, in unklaren und doch ergreifenden Wendungen kommt sein Erleben des Nichtseins zu Worte; das Gefühl etwa, daß es zu spät ist für eine Hilfe; die Unmöglichkeit zu denken; die Bodenlosigkeit; der Blick aus einer unendlich entfernten Tiefe, der die Tiefendimension im schöpferischen, integrierenden Sinne am Ende fehlt.
Es ist deshalb veilleicht nur eine Metapher, wenn *Gogol* seinen Wahnsinnigen als einen Menschen klar sprechen läßt, der Hoffnung als etwas Vorstellbares, Strukturiertes, in der Phantasie Vollziehbares ausdrücken läßt:

„Rettet mich!
Nehmt mich mit! Gebt mir eine Trojka mit windschnellen Rossen!
Steig hinzu, mein Kutscher,
Läute, mein Glöckchen,
Bäumt euch, meine Rosse,
Und tragt mich aus der Welt!

Diese Wendungen gleichen schon derjenigen des gesunden Dichters: „Irme, Dio mio, irme!" (Neruda).

2. *Descensus ad inferos*[4]

Dichtung aus dem Erleben der Geisteskrankheit

„Der Traum ist ein zweites Leben. Ich habe nie ohne Beben die Pforten aus Elfenbein oder Horn durchdringen können, die uns von der Welt des Unsichtbaren trennen. Die ersten Augenblicke des Schlafes sind ein Abbild des Todes; ein nebelhaftes Schwindelgefühl umfängt unser Denken, und wir können den Augenblick nicht genau bestimmen, in dem unser Ich in einer anderen Form die Arbeit des Daseins fortsetzt. Vor uns liegt ein verdämmernder unterirdischer Bezirk, der sich allmählich erhellt und in dem sich aus Dunkel und Nacht, lastend, unbeweglich, bleiche Gestalten abheben, die den Limbus bewohnen. Dann nimmt das Bild Formen an, neue Helligkeit überflutet die bizarren Erscheinungen und läßt sie beweglich erscheinen — die Welt der Geister tut sich uns auf." *(Nerval)* Bei aller Gewißheit ist sich aber Nerval der Mischung von Traum und Wahn in seinem Erleben bewußt: „Wenn aber dieses groteske Symbol etwas anderes wäre — wenn, wie in anderen Fabeln des Altertums, die verhängnisvolle *Wahrheit*[4] sich unter der Maske des *Wahnes*[5] zeigte?"

[4] So hat *Gérard de Nerval* am Ende seines autobiographischen Romans „Aurelia" seine Krankheitserfahrungen empfunden.
[5] Hervorhebung von mir.

Gerade am Anfang seines Romanes *„Aurelia"* äußert Nerval den Vorsatz, „die Eindrücke einer langen *Krankheit*[6] niederzuschreiben"; stellt aber im selben Satz die Berechtigung dieses Terminus in Frage: „Ich weiß nicht einmal, weshalb ich mich dieses Ausdruckes Krankheit bediene, denn niemals habe ich mich, soweit es mich selbst betrifft, besser im Stande gefühlt. Manchmal hatte ich ein Gefühl von verdoppelter Kraft und Aktivität; es kam mir vor, als wisse, als verstehe ich alles; meine Einbildungskraft schenkte mir unendliche Verzückungen."

Und später: „Der *kataleptische*[6] Zustand, in dem ich mich Tage hindurch befunden hatte, wurde mir wissenschaftlich erklärt und die Erzählungen derjenigen, die mich so gesehen hatten, riefen in mir etwas wie Gereiztheit hervor, wenn ich sah, wie man der Verwirrung meines Geistes Bewegungen oder Worte zuschrieb, die mit den verschiedenen Phasen dessen koinzidierten, was für mich eine logische Abfolge von Geschehnissen war."

Durch seine ganzen Aufzeichnungen geht ein Zwiespalt, diese „doppelte Buchführung" eines Mannes, der einerseits immer wieder von „Wahn", „Verwirrtheit", „Sinnestäuschung", „Verstörtheit", „Wirrnis", „Delirium", „Zwangsjacke" spricht und das Elend der Internierung in Anstalten aus der Mitte des letzten Jahrhunderts erlebt — und anderseits behauptet, durch seine Erlebnisse tieferen Einblick in das Wesen der Welt zu gewinnen.

Die Halluzinationen Nervals sind auf einer Weltanschauung aufgebaut, die an sich nicht unbedingt geisteskrank ist, jedoch bei den zu Schizophrenie disponierten Geistern — diese Krankheit werden wir am Ende unserer Analyse bei Nerval wohl annehmen müssen — die wahnhafte Verarbeitung von Bedeutungserlebnissen begünstigt, weil sie den Versuch einer verstandesmäßigen Korrektur vereitelt.

Die an sich nicht geisteskranke Weltanschauung Nervals kann am besten mit seinen eigenen Sätzen wiedergegeben werden:

„Auf Grund der Vorstellung, die ich mir vom Traum als einer Möglichkeit machte, eine Verbindung mit der Welt der Geister herzustellen hoffte ich . . . hoffe ich immer noch!"

Oder auch: „so glaubte ich die Verknüpfungen zwischen der wirklichen Welt und der Welt der Geister zu begreifen."

Der Traum, die Einbildung, die Vision, die Eingebung, ist für den Dichter also der Hinweis auf eine zweite Wirklichkeit, die sich ihm in der Sinnestäuschung offenbart.

Es ist jedem halluzinierenden Patienten grundsätzlich fast unmöglich, an der Wirklichkeit der eigenen Sinnestäuschungen[7] zu zweifeln, weil die

[6] Hervorhebung von mir.
[7] Wenn diese, im Gegensatz zu den Pseudohalluzinationen, intensiv sind.

Realität für uns alle in allererster Linie diejenige ist, welche uns die sensorische Wahrnehmung vermittelt. Erst später, dank der in den ersten Kinheitsjahren ansetzenden Sozialisierung, gibt es eine gemeinsam gedachte, also logische Realität. Abgesehen davon, daß alle Sozialisierungsprozesse in der Schizophrenie durch die Zerrüttung der mitmenschlichen Verhältnisse fragwürdig werden, behält das sinnlich Wahrgenommene in jedem Fall den Stempel der Realität.

Später, nach der Remission, kann freilich der Kranke an der Wirklichkeit seiner traumhaften Wahrnehmungen zweifeln. Das tut ja auch Nerval, der in seinen Erzählungen immer wieder von einem „eigenen" Wahn spricht.

Aber die weltanschauliche Überzeugung, daß alles, was im Traum erscheint, an irgendeinem Ort des Seins, in einer geheimnisvollen, für uns undurchsichtigen Weise, real sei, begünstigt bei Nerval das Verbleiben in einer *Wahnstimmung*, aus der sich allerdings gerade seine visionäre Größe ergibt: denn nie schrumpft nach der Verwirrung das krankhafte Erlebte zu einem kleinen Haufen Elend zusammen, wie dies bei durchschnittlichen Kranken oft der Fall ist, welche dann nur ungerne erzählen, was sie alles in der psychotischen Episode erlebt haben.

An diesem Punkt wird etwas sichtbar, das mich bewogen hat, Nerval als ein wichtiges Beispiel meiner Ausführungen darzustellen: *Daß der geistig Kranke einen nur ihm vorbehaltenen Zugang zur Existenz hat.* Das ist die Hauptthese, die sich aus dem Aurelia-Roman Nervals ergibt.

„Ich bitte Gott", schreibt Nerval, „nicht darum, daß er an den Ereignissen etwas ändere, sondern daß er mich in bezug auf die Dinge ändere, daß er mir die Kraft lasse, um mich herum eine Welt zu schaffen, die mir angehört, und meinen Traum zu lenken, statt ihn zu erleiden."

Vielleicht habe ich nirgends einen so großartigen, aus der Not der psychischen Krankheit geborenen Wunsch gelesen wie bei diesem kranken Dichter.

Er bittet Gott nicht darum, daß er sein Dasein von Grund auf ändere, vielleicht weil er weiß, daß dies unmöglich ist, daß er nicht er *selbst* bleiben kann, außer in diesem eigentümlichen Erleben. Aber er bittet um Linderung dieses schmerzlichen Erlebens. Die Art Linderung, die er sich wünscht, ist gerade kennzeichnend: er möchte geändert werden, auf daß er die Kraft bekommt, eine Welt zu schaffen, *die ihm angehört*, nicht eine ihm entfremdete und ihn entfremdende Welt des Wahnes, wo die Gegenstände, die Menschen ihn verändern, ihm nicht mehr zu eigen sind. Sein Ich möchte wieder zum Ich werden, also seine eigenen Gedanken, seine Phantasien haben, seinen Traum lenken; und nicht beeinflußt, gelenkt, vergegenständlicht werden, durch das, was ihm träumt, was ihm erscheint.

Ausbruch der Psychose

a) Das primäre Bedeutungserlebnis

„Eines Abend gegen Mitternacht kehrte ich durch eine Vorstadt in meine daselbst gelegene Wohnung heim, als ich zufällig die Augen hebend, die durch eine Laterne erhellte Nummer eines Hauses erblickte. Diese Nummer entsprach der Zahl meiner derzeitigen Jahre. Als ich die Blicke senkte, sah ich gleich darauf eine bleiche Frau mit hohlen Augen vor mir, die die Züge Aurelias zu tragen schien. Ich sagte mir: Ihr Tod, oder der meine wird mir hier verkündet! Doch ich weiß nicht weshalb: ich hielt mich an die zweite Vermutung und verrannte mich fest in die Idee, er werde mich schon am folgenden Tag, zur gleichen Stunde treffen."

Die zufällige Wahrnehmung der Nummer eines Hauses, deren Zahl mit der Zahl der Altersjahre des Dichters koinzidiert, wird *wahnhaft bedeutungsvoll.*

Ähnlich erleben Tausende von Schizophrenen den Beginn ihrer Psychose, Das krankhafte Erlebnis — hier die zufällige Koinzidenz der Zahlen — kann nicht mehr in eine erlebende Ichstruktur eingeordnet werden, welche zwischen Zufälligkeit und Kausalität, zwischen Selbst und Ideal (Aurelia), zwischen Realität und Traum zu unterscheiden vermöchte. Die Bedeutungen überschneiden sich; sie hängen mit tausend Fäden zusammen, das Ich ist seiner nicht mehr mächtig.

Dieser *Ichuntergang* wird in einem anschließenden Traum so wahrgenommen:

„In jener Nacht hatte ich einen Traum, der mich in dieser Vorstellung noch bestärkte . . .Ich verlor mich mehrmals in langen Korridoren und als ich eine der Mittelgalerien durchschritt, fiel mein staunender Blick auf ein seltsames Schauspiel. Ein Wesen von übermäßiger Größe — ich weiß nicht, ob Weib oder Mann — hielt sich mit Mühe kreisend über dem Raum und schien zwischen dicken Wolken nach einem Halt zu suchen. Ohne Kraft und Atem stürzte es schließlich mitten in den dunklen Hof, wobei seine Flügel an Dächer und Geländer streiften und zwischendurch daran hängenblieben. Einen Augenblick lang konnte ich es betrachten. Es war rosenrot gefärbt und seine Flügel blitzten von einem tausendfach wechselnden Farbenspiel. Mit seinem langen antikisch gerafften Gewand glich es dem Engel der „Melancholie" von Dürer. — Ich stieß unwillkürlich einen entsetzten Schrei aus, der mich jäh aus dem Schlafe schreckte." Die Kraftlosigkeit des Vogels, die Zweigeschlechtlichkeit des sich mit Aurelia im Todesschicksal verwechselnden Mannes, die Farbenschönheit der Seele, die Melancholie des Unterganges *(Dürer)*, der Schrei des Entsetzens, alles deutet unwiderstehlich darauf hin, daß sich hier dem Unbewußten des Dichters das Bild des eigenen Selbst aufgedrängt hat — Spiegelbild des ihm im Wachen, am Tage vorher vorausgesagten und vorausgeeilten Todes.

Was aber dieses psychotische Erleben vom durchschnittlichen geisteskranken Erleben unterscheidet, ist die ungeheure Gestaltungskraft des Wortes.
Der schöpferische Gedanke vermag in der Krankheit zwar nicht mehr die einzelnen geistigen Kategorien, wie Kausalität, Wahrscheinlichkeit, Bedeutung, Ichgrenze, Singularität, Multiplizität, Ein- und Zweifachheit zu erfassen, weil das Ich in einer Auflösung seiner logischen Struktur begriffen ist. *Aber der Gedanke vermag doch noch das Erleben in großartigen Bildern zusammenhängend darzustellen:* hier besteht noch ein letzter Rest Gesundheit (hier waltet die Anwesenheit der sekundären psychischen Prozesse, welche die primären Prozesse, die unzusammenhängenden, die kontaminierten und verdichteten Gedanken, in einer *nicht zerfahrenen* Form spiegeln können).
Die Psychose, der Wahn erscheinen uns also im Spiegel des integrierenden Intellektes, der relativ gesunden Persönlichkeitsseite, welche sich unmißverständlich zu Wort meldet: „Wenn ich nicht glaubte, daß die Sendung des Schriftstellers darin besteht, in aller Aufrichtigkeit zu analysieren, was er in den ernsten Situationen des Lebens verspürt . . . würde ich hier enden und nicht zu beschreiben versuchen, was ich darauf in einer Reihe von Visionen erlebte, die vielleicht wahnhaft, oder im gemeinen Sinne krankhaft gewesen sind." Offensichtlich schildert der Dichter das Erleben seiner Psychose aus der brüchigen Ruhe einer Krankheitsremission heraus. Er befindet sich beim Schreiben in jenem Zwischenraum, wo er nicht mit Sicherheit unterscheiden kann, was Wahn, was Traum, was Einbildung, was Möglichkeit gewesen ist. Erst durch diese Nähe zur Realität ist er Herr über die Welt der Psychose, der Trugbilder, kann er sie noch in den herrlichen Worten eines großen Dichters ausdrücken.
Das Wesen der Psychose, als ein Aufreißen aller Grenzen, kann deshalb zusammenhängend und überlegen ausgesagt werden, weil es bei Nerval doch einen Ort in der zerfallenden inneren Welt gibt, wo Grenzen als Worte noch möglich sind; ist doch das Wort nichts anderes als begrenztes Bild einer Grenze und begrenzender Begriff.
Das Hineinfluten der Bedeutungen in die Ichbereiche kann von ihm zusammenhängend beschrieben werden:
„Hier begann für mich, was ich als Einmünden des Traumes in das wirkliche Leben bezeichnen möchte. Von diesem Augenblick an bekam alles zuweilen einen Doppelaspekt und zwar ohne daß meinem Denken jemals die Logik abhanden gekommen, oder meinem Gedächtnis auch nur eine noch so flüchtige Einzelheit dessen, was mir zustieß, je entschwunden wäre. Nur unterstanden meine nach außen sinnlosen Handlungen dem, was man vom Standpunkt der menschlichen Vernunft Sinnestäuschung bezeichnet . . ."

b) Die Spaltung

Der *Verlust der Grenze* bedeutet nach außen hin, daß die Gegenstände entweder in ihrer Realität verschwinden, oder daß sie sich mit fremden Bedeutungen füllen. Die Kraft des Ichs — welche den kraftlosen Vogel, eben das Selbst, verlassen hat — kann zum Beispiel *transitivistisch* in einem Gegenstand, in einem Partner, in einem Stern, als etwas erscheinen, das dem Ich nicht mehr gehört: „Es kam mir vor als wende mein Freund übermenschliche Kräfte auf, um mich fortzubewegen; er wuchs vor meinen Augen und nahm die Züge eines Apostels an."
Auch die unbelebten Gegenstände gewinnen an geheimnisvoller Kraft: so hält der Dichter Ausschau nach einem Stern, der Einfluß auf sein Geschick hätte und in allen Gassen sichtbar wird. Die Psyche ist in den Weltdingen eingefangen und wird dem Subjekt durch die Dinge widergespiegelt.
Das bedeutet aber Spaltung. Der Verlust der Grenze zwischen Ich und Welt betrifft auch die Mitte des Ichs; dieses Ich fällt dann einem Prozeß der Verdoppelung, ja der Fragmentierung anheim. Anschaulich wird dieses Spaltungserleben so geschildert:
„Auf einem Feldbett ausgestreckt hörte ich, wie die Unifomierten von einem Unbekannten sprachen, der wie ich arretiert worden war und dessen Stimme im gleichen Raum erscholl. Durch einen eigentümlichen Schwingungseffekt kam es mir so vor, als ob diese Stimme in meiner Brust ertönte und meine Seele sich gleichermaßen *spaltete*[8], zwischen Vision und Wirklichkeit deutlich aufgeteilt."
Wieder vermag hier der Dichter, was der gewöhnliche Kranke nicht mehr kann: er gestaltet durch das Wort, er stiftet durch das zusammenhängende Symbol Ordnungen in einem Bereich, wo der Zusammenhang sonst zerrissen wird; er schildert also die „überpsychotische" (wie ich mich ausdrücken möchte), d. h. die existentielle Bedeutung der Doppelgängerhalluzination, die an sich ein menschliches Symbol darstellt, ein Sinnbild der menschlichen Teilung zwischen Bewußtsein und Unbewußtsein: „Ich erbebte bei der Erinnerung an eine in Deutschland wohlbekannte Sage, nach der jeder Mensch einen Doppelgänger hat, dessen Erscheinen ihm verkündet, daß der Tod nahe ist."
„Wer aber war dieser Geist, der ich selbst und doch auch etwas außerhalb von mir war? War es der Doppelgänger der Sagen oder jener mystische Bruder, den die Orientalen als Feruer bezeichnen? War ich nicht tief betroffen gewesen über die Geschichte von jenem Ritter, der eine ganze Nacht im Walde gegen einen Unbekannten kämpfte, der er selber war? Wie dem auch sei, ich glaube die menschliche Einbildungskraft hat niemals etwas erfunden, das nicht in dieser Welt oder in anderen wahr ist und ich konnte an dem nicht zweifeln was ich so deutlich gesehen hatte."

[8] Hervorhebung von mir.

„Es gibt in jedem Menschen einen Zuschauer und einen Akteur, einen der spricht und einen der Antwort gibt."
Die Erscheinung des Doppelgängers kann an sich auch durch eine hirnorganische Veränderung verursacht werden, wie dies zum Beispiel aus den Erlebnissen des Dichters *Maupassant* eindeutig hervorgeht.
Je mehr wir aber, wie etwa in der Schizophrenie oder gar in den Depersonalisationserlebnissen, eine materielle cerebrale Grundlage vermissen, desto mehr häufen sich für uns die Möglichkeiten, die Erscheinung zu *deuten*.
Es bleibe die Frage offen, ob dieser Sachverhalt der psychischen Deutbarkeit darauf beruht, daß ein in der Psychiatrie ubiquitäres psychopathologisches Symptom semantisch reicher, geistig bedeutungsvoller ist, wenn es psychoreaktiv und nicht nur somatisch bedingt ist, oder ob es, angesichts unserer menschlichen Tendenz, vor allem das zu deuten, was nicht im naturwissenschaftlichen Sinne kausal erklärbar ist, nur so erscheint.
Eine psychologische Deutung des Doppelgängers bei Nerval liegt jedenfalls nahe:
Der Doppelgänger ist der Mann, der die Aurelia bekommt, also männlicher als der feminine Dichter[9] ist:
„In diesem Augenblick erschien einer der Arbeiter aus der Werkstatt ... er hielt seinen langen Stab in der Hand, dessen äußerstes Ende aus einer am Feuer rotglühend erhitzten Kugel bestand. Ich wollte mich auf ihn stürzen, doch die Kugel, mit der er mich im Schach hielt, bedrohte meinen Kopf. Man schien sich ringsum über meine Ohnmacht lustig zu machen."
Hier hört er den verzweifelten Schrei der Aurelia:
„Sie gehörte nicht zum Traume; es war die Stimme einer Lebenden und dennoch für mich die Stimme und der Tonfall Aurelias ..." Der Doppelgänger als die Verkörperung einer nicht gekonnten, nur unbewußt erwünschten eigenen Männlichkeit ist deshalb nicht bloß die Maske, sondern der Feind der realen Person. Zu seiner Erscheinung schreibt Nerval anderswo:
„Die Orientalen haben (hier) zwei Widersacher gesehen: den guten und den bösen Genius. Bin ich der gute? Bin ich der böse? befragte ich mich selbst. Auf alle Fälle ist der *andere*[10] mein Feind ... Aurelia war nicht mehr mein! ... Ich meinte von einer feierlichen Handlung reden zu hören, die anderswo erfolgte, sowie von Zurüstungen für eine mystische Hochzeit, die die meine war, bei der jedoch der *andere*[10] aus dem Irrtum meiner Freunde und Aurelias selbst Nutzen ziehen werde."

[9] „Nerval ist immer unterwegs zu den Müttern, so wenn er auf dem fernen Friedhof das Grab der Geliebten oder im fernen Deutschland das der eigenen Mutter sucht, und am absolutesten dann, wenn er mit dem Einsatz seines eigenen Lebens die Türen zu sprengen hofft" *(H. Staub)*. Thematisch kreist *Nervals* Dichtung immer wieder um das Bild der Frau: als Mutter, als Geliebte, als Göttin, als große Mutter. Es ist kein Zufall, daß die meisten seiner Erzählungen als Titel einen Frauennamen tragen: Sylvia, Pandora, Octavia, Aurelia, Adrienne, Isis, Corilla usw.

[10] Hervorhebung wie im Original.

c) *Die Fragmentierung, Zersplitterung des Ichs,* in der die Spaltung fortschreitet, drückt sich nicht nur im Gefühl, viele Menschen zu sein (die Ahnen und die ganze Menschheit strömt in fabulösen Bildern aus der Brust Nervals), sondern auch im spiegelbildlich entsprechenden Gefühl aus, daß auch die Realität verdoppelt, verdreifacht, vermehrfacht ist. Dies ist nicht nur Projektion, sondern auch Fragmentierung der Objektwelt: nicht nur das Ich, sondern auch die Objektrepräsentanz fällt auseinander:
„Hinter den vom Winde rasch dahingejagten Wolken sah ich mehrere Monde mit großer Geschwindigkeit am Himmel vorüberziehen. Ich dachte, die Erde sei aus ihrer Bahn geraten und irre am Firmament dahin wie ein Schiff ohne Masten, wobei sie sich den wechselweise größer und kleiner erscheinenden Sternen nähern oder sich aber von ihnen entfernen." „Zwei oder drei Stunden lang betrachtete ich diese Wirrnis . . ."
Die postpsychotische Nacherzählung begründet die Größe dieses psychotischen Dokumentes; denn dieses enthält nicht nur das verworrene kausale Argumentieren des Geisteskranken (nach dem die halluzinierten Monde auf die Vermutung zurückgeführt werden, daß die Erde sich den Sternen nähere), sondern die Verbindung von Halluzination, von künstlerischer Verarbeitung (die Schönheit der Darstellung), und resignierten Zweifeln des Verstandes, der sich dabei auch der Wirrnis des Erlebens bewußt bleibt.

d) Spaltung bedeutet auch Verwechslung von Innen und Außen

„Auf der Place de la Concorde angekommen, hatte ich den Gedanken, mich selber auszulöschen . . . Die Sterne blinkten am Firmament. Plötzlich schien mir, daß sie alle zugleich erloschen, wie ich es in der Kirche (bei den Kerzen) gesehen hatte."
Hier beobachten wir die Verschmelzung von drei psychischen Akten: das realsensorische Bild der Kerze, den Unterbruch des Ichvollzuges (inneres Erlöschen) und die Weltuntergangshalluzination:
„Ich glaubte, die Zeit sei nunmehr erfüllt und das in der Offenbarung St. Johannis vorausgesagte Ende der Welt stehe nahe bevor." „Ich meinte eine schwarze Sonne am verödeten Himmel und eine blutrote Kugel über den Tuilerien zu sehen."
Solche Erlebnisse findet man sozusagen bei jedem akuten Schizophrenen. Aber nur ein Nerval drückt dies gestaltend aus:
„Die ewige Nacht beginnt, sagte ich mir, sie wird fürchterlich sein. Was wird geschehen, wenn die Menschen bemerken, daß es keine Sonne mehr gibt? Ich . . . empfand Mitleid mit den verspäteten Bauern, denen ich noch begegnete . . . Wie werden sie (die Bauern) staunen, wenn sie sehen, daß die Nacht kein Ende nimmt . . . Indessen bellten da und dort die Hunde und die Hähne krähten."

Die verworrene Angst wird also zu einem erhabenen Schauspiel, eines Dante würdig; sie schließt mitmenschliche Gefühle des Mitleides, die man sonst in der Geisteskrankheit kaum findet, nicht aus. Die Gestaltungskraft des Dichters kann ferner Einblick in die sonst dissoziierte „doppelte Buchführung" gewinnen, so daß aus einem bloßen Widerspruch zwischen Wahn und Wirklichkeit die bitter humorvolle Tragik eines Menschen wird, der durch den Hahnenschrei in den Alltag zurückgeholt wird.

e) Ichverlust und Ichgestaltung

Das Dünnerwerden der Ichgrenzen macht den Schizophrenen in einem gewissen Sinne dem Mystiker ähnlich: die Realität wird fraglich, das Geheimnis des Urseins beginnt.

Alllein, der Schizophrene zerfällt in diesem Erleben, weil sein Ich, im Gegensatz zu dem in der Hingabe bestehenden, sich nie ganz verlierenden Ich des Mystikers, brüchig ist.

Mancher große Geist, der sich jedoch dabei immer wieder auffängt, wie Nerval, kann uns, implicite, die Verwandtschaft zwischen Krankheit und Mystik zeigen:

„Von dem Augenblick an, da ich mir Gewißheit verschafft hatte, daß ich den der Weihe vorausgehenden Prüfungen unterworfen werde, zog eine unüberwindliche Kraft in meine Seele ein. Ich hielt mich für einen Helden, der unter den Augen der Götter lebte; alles in der Natur nahm neue Aspekte an. Geheimnisvolle Stimmen gingen von der Pflanze, dem Baum, den Tieren, den unscheinbarsten Insekten aus, um mich zu warnen oder zu ermutigen. Die Sprache meiner Gefährten enthielt geheimnisvolle Wendungen, deren Sinn sich mir offenbarte. Leblose Dinge boten sich von selbst für die Berechnungen meines Geistes dar; aus den Gruppierungen von Kieseln, den Formen von Ecken, Spalten oder Öffnungen, der Gestalt von Blättern, aus Farben oder Tönen ergaben sich für mich bis dahin ungekannte Harmonien." „Alles lebt, alles webt und entspricht einander; die von mir oder den anderen ausgehenden Strahlen gleiten ungehindert durch die unendliche Kette alles Geschaffenen hindurch; sie bilden ein durchsichtiges Netz, das die Welt überzieht und dessen schmiegsame Fäden immer wieder greifend mit Planeten und Sternen eine Verbindung herstellen."

Was aber gerade das schizophrene Erleben charakterisiert, ist immer die Schnelligkeit, mit der der positive Effekt bei weiterschreitender Schwächung des Ichs plötzlich in sein negatives Spiegelbild umschlägt:

„Alsbald erbebte ich bei dem Gedanken ... so (d. h. durch die erwähnten vielfältigen Weltzusammenhänge) können erst recht feindliche, tyrannische Geister die Intelligenzen unterjochen und sich ihrer Einzelkräfte zum Zweck der Befriedigung ihrer Herrschaftsgelüste bedienen. O Jammer! ... O Schrecken!"

Wie der Verlust der Grenzen für das schizophrene Ich gleichzeitig Unendlichkeit und doch Untergang bedeuten kann, wird von Nerval in der projektiven Sprache durch ein unvergeßliches Symbol ausgedrückt.

Er schildert uns, wie Aurelia (die weibliche Anima des mutterbesessenen Dichters) unter einem hellen Lichtstrahl dermaßen zu wachsen anfing, daß allmählich der Garten in ihrer Gestalt aufging und Blumenanlagen und Bäume zu Rosetten und Falten ihres Kleides wurden, während ihr Gesicht und ihre Arme den Purpurwolken des Himmels ihren Umriß aufprägten. Ich verlor sie in dem Maße aus den Augen, wie sie sich verwandelte, denn sie schien sich in ihrer eigenen Größe zu verlieren." „Fliehe nicht", rief ich aus, „mit dir stirbt die Natur!"

So wie Aurelia, verliert sich das psychotische Selbst des Dichters in der eigenen „Größe", in einer die Person auflösenden Transzendenz, die sich in ihm in Tausenden von Gestalten widerspiegelt:

„... als ob die Wände des Saales sich zu unendlichen Perspektiven aufgetan hätten, meinte ich eine ununterbrochene Kette von Männern und Frauen zu sehen, *in denen ich war und die ich selber waren*[11]. Die Trachten aller Völker, die Bilder aller Länder erschienen gleichzeitig vor mir, als ob mein Vermögen zur Aufmerksamkeit sich, ohne unklar zu werden, vervielfältigt hätte, dank einem Phänomen des Raumes analog dem der Zeit, die ein Jahrhundert voller Geschehnisse in einer Minute des Traumes konzentrieren kann."

Sowie einerseits die Grenze zwischen Innen und Außen zerfällt, so bilden sich anderseits Hand in Hand mit dem Verlust der gewöhnlichen Objektbeziehungen, aus denen das Selbst und das Weltbild bestehen, neue umfassende Daseinsringe der psychotischen Identifiktationen und der magischen Spiegelbilder, welche eine neue Einheit schaffen.

Das zerfallende Ich ist aufgenommen in einer für es bestehenden, nur auf es bezogenen Welt, die es selber ist, die es bedroht und mit untergeht und mit ihm nach erlösender Gestalt schreit. Einen einmaligen Ausdruck und somit eine Gestaltung dieses schizophrenen Geschehens schildert Nerval so:

„Ich bat den einen von ihnen um einen orientalischen Ring, den er am Finger trug und den ich für einen alten Talisman hielt: ich nahm mein Halstuch und knotete es an meinem Kragen fest, wobei ich Sorge trug, den Schmuckstein, der aus einem Türkis bestand, so zu drehen, daß er mich auf einen Punkt des Nackens drückte, durch den die Seele in dem Augenblick zu entfliehen drohte, in dem ein gewisser Strahl des Sterns, den ich am Abend zuvor gesehen hatte, von meinem Blickpunkt aus, mit dem Zenit zusammenfallen würde." Eine eindeutige Interpretation dieses schizophrenen „Wahnkonglomerates" fällt nicht schwer:

Da der Stern, das lebende Spiegelbild des dahinschwindenden Ichs, die

[11] Hervorhebung von mir.

ganze Ichpotenz aufsaugt und verkörpert, bedeutet sein Strahl, sofern eine Identifikation mit ihm im Allmachtsgefühl nicht möglich ist, den Tod. Das Zusammenfallen des Sternes mit dem Zenit ist eben ein solcher Augenblick, wo das selbstentfremdete Ichbild höchste Potenz erreicht und das Ich von der Gefahr bedroht ist, zu seinem Objekt zu werden.

Dieser Verlust der Subjektivität ist im Bilde enthalten, daß in der Innenwelt ein körperlicher Punkt dem kosmischen Zenit entspricht, wo die Seele dem Körper eben entflieht.

Mit aller Kraft rafft sich aber das Ich dazu auf, im Talisman das Sternbild zu besitzen, also die Projektion, die Dissoziation rückgängig zu machen. Dies wird dadurch versucht, daß der Talisman fest gegen den Körper gepreßt wird, damit ein Schmerzgefühl, das heißt ein *eigenes* Existenzgefühl entstehe, das sich gegen das sich im Inneren ausweitende Nichts stemme.

Solche Patienten fügen sich nicht selten körperliche Leiden zu, um sich zu beweisen, daß sie leben, daß sie existieren. Die Gefahr der Nichtexistenz bedroht sie.

„Ich konnte keine zehn Zeilen hintereinander lesen und verstehen. Bei den schönsten Dingen sagte ich mir: Was soll das! Für mich existiert das nicht."

f) Neologismus als Neuweltschöpfung

Die Aufspaltung der Ich- und der Objektwelt in der Schizophrenie führt bekanntlich nicht nur zur Auflösung; ein beständiger Drang nach Kohäsion, eine Zentripetie, gegenseitige Anziehung der psychischen Kräfte, läßt aus den Einzelteilen, den Ichkernen, den peripheren Bruchstücken, neue neologistische Welten, Begriffe, Worte entstehen.

Meistens sind diese *Neuverbindungen* nur noch der Ausdruck der Ichunfähigkeit, die ursprüngliche große Synthese der präpsychotischen Zeit wiederherzustellen. Ein Verlust des Formniveaus, ein Zug des Bizarren, Verschrobenen, Schrulligen geht deshalb durch all diese psychotischen Produktionen hindurch.

Ein großer Geist vermag aber den Schleier der fabulösen Produktivität über die Trümmer der Psychose auszubreiten und unsere Aufmerksamkeit mit Neologismen zu bannen, welche wie Weltschöpfungen erscheinen:

„Einer der Elohiten kam auf den Gedanken, eine fünfte Rasse zu schaffen, die aus Elementen der Erde zusammengesetzt war und *Afriten* geheißen wurden . . .

Diese eigenartigen Mysterien wurden im innersten Afrika, jenseits der Mondberge und des alten Äthiopiens begangen: lange hatte ich dort in der Gefangenschaft geschmachtet, samt einem Teil des Menschheitsgeschlechtes."

Die neologistische Tendenz (im Wort „Afriten“ sichtbar) wird grundsätzlich vom Patienten, als *die* Gegenkraft des Lebens, dem Nichts, der Auflösung, der Aufspaltung, der Verfolgung gegenübergestellt; sie ist die einzige Ichaktivität mitten im Verlust und hat deshalb, trotz der Zerfahrenheit ihrer Produktion, den subjektiven Anschein des Sakralen, Heiligen, Großartigen:

„Ich hatte versucht, die Steine der Tabula Rasa zu vereinen und rings um sie geschart die sieben ersten darzustellen, welche die Welt unter sich aufgeteilt hatte.“

„Den Gesprächen der Wärter und denen meiner Gefährten legte ich einen mystischen Nebensinn bei. Es schien mir, als ob sie Repräsentanten aller Rassen auf Erden seien und daß es für uns alle darum gehe, den Gang der Gestirne von neuem zu ordnen, jedoch grandioser zu entwickeln.“ „Dieser Gedanke leitete mich zu dem anderen, daß eine ausgedehnte Verschwörung unter allen Lebewesen bestand, um die Welt in ihrer Harmonie wieder herzustellen, daß die Verbindungen durch den Magnetismus der Gestirne stattfanden, daß eine ununterbrochene Kette die mit jener allgemeinen Verbindung beschäftigten Intelligenzen rings um die Erde verband und daß die magnetischen Gesänge, Tänze und Blicke nach und nach dasselbe Streben übertrugen.“

„Der Mond war für mich der Zufluchtsort der verbrüderten Seelen, die von ihren sterblichen Körpern befreit freier an der Wiederherstellung des Weltalls arbeiteten.“

g) Bedeutungserlebnisse feiern eine psychopathologische Orgie

„Wir sind sieben“, bemerkte ich zu meinem Onkel hin. „Das ist in der Tat“, sagte er, „die typische Zahl für jede Menschheitsfamilie und durch Extension siebenmal sieben und so fort.“ „Sieben war die Zahl der Familie Noahs; aber einer der sieben war durch ein geheimnisvolles Band mit der vorausgehenden Generation der Elohim verknüpft . . .!“

„Die Einbildungskraft führte mir blitzartig die vielfältigen Götter Indiens als Bilder der sozusagen in der Urform konzentrierten Familie vor Augen. Ich zitterte davor, noch weiter zu gehen, denn in der Dreieinigkeit verbirgt sich ein noch gewaltigeres Geheimnis . . . Wir unterstehen von Geburt an dem biblischen Gesetz.“

Oder: „In diesem Augenblick ging an der Stelle, wo der Kampf stattgefunden hatte, ein hochgewachsener Arbeiter vorbei, der ein Kind in hyazinthefarbenem Kleide trug. Ich bildete mir ein, dies sei der heilige Christopherus mit dem Jesuskind.“

Ich verstehe die Bedeutungserlebnisse als das Hineinfließen anderer Vorstellungen in das konkrete, aber entgrenzte sensorische Erlebnis: dieses füllt sich mit der Potenz benachbarter Bilder, die vom konkret gegenwärtigen Bilde beim Versagen der Objekt- und Ichgrenze nicht unterschieden werden können.

Dieser an sich psychostrukturell bedingte Vorgang kommt der Tendenz des Unbewußten entgegen, die Wirklichkeit gemäß den eigenen Wünschen und Befürchtungen zu erleben und eben diese als die eigentliche innerseelische Wirklichkeit zu empfinden.

Bei den positiven Bedeutungserlebnissen ist es ferner oft so, daß der großartige Zusammenhang die Ichschwindsucht, d. h. den Ichverlust kompensiert.

Umgekehrt bietet das unheilvolle Bedeutungserlebnis dem Patienten die Möglichkeit, Untergangsgefühle, die im unfaßbaren innerseelischen Raum Bedrohlichkeit entfalten, nach außen zu verlegen, zu dramatisieren und somit stellenweise zu gestalten. Anderseits dürfte diese Verlegung nach außen auch ein Symptom der Unfähigkeit sein, die Zugehörigkeit der psychischen Akte wahrzunehmen und diese im Gegensatz zur Außenwelt zu vollziehen.

Die Bedeutungserlebnisse des Dichters haben alle diesen Charakter. Der geniale Pinsel des Dichters läßt jedoch die Sinnestäuschung zur „göttlichen Komödie" werden.

Bedeutungserlebnisse schließen Beziehung, Beeinflussung, Verfolgung in sich ein:

„Beim Ave Maria brach der Priester mitten im Gebet ab und fing siebenmal von vorn an, ohne daß ich in meinem Gedächtnis die nächsten Worte hätte finden können. Darauf wurde das Gebet beendet, und der Priester hielt eine Predigt, *die mir einzig an mich gerichtet schien*[12].

Oder auch:

„Dort hatte ich das Gefühl, als starrten alle Leute mich an."

Oder auch:

„Während er neben mir herschritt, hielt ich am Himmel nach einem Stern, den ich zu kennen glaubte, Ausschau, als habe er Einfluß auf mein Geschick." „Die auf mich warten, sind auf jenem Stern. Sie sind älter als die Offenbarung, die Du mir verkündet hast."

Verfolgung:

„In dem Augenblick, da ich die Tür durchschritt, bedrohte mich ein weißgekleiderter Mann, dessen Gesicht ich nicht recht erkennen konnte, mit einer Waffe, die er in der Hand hielt."

h) Der Beeinflussungswahn als Projektion des Beeinflußtwerdens

„Zunächst stellte ich mir vor, die im Garten versammelten Personen hätten alle irgenwelchen Einfluß auf die Gestirne; derjenige der sich ständig im gleichen Kreise drehte, reguliere dadurch den Sonnenlauf." „Mir selbst

---

[12] Hervorhebung von mir.

schrieb ich eine Wirkung auf den Lauf des Mondes zu; ich glaubte, er sei von dem Allmächtigen mit einem Blitzschlag getroffen worden, der den Abdruck der Maske, die ich an der Mauer eingezeichnet gesehen habe, diesem Gestirn nachträglich aufgeprägt habe."

Welche Maske? Wir lesen auf der vorangehenden Seite:

„Auf einer nach Westen gelegenen Mauer waren Gesichter eingezeichnet, eines davon sah aus wie ein Mond mit geometrischen Figuren darin, die Augen und Mund darstellten; über diesem Gesicht hatte jemand eine Art Maske gemalt ... Etwas weiter fort war ein Totenkopf in den Verputz eingeritzt; auf der gegenüberliegenden Fläche hatte irgend ein Besucher zwei Mauersteine zurechtgehauen, so daß zwei nicht übel geratene Fratzen daraus entstanden waren."

Der „Totenkopf" ist die Schlüsselassoziation. Sie ist eine Assoziation des Todes, die die ganze Szene durchwebt, wie die Schlußvorstellung anzeigt: „Zwei Türen führten in die Keller und ich bildete mir ein, daß dahinter unterirdische Gänge gelegen wären, die ich am Eingang der Pyramiden wahrgenommen hatte."

Die ägyptische Pyramide ist vielleicht das erhabenste Symbol eines durch menschliche Technik überwundenen Todes, der in der tödlichen Stille des Grabes mit Lebensbildern die Ewigkeit um sich beschwört. Die Fratze des Totenkopfes wird nun auf einen Mond projiziert, der aber den Winken des Patienten gehorcht: eine unausgesprochene Identifizierung mit dem projektierenden Allmächtigen macht es möglich, das inwendige Todesbild in einen Bereich der Gedankenallmacht zu schleudern.

i) Verformung der Kausalität

Die Wirkungszusammenhänge werden magisch. Der Patient steht unter dem Einfluß von allen möglichen Dingen, aber er übt auch Einfluß auf alle möglichen Dinge.

Ein Beispiel von der ersten Art:

„Wenn das allein schon nach menschlichen Maßstäben furchtbar ist, so wird man erst recht verstehen, wie es sein wird, wenn man zu den geheimnisvollen Formeln, die die Ordnungen der Welten bestimmen, in Beziehung tritt ... Sollte (meine Seele) gar das unselige Partikelchen sein, dessen Bestimmung es ist, unter allen Verwandlungen noch die Rache mächtiger Wesen über sich ergehen zu lassen?"

Ein Beispiel von der zweiten Art:

„Als ich wieder ins Freie trat, ging ein gewaltiger Regen über dem Garten nieder ... Dies ist die wirkliche Sintflut, die hiemit beginnt. In den Nachbarstraßen stieg das Wasser an. In dem Gedanken, *ich könnte dem Einhalt gebieten*[13], was ich für die große Weltflut hielt, warf ich den Ring, den ich bei Saint-Eustache eingekauft hatte, an der tiefsten Stelle hinein.

[13] Hervorhebung von mir.

Fast im gleichen Augenblick beruhigte sich das Gewitter und ein Sonnenstrahl leuchtete auf."

Die Vorstellung, daß wir mit unseren Gedanken *die Realität machen* können, die sich teilweise schon bei den Zwangskranken, aber auch bei den primitiven Menschen findet, erscheint ohne jegliche logische Korrektur erst in der Schizophrenie.

Diese Vorstellung, welche ohne Zweifel archetypisch ist, mag darauf zurückgehen, daß der Säugling durch Äußerung seiner Gefühlsbedürfnisse die Mutter, das heißt seine ganze damalige Welt bewegt.

Ich möchte aber das Phänomen nicht bloß als eine Regression auffassen. Allzulange haben wir schizophrene Phänomene als regressiv betrachtet, ohne ihre neuproduktive, „neologistische" Art zu berücksichtigen. Wir müssen dessen eingedenk bleiben, daß die strukturelle Situation beim erwachsenen Kranken und beim Säugling eine völlig verschiedene ist. Der antiphysiologische Strukturverlust bedingt ein Erleben der entsetzlichen Ohmacht, die kompensierend archetypische Gegenbilder der Macht zeitweise aktivieren kann.

So verbindet sich die innere Ichfragmentierung mit einem Erleben, wo die Brust des Dichters die ganze Menschheit beherbergt, sich mit den Profilen und Geschicken der Ahnen, der Erdenrassen bevölkert und das Schwinden in eine ungeheuer phantastische Mehrung des Lebens verwandelt.

Die akute Psychose bewirkt, im Gegensatz zur chronischen und ausschließlich qualvollen Psychose, auch Erlebnisse gegenteiliger Natur. Zwar ist das Grauen, das mit der Ichauflösung und der Existenzvernichtung zusammenhängt, viel gewaltiger als in jeder Form chronischer Schizophrenie, wo das Erlebnis der Leere zum stabilen Haushalt des Alltags geworden ist. Aber das plötzliche Abwerfen der Individualitätsform und -grenze kann dem Ich, das noch nicht erloschen ist, Erfahrungen der Grenzenlosigkeit vermitteln, die in gewaltigen mystischen Bildern gestaltet werden: Zeit und Raum öffnen sich, die ganze vergangene Menschheitsgeschichte liegt vor Augen, das Ziel des Lebens als Vereinigung mit Gott steht bevor: „Ich hatte das Gefühl, daß ich sehr groß geworden und ganz und gar von elektrischen Strömen überflutet, alles niederwerfen würde, was mir nahe käme." Es fehlt aber nicht an umgekehrten depressiven Schuldgefühlen: „Sagen wir eher, daß ich den schwerwiegenden Gewissensbissen wegen einem sinnlos vergeudeten Lebens begegnete, in dem das Böse sehr oft den Sieg davon getragen hatte und dessen Fehler ich erst unter den Schlägen des Unglückes verspürte. Ich hielt mich nicht einmal mehr für würdig, an diejenige auch nur zu denken, die ich im Tode noch quälte, nachdem ich ihr im Leben Kummer bereitet hatte, und deren letzten Verzeihensblick ich einzig ihrem süßen, heiligen Mitleid verdanke.

In der folgenden Nacht konnte ich nur wenige Augenblicke Schlaf finden. Eine Frau, die sich sorgend meiner Jugend angenommen hatte, erschien mir im Traum und warf mir ein sehr schweres Vergehen vor, das ich mir ehemals hatte zuschulden kommen lassen . . . Darauf dachte ich mit bitteren Gefühlen daran, daß ich versäumt hatte, sie in ihren letzten Augenblicken noch einmal aufzusuchen . . . Gott hatte mir diese Zeit gelassen, damit ich bereuen könnte, ich aber hatte sie nicht genützt . . . Das Gefühl, das sich für mich aus diesen Visionen und Überlegungen ergab, war so traurig, daß ich mich wie verloren fühlte. Alle Handlungen meines Lebens zeigten sich mir von ihrer unerfreulichsten Seite, und sobald ich mich dieser Art von Gewissenserforschung überließ, stellte mir mein Gedächtnis sogar weit zurückliegende Tatsachen mit eigenartiger Klarheit vor Augen."

k) Entstehung von Wahnvorstellungen

Die Feinheit der Introspektion bei Nerval kann uns die Mittelglieder der Entstehung einer Wahnvorstellung zeigen, die wir beim durchschnittlichen Kranken gewöhnlich fixfertig wahrnehmen, also als „primären Wahneinfall" (wie *Kurt Schneider* dies nennt).

Wie sich aber das Primäre in einer ganzen Kette gliedern kann, beobachten wir nur dort, wo differenzierte Selbstbeobachtungsfähigkeit möglich ist.

Nehmen wir als Beispiel die Vorstellung Nervals, Napoleon zu sein. Sie ist als Ganzes unverständlich, aber sie entsteht über Stufen, die für sich und in ihrer Reihenfolge betrachtet verständlich erscheinen:

a) Zunächst besteht das dem Napoleonischen entgegengesetzte Gefühl der Nichtigkeit: alle Leute starren ihn an, die Visonen zerfließen in Nichts, das Wetterleuchten der Geisteskrankheit ängstigt ihn.

b) In dieser Situation wird der Archetyp des großen Mannes, der sonst in der Spaltung als sein ihn vernichtender Doppelgänger, als das Urbild des Rivalen der inwendigen, nicht verwirklichten Sehnsucht erscheint, in der Phantasie gegenwärtig:

„Währenddem wir über den Pont des Arts schritten, erklärte ich ihm das Prinzip der Seelenwanderung und sagte zu ihm: Heute abend ist mir, *als hätte*[14] ich die Seele Napoleons in mir, die mir große Dinge eingibt und sie auszuführen beginnt."

Der Potentialis des Verbes „haben" zeigt die Fraglichkeit des Erlebens.

c) Die Hypothese wird durch nachträgliche Identifizierung des wankenden Selbst mit einem außerhalb des Selbst verankerten Bilde der Größe zur Gewißheit: „. . . als ich in meinem Gedächtnis nachsuchte, das ich für das Napoleons hielt . . ."

d) Die äußerliche zunehmende Situation der Ohnmacht begünstigt die intrapsychische Reaktion:

„Im Laufe der Nacht nahm mein Delirium zu, vor allem gegen Morgen, als ich gewahr wurde, daß ich festgebunden war. Es gelang mir, mich aus

[14] Hervorhebung von mir.

der Zwangsjacke zu befreien . . . Der Gedanke, ich sei gottgleich geworden und habe die Macht, Krankheiten zu heilen, bewog mich dazu, einigen Patienten die Hände aufzulegen und als ich auf eine Statue der Heiligen Jungfrau stieß, nahm ich ihr den Kranz aus künstlichen Blumen ab, um die Macht noch zu bekräftigen, die ich zu haben glaubte."

l) Selbsttherapie

Ichaktivität gestaltet sich vor allem als Selbstverständnis. Das heißt, daß der Patient seinen wahnhaften, halluzinatorischen Erlebnissen nicht ausgeliefert ist, sondern diese bedenkt, versteht. Wie sicher das ist, wissen wir heute durch die Psychotherapie der Psychosen. Wir wissen durch sie, daß ein Verstehen ohne ein Verstandenwerden durch den Partner und ohne ein Verstehen mit dem Partner unmöglich ist.

Aber es ist berührend, den verzweifelten Versuch einer schließlich gescheiterten Therapie des Verstehens, freilich in der Selbstform, bei Nerval anzutreffen. Es scheint mir dabei sehr lehrreich, zu erfahren, daß dieser Versuch zum Verstehen sich mit der Anteilnahme, mit der Kommunikation, mit der Beziehung zu anderen Menschen — hier freilich zu einem anderen Kranken — verbindet.

Wir wollen diese beiden letzten Bilder seiner Krankengeschichte nacheinander betrachten — sie folgen in engem zeitlichen Anschluß aufeinander.

„Hierdurch fand ich den Mut zu einem kühnen Versuch. Ich beschloß meinen Traum niederzuschreiben und zu erforschen, was er bedeutet. Warum, so fragte ich mich, soll ich nicht, unter Aufbringung meines gesamten Willens, die mystischen Pforten sprengen und meine Empfindungen beherrschen, anstatt ihnen nur unterworfen zu sein? Ist es am Ende nicht möglich, diese lockende und zugleich furchtgebietende Chimäre zu zähmen und die Geister der Nächte, die mit unserer Vernunft ihre Possen treiben einem Gesetz zu unterstellen? Von diesem Augenblick an bemühte ich mich, nach dem Sinn meiner Träume zu fahnden; dieses unruhevolle Verlangen aber übte seinen Einfluß auf meine Überlegungen im Wachzustande aus. Ich glaubte zu erkennen, daß zwischen der äußeren und der inneren Welt eine Verbindung besteht; daß Unaufmerksamkeit oder Wirrnis des Geistes allein die offenkundigen Beziehungen verfälschten und daß dadurch sich der bizarre Charakter gewisser Bilder erklärte, die mit den verzerrten, im aufgestörten Wasser schwankenden Reflexen realer Gegenstände Ähnlichkeit haben."

Hand in Hand mit diesen Versuchen, sich tiefer zu verstehen, entwickelt sich bei Nerval der stärkere Wunsch, andere zu verstehen. Denn gerade anschließend an den letzten Satz lesen wir weiter: „Dies also waren meine nächtlichen Eingebungen; meine Tage verliefen ruhevoll in der Gesellschaft der armen Patienten, deren Freund ich geworden war."

Die tiefe Mitmenschlichkeit Nervals zeigt sich am Schluß seines Berichtes

in einer Episode, die uns bewegt: der Geisteskranke nimmt sich eines anderen Geisteskranken an; er pflegt ihn, als ob er sein Psychotherapeut wäre; in dieser liebenden Pflege erkennt Nerval zeitweise seinen eigenen geisteskranken Zustand, da er seine Krankheit im Spiegel des Anderen sieht. Hören wir uns hier seinen Bericht an:
„Bis dahin war ich dem einförmigen Kreislauf meiner Erregungen und meiner moralischen Leiden überlassen gewesen, da begegnete mir ein unbeschreibliches, schweigsames und geduldiges Wesen, das wie eine Sphinx an den äußersten Toren des Lebens saß. Ich fing an, es wegen seines Unglücks und seiner Verlassenheit zu lieben und ich fühlte mich durch diese Zuneigung und dieses Mitleid gehoben. Endlich wurde ich meiner düsteren Betrachtung entrissen. Das gute und mitfühlende Gesicht meines vortrefflichen Arztes gab mich der Welt der Lebendigen zurück. Er ließ mich einem Schauspiel beiwohnen, das mich lebhaft interessierte. Unter den Kranken befand sich ein junger Mann, ein alter Soldat aus Afrika, der sich seit sechs Wochen weigerte, Nahrung aufzunehmen. Vermittels eines langen Kautschukschlauches, den man in ein Nasenloch einführte, ließ man ihm eine genügende Menge Gries und Schokolade in den Magen rinnen. Der arme Junge, den sein geistiges Leben auf so sonderbare Art verlassen hatte, empfing eine Pflege, die nach und nach seine Empfindungslosigkeit besiegte. Als ich erfuhr, daß er auf dem Lande geboren sei, verbrachte ich ganze Stunden damit, ihm alte Dorflieder vorzusingen, denen ich den rührendsten Ausdruck zu geben versuchte. Ich hatte das Glück, zu sehen, daß er sie hörte und daß er einzelne Teile dieser Lieder wiederholte. Eines Tages endlich, öffnete er eine einzige Sekunde die Augen und ich sah, daß sie blau waren wie die des Geistes, der mir im Traum erschienen war. Eines Morgens — einige Tage danach, hielt er seine Augen offen und schloß sie nicht mehr. Er fing gleich zu sprechen an, aber nur mit Zwischenpausen, erkannte mich, duzte mich und nannte mich Bruder. Indessen wollte er sich noch immer nicht entschließen zu essen. Als er eines Tages aus dem Garten hereinkam, sagte er zu mir: ‚Ich habe Durst.' Ich holte ihm zu trinken; das Glas berührte seine Lippen, ohne daß er schlucken konnte. Warum, fragte ich ihn, willst du nicht essen und trinken wie die anderen? ‚Weil ich tot bin', sagte er, ‚ich bin auf jenem Friedhof begraben, an jenem Platz.' Und wo glaubst du jetzt zu sein? ‚Im Fegefeuer, ich erfülle meine Rechnung.' Das sind die wunderlichen Ideen, die aus dieser Art Krankheit entspringen; *ich erkannte mich selbst, daß ich nicht weit von einer so absonderlichen Überzeugung entfernt gewesen war*[15]. Die Pflege, die ich empfangen, hatte mich schon der Liebe meiner Familie und meiner Freunde zurückgegeben und ich konnte gesünder über die Welt der Einbildung urteilen, in der ich einige Zeit gelebt hatte. Jedenfalls fühle ich mich glücklich durch die Überzeugungen, die ich erlangt

[15] Hervorhebung von mir.

habe, und ich vergleiche diese Reihe von Prüfungen, die ich durchgemacht habe, dem, was für die Alten der Gedanke eines *Hinuntersteigens zur Hölle*[16] vorstellte."

Dies sind leider die letzten Worte, die Gérard de Nerval geschrieben hat. Eine Begegnung mit einem anderen Patienten ist eben keine Psychotherapie. Die Krankheit schreitet weiter.

Am 24. Januar 1855 schreibt Nerval in einem Brief an seine Tante: „Erwarte mich heute abend nicht, denn die Nacht wird schwarz und weiß sein."

Am Abend des 25. Januar sucht er vergebens einen Freund; später wird er in einem Lokal der Markthallen gesehen.

Am anderen Morgen findet man ihn erhängt an der rue de la vieille lanterne.

3. *Inferno*

Dichtung aus dem Erleben der Geisteskrankheit

> „Erklärt mir das, ihr Ärzte, ihr Psychiater und Psychologen! Oder gebt zu, daß die Wissenschaft bankrott ist!"
> Strindberg

X Wir wissen seit der klassischen Arbeit von *Jaspers*, daß *„Inferno"* von *Strindberg* der Selbstbericht eines schizophrenen Paranoiden ist.

Die Diagnose steht fest, und wir brauchen uns damit nicht weiter zu beschäftigen. Wer sich über den Ausbruch und den Verlauf der Krankheit orientieren will, kann die oben erwähnte Schrift lesen. Die Absicht meiner Arbeit ist eine andere:

Erstens möchte ich an Hand von Zitaten von Strindberg zeigen, daß dieser Krankheitsbericht aus der Feder eines großen Dichters die vielleicht eindrucksvollste und vollständigste Chronik einer paranoiden Schizophrenie ist.

Zweitens möchte ich durch meine Kommentare zu den Zitaten Strindbergs das Wesen einer Schizophrenie besprechen.

Drittens versuche ich zu zeigen, wie hier ein großer Geist — Stellvertreter der durchschnittlichen Kranken, — ein für alle Male und für alle Kranken auszusagen vermag, wie das Krankheitserleben den Patienten befähigt, die eigentümlich düstere Tiefe der Existenz auszuschöpfen und bis auf ihren tragischen Grund zu erfahren. Diese drei Ziele werde ich nicht gesondert nacheinander ins Auge fassen. Sie liegen meinen Überlegungen gleichzeitig zugrunde.

[16] Vergleiche den Titel dieses Kapitels.

Die ganze Erzählung Strindbergs gibt ein Krankheitserlebnis nach dem anderen wieder. Kein Satz, kein Wort ist überflüssig, alles trifft das Wesentliche. Alles ist Wiederholung einer Sache, die in einem letzten Grunde nur umkreist werden kann, aber unaussprechbar bleibt, weil es ein anderes Erleben ist als das, was wir ganz nachvollziehen können, ja dessen Unnachvollziehbarkeit den Patienten selber zutiefst erschüttert. Dadurch wird der Mensch in einer anderen Weise einsam gemacht, als wenn wir von Einsamkeit sprechen. Diese absolute Leere umfängt einen Menschen, der grundsätzlich andere Gefühle hat als alle seine Mitmenschen. In diesem leeren Raum glaubt er bereits in einer „anderen Welt" oder gar in der „Hölle" zu sein, wie Strindberg sich ausdrückt.
Kann man solche Erlebnisse erklären? Der Dichter gibt uns die beste Antwort:
„Wie wollen Sie dieses Phänomen erklären?"
„Erklären? Wie hat man jemals etwas erklären können! Meinen Sie dadurch, daß man eine Menge Worte mit Hilfe vieler anderer Worte umschreibt?"

Ein Kernpunkt der Krankheit Schizophrenie ist das Erleben, daß die selbstverständlichen, für uns Gesunde sich nur wiederholenden Dinge des Alltags dem Kranken furchtbar *neu* sind und deswegen, als etwas *radikal Neues mitten im scheinbar Vertrauten*, den Faden der Vertrautheit in der Welt für immer zerreißen.
Vielleicht werden die Neuropsychologen uns einmal sagen, daß das Phänomen der „Habituation" bei solchen Erlebnissen nicht vorkommt. Jedenfalls ist die Folge des unbekannten Prozesses im Erleben die, daß auch banale, tagtägliche Dinge dem Kranken etwas sowohl völlig Neues wie auch etwas in Gedanken nicht Faßbares und somit in seiner Neuigkeit nicht zu Bewältigendes aussagen:
„Nach fünf Minuten werde ich von einem beunruhigenden Laut geweckt. Eine Maus blickt mich an; sie hat sichtlich Lust, näher zu kommen. Ich scheuche sie fort, doch sie kehrt zurück und bringt noch eine zweite mit. Du lieber Gott, bin ich im Delirium? Das kann doch nicht sein, denn ich habe während der letzten drei Jahre nicht mehr getrunken. Am Tage darauf überzeugte ich mich davon, daß im Atelier tatsächlich Mäuse sind. Es war also ein Zusammentreffen verschiedener Umstände; von wem aber arrangiert? und in welcher Absicht?"
Oder auch:
„Als wir die Tür zur Rumpelkammer öffnen, nimmt mir ein an und für sich gleichgültiger Gegenstand den Mut. Es ist das Fell eines Eisbären, das als Vorleger benutzt wird; doch der aufgerissene Rachen, die drohenden Eckzähne und die funkelnden Augen scheinen mich herauszufordern. Warum muß das Untier ausgerechnet in diesem Augenblick hier liegen?"
Oder auch:

„Es ist bestimmt kein Zufall, daß das Kopfkissen an gewissen Tagen grauenhafte Untiere oder gotische Drachenköpfe bildet — und eines Nachts, nachdem ich gebummelt habe, werde ich von dem Bösen, dem Teufel selbst, in der im Mittelalter bekannten Gestalt mit Bockskopf usw. begrüßt. Angst habe ich nie bekommen, dazu ist alles viel zu natürlich, doch der Eindruck von etwas Seltsamen, teils Übernatürlichem bleibt in meiner Seele haften."

Dieses Neue ist so neu, daß es im Unerklärlichen gründen muß; die *vertraute Kausalität*, wo eine solche vollzogen oder dem Kranken gesagt wird, wirkt selbst unheimlich, weil sie den Patienten mit der zutiefst erlebten Tatsache konfrontiert, daß sie nicht ausreicht, die Dinge zu erklären.

Wir wären erschüttert, wenn wir einen Geist sehen würden, dessen Erscheinung wir nicht erklären könnten. Aber wir müßten noch erschütterter sein, wenn wir Dinge wahrnehmen würden, die gleichzeitig einerseits völlig erklärbar sind, anderseits so neu, daß sie als unerklärlich wirken müßten. Der Philosoph *Hume* hat schon vor zwei Jahrhunderten erkannt, daß Kausalität Beschreibung des sich zeitlich regelmäßig Wiederholenden ist. Hier nimmt aber der Dichter diese Dimension der Existenz nicht wahr: „Seitdem ich aus dem Hotel Orfila ausgezogen bin, habe ich ein unerträgliches Ohrensausen, das dem Stampfen eines Wasserrades gleicht. Da ich am wirklichen Vorhandensein des soeben erwähnten Maschinenlärms zweifle, frage ich, was das für ein Lärm sei. — Die Presse in der Druckerei nebenan.

So findet alles seine natürliche und einfache Erklärung, und trotzdem macht mich gerade diese Einfachheit verrückt und jagt mir Schrecken ein."

Freud hat von der *Überdeterminiertheit* der normalen psychischen Vorgänge gesprochen: — Hier möchte ich nun von der *Überbedeutung* der psychotischen Vorgänge sprechen.

Bei der Überdeterminiertheit sind die meisten kausalen Faktoren, die ineinander verwoben einem psychischen Vorgang zugrundeliegen, unbewußt; die Tat entspricht also einem freien, sich selbst bestimmenden Ich. Ein Mensch entscheidet sich z. B. für eine gute Tat; er will einem Armen, einem Kranken helfen. Seine Entscheidung ist einerseits der Ausdruck seiner Selbstbestimmung, seiner Freiheit im Augenblick der sich vollziehenden Existenz; sie ist aber auch determiniert, etwa durch die Beziehung des Menschen zu seinem Ichideal, zu einer Überichnorm; es kann schließlich sein, daß eine „Reaktionsbildung" in dem Sinne am Werke ist, daß die gute Tat des Erwachsenen eine ursprüngliche infantile Aggressivität überwindet[17].

---

[17] Nach *Freud* entsteht beim Subjekt deswegen nicht ein Gefühl des Determiniert-werdens, weil die determinierenden Faktoren unbewußt sind. Diese Erklärung scheint mir insofern nicht ausreichend, weil die determinierenden Momente — etwa die ursprüngli-

Bei der *Überbedeutung* hat der Kranke umgekehrt das Gefühl, daß *banale Erscheinungen der Welt zusätzliche Ursachen haben müssen,* deren Anwesenheit die Freiheit zerstört; umsomehr, als das Ich nicht imstande ist, diese Ursachen zu erfassen, also seine Freiheit im Akt des Erfassens wiederherzustellen.

„Am Tage aber, an dem ich mein Inkognito aufgebe, ist der Friede gebrochen. Wieder geschehen Dinge, die mich beunruhigen, und das gleiche Gefühl des Unbehagens, das mich früher so quälte, überkommt mich von neuem. Es beginnt damit, daß in einem Zimmer neben dem meinen im Erdgeschoß, das frei und unmöbliert war, Dinge aufgestapelt werden, deren Gebrauch ich mir nicht erklären kann. Ein alter Mann mit grauen Augen, böse wie die eines Bären, trägt leere Warenkästen hinein, Eisenblechplatten und andere Gegenstände, die ich nicht definieren kann."

Wenn etwas radikal neu ist, so fällt es nicht prinzipiell aus der Kategorie der Kausalität heraus. Es fällt aus dem heraus, was wir aus dem Zusammenhang mit dem Hintergrund wissen und uns so das Neue vertraut, erklärbar macht.

Das ganz Unvertraute muß eine ebenso unvertraute, neue Kausalität haben, die im Unsichtbaren, Metaphysischen, vom Kranken immer gesucht, vermutet, konstruiert, jedoch nie erfaßt wird. Beim Fehlen dieser Kausalität wird der Sinn der Erscheinung als purer *Sinn ohne Inhalt,* als bloße Bedeutsamkeit erfahren — ein Erleben, das der Gesunde nicht kennt und das durch die *Spaltung zwischen Sinn und Sinninhalt* enorm beunruhigend wirken muß:

„Im menschlichen Leben gibt es Ereignisse, die so schrecklich sind, daß die Seele sich weigert, ihren prägenden Eindruck anzunehmen; doch sie entgeht ihm nicht, und bald zeigt er sich mit unwiderstehlicher Kraft.

So steigt, als ich wieder nach Hause zurückgekehrt bin, eine Szene in meiner Erinnerung auf, die sich blitzartig im Salon des Doktors bei meinem nächtlichen Besuch abgespielt hat.

Der Doktor verläßt mich, um Wein zu holen. Während ich allein im Zimmer bin, betrachte ich einen Schrank mit Türfüllungen aus Walnuß- oder Erlenholz (ich erinnere mich nicht mehr genau, welche Holzart es war). Wie meistens bildet auch hier die Maserung verschiedene Figuren. Und ich erkenne den Kopf eines Bockes — eine meisterhafte Arbeit — und

---

che Erfahrung der Überichnorm, oder die ursprüngliche infantile Aggression — durchaus bewußt sein können. Es ist nicht beweisbar, daß es eine andere, strengere Form der Determinierung in der menschlichen Seele gibt; es ist nicht einmal wahrscheinlich. Vorbei ist der Positivismus des letzten Jahrhunderts, der die seelische Energie als eine Variante des Physikalischen postulierte.

Der entscheidende Punkt ist aber der, daß all diese Motivationen Bestandteile des Ich geworden sind: sie leiten also das Ich nicht von außen her; das Ich hat seine eigene Geschichte in seine Verfügungsgewalt übernommen, es hat deswegen auch die Möglichkeit, sich „trotz" seiner Geschichte zu entscheiden. Erst in der Psychose sind die kausalen Faktoren vom Ichvollzug abgespalten, daher ist das Ich dann an sie ausgeliefert.

wende ihm schnell den Rücken zu. Es ist Pan in eigener Person, so wie ihn die Sage der Antike schildert und wie er später zum Teufel des Mittelalters umgebildet wurde."

Oder auch:

„In der Tat haben sich alle Kleinigkeiten, die das Leben vergiften, vereinigt, um mir die Ruhe für meine Arbeit zu rauben. Die Bretter des Fußbodens schwanken unter meinen Füßen; der Stuhl ist steil, Tisch und Kommode wackeln, das Bett quietscht, und die anderen Möbel knarren, wenn ich im Zimmer hin und her gehe."

Oder auch:

„Der Hohlweg führt an dem Bach entlang, der vom Wolkenbruch und Wirbelwind verwüstet ist; die Überschwemmung hat die scharfen Kieselsteine, auf denen man ausrutscht und sich die Füße verletzt, mit einer Schicht von graugrünem Schlamm überzogen. Ich möchte ans andere Ufer des Baches, doch der Steg ist fortgerissen, und ich bleibe unter einem Abhang stehen; sein überhängender Felsen droht, auf eine Madonna herabzufallen, die den unterspülten Berg allein auf ihren schwachen, göttlichen Schultern trägt.

Ich kehre auf dem selben Weg, den ich gekommen bin, zurück und versuche einen Sinn zu finden, in dieser Fügung von Zufällen; sie bilden ein großes Ganzes, das wunderbar ist, ohne übernatürlich zu sein."

Die Welt als Ganzes wird feindlich. Normalerweise gibt es Feinde in unserer Welt, aber sie sind identifizierbar. Diese Identifizierbarkeit bedeutet, daß die Feinde beschrieben, festgestellt werden können, daß man sich ihnen gegenüberstellen kann, daß es auch andere, freundlichere Aspekte der Welt gibt.

Im Verfolgungswahn ist immer der Versuch des Kranken spürbar, den Verfolger auf gleiche Weise zu identifizieren, wie der Gesunde es mit seinem Feinde tut. Da aber die Welt *als Ganzes* feindlich ist, mißlingt diese Abwehr: der Verfolger erhebt praktisch überall sein Haupt, er ist durch tausend Fäden mit allem, was dem Kranken begegnet, verbunden, er steckt in jeder Ecke der Welt, er erscheint in Hunderten von Gestalten, er ist ungreifbar.

Es beginnt zum Beispiel damit, daß die Gesichter gewöhnlicher Mitmenschen, mit denen wir sonst notwendigerweise zu tun haben, feindliche Züge annehmen:

„Das Mädchen, das mein Zimmer in Ordnung hält und mir meine Mahlzeiten bringt, hat eine ernste Miene aufgesetzt und wirft mir verstohlen mitleidige Blicke zu.

Auch die Wirtin, die zu Beginn meines Aufenthaltes besonders zuvorkommend zu mir war, ändert plötzlich ihr Benehmen. Sie ist zurückhaltender, spioniert mir nach, und ihr Gruß wird hämisch." Nicht nur die

Anwesenheit, auch die Abwesenheit des vertrauten Gesichtes wird gefährlich:

„Neue Gäste ziehen ins Stockwerk über mir ein. Ein alter schweigsamer Herr, dessen schwere Schritte ich zweifellos wiedererkannt hätte, ist nicht mehr da. Er lebt von seinem Gelde in Ruhe und Frieden und wohnt seit vielen Jahren hier im Hause. Verreist ist er nicht, sondern hat nur das Zimmer gewechselt. Warum?"

Die Feindseligkeit zeigt sich nicht nur im Angriff, sondern auch im vermuteten Sich-verstecken der Anderen aus einem schlechten Gewissen heraus:

„Ich sinke in dem Sessel nieder. Auf meinem Geist lastet ungewohnte Schwere. Mit ist, als ginge ein magnetisches Fluidum von der Trennwand aus, und der Schlaf bemächtigt sich meiner Glieder. Ich nehme meine Kräfte zusammen und eile ins Freie. Als ich durch den Korridor gehen, höre ich, wie zwei Stimmen im Zimmer neben meinem Tisch miteinander flüstern.

Warum flüstern sie? Um sich vor mir zu verbergen."

Aber das Feindselige tritt hinter die Menschen zurück, haftet allen Dingen an:

„Die Nacht ist dunkel und das Dorf schläft. Doch die Hunde schlafen nicht. Und nachdem der erste anschlägt, umringt mich die ganze Meute; ihre weitgeöffneten Rachen und leuchtenden Augen zwingen mich zum Rückzug.

Als ich wieder ins Haus gelange und die Tür zu meinem Zimmer öffne, ist mir, als sei der ganze Raum von lebendigen, feindlichen Wesen erfüllt. Das ganze Zimmer ist voll von ihnen, und als ich versuche, in mein Bett zu kommen, habe ich das Gefühl, ich müsse mich durch sie alle hindurchzwängen. Resigniert falle ich auf das Bett und bin entschlossen zu sterben."

Oder auch:

„Oft habe ich das Gefühl, als stünde jemand hinter meinem Stuhl. Dann stoße ich meinen Dolch nach hinten und bilde mir ein, einen Feind zu bekämpfen. So geht es bis fünf Uhr nachmittags. Bleibe ich aber über diese Zeit hinaus sitzen, so wird der Kampf entsetzlich."

Viele Dinge in der Welt sind für uns „zufällig". Das heißt, wir wissen im Vorbewußten, daß diese Zufälle irgendeine kausale Begründung haben müssen; die ganze Welt ist ein unübersehbares Netz von kompliziert determinierten Zusammenhängen, die kein menschlicher Kopf in ihrer Totalität je entziffern wird. Für den Atheisten liegt diese Kausalität oder auch nur die Wahrscheinlichkeit in der Beschaffenheit der Materie; für den gläubigen Menschen liegt alles in Gottes Hand. Für den Schizophrenen gibt es weder das eine noch das andere.

Die Welt „darf" für ihn keine Zufälle haben; alles, was zufällig geschieht, erscheint dem Kranken als eine ungeheuerliche Herausforderung an seinen Verstand.

Wir können diese Situation verschieden auslegen. Wir können sagen, daß das Urvertrauen in das Sein fehlt, welches den normalen Menschen sonst befähigt, eine Ordnung der Erscheinungen zu postulieren.

Wir können aber auch vermuten, daß die Umweltreize das schizophrene Ich so „affizieren", daß dieses nur ein Bezogensein der Dinge auf das eigene Selbst wahrnimmt, als deren eigentlichste, furchtbarste Realität: alles geschieht „wegen" des Patienten und ärgert ihn.

Schließlich können wir auch annehmen, daß die assoziativen Zusammenhänge, welche durch den Prozess der intrapsychischen Ich-Auflösung durcheinandergebracht werden, die Tendenz zu unübersehbaren *Neuverbindungen* haben, die kein Verstand je entziffern kann. Wie es auch sei, das Erleben des Kranken ist eindeutig: „Aus Zufall — immer dieser satanische Zufall — steht das Sofa gerade vor dem Fenster, und der gleiche Zufall hat es gewollt, daß kein Laden davor ist, so daß mir die schwarze Fensteröffnung, die ins Dunkel der Nacht hinausgeht, ins Gesicht starrt. Dazu kommt, daß es gerade dieses Fenster war, durch das der Wind heute abend beim Essen hereinpfiff. Am Ende meiner Kräfte sinke ich auf mein Lager und verfluche diesen allzeit vorhandenen unausweichbaren Zufall, der mich in der offenbaren Absicht heimsucht, mich bis zum Verfolgungswahn zu treiben. Fünf Minuten lang starre ich auf das schwarze Viereck; das unsichtbare Gespenst schleicht an meinem Körper hinauf, und ich stehe auf. Wie eine Statue bleibe ich — wie lange, weiß ich selbst nicht — mitten im Zimmer stehen, in einen Säulenheiligen verwandelt, schlafe ich und schlafe doch nicht."

Oder auch:

„Ich entdecke, daß der Blitzableiter mit seinem Leitungsdraht genau oberhalb meines Bettes befestigt ist. Welch ein teuflischer Zufall, in dem ich eine persönliche Verfolgung zu erkennen glaube! Außerdem bemerke ich, daß ich von meinem Fenster ausgerechnet auf das Armenhaus blicke, in dem entlassene Verbrecher, Kranke und Sterbende wohnen. Eine traurige Gesellschaft; und eine düstere Zukunft, die mir da vor Augen geführt wird."

Die unheimliche Feindseligkeit der Welt, die wie ein eisiger kosmischer Staub auf allen Dingen liegt und alle Dinge entfremdet, zu Fratzen, Warnungen, Omen, Gesten, Hinweisen, Chiffren ohne Transzendenz und ohne Existenz werden läßt, diese unfaßbare Hölle verliert ein wenig von ihrer Penetranz, wenn das wahnhafte Überlegen, Aufpassen, Konstruieren des Kranken überall enorme Widersprüche, böse Absichten, Intrigen in den Mitmenschen entdeckt; das plausible kausale Denken stellt den Kranken wieder als Herrn der Gedanken in eine verfolgende Welt. „Immer stärker spricht der Schein gegen den Doktor. Es ist mir bekannt, daß er meine Goldsynthese weiterentwickelt hat und offenbar mehr darüber weiß als ich selbst. Außerdem widerspricht er sich ständig. Alles, was er sagt, leugnet er im nächsten Augenblick ab."

Die Identifizierung eines Feindes gelingt normalerweise sowohl dadurch, daß man ihn in Reichweite der Gefahr feststellt, wie auch dadurch, daß man ihn kausal feststellt, also den Grund seiner Absichten erfaßt. Das führt aber in der Schizophrenie notwendigerweise zum erklärenden Wahn:

„Ich sinke zusammen, aber ich richte mich wieder auf. Dank eines geschmeidigen Geistes und mit einer eingefleischten Skepsis schüttle ich die düsteren Vorstellungen von mir ab. Und nachdem ich gewisse okkulte Schriften gelesen habe, bilde ich mir ein, von Elementargeistern, von Inkuben, von Lamien verfolgt zu werden, die mich mit aller Macht an der Vollendung meines großen alchimistischen Werkes hindern wollen. Auf Befehl der Eingeweihten verschaffe ich mir einen dalmatischen Dolch und glaube, jetzt gut gegen die bösen Geister bewaffnet zu sein." Erledigen können wir normalpsychologisch einen Feind vor allem dann, wenn wir herausfinden, daß er uns beneidet, daß gerade unsere Größe ihn wütend macht.

In der Psychose führt dies zum Größenwahne:

„Nehme ich, ohne lange zu wählen, ein Buch aus der Bibliothek des Doktors, dann finde ich in einem alten Lehrbuch der Chemie das Geheimnis meiner Experimente zur Goldherstellung, und mit Hilfe der Metallurgie, mit Berechnungen und Analogien kann ich beweisen, daß ich Gold gemacht habe und daß man immer Gold bekommt, wenn man auf diese Weise vorgeht."

Aber der Wahn kann freilich eine zweite Wurzel haben: nicht nur Abwehr, sondern auch Rationalisierung des ekstatischen Gefühls, das dem Verlust der Ichgrenze folgt:

„Aufrichtig gesagt: Ich fühle mich auf gleicher Stufe mit dem Ewigen gestellt, als einen Teil seiner Persönlichkeit, aus seinem Wesen hervorgegangen, als Organ seines Organismus."

Oder auch:

„Ungefähr zwei Wochen sind vergangen, und ich habe unbestreitbare Beweise geliefert, daß der Schwefel eine Dreistoff-Verbindung ist und aus Kohlenstoff, Sauerstoff und Wasserstoff besteht." Das dahinterliegende ekstatische Gefühl der Macht durch das Verschwinden der Ichgrenzen zeigt sich etwa in den folgenden Zeilen: „Meine Seele erfreut sich am Morgen eines Gleichgewichtes und einer inneren Ausdehnung, die fast an Ekstase grenzt; ich gehe nicht, ich fliege! Ich fühle nicht, daß ich einen Körper habe!"

Wir haben lange von Kausalität gesprochen. Es gibt aber in der Weltstruktur ein zweites Prinzip der Erkenntnis, das Prinzip der *Symmetrie*.

Primitive Menschen wissen viel davon. Sie sind davon überzeugt, daß gewisse Dinge ähnliche Dinge beschwören. Man gießt z. B. während der regenwarmen Jahreszeit Wasser rituell auf den Boden, um so die Gewalt des Regens zu beschwören.

Die Symmetrieentsprechungen sind lange durch das Auftauchen des naturwissenschaftlichen Denkens verdrängt worden. Sie leben heute nur in ihrem ureigenen Raum, im Bereich der mitmenschlichen Identifizierungen: ein jeder Mensch kann den anderen, den Mitmenschen, verstehen, also sich in ihn einfühlen, weil er ihm symmetrisch ähnlich gebaut ist.

Das Tier können wir relativ wenig verstehen. Und den Geisteskranken ebensowenig.

Dieser kann seinerseits den Mitmenschen nur in einer hilflosen Weise verstehen. Er nimmt den Mitmenschen auf einer verständigen Ebene nur durch den Wahn wahr.

Aber das Prinzip der Symmetrie nimmt in der Objektwelt unheimliche Ausdrucksformen an, wenn es einerseits entkoppelt ist von der mitmenschlichen Dimension und anderseits von der Hemmung eines gut funktionierenden Kausalitätsdenkens. Wie ein Krebs tritt es in sonst fremde Bereiche, befremdet den Kranken auf Schritt und Tritt:

„Als ich den Blick wende, entdecke ich rechts von mir auf der Rue des Fleurs das Schild einer Färberei. Wahrhaftig! Eine Vision von unleugbarer Wirklichkeit: Ich sehe die Anfangsbuchstaben meines Namens auf dem Schaufenster: A. S. Sie schweben auf einer Silberwolke, und über das Ganze wölbt sich wie ein Regenbogen Omen accipio, bei dem ich an eine Stelle der Genesis denken muß: „Meinen Bogen habe ich gesetzt in die Wolken; er soll das Zeichen sein des Bundes zwischen mir und der Erde."

Oder auch:

„Plötzlich sehe ich auf der Erde zwei vertrocknete Zweige liegen, die der Wind abgerissen hat. Sie bilden die Form zweier griechischer Buchstaben: p und y. Ich hebe sie auf, und ich erkenne in der Kombination P-y die Abkürzung des Namens Popoffsky. Er ist es also, der mich verfolgt, und die Mächte wollen mir die Augen für die Gefahr öffnen. Trotz dieses Zeichens der Gunst seitens des Unsichtbaren, packt mich die Angst. Ich rufe den Schutz der Vorsehung an, ich rezitiere Davids Psalmen gegen seine Feinde — ich hasse meinen Feind mit einem religiösen, alttestamentarischen Haß. Aber ich besitze nicht den Mut, die Mittel der schwarzen Magie anzuwenden, mit denen ich mich kürzlich vertraut gemacht habe."

Oder auch:

„Eines Tages finde ich auf der Straße einen Fetzen Papier mit dem Wort „Marder", und in einer anderen Straße einen Zettel mit dem Wort „Geier". Beide sind von derselben Handschrift geschrieben. Popoffsky gleicht ganz und gar einem Marder und seine Frau einem Geier. Sind sie nach Paris gekommen, um mich zu töten? Er, ein Mörder ohne Hemmungen, der zu jeder Tat imstande ist — hat er nicht Frau und Kinder ermordet?"

„Symmetrien" erscheinen auch in negativer Gestalt, d. h. nicht nur als unerwartete, erschütternde Entsprechungen zu den inneren psychischen Akten, Gedanken und Gefühlen, sondern auch als Gegensätze zu diesen. Strindberg wandert z. B. durch die Straßen von Paris: „Weiter durch die Rue Dieu. Warum denn ‚Gott', wenn er doch von der Republik abgeschafft ist, die das Pantheon einer anderen als seiner ursprünglichen Bestimmung übergeben hat. . . Rue Beaurepaire. Eine „schöne Zuflucht" für Missetäter . . . Von nun an lese ich die Straßenschilder nicht mehr; ich verirre mich, versuche, den gleichen Weg zurückzugehen, finde ihn aber nicht."

Eine andere, eigentümlich schizophrene Symmetrie ist diejenige von Innen und Außen. Normalerweise ist die (innere) Vorstellung eines Objektes nie völlig mit der Wahrnehmung (also der äußeren Realität des Objektes) symmetrisch, weil die Vorstellung, der Begriff bereits Abstraktionen sind, welche durch die Ichtätigkeit, durch eine zentrale Verarbeitung der äußeren Reize zustandekommen und deswegen als Teile des Selbst, des „Innen" erlebt werden. Die Wahrnehmungen dagegen entspringen der Tätigkeit unserer Ich-Peripherie, welche den Objekten zugewandt ist und diese Objekte möglichst getreu (freilich entsprechend der Struktur des Wahrnehmungsapparates) abbildet. Ist aber die Grenze zwischen Selbst und Umwelt bei der zunehmenden Ichauflösung brüchig geworden, kann der Patient eigene Vorstellungen von den Objekten nicht mehr unterscheiden.

Es ist möglich, diesen Sachverhalt bei Strindberg an der Art nachzuweisen, wie er eine archetypische Vorstellung „sieht". Es ist meiner Meinung nach nicht wichtig zu sagen, daß in der Psychose archetypische Erlebnisse ausbrechen. Manchmal scheint es so, aber das psychotische Erleben ist grundsätzlich anders. Nehmen wir z. B. die archetypische Vorstellung, die wir häufig in Märchen und Mythen finden, daß eine Zauberin, die in Wirklichkeit eine Hexe ist, durch den Liebeszauber ihr Opfer betört, ihm schön erscheint, bis dann einmal der Bann gebrochen ist und der Jüngling sie in ihrer wahren Gestalt, krumm, ohne Zähne, häßlich, erkennt.

Dieses Erleben mag gerade einem Strindberg, der bekanntlich die Frauen haßte und Liebe als ein Verfallensein an sie erfuhr, nicht fremd gewesen sein. Was aber die Sache, der Mythos, der Volksdichter durch die Metapher meint, ist das Erleben der Verblendung und der Einsicht, aber *niemals etwas Konkretes, das man mit den Augen sieht.* Gerade dies geschieht aber in der Psychose. Da der Kranke sich selbst und die Außenwelt nicht unterscheiden kann, ist innerlich Gedachtes und äußerlich Gesehenes ein und dasselbe: Strindberg sieht eine Frau, „die von weitem schön zu sein scheint und auf der Stirn ein kleines Zeichen trägt, das einem blutroten Halbmond gleicht; aus der Nähe gesehen, ist sie häßlich und ohne Zähne".

Aber der Hölle ist noch nicht genug. Nicht nur ist die Zurückführung der Erscheinungen auf einen Ursprung, auf eine Kausalität unmöglich; auch die Erwartung der Zukunft ist gespalten, d. h. entkoppelt von dem zu erwartenden Sinn oder Ziel. Es tritt bloß als *reine Erwartung* ohne Sinn auf die Bühne des Erlebens: bald als Ekstase, meistens aber als höchst unheimliche Antizipierung eines nicht Sagbaren. Gerade die Nichtsagbarkeit des so Antizipierten erhöht dessen Gewicht ins Kosmische:
„Ich warte auf irgendein Ereignis, doch vergebens; trotzdem aber bin ich gewiß, daß irgendwo etwas geschehen ist, dessen Ergebnis mir binnen kurzem mitgeteilt werden wird."

Wenn das Ich schwach, aufgelöst, desintegriert ist, wenn das Ich unfähig ist, jene selbstverständliche Grundaktivität zu entfalten, welche darin besteht, ich zu sein, einen Widerstand gegen verformende Wahrnehmungen zu leisten, eine innere Konstanz gegenüber dem Druck der Empfindungen der Reize zu behalten, die es ermöglicht, diese Reize ebenfalls konstant wahrzunehmen; wenn diese minimale, aber höchst grundsätzliche Aktivität des Ichs fehlt, dann nehmen die Objekte, die Gegenstände im Vergleich zum inaktiven Ich an aktiver Bedeutungspotenz zu:
„Am Abend, immer noch am Schreibtisch, werde ich aus der Richtung des Waschtisches erschreckt. Ich sehe nach und stelle fest, daß ein Waschtuch, das ich bei meiner morgendlichen Wäsche benutze, heruntergefallen ist. Ich hänge es mit Bedacht so auf, daß es nicht wieder herunterfallen kann. Aber trotzdem fällt es! Was mag das nun sein?"
Auf der einen Seite verliert das menschliche Selbst in der Psychose allmählich das Gefühl der Eigenaktivität. Alles entleert sich, die innere Steuerung geht verloren, das Ich kann nicht mehr mächtig auf die vielen Gestalten des Seins, die es begründen, eingreifen. Auf der anderen Seite paart sich dieser Verlust der Eigenaktivität, der oft als Apathie, Antriebslosigkeit, als ein Gefühl, nicht denken, nicht fühlen zu können, erlebt wird, mit dem gegensätzlichen Erleben, daß die das Selbst konstellierenden Objekte eine unheimliche Aktivität entfalten. Elektrische Gefühle plagen zum Beispiel den Kranken:
„Drei Stunden liege ich wach, ohne einschlafen zu können — was sonst nicht vorkommt. Da schleicht ein beunruhigendes Gefühl durch meinen Körper: Ich bin das Opfer eines elektrischen Stromes, der von den beiden benachbarten Zimmern aus durch meinen Raum geleitet wird. Die Spannung wächst, und trotz des Widerstandes, den ich aufzubringen versuche, muß ich aufstehen." Eine abgespaltene, entkoppelte Aktivität des Ichs kann auch darin bestehen, Dinge wahrzunehmen, zu spüren, zu fühlen, die gar nicht existieren. Ich meine hier nicht nur den Wahn und auch nicht die eigentliche Halluzination; es gibt eine Vorstufe dieser Phänomene, die die Introjektion erschließt; „etwas" wird vom Kranken angenommen, gefühlt, das einfach nicht da ist, weder als eigentliche Sinnestäu-

schung noch als falscher Gedankenschluß, sondern nur noch als Ausdruck einer dissoziierten Tätigkeit des Ichs:

„Als ich wieder in den Garten meines Hotels zurückkehre, spüre ich die Nähe irgendeines Menschen, der während meiner Abwesenheit gekommen ist. Ich kann ihn zwar nicht sehen, doch ich fühle ihn."

Man sagt gelegentlich, die Psychose entstehe aus der Neurose und sei eine radikale Übersteigerung der schließlich zerreißenden neurotischen Konflikte.

Es mag sein, daß bei manchen Fällen etwas Wahres in dieser Ansicht enthalten sein könnte. Wichtig ist aber für uns, die Genese vom Erscheinungsbild klar zu trennen. Wenn neurotische Züge sich mit psychotischen im Erscheinungsbild vermischen, fällt es dem vertrauten Beobachter nicht schwer, sie zu unterscheiden. Die neurotischen Züge wirken nie absurd. Sie sind einfühlbar, nicht bloß in dem Sinne, daß wir uns, wie bei der Psychose, in die entsetzliche Not des verstrickten Menschen einfühlen, sondern in dem psychologischen Sinne, daß wir uns vorstellen können, solche am Rand des Normalen, aber immerhin noch innerhalb der Norm liegenden Dinge zu erleben. Wir können uns zum Beispiel vorstellen, daß wir dort, wo wir lieben möchten, wehtun, weil wir ambivalent sind, voller verdrängter Aggressivität, und dann über die uns entlarvende Reaktion des Partners erschrecken:

„Während des Abendessens geschieht folgendes: Um meiner kleinen Tochter, die sich noch nicht allein versorgen kann, zu helfen, nehme ich ihre Hand, und zwar nur ganz sanft und in freundlichster Absicht. Die Kleine schreit auf, zieht ihre Hand zurück und wirft mir einen Blick zu, aus dem Entsetzen spricht. Als die Großmutter sie fragt, was sie habe, antwortet die Kleine:

‚Er tut mir weh.'

Ich bin ganz verzagt und kann kein Wort hervorbringen. Wenn ich jetzt schon weh tue, ohne es zu wollen, wieviel mehr habe ich dann schon aus böser Absicht weh getan?"

Wir können uns ebenfalls vorstellen, daß ein neurotischer Mann eigene zärtliche Gefühle als weibliche erleben kann:

„Ein Kind zu lieben, bedeutet für einen Mann, zum Weibe zu werden. Er legt damit das Männliche ab und empfindet die geschlechtslose Liebe der Himmelsbewohner."

Oder, daß er die Sinnlichkeit als Entwürdigung, als Verlust der Reinheit erlebt:

„Allein in meinem Bett, das noch den Duft der Frau bewahrt, bin ich glücklich. Ein Gefühl seelischer Reinheit, unberührter Männlichkeit, läßt mir mein vergangenes Eheleben als etwas Unreines erscheinen, und ich bin traurig, daß ich niemandem für die Befreiung aus diesen erniedrigenden Fesseln, die ich ohne Mühe zerbrochen habe, danken kann."

Man kann sich gut vorstellen, daß ein Mann so scheu und sensibel ist,

daß er es nicht wagt, seinen Gefühlen der Liebe Ausdruck zu geben; poetisch wünscht er sich, daß sie gleich Gebeten trotzdem wirksam bleiben:
„Im Februar verlasse ich das Krankenhaus, geheilt. Beim Abschied habe ich unserer guten Mutter, die mich ohne alles Predigen den Weg des Kreuzes gelehrt hat, die Hand küssen wollen. Aber ein Gefühl der Ehrfurcht vor etwas, was nicht entweiht werden darf, hat mich zurückgehalten."
„Möge sie diese Geste der Dankbarkeit eines in die Irre gegangenen Fremdlings, der sich verborgen in einem fremden Land aufhält, heute im Geiste entgegennehmen."
Das alles geschieht im Rahmen der Psychose, ist aber bei weitem nicht psychotisch!
Es gibt dann auch das Grenzgebiet zwischen Verständlichkeit und Wahn. Wir können uns vorstellen, daß man sich vom eigenen Kinde gelegentlich beengt fühlt, daß man denkt: „Ach, dieses Kind will mich ganz für sich haben!"
Bei Strindberg aber ist dieser kleine Gedanke „Ach usw." schon wahnhaft nuanciert, als ob er sagen würde: auch hier steckt ein Wächter. Ja, er muß offensichtlich den beginnenden Wahn korrigieren: „Eifersüchtig wie eine Geliebte bewacht die Kleine meine Gedanken; sie wartet den Augenblick ab, in dem ihr Geplauder gerade recht kommt, um mir ein kunstvoll gesponnenes Gedankennetz zu zerreißen . . . *Doch nein*[18], das will sie ja gar nicht, aber man unterliegt der Täuschung, ein Opfer überlegter Ränke zu sein." Die affektive Sicherheit behält hier das Feld und rechtfertigt die Wahnidee.

In der Psychose sind nicht nur Wahrnehmungen und denkerische Wirklichkeiten zerstört. Auch die affektiven Wirklichkeiten, die uns im Leben tragen, verlassen den Kranken: bei Strindberg geschieht das mit einer paradigmatischen Klarheit.
Ich möchte drei dieser affektiven, grundlegenden Wirklichkeiten nennen.
Die erste ist die Mutter.
Der Ursprung unseres Seins, die Stätte des unbewußten Selbstvertrauens im Leiden, wird hier aufgelöst und in eine verfolgende Gebärde transformiert:
„Meine Mutter: Du bist verrückt!
Ich: Meinetwegen! — Und was habt ihr Frauen früher für Sünden begangen, daß euer Los noch grausamer ist als unseres? Gib zu, daß ich recht habe, wenn ich das Weib als unseren Dämon bezeichne, die Vergeltung, einem jedem nach seinem Verdienst!
Meine Mutter: Es ist die doppelte Hölle, Weib zu sein.
Ich:. . . das Weib ist ein doppelter Dämon."
Oder:

---

[18] Hervorhebung von mir.

„Des Herrn Hand ruht schwer auf dir. Es ist meine Mutter, die mich mit diesem scharfen Wort zermalmt."
Oder:
„Meine Mutter wirft mir einen entsetzten Blick zu und drückt das Kind an ihre Brust. Ich weiß sofort, was dieser Blick sagen soll:
— Weiche von hier, du Gotteslästerer, du Verdammter, und ziehe nicht die Dämonen der Rache auf Unschuldige herab!
Ich habe vergessen, daß eine Heilige doch immer eine Frau bleibt, das heißt: die Feindin des Mannes."
Die zweite Wirklichkeit ist der Mitmensch, der Freund in der Krankheit, allen voran der Arzt.
Hat dieser Arzt in der Krankengeschichte von Strindberg wirklich versagt — wie vielleicht auch die Mutter, wie vielleicht wir Gesunde alle gegenüber dem unfaßbaren Leiden eines Schizophrenen versagen; oder hat sich der Wahn dieser Gestalten bemächtigt?
„Endlich höre ich die Stimme des Arztes:
— Wer da?
— Ich, bin ich krank! Öffne, oder ich muß sterben!
— Was fehlt Dir denn?
Ich berichtete vom Attentat in der Rue de la Clef und behaupte, meine Feinde seien Elektriker.
— Schweig! Sprich zu niemanden darüber! Die Krankengeschichten der Irrenhäuser wissen viel von diesen Elektrikern zu berichten!
— Zum Teufel! Was gehen mich die Krankengeschichten eures Irrenhauses an. Um Klarheit zu gewinnen, fahre ich noch morgen in die Irrenanstalt nach Lund und lasse mich untersuchen!
— Dann bist du verloren! Kein Wort mehr davon! Jetzt leg dich nebenan zu Bett.
Aber ich bin hartnäckig und verlange, daß er mich anhört. Er weigert sich und will nichts davon wissen."
Schließlich scheitert auch die Zuverlässigkeit des moralischen Denkens: jene uns von Kindheit an anerzogene, schlichte Wahrheit, die Kant als Organ der Gotteserkenntnis angesprochen hat, wird hier, bei der Verzerrung aller Dinge, auch zu einer Maske und zu einem Unsinn:
„Ich bemühe mich, nur Gutes von meinen Freunden zu denken, und vertraue ihnen meine Geheimnisse und mein Geld an! Doch ich werde nur betrogen. Und wenn ich über eine Treulosigkeit aufbegehre, bin ich es, der die Strafe auf sich nehmen muß. Ich gebe mir Mühe, alle Menschen zu lieben, und übersehe ihre Fehler. Mit grenzenloser Langmut verzeihe ich Gemeinheiten und Verleumdungen; eines Tages muß ich dann aber einsehen, daß ich unversehens zum Mitschuldigen geworden bin. Ziehe ich mich dann von einem Freudeskreis zurück, den ich für schlecht halte, so überfallen mich sofort die Dämonen der Einsamkeit. Ich sehe mich nach besseren Freunden um, gerate aber nur in noch schlechtere Gesellschaft. Habe ich

meine bösen Neigungen besiegt und durch Enthaltsamkeit einen gewissen Grad von Herzensfrieden gewonnen, so falle ich einer Selbstzufriedenheit anheim, in der ich mich weit erhaben über meinen Nächsten wähne. Ich weiß, daß diese Eigenliebe eine Todsünde ist, die schnell ihre Strafe nach sich ziehen wird.

Wie läßt es sich nun erklären, daß jeder Versuch, tugendhaft zu werden, ein neues Laster nach sich zieht?"

Eine Einsamkeit entsteht nicht nur durch das Verlassen der Mitmenschen, sondern die Beschaffenheit des schizophrenen Ichs selber.

„Vae soli! Weh dem Einsamen, weh dem einsamen Spatzen auf dem Dache!

Noch nie ist mein Elend größer gewesen als jetzt, und ich weine wie ein verlassenes Kind, das sich im Dunkeln fürchtet."

Es gibt Situationen im Leben, wo der Mensch vor der Unermeßlichkeit des Leidens verzagt und versucht, die Realität zu verneinen. Diese Verneinung der Realität ist aber normalerweise eine starke Ich-Aktivität, etwas realer als die Gefahr selbst. Der südamerikanische Dichter *Neruda* spricht diesen Gedanken mit höchster Vehemenz aus:

„No, no puede ser, no puede ser, no puede ser. Entonces gritaria, lloraria, gemiria.

No puede ser, no puede ser."[19]

Gerade deswegen, weil es „nicht sein kann", stemmt sich der Geist gewaltig dem Schicksal entgegen:

„correr fuera de mì mismo, perdidamente, libre de mì, furiosamente libre.

Irme,

Dios mio,

irme!"[20]

Diese Verzweiflung, aber *ohne diese Freiheit,* hören wir in der Psychose: was nicht sein kann, wird zur unausweichlichen „Strafe".

„Nein! Das kann nicht sein! Das ist nicht so!

Habe ich mich in dem schwarzen Wald verirrt? Nein, der Lichtbringer hat mich auf dem rechten Pfad zur Insel der Glückseligen geleitet, und es ist der Dämon gewesen, der mich in Versuchung geführt hat! Es ist eine Strafe, die man mir auferlegt!"

Es ist diese letzte Einsamkeit des psychotischen Menschen, dieses im Stich gelassen werden nicht bloß von den Mitmenschen, wie im Leiden, nicht bloß von sich selber, wie in der Neurose, sondern schließlich auch von der Wirklichkeit selber, und zwar von jeder Form der Wirklichkeit, von der sachlichen, der affektiven und der moralischen Wirklichkeit; es ist also

[19] „Nein, es kann nicht sein, es kann nicht sein, es kann nicht sein. Ansonst würde ich schreien, weinen, klagen. Es kann nicht sein, es kann nicht sein."

[20] „Rennen aus mir heraus, endlos, frei von mir selber, ungeheuer frei. Gehen aus, mein Gott, gehen!"

dieses Nein zu sich selber, dieses auf das innere Nichts Geworfensein, das den sonst unmöglichen Überstieg zeitweise ermöglicht:

Strindberg ist dem Unsichtbaren, der ihn zerstört, dankbar dafür, daß er ihn ergreift. Merkwürdig!

Man muß sich diese entsetzliche Leere im Untergrund aller Dinge, mindestens theoretisch, vorstellen, um ein wenig davon ahnen zu können, daß psychotische Menschen die Stimmen, die unsichtbaren Beobachter, die Verfolger, die im oberen Stock ihn leiten und beobachten, auf seltsame Weise „brauchen", nötig haben. Ja, sind es nicht eigene, abgespaltene Funktionen der Selbstbeobachtung, die sie im Spiegel der Außenwelt wahrnehmen? Brauchen also diese Kranken doch jene Teile des eigenen Selbst, die sie nicht integrieren, mit denen sie aber durch die Verfolgung verbunden bleiben?

„Seit ich festgestellt habe, daß eine unsichtbare Hand meine Schritte auf dem holprigen Weg lenkt, fühle ich mich nicht mehr einsam. Mit strenger Aufmerksamkeit bewache ich mein Tun und meine Worte, obwohl ich nicht immer Erfolg damit habe. Bei jeder Sünde werde ich auf frischer Tat ertappt, und die Strafe stellt sich mit einer spitzfindigen Genauigkeit ein, die keinen Zweifel aufkommen läßt, daß eine Macht eingreift, die züchtigt, um zu bessern. Der Unbekannte ist für mich zu einem persönlichen Bekannten geworden, mit dem ich spreche, dem ich danke und bei dem ich mir Rat hole. Zuweilen stelle ich ihn mir als einen mir dienstbaren Geist vor, ähnlich dem Dämonion des Sokrates. Das Wissen um die Hilfe des Unbekannten verleiht mir Energie und schenkt mir Zuversicht, und ich fühle mich in meinem Streben angespornt, wie ich es früher nie für möglich gehalten hätte."

Der merkwürdige Selbstheilungsversuch des Schizophrenen ist der, den Grundzug der negativen Existenz in eine psychotische Form der positiven Existenz umzukehren.

Wenn negative Existenz zum Beispiel letzter, radikaler Verlust des Kontaktes mit sich und der Welt ist, dann beginnt erst recht der große psychotische Zusammenhang mit dem Unsichtbaren.

Wenn die eigene Identität verloren scheint, dann wird erst recht der Sprung gemacht in die eigene große missionarische Identität: „Wenn ich mein Schicksal überdenke, begreife ich, daß mich der Unsichtbare züchtigt und mich mit Peitschenschlägen auf ein Ziel zutreibt, das ich noch nicht kenne. Er schenkt mir Ehre und verweigert mir gleichzeitig eine ehrenvolle Stellung in der Welt. Er demütigt mich, indem er mich erhöht. Er drückt mich nieder in den Staub, um meine Seele zu erheben.

Und wieder kommt mir der Gedanke, die Vorsehung habe mich für eine Mission in der Welt bestimmt, und dies sei der Auftakt zu meiner Erziehung, die nun begonnen hat."

Der Kranke denkt nicht nur wahnhaft; er ist sich des Sinnes bewußt, der plötzlich in der Sinnwidrigkeit des Leidens aufleuchtet.

Ich gestehe, daß ich an diesem Punkt nicht wage, diesem Wort einen letzten Realitätsgehalt abzusprechen.
Sicher, es ist ein Wahn. Auch wäre es psychologisch ein Leichtes, festzustellen, daß das unerträgliche Gefühl des Nichts nach irgendeiner Kompensation ruft.
Sind wir aber hier existentiell berechigt, nur psychologisch zu denken?
Schauen wir uns die Sache genauer an:
Einerseits nehmen wir durch eine solche In-Frage-Stellung dem Kranken gerade jene letzte Berechtigung weg, um die er in der Nicht-Berechtigung seiner Existenz ringt.
Zweitens: wissen wir, ob sein Wahn in einer anderen Sprache als in der ihm verfügbaren doch nicht teilweise Recht behalten könnte? Was ist das, sein Leiden, das er austragen muß, scheinbar ohne Sinn und ohne Grund, solange wir in der Welt der Erscheinungen weilen; aber vielleicht ist es tatsächlich mit jenem Sinn erfüllt, von dem der russische Dichter Garschin in seiner Erzählung „Die rote Blume" allegorisch schrieb, als er den Geisteskranken als Stellvertreter des universalen menschlichen Leidens darstellte?
Aber ich meine nun, daß dies nicht der einzige Grund ist, um von einem schöpferischen Zug in der Krankheit zu sprechen. Die Schöpferkraft des Geistes zeigt sich darin, daß das geisteskranke Leiden in der Selbstaussage hie und da zu einer wahren Aussage wird. Hören wir uns solche Stellen genauer an:
„Ich bin der aussichtslosen Kämpfe gegen die Unsichtbaren überdrüssig und sinke wieder in den Lehnstuhl, wo sich der Schlaf meiner erbarmt, so daß ich unter den schönen Sternen der Sommernacht die Besinnung verliere, während der sanfte Juliwind die Stockrosen hin- und herwogen läßt."
Oder auch, anderseits:
„Der Winter ist gekommen, der Himmel ist gelblich grau; mehrere Wochen lang hat die Sonne nicht mehr geschienen; die Wege sind so schmutzig, daß man nicht ins Freie hinausgehen kann; das Laub der Bäume vermodert, die ganze Natur stinkt und löst sich in Fäulnis auf. Die herbstlichen Schlachtereien haben begonnen; den ganzen Tag über steigen die Schreie der Opfer zum verhangenen Himmelsgewölbe empor, und man geht in Blut und zwischen Leichen einher."
Und weiter:
„Die Erde ist die Hölle. Sie ist das mit überlegener Klugheit gebaute Gefängnis, in dem ich keinen einzigen Schritt gehen kann, ohne das Glück anderer zu verletzen; und meine Mitmenschen können nicht glücklich bleiben, ohne mir Böses zuzufügen. Ich sehe meine Kindheit wieder vor mir und merke, daß sie bereits als Gefängnis, als Folter eingerichtet war."
Das Leiden spiegelt sich in der Welt:
„Der Herbst hat mit Sturm und Finsternis eingesetzt. Im Dorf und im Ar-

menhaus wächst die Zahl der Kranken, Sterbenden und Toten. Nachts hört man die Glöckchen der Chorknaben, die dem Priester mit der Hostie vorangehen. Am Tage läuten die Glocken der Kirche den Seelen der Toten heim, und Leichenzug folgt auf Leichenzug. Das Leben ist zum Sterben traurig und düster." „Ich öffne das Fenster. Ein Luftzug droht die Lampe zu löschen. Schnell schließe ich das Fenster wieder. Die Lampe beginnt zu fauchen, zu knistern und zu wimmern. Dann wird es völlig still. Da stößt ein Hund in der Nähe wehklagende Laute aus; der Volksmund sagt, das bedeute eine Totenklage.

Ich blicke durchs Fenster hinaus: der Große Bär leuchtet in einsamer Majestät. Unten am Abhang liegt das Armenhaus, ein Licht brennt, und eine alte Frau wartet, über ihr Strickzeug gebeugt, auf die Befreiung; vielleicht fürchtet sie den Schlaf und die Träume.

Ein deutlich artikulierter Ruf: „Alp", läßt mich hochfahren. Alp! Das ist der deutsche Ausdruck für eine Beklemmung.

Alp! Das ist das Wort, das die Tropfen des Schlagregens vor kurzem in mein Manuskript im Hotel Orfila einzeichneten.

Wer hat es gerufen? Niemand, denn alle Hausbewohner schlafen. Ein Spiel der Dämonen."

Dies ist nur ein poetisches Bild, aber es umschließt doch die ganze Wahrheit.

„Ich gehe die Treppe bis zu meinem Giebelzimmer hinauf. Die Kerzen sind heruntergebrannt, und alles ist still.

Da setzt das Angelusläuten ein. Es ist Feiertag.

Ich habe mein Meßbuch genommen und lese: De profundis clamavi ad Te, Domine! Getröstet sinke ich wie ein Toter auf mein Bett nieder."

Mitten im Leiden die Sehnsucht:

„Mit einer Sehnsucht nach dem Himmel geboren, weine ich wie ein Kind über die Erbärmlichkeit, den Schimmer des Daseins und komme mir unter meinen Verwandten und in der bürgerlichen Welt wie ein Fremder vor. Seit meiner Kindheit habe ich gesucht und den Dämon gefunden. Ich habe Christi Kreuz in meiner Jugend getragen, und ich habe einen Gott verlangt, der sich damit begnügt, über Sklaven zu herrschen, die vor ihren Bütteln kriechen."

Die bekannten schizophrenen Bedeutungserlebnisse, nach denen z. B. der Vogelflug Schrecken vor den seltsamen krankhaften Zufällen und Gestalten bedeutet, können hier gelegentlich mit derselben Größe der Sprache ausgedrückt werden, wie Liebe, Kummer, Verstrickung des menschlichen Herzens geschildert wird:

„Im Kamin brenne ich Kohlen, die man ihrer glatten und runden Form wegen ‚Mönchsschädel' nennt. Als eines Tages das Feuer erlischt, noch ehe es völlig ausgebrannt ist, hole ich aus dem Kamin ein Kohlenstück von phantastischer Gestalt. Es sieht aus wie der Kopf eines Hahnes mit einem prächtigen Kamm, auf einem menschenähnlichen Rumpf mit verzerr-

ten Gliedern. Er hat Ähnlichkeit mit einem jener Dämonen, die man auf mittelalterlichen Darstellungen des Hexensabbats findet.
Am Tage darauf finde ich eine herrliche Gruppe in der Glut: zwei betrunkene Dämonen in wallenden Gewändern, die sich umarmen. Es ist ein Meisterwerk primitiver Bildhauerei.
Am dritten Tag ist es eine Madonna mit dem Kinde, im byzantinischen Stil, von unvergleichlich schönem Schnitt.
Ich zeichne die drei Stücke ab und lasse sie dann auf meinem Tisch liegen.
Ich glaube nicht an Dämonen, bin aber doch gespannt auf die Wirkung der Statuetten auf die Spatzen, die ich vor meinem Fenster mit Brot zu füttern pflege. Also stelle ich die Figuren aufs Dach.
Die Spatzen halten sich aufgeschreckt in gebührender Entfernung. Es gibt also eine Ähnlichkeit, die selbst die Tiere wahrnehmen, und es ist Wirklichkeit hinter diesem Spiel der trägen Materie und des Feuers.
Die Sonne erwärmt meine kleinen Figuren, und der Dämon mit dem Hahnenkamm platzt; da fallen mir die alten Bauernsagen ein, nach denen die Zwerge platzen, wenn sie bis zum Sonnenaufgang draußen bleiben."

Die Welt erscheint dem schizophrenen Kranken so ungestaltet und disharmonisch wie das eigene Selbst. Das Erleben des Ungestalteten jedoch dichterisch zu gestalten, ist dem Dichter vorbehalten: „Schwarze Möbel! Bücherregale mit leeren Fächern, die weit aufgerissenen Rachen gleichen; die Blumen sind vom Fenster verschwunden; im Raum steht ein gußeiserner Ofen, hoch und schmal, schwarz wie ein Gespenst und mit scheußlichen Phantasieornamenten, die Salamandern und Drachen gleichen. Das Ganze bildet eine Disharmonie, die mich krank macht."

Halluzinationen bekommen im Lichte der beschwörenden Sehnsucht die Erhabenheit der großen Gebete des Menschen; hier ist Strindberg in der Krankheit dem von ihm immer wieder gelesenen Hiob, in der psychotischen Variante der menschlichen Größe, sehr nahe.

„Zwischen den beiden Herzblättern eingebettet. Wer beschreibt meine Bestürzung, als ich auf dem Objektträger zwei kleine alabasterweiße Hände, wie zum Gebet gefaltet, sich erheben sehe? Ist es eine Vision? Eine Halluzination? Nein, keineswegs. Es ist zerschmetternde Wirklichkeit, die mich mit Entsetzen erfüllt! Unbeweglich strecken sich mir die kleinen Hände entgegen, gleichsam beschwörend; ich kann ihre fünf Finger zählen, die Daumen sind kürzer als die anderen Finger, es sind richtige Frauen- oder Kinderhände!
Was ist das? Die beiden ersten, noch unausgebildeten Blätter eines Walnußbaumes, der Juglans regia, Eichel des Jupiters. Das ist alles. Und trotzdem bleibt es eine unleugbare Tatsache, daß sich zehn Finger, menschliche Finger, zu einer flehenden Gebärde falten: de profundis clamavi ad te!"

Mag der Kranke ein Atheist oder ein Gläubiger sein, oder wie Strindberg alles zugleich und nacheinander, unabhängig davon formt ihn das große, schmerzliche Werk der Stellvertretung des Leidens demjenigen ähnlich, dessen Gestalt den Einsamen zwar nicht mehr tröstet — die Einsamkeit ist allzu radikal — ihm aber im Schicksal vorauseilt:

„Bin ich ein Phlegyas, der für seinen Hochmut zu den Todesqualen des Tartarus verurteilt wurde, oder bin ich Prometheus, dem die Strafe durch den reißenden Adler gesandt wurde, weil er den Sterblichen das Geheimnis der Mächte verraten hatte?

(Während ich dies niederschreibe, erinnere ich mich der Szene aus Jesu Leidensgeschichte, als die Soldaten ihm ins Gesicht spieen und ihm Backenstreiche gaben, während ihn andere mit Ruten schlugen und fragten: Christus, sage uns, wer dich geschlagen hat!)"

Andere Male gelingt dem Dichter, was nur dem Dichterberuf zu eigen ist: eigenes Leiden durch andere Menschen darzustellen. Eigenes Leiden, auch wenn es geisteskrank ist, läßt sich nicht in dem Sinne „projizieren", den wir dem Wort in der Psychologie geben: „abwehren durch Übertragung." Es läßt sich vielmehr in jenem Spiegel wahrnehmen, den die Phantasie des Dichters aus der Welt schafft.

„An den Gräben der großen Landstraßen halten sich Bettler, Schwachsinnige beiderlei Geschlechtes, Kranke und Krüppel auf. Sie liegen zu Füßen eines Kruzifixus, eines Madonnen- oder Märtyrerbildes auf den Knien.

In der Nacht irren die Unglücklichen, die an Schlaflosigkeit und Alpdrükken leiden, auf den Wiesen und in den Wäldern umher, um Müdigkeit zu suchen, die ihnen Schlaf schenken könnte. Ganz in der Nähe unseres Hauses liegt ein Kloster, das als Besserungsanstalt für gefallene Mädchen dient. Es ist ein richtiges Erziehungsgefängnis mit der strengsten Zucht. Im Winter, selbst bei zwanzig Grad Kälte, schlafen die Büßerinnen in ihren Zellen auf eisüberkrusteten Steinböden, weil Heizen verboten ist. Darum sind ihre Füße und Hände mit Frostbeulen bedeckt, die immer wieder aufplatzen.

Unter anderem schmachtete dort eine Frau, die mit einem Mönche intimen Umgang gepflegt hat; das sieht man als Todsünde an. Von Gewissensqualen gepeinigt und völlig verzweifelt, sucht sie ihre Zuflucht beim Beichtvater; doch er verweigert ihr Beichte und Sakrament. Auf Todsünde stehe Verdammung. Da verliert die Unglückliche den Verstand und bildet sich ein, bereits tot zu sein; sie irrt von Dorf zu Dorf, die Barmherzigkeit der Priester anrufend, um in geweihter Erde begraben zu werden. Verbannt und überall verjagt, taucht sie auf und verschwindet wieder, heulend wie ein wildes Tier. Die Leute bekreuzigen sich bei ihrem Anblick und sagen: ‚Das ist die Verdammte!' Niemand zweifelt daran, daß ihre Seele bereits im Fegefeuer ist, während ihr Schatten hier, gleich einer wandernden Toten umherirrt."

Eine Darstellung des Leidens im Spiegel eigenen Leidens! Was den Dichter auch in der Krankheit auszeichnet, ist die Fähigkeit, über das Leiden zu reflektieren, das Wort vor der Auflösung zu retten, damit Auflösung,

Spaltung, Verformung in ihm sich spiegeln, die dichterische Landschaft des Schmerzes um diese neue Erfahrung der Geisteskrankheit mehrend:
„Und das, meine Brüder, ist ein Menschenschicksal unter vielen anderen. Gebt zu, daß das Leben eines Menschen wie ein düsterer Witz aussehen kann."
„Ich hatte dieses Buch mit dem Ausruf: Welcher Scherz, welch trauriger Scherz ist doch dieses Leben! beendet."

Die Frage nach der Krankheit läßt den kranken Geist dieses Dichters nicht in Ruhe.
Geisteskranke verweigern außerhalb der Psychotherapie oft die Einsicht in die Krankheit. Sie können sie nicht haben; nicht bloß weil sie sich furchtbar schämen, sondern auch vor allem, weil die Einsicht eine intakte Zone des Ichs voraussetzt, die es hier nicht mehr gibt.
Was heißt Realität, wenn der Grund einer jeden Realität normalerweise in den Dingen liegt, die wir sehen und hören? Wie kann eine Halluzination durch den Verstand in Frage gestellt werden, wenn der menschliche Verstand erst nach der sinnlichen Wahrnehmung beginnt?
Trotzdem zweifeln auch die Geisteskranken an der Wahrheit ihres Wahnes. Es wäre seltsam, wenn sie, die jeglicher Sicherheit beraubt sind, hier wirklich und endgültig sicher wären. Es gibt freilich die Wahngewißheit; Strindberg schreibt:
„Es herrscht kein Zweifel mehr daran, ich bin in der Hölle! Und tatsächlich bekräftigt mir die Realität diese Einbildung auf so einleuchtende Weise, daß ich schließlich daran glaube."
Aber der innere Dialog eines Menschen, der mit sich debattiert, ob er krank sei oder verfolgt, kommt immer wieder zur Sprache. Es hat etwas Erschütterndes, mit welcher Erleichterung Strindberg feststellt, daß er verfolgt werde und also deswegen nicht geisteskrank sei:
„Es stimmt also: Man hat mir in der Rue de la Clef eine Falle gestellt, und die Kränklichkeit, deren Symptome sich noch immer zeigen, ist eine Folge dieses Mordversuches. Endlich eine Tatsache, eine greifbare Wirklichkeit, die mich von den entsetzlichen Ängsten, ich könnte geisteskrank werden, befreit." Aber die klare, einfache, unleugbare Wahrheit drängt sich dem Dichter doch auf:
„In dieser kleinen Stadt der Musen festgehalten und ohne Hoffnung, je wieder herauszukommen, kämpfe ich gegen den furchtbarsten Feind — gegen mein eigenes Ich."
Hin und her, der Zweifel folgt immer wieder:
„Den Gedanken, daß Geisteskräfte ihre Hand im Spiel haben, weise ich noch immer zurück und bilde mir ein, von einer Nervenkrankheit befallen zu sein. Darum beschließe ich, nach Schweden zu fahren und dort einen befreundeten Arzt aufzusuchen.

Verfolgungswahn! Mag sein, aber wo ist der Anstifter, der die Glieder dieses infernalischen Syllogismus schmiedet?"
Oder auch:
„Endlich tritt eine Ruhepause in meinen Qualen ein. Ich sitze in einem Lehnstuhl auf dem Treppenhaus zum Pavillon und betrachte stundenlang die Gewächse im Garten und grüble über die Vergangenheit nach. Die Ruhe, die nach meiner Flucht eingetreten ist, beweist mir, daß mich keine Krankheit befallen hat, sondern daß ich von Feinden verfolgt wurde."
Oder:
„Eine Krankheit? Unmöglich, da es mir so lange ausgezeichnet ging, bis ich mein Inkognito preisgab. Ein Attentat? Offensichtlich, da ich die Vorbereitungen ja mit eigenen Augen gesehen habe. Auch fühle ich mich hier im Garten, außerhalb der Reichweite meiner Feinde, wieder sehr wohl und das Herz funktioniert völlig normal."
Schließlich weiß der Dichter, daß beides, Krankheit und Einsicht, durch die Einsicht in die Bitterkeit des Lebens überholt werden:
„Über den Tod lachen?! Wie wäre das möglich, wenn das Leben nicht in sich selbst lächerlich wäre? So viel Lärm um nichts! Vielleicht verbirgt sich sogar in den Tiefen der Seele ein unbestimmtes Wissen, daß alles hier auf Erden nur eine Maskerade, Schein und Trugbild ist und daß sich die Götter über unser Leiden lustig machen."
So sehen wir am Schluß unserer Betrachtungen, wie hier dem Geisteskranken ein nur ihm tragischerweise vorbehaltener Zugang zur Existenz möglich wird. Der Blick in den Abgrund.

4. *Geisteskrankheit und Kreativität*

Eine wichtige Frage, die wir nun besprechen wollen, ist diejenige nach dem *kausalen Zusammenhang* zwischen psychischer Abnormität und schöpferischer Leistung, *zwischen Geisteskrankheit und Kreativität.* Die Frage ist bekanntlich besonders für die Schizophrenie sinnvoll und ist in diesem Kontext mehrfach aufgeworfen worden.
Man kann zunächst so argumentieren, daß schöpferische Menschen, welche an einer Schizophrenie erkranken, auch ohne eine solche schöpferisch gewesen wären — ja vielleicht wäre ihre Schöpferkraft ohne die Psychose eine gesteigerte gewesen. Die Psychose verkürze die Zeit der Produktivität; *Strindberg, Hölderlin, Nerval, van Gogh* verloren in der Krankheit ihre schöpferische Kraft. Sie verblödeten oder verstummten schließlich, oder sie endeten im Selbstmord.
Wählen wir *van Gogh* und *Hölderlin* als Beispiele dafür. Wenn auch bedeutende Schaffensperioden, wie die zwei letzten künstlerischen Jahre *van Goghs* (1888—1890), durch das gleichzeitige Bestehen von Schizophre-

nie[21] und höchster künstlerischer Entfaltung gekennzeichnet sind und wenn wir uns auch die These von *Hellingrath* zu eigen machen wollen, daß die Werke *Hölderlins* in der schizophrenen Phase 1801—1805 „Herz, Kern und Gipfel des Hölderlinschen Werkes, das eigentliche Vermächtnis" sind, so bleibt es unbestreitbar, daß Schizophrenie selbst bei großen Geistern, so auch bei Hölderlin, schließlich zum Abbau der Persönlichkeit und zur Unproduktivität führte, wenn nicht Selbstmord wie bei *van Gogh* dieser Entwicklung frühzeitig ein Ende setzte.

Diese Feststellung, daß *Psychosen auf lange Sicht hin einen ausschließlich ungünstigen Einfluß auf die weitere schöpferische Gestaltung ausüben* (es sei denn, sie würden geheilt), beantwortet allerdings die Frage nicht: können Psychosen *zumindest am Anfang* produktiv wirken, können sie die Keime einer Produktivität durch dramatische innerpsychische Spannungen zur Entfaltung treiben, die sie allerdings am Ende durch Abgespanntheit und Entleerung doch wieder zerstören?

Gewisse zeitliche Koinzidenzen scheinen den kausalen Zusammenhang nahezulegen, daß die Kreativität manchmal im Zusammenhang mit der Entwicklung einer Psychose zunimmt. Man kann freilich, schreibt *Jaspers*, den Einwand machen, daß die künstlerische Wendung *van Goghs*, deren großes Maß von niemand bestritten wird, „ganz ohne die Psychose, trotz der Psychose, völlig ausreichend aus dem ursprünglichen geistigen Telos begreiflich sei". Er ergänzt dann aber: „Ich gestehe, daß es mir sehr wunderlich vorkäme, wenn es ein Zufall sein sollte, daß die Produktivität gerade da einsetzt, wo auch die unglaublich schnelle Entfaltung der Schizophrenie einsetzt."

Selbst wenn solche offensichtlichen Koinzidenzen fehlen, fällt in anderen Fällen die Entsprechung zwischen den übersteigerten, bereits krankhaften Inhalten der Psychose und den Problemen der früheren vorpsychotischen Existenz auf. Wir bemerken, wie die Psychose langsam durch die Erlebnisse der ihr vorausgehenden Jahre vorbereitet wird: wir sehen, daß dieselbe Problematik, die zur Kreativität führt, sich schließlich zur Psychose steigert. Es fragt sich dann, ob solche Menschen die ganze Verzweiflung, die Gespaltenheit der Existenz hätten künstlerisch ergreifend ausdrücken können, ohne sie auch unmittelbar zu erfahren.

Bei gewissen Dichtern hat man nämlich den Eindruck, daß das Charisma der Kreativität nur durch persönlichen Opfergang, durch Erfahrung des Schicksals am eigenen Leibe, genauer an der eigenen Psyche, gewonnen werden konnte. Die künstlerische Gestaltung war solchen Dichtern Mittel, um das Schicksal, das ihnen drohte, eine Weile zu bannen, im Worte zu meistern, im Gesang zu beschwören, bis sie schließlich doch daran zugrundegingen. Dieses Schicksal, das zwei Gesichter trägt, Krankheit und dichterische Sendung, spaltet wie ein Blitz das Erleben des geisteskranken

[21] Letztere Diagnose ist stark vermutet worden etwa von *Jaspers*, läßt sich allerdings (auch von ihm) nicht mit absoluter Sicherheit stellen.

Dichters und Künstlers. *Strindberg* sieht diesen Blitz, sieht im Spiegel sein Gesicht und erschrickt: „Es war ein Ausdruck in den Zügen, der mich erschreckte, das war weder der Tod noch das Laster, das war etwas anderes."

Ergibt sich dieser Blitzschlag aus einer Steigerung der Lebensgegensätze, die schließlich nicht mehr zusammengehalten werden können? Das ist der Wahrheit eine Hälfte. Die andere Hälfte heißt: Ichschwäche.

Intensität, Spannung, Konflikthaftigkeit und Widersprüchlichkeit der Existenz sind bei Schizophrenen die Folge einer Steigerung der Lebensgegensätze. Sie sind aber auch eine Folge der Ichschwäche, der Hilflosigkeit bei der Aufgabe, die menschliche Existenz zu bewältigen. Wo die Ichstruktur schwach ist und die Gegensätze des Lebens, die vielen Sinneseindrücke, die sich widersprechenden Impulse und Gedanken nicht mehr in ein sinnvolles Ganzes einordnen kann, stürmen die Einzelvorgänge auf das Individuum, auf das Ich ein. Dann gewinnen für das Ich selbst banale Wahrnehmungen, denen ein Platz im seelischen Geschehen, eine Reihenfolge, eine eindeutige Bedeutung, eine Grenze fehlen, eine erregende, aufregende, quälende Wirkung. Die Welt wird zu einem ständigen Drama, einem bedrohlichen Vulkan, einem Weltuntergang, einem unfaßbaren Rätsel. Die Intensität des Erlebens ist eine Folge der Unfähigkeit des Ichs, überlegende Ruhe organisierend und integrierend zu bewahren. Wir wissen nicht, inwieweit diese Ichschwäche durch unbekannte biologische Vorgänge oder — teilweise — durch soziale und familiäre Belastungen bedingt ist. Aber die sozialen und familiären Spannungen werden in der Psychose oft durch die Ichschwäche verstärkt. Freilich ist die Ichschwäche des Ichs bei großen Geistern relativ zur Größe der dem Ich gestellten Aufgaben.

Bei großen Geistern, die scheitern, hat man nämlich den Eindruck, daß das Ich Mühe hatte, die gewaltige Fülle der künstlerischen Impulse, die objektive Größe der psychischen Natur, die Tiefe der tragischen Existenz zu gestalten. Solche Menschen wirken so, als ob sie nicht nur an einer Ichschwäche, sondern auch an der Spannung der dem Ich gestellten Aufgaben zugrundegehen müßten.

Was uns beim schizophrenen Dichter, der noch die Unversehrtheit der Sprache, die Kommunikationsfähigkeit bewahrt hat, anspricht, ist jedenfalls die Gestaltung des abnormen Erlebens, der dichterischen Ausdruck desselben, das Ringen des Ichs mit der Kraft des Einbrechenden.

„Allem Gesagten", schreibt *Jaspers*, „entspricht die Wirkung der Werke, die solche Kranke aus der Aufwühlung der Seele heraus in leidenschaftlicher Unmittelbarkeit — wenn auch unter dem Willen fortwährender Disziplin, die sogar bei diesen Kranken entsprechend der Gewalt des Unmittelbaren von ungewöhnlicher Kraft werden kann — nach außen setzen."

Die ungewöhnliche Kraft in der Ohnmacht, darum geht es. Somit habe ich wiederum ein wesentliches Anliegen meiner Ausführungen ausgesprochen. Was uns in der Geisteskrankheit entgegentritt, ist bei weitem nicht nur das Unverständliche, der Wahn, die Sinnestäuschung, der sprachliche Wirrwarr. Dazu kommt noch, entscheidend, das Erleben des Menschen. Dieses Erleben mag zwar stellenweise uneinfühlbar, fremd, magisch, unheimlich wirken: es packt uns trotzdem, sobald wir uns Zeit nehmen, auf es einzugehen; es bewegt uns trotz seiner irrsinnigen Gestalt, wie wenn etwas Unmenschlich-Menschliches, der Zerfall der Existenz, die Grenzsituation des Daseins sich in ihm offenbarten.

„Es gibt Personen", schreibt *Strindberg* über seine Erlebnisse, „die eine solche Feindseligkeit ausstrahlen, daß ich aufs andere Trottoir hinübergehe." Papierfetzen auf der Straße, die seine Aufmerksamkeit auf sich ziehen, enthalten in dem auf ihnen Gedruckten irgendwelche Beziehungen zu seinen Gedanken. Er erwacht einmal „mit dem bestimmten Eindruck, er befinde sich in einer Schlangengrube, in die der Satan ihn gelockt habe". In einer Stadt ist er „erstaunt, Menschen am Fenster stehen zu sehen, die den Fremdling heimlich mit wilden, verzerrten Blicken betrachten, um sich gleich darauf hinter den Gardinen zu verbergen". „Die beständige Angst, beobachtet zu sein, drückte ihn so nieder, daß er überall wachende Augen sah, verfängliche Fragen zu hören meinte", wie sich *Jaspers* ausdrückt.

Auch wenn es uns unverständlich bleibt, daß ein Mensch in einer neutralen Umwelt derartige Dinge erlebt, so sind solche Erlebnisse für uns doch nicht gänzlich unnachvollziehbar. Wir können uns vorstellen, in einer Gegend zu leben, die von Wilden bevölkert ist, die uns verfolgen. In unseren Träumen haben wir vielleicht schon etwas Ähnliches, Verwandtes erlebt. Der Geisteskranke weilt nicht nur im Nichts, sondern auch in einem Grenzgebiet der Existenz, wo das Absurde, das in einer „temperierten" Weise die ganze normale Existenz durchdringt, sich konzentriert und steigert. Beim Lesen von geisteskranken Berichten staunen wir, wie unendlich breit das Spektrum des Phantastischen sein kann, in welches der Mensch eingetaucht wird. Wir haben den Eindruck, daß diese Kranken unendlich viele absurde Erlebnismöglichkeiten erfahren, welche die Kategorie des Absurden, über die Philosophen in vernünftigen Sätzen geschrieben haben, in lebendige Wirklichkeit umsetzen. Daß es so etwas nicht nur in der abstrakten Vorstellung, sondern im konkreten Erleben geben kann, daß nämlich die endlose Landschaft des Wahnes trotz aller Wiederholung, trotz alles Typischen so immer neu, anders, überraschend, einmalig sein kann, diesen furchtbaren Reichtum hatten wir vor der Begegnung mit dem Patienten noch nicht erfahren. Wenn wir aufmerksam zuhören, lassen wir Unbwußtes in uns ansprechen. Ist dies Unbewußte, das uns gelegentlich etwa in einem Angsttraum plötzlich anspricht und anfällt und uns die Angst des Kranken verstehen, nachvollziehen läßt, so verschieden von dem, was bei all unseren Patienten leider nicht mehr so unbewußt, sondern alltägliche Realität ist?

„Es ist“, schreibt *Jaspers,* „das Erstaunliche, daß es solche Krankheitsprozesse gibt, die nicht verwirren, nicht in einem groben Sinn zerstören, sondern eine gelegentliche „Verrückung“ bringen. Die uns bekannten, greifbaren Gehirnprozesse wirken auf das Seelenleben, als wenn man mit einem Hammer in ein Uhrwerk schlägt und damit chaotisch zerstört; dagegen wirken diese (schizophrenen) Prozesse so, als ob man das Urwerk auf eine verwickelte Weise modifiziere, so daß es anders, unberechenbar geht, so daß man sagt, die Uhr gehe verrückt.“

Das, was die Uhr bewegt, das, was *Jaspers* „das dämonische Dasein“ nennt, d. h. „dieses ewige Überwinden und immer Erfülltsein, dieses in nächster Beziehung zum Absoluten . . ., in ewiger Unruhe bestehen . . ., das im gesunden Menschen gedämpft, geordnet, zielhaft und auf lange Sicht schaffend besteht“, kann sich „im Beginn jener Krankheit in größter Vehemenz zum Durchbruch verhelfen.“ „Nicht als ob (das Dämonische), der Geist krankhaft wäre“, er steht außerhalb des Gegensatzes gesund-krank: sondern der kranke Prozeß gibt Anlaß und Bedingung für dieses Durchbrechen.“

Dieser eigenartige Satz des Philosphen, daß der Geist nicht erkranken kann und außerhalb des Gegensatzes gesund-krank steht, ist eine philosophische Wendung dessen, was man auch eine Transzendenz des Unbewußten nennen könnte! Das Unbewußte manifestiert sich durch die Krankheit, ist aber in dieser Manifestation so echt, wie es sich auch beim Gesunden in einem Angsttraum manifestieren kann.

Es ist dies Unbewußte, das uns mit dem Kranken verbindet, uns seine Angst und sein Schicksal als etwas Menschliches, als die Grenzsituation dessen, was auch in uns ist, nachvollziehen läßt. Sehen wir uns das Erleben der Spannung, das dem Erleben der Geisteszerrüttung vorausgeht, noch einmal an! In jedem von uns besteht ein Gegensatz zwischen Ich und Ich-Ideal, zwischen verschiedenartigen Persönlichkeitsrichtungen, zwischen Geist und Natur, Mitmenschlichkeit und Selbstsucht, Askese und Lebensfreude, Sinnlichkeit und Selbstüberwindung, zwischen der Fülle eigener Regungen, Wünsche, Impulse und der uns zustoßenden Realität, der begrenzten Möglichkeit, sie zu verarbeiten, zu gestalten, anzueignen.

Diese Spannung ist an sich schöpferisch. Ohne sie gibt es keine menschliche Entwicklung. Selbst die heitere Ruhe des Alters ist heiter erst im Rückblick auf eine gespanntere Jugend, und die Besonnenheit des Weisen erwächst aus dem Wissen um einen bewältigten Konflikt.

Diese Spannung kennt aber der schizophrene Mensch in gewaltigerem Ausmaße, besonders in den Jahren, die seiner Erkrankung vorausgehen. Selbst Patienten, die keine besondere philosophische Begabung haben, sinnen in dieser Periode vor dem Ausbruch der Erkrankung oft über die Anderen, die Welt, den Tod, das Absolute, den Gang der Geschichte, die universellen Aufgaben, das Schicksal der Menschheit, die Liebe, Gott und den Teufel, die Wurzel der Angst, das Ich-Ideal, die Grenzen nach. Man findet solche Reflexionen in den Heften, Tagebüchern und sonstigen Aufzeichnungen vieler schizophrener und auch nicht schizophrener Jugendlicher, die keine Dichter sind. Wenn die Jugend naturgemäß die Zeit des großen Aufbruches, des Suchens einer Selbstidentität ist, so ist es verständlich, daß die Pubertätskrise Ähnlichkeit mit der Zeit vor der Psychose hat. Im übrigen bestätigen die Studien von Konstitutionsforschern, z. B. *Kretschmer* [1], mit ihrem Hinweis auf eine Korrelation zwischen Schizothymie und Sensitivität bei höherer innerer Produktion eine solche These.

Dieses Nachgrübeln und gründliche Zweifeln an sich, an der eigenen Möglichkeit zu fühlen und zu lieben, an der eigenen Freiheit und Einheitlichkeit, beobachten wir sowohl bei Dichtern als auch bei gewöhnlichen Menschen. Der Unterschied ist freilich der, daß der Dichter dieselben Dinge ungemein schärfer und eindrücklicher als der Durchschnittsmensch erfaßt, also auch in der Krankheit überdurchschnittlich empfindet und ausdrückt. Selbst in bezug auf den Endzustand der Krankheit kann sich dieser Unterschied behaupten, wie *Jaspers* ihn bei *Hölderlin* mit den Worten faßt: „Da finden wir die ganze uns geläufige Symptomatologie von Endzuständen, die Verkindlichung, die Impulse usw., nur daß durch die ganze Schilderung selbst dieses Endzustandes noch eine Atmosphäre geht, die anzeigt, daß es eben ein Endzustand bei Hölderlin und nicht bei irgendjemand ist." Ebenfalls eindrücklich ist das vorpsychotische Sich-Selbst-Suchen und -Verlieren des Dichters:

„Ich fühle es", schreibt *Hölderlin* im März 1801, einen Monat vor dem Ausbruch des ihn zerrüttenden schizophrenen Erregegungszustandes, „wir lieben uns nicht mehr wie sonst, seit langer Zeit, und ich bin daran völlig schuldig. Ich war der erste, der den kalten Ton anstimmte . . . ein Unglaube an die ewige Liebe hatte sich meiner bemächtigt . . . ich hatte gerungen bis zur tödlichen Ermattung, um das höhere Leben im Glauben und im Schauen festzuhalten, ja, ich hatte unter Leiden gerungen, die, nach allem zu schließen, überwältigender sind als alles andere, was der Mensch mit eherner Kraft auszuhalten hat."

„Man muß sich", schreibt *Jaspers* in einem anderen Zusammenhang, „den Seelenzustand solcher Kranken in der Anfangszeit vorstellen als überwältigend durch tiefe Erlebnisse, die die Persönlichkeit zu zerreißen drohen, auch durch die rein funktionellen Erscheinungen des subjektiv angstvoll erfahrenen Abbrechens der Gedanken, drohenden Verlustes der Herrschaft über die Gedankenfolge. Solche Kranke sagen wohl: Ich fühle, daß ich wahnsinnig werde, wenn ich nur einen Augenblick nachgebe. Diese Anstrengung, sich und die Kontinuität des Bewußtseins, den Sinn und die Haltung zu bewahren, muß eine gewaltige sein."

Man gewinnt den Eindruck, daß das schizophrene Ich nicht mehr die gestaltende und integrierende Kraft besitzt, diese Spannung zu beherrschen. Das innere Kunstwerk der eigenen Identität gelingt nicht. Vielmehr wird das organisierende Ich-System von denselben Impulsen und Weltinformationen desorganisiert und fragmentiert, die es verarbeiten müßte. Es ist dieser Mangel an Kraft, welcher das Ich auf der einen Seite empfindlich macht für Gegensätze, Gefälle, Diskrepanzen des Lebens, die dem Robusten fast selbstverständlich erscheinen, auf der anderen Seite aber früher oder später die Möglichkeit raubt, am Ende den großen Zusammenhang zu finden. Wenn die schizophrene Sensibilität anfangs oft den Anstrich des Genialen verleiht, so versandet schließlich das Geniale in der Unmöglichkeit einer kommunikativen Gestaltung.

Es ist daher ergreifend, mitzuerleben, wie die besondere Spannung der Jahre vor der Erkrankung und ihres Anfangsstadiums in die Spannungslosigkeit der späteren Zustände übergeht. Diese spätere Spannungslosigkeit wird durch die Unmöglichkeit bewirkt, eine Synthese zu bilden, ein Ich zu sein, und wird mit dem Preis der Abspaltung wesentlicher Ichseiten bezahlt.

„Ich bin nicht scheu", schreibt *Hölderlin* 1798, „weil ich mich fürchte, von der Wirklichkeit in meiner Eigensucht gestört zu werden, aber ich bin es, weil ich mich fürchte, von der Wirklichkeit in der innigen Anteilnahme gestört zu werden, mit der ich mich gerne an etwas anderes schließe; *ich fürchte mich, das warme Leben in mir zu erhalten in der eiskalten Geschichte des Tags* . . ."[22]

Da haben wir es: Auf der einen Seite die Fähigkeit des schizothymen Ichs, sich mit den vielen Gestalten des Lebens zu identifizieren, in ihnen teilnehmend aufzugehen, bis zu dem Punkt allerdings, wo die innere Steuerung versagt, wo mit der Aufsplitterung des Ichs eine Egofizierung der Affekte, ein Fühlen des eigenen Selbst in der Ichdimension nicht mehr gelingt und in diese Leere der Selbstwahrnehmung die Kälte einbricht. Denn Wärme und Liebe setzen nicht nur ein Welt-fühlendes Ich, sondern auch ein sich fühlendes Ich voraus. Der Gegensatz von Teilnahme und Entfremdung, von Liebeswärme und Eiseskälte ist in der Unentschiedenheit der beginnenden Krankheit am größten. „In der Zeit der Krankheit" schreibt *Jaspers* von Hölderlin, „geht nun allmählich — eine erschütternde Tatsache — dies bewegte und leidende Selbstbewußtsein in ein festes und souveränes über, in dem gleichzeitig seine Dichtung sich tatsächlich nicht mehr an die wirkliche Welt wendet, sondern der Einsame, der die Einsamkeit immer weniger spürt, sie in eine zeitlose Welt setzt, die ihm aus der äußersten Spannung zwischen erschütternden Gesichten und energischer ordnender Kraft erwächst."

Und später: „Jetzt, nach Beginn der Schizophrenie, kann man sagen, daß Griechentum ihm gegenwärtig, existentiell geworden sei, soweit griechische Inhalte noch eine Rolle spielen. Die Hymnen, in freien Strophen, gestalten eine Hölderlin gegenwärtige, mythische Welt, allein aus der mühe-

[22] Hervorhebung von mir.

voll disziplinierten Anschauung, mit unmittelbarer Sinnlichkeit ohne Seitenblick auf Zeitgenossen und Wirklichkeit. Diese Hymnen gelten ihm dann noch als Werke jedes hohen Dichterberufes. Er sagt einmal, daß der Inhalt unmittelbar das Vaterland angehen soll, oder die Zeit."

So gequält der Dichter in dem schizophrenen Prozeß ist, so sehr ihn vielleicht auch die realen Nöte der Wirklichkeit treffen, sie sind ihm unwesentlich geworden; er lebt ganz seinem Werk, ohne nach weiterem zu fragen, und er erfährt darin einen Aufschwung, der ebenso einfühlbar wie kausal auf die schizophrenen euphorisch-metaphysischen Erregungen beziehbar ist.

In der Frage des Zusammenhanges zwischen Geisteskrankheit und Kreativität wollen wir also festhalten: Die Gegensätzlichkeit der Existenz, welche die Spannung bedingt, ist noch nicht Schizophrenie. Sie ist eine Voraussetzung der Schizophrenie, so wie, auf biologischer Ebene, das Leben die Voraussetzung der Krankheit ist. Wäre keine Gegensätzlichkeit in der Existenz, kein Widerspruch der Werte, keine Notwendigkeit der Unterscheidung und der Begrenzung, keine Polarität, keine Aufspaltung in Extreme, die doch aufeinander bezogen bleiben, so wäre gewiß keine Schizophrenie — aber auch kein Geist in unserem Sinne mehr möglich. Die Gegensätzlichkeit der Existenz ist eine Voraussetzung der Schizophrenie, sie ist aber auch der Anstoß für das Ich, ihrer Herr zu werden. Die Aussichtslosigkeit und Unerträglichkeit der Spannung beginnt erst in der Schwäche des Ichs, jene Gegensätzlichkeit auszuhalten.

Freilich begründet aber ein zweites Moment neben der Ichschwäche die Tiefe der Spannung, nämlich die Offenheit des Menschen für die Abgründigkeit der Existenz selber. Schizophrene Menschen sind auch im Alltag schmerzlich offen für die Widersprüche und Konflikte des Lebens. Es ist bekannt, daß schizophrene Patienten in gewißen pathologischen Familien die Blitzableiter der emotionalen Spannungen darstellen: in diesen Kranken verdichten sich die Konflikte, an ihnen werden die Widersprüche und Irrationalitäten offen, welche andere Mitglieder, andere Menschen verdekken.

Die Gegensätzlichkeit der Existenz, an der das schwache schizophrene Ich zerbricht, ist an sich kein pathologisches, sondern nur ein erschütterndes Moment. Dem Dichter erscheint sie manchmal als das Furchtbar-Göttliche. Im Dezember 1801 schreibt *Hölderlin:* „Sonst konnte ich jauchzen über eine neue Wahrheit, eine bessere Ansicht des, der über uns ist, jetzt fürchte ich, daß es mir geht am Ende, wie dem alten Tantalus, dem mehr von den Göttern ward, als er verdauen konnte." Mit diesen Worten nahm er seine im Anzug begriffene schizophrene Erkrankung bereits antizipierend wahr. Er ahnte, daß er an der Gegensätzlichkeit der Existenz schließlich scheitern mußte, indem er selber davon aufgespalten würde.

Den spaltenden Blitz auffangen oder daran zugrundegehen — das ist die Frage. Die Gegensätzlichkeit wahrnehmen — oder das eigene Ich daran verlieren. Nach der griechischen Sage wurde Bacchus, der Gott des Weines, des Rausches, von seiner Mutter Semele in dem Augenblick empfangen, als diese vom Blitz des Zeus getroffen wurde — daher sei der Wein, das Geschenk des Bacchus, der Übermittler jener Blitzgewalt, die der Geborene auffangend weitertrug. So versteht sich *Hölderlin*, wenn er, unter dem Eindruck der ihn beängstigenden, langsam fortschreitenden Psychose, die Verse dichtet:

„Und daher trinken himmlisches Feuer jetzt
Die Erdensöhne ohne Gefahr.
Doch uns gebührt es, unter Gottes Gewittern,
Ihr Dichter! Mit entblößtem Haupte zu stehen,
Des Vaters Strahl, ihn selbst, mit eigner Hand
Zu fassen und dem Volk ins Lied gehüllt
Die himmliche Gabe zu reichen."

Es ist dieselbe Stimmung, die sich in den Worten des Dichters äußert: „Wenn's sein muß, so zerbrechen wir unsere unglücklichen Saitenspiele und tun, was die Künstler träumten."

Ob die Erschütterung sich im Wort noch fassen läßt, oder die Saiten zerbricht, der Dichter hofft immer noch, die Vision und den Traum aufrechtzuerhalten.

Zum schizophrenen Dasein gehört das Bewußtsein der Unvereinbarkeit der Dinge, des Nebeneinander von Großem und Banalem, von positiver und negativer Selbstidentität; das Bewußtsein eines Gegensatzes zwischen dem himmlichen, noch mit letzter Kraft ausgeführten und selbst im Untergang nicht endenden Auftrag und dem gleichzeitigen, lächerlichen Unsinn des eigenen Daseins. „Ich bin", sagt *Hölderlin*, „in dem, was ich treibe und sage, oft nur umso ungeschickter und ungereimter, weil ich, wie die Gänse, mit platten Füßen, im modernen Wasser stehe und unmächtig zum griechischen Himmel emporfliege." Auch dieser Satz stammt aus dem gleichen Jahre 1799, ein Jahr vor den ersten Anzeichen der Psychose.

Wohlverstanden: der Gegensatz von Selbstbewußtsein und Zweifel an sich selbst hat noch nichts mit Schizophrenie zu tun, er ist einfach menschlich. Aber die Konflikte, die sich in der Schizophrenie kundtun, wirken eben schon im normalen Menschen und erfahren in der Psychose nur die letzte Steigerung. Entscheidend ist, ob das Ich am Gegensatz zerbricht, oder an diesem die gestaltende Kraft entfaltet.

Schließlich sehen wir, wie sich die Krankheit beim schizophren gewordenen Dichter, so bei *Strindberg* und bei *Hölderlin*, verschiedenartig äußert.

Im einen Falle in abnormen Erlebnissen des Beeinflußt-Beobachtet-Verfolgtwerdens, im Wahnsinn, der beim Dichter, anders als beim durchschnittlichen Kranken, großartige Ausdrucksformen annimmt.

In anderen Falle dagegen in einer Steigerung des Innenlebens, das immer unruhevoller und gespannter wird, bis schließlich die großartigen Symbole zur synthetischen Gestaltung nicht mehr verhelfen können und rein motorische, katatone Erregungszustände den endgültigen Ichzerfall einleiten.

Man darf annehmen, daß bei diesen Großen die dichterische Begabung auch ohne Schizophrenie zum Ausdruck gekommen wäre. Anderseits ist der weltanschauliche Schwung dieser Dichter erst in der Auseinandersetzung mit einer Gegenkraft entstanden, die schließlich die Oberhand gewann und an der sie zerfallen sind. *Ich nehme an, daß nicht die Krankheit an sich, sondern das Leiden, das sich aus dem Erleben der Krankheit ergibt, die Tiefe der geistigen Aussagen dieser Dichter gesteigert hat*. Die Krankheit selbst mag wesentliche biologische Grundlagen und Dimensionen gehabt haben.

Grundsätzlich kann man annehmen, daß in anderen Fällen andere Momente die Leidensrolle übernehmen, die hier die Krankheit hat. Der Literaturhistoriker *Momigliani* schreibt zum Beispiel von *Dante*: ohne sein politisches Schicksal, ohne das Leiden der Verbannung, ohne die Exiljahre, die bittere Menschenkenntnis, die nie erfüllte Sehnsucht, das unruhige Herumwandern wäre *Dante* trotzdem der größte Dichter seiner Zeit geworden. Er hätte aber wahrscheinlich jenen geistigen Gipfel nie erstiegen, der ihm Weltgröße verlieh.

Es ist die schmerzliche Spannkraft seines eigenen Seins, die den Dichter befähigt, Existenz zu gründen und zu vertreten. Diese Spannkraft kann allein durch die Wechselfälle des Lebens entstehen. Sie kann aber auch aus der inneren Auseinandersetzung in der Schizophrenie entstehen. Denn die Psychose bringt die Welt aus ihren Fugen. Sie zerreißt alle Sicherungen der Selbstverständlichkeit. Sie macht den Menschen hellwach für Lebenskontraste, an die er sich sonst leicht gewöhnt. Sie mobilisiert innere Kräfte zur Bewältigung der auseinanderstrebenden Pole. Sie spiegelt dem Dichter das Wetterleuchten der Katastrophe. Sie steigert das Bedürfnis nach zusammenfassenden Symbolen. Man darf annehmen, daß in glücklicheren Fällen die widerstehenden Gestaltungskräfte der Seele, die Symbole und die inneren Siege genügen, den Dichter vor Schicksalen zu schützen, die er seine Helden erleiden läßt.

B. HIRNORGANISCHE GEISTESKRANKHEIT

1. *Progressive Paralyse*

Als Beispiel schöpferischer Dichtung bei progressiver Paralyse wählen wir das Schicksal von *Guy de Maupassant.*

Maupassant wurde 1877 mit Syphilis angesteckt. Erste Zeichen der cerebralen Erkrankung machten sich durch Pupillenstörungen 1886 bemerkbar. 1890 nimmt man die Entwicklung einer Perimeningoencephalitis an. Die Vermutung ist berechtigt, daß die *Halluzinationen, welche er 1887 in seiner Titelerzählung „Der Horla" meisterhaft schilderte, seine eigenen waren.* Dies wird vor allem durch die Tatsache nahegelegt, daß das Thema der Geisteskrankheit in seiner früheren schriftstellerischen Tätigkeit keinen Platz fand, jetzt aber in seinen neuen Erzählungen mehrfach auftauchte. Halluzinationen sind bei ihm auch unabhängig von seinen Spiegel-Erzählungen bewiesen:

„Während er schrieb, leerte sich sein Hirn nach und nach von Gedanken. Er blickte in den Spiegel und schrie auf, er sehe sich doppelt. Er empfand, auch wenn er von wütenden Migränen frei war, Ohrensausen; er hörte menschliche Stimmen; er sah seinen Doppelgänger." *(Sander)*

„Am 26. Dezember 1891 ging er spazieren, kam aber sehr schnell wieder heim, sagte seinem Diener, er habe einen Geist gesehen." „Er fühlte sich verfolgt; gelegentlich meinte er, man habe ihn vergiftet." „Ich komme mir vor wie ein Phantom", schrieb er. „Ich bin, als existiere ich nicht." (Ebd.)

Sätze wie die zitierten erinnern in ihrer erschütternden Einsicht an manche Äußerungen von Schizophrenen, denen kein anatomisch faßbarer Gehirnprozeß diese Klarheit mitten in der Umnachtung raubt. Bei Maupassant alternieren freilich die genialen Eingebungen mit den typisch paralytischen Symptomen: häufiger denn zuvor kam es zu den dem Größenwahn entspringenden Äußerungen. Bei einem Flottenbesuch behauptete er, „er habe den gleichen Anspruch auf Salutschüsse wie ein Admiral." „Mein Geist verirrt sich in schwarze Täler; ich vergesse die Wörter, die Namen von allen." (Ebd.)

Das Fortschreiten der progressiven Paralyse mitten in der Zeit seiner schriftstellerischen Tätigkeit steht außer Zweifel: „Gewisse Symptome seiner Krankheit machten ihn in den Salons mit der Zeit vollends unmöglich. Es konnte ihm geschehen, daß er, von einem unvermittelten Gedächnisschwund, einem Aussetzen der Gehirntätigkeit heimgesucht, mitten im Gespräch den Faden verlor, sich unterbrach, sekundenlang mit gefurchter Stirn ins Leere starrte, als höre er Geräusche, um dann langsam und stockend, mit schwacher Stimme, wie unter großer Anstrengung, weiter zu reden, sorgsam in der Wortwahl, als spreche er eine fremde Sprache." (Ebd.)

Die Natur der organischen Krankheit wird auch durch das Verlöschen der Schöpferkraft während des Verlaufs sichtbar:

„Am 6. Januar 1892 geleiteten ihn der Diener und ein Krankenwärter im Schlafwagen nach Paris. Noch achtzehn Monate hat er in der Heilanstalt gelebt, taumelnd zwischen Stumpfheit und wilden Tobsuchtsanfällen, mehr und mehr vertierend. Am 6. Juni 1893 ist er gestorben, noch nicht dreiundvierzig Jahre alt." (Ebd.)

Im Gegensatz zur Schizophrenie, zur Melancholie, oder auch zur Epilepsie, führt die progressive Paralyse bekanntlich über einen verhältnismäßig raschen Abbau der geistigen Funktionen zur Demenz. Es ist in der psychiatrischen Klinik keine Rede davon, daß unter Paralytikern, wie bei Schizophrenen und Manisch-Depressiven, eine Anzahl von schöpferisch tätigen Menschen zu finden sei, da die Krankheit als eine hirnorganische die Grundlage alles geistigen Schaffens zerstört. Produktive Symptome in der progressiven Paralyse sind als rein psychopathologische Produktionen (z. B. plumpe Wahnideen) zu verstehen, denen eine intellektuelle Nivellierung folgt. Vor allem kann man nicht im Allgemeinen erwägen, was bei der Schizophrenie in vielen Fällen zumindest vermutet worden ist, daß schöpferisches Tun erst durch die Krankheit, oder die krankhafte Anlage, mobilisiert wird. Wir kennen Schizophrene, die erst in der schizophrenen Phase ihres Lebens zu malen beginnen, abstrus, aber originell, nach der Remission jedoch nichts mehr zu bieten haben. Das trifft bei Paralytikern nicht zu. Höchstens kann eine Begabung, die der syphilitischen Infektion des Gehirns vorausging, sich noch einige Zeit halten, bis der Gehirnabbau sie zerstört[1]. Aber gerade hier setzt unser Interesse an. Wo nämlich die Begabung eine außerordentlich große ist, kann ein Ringen um deren Erhal-

[1] Andere Meinungen sind vertreten worden, denen ich mich in dieser Form nicht anschließen kann.

Sander schreibt: „Die Krankheit nahm bei ihm (Maupassant) den gleichen Verlauf wie bei Nietzsche und zeitigte die gleichen Wirkungen auf Qualität und Quantität der Produktion. Nietzsche galt in seinen Anfängen lediglich als begabter Altphilologe. Maupassant war vor 1880 im Kreis seiner Freunde als ein sympathischer, sportgeübter junger Mann mit legendären Erfolgen bei Frauen ohne die mindeste schriftstellerische Begabung bekannt: Bei beiden bewirkte die Infektion eine ‚Enthemmung', die ihr Genie freimachte ... Bei beiden hat sich die Krankheit auf das bereits latent vorhandene Geniale nach der Art eines Ferments ausgewirkt."

Und *Braun* meint: „Im allgemeinen darf man wohl sagen, daß bei Künstlern, deren Syphilis in Paralyse übergeht, eine ungeheure Produktionssteigerung eintritt. So schreibt Donizetti, der im ganzen an die 70 Opern komponierte, zwei Jahre vor Ausbruch des Wahnsinns in einem Jahr fünf Opern ... Nietzsche verfaßt im Jahr 1887, an dessen Wende er den ersten paralytischen Anfall erlitt, soviel Bücher, wie sie ein Normalmensch im selben Zeitraum kaum kopieren könnte."

tung einsetzen, das dem geistigen Schaffen eine tragische Note verleiht, bedingt durch die Erfahrung der Geisteskrankheit.

„Bei Maupassant hatte die Paralyse, die für gewöhnlich sehr schnell Körper und Geist vernichtet, einerseits eine anormale Dauer; anderseits widerstanden seine beruflichen Fähigkeiten den Ursachen seines Irrsinns erstaunlich lange.

Sein zum Schreiben geschaffenes Gehirn hat im Handwerklichen bis an die äußersten Grenzen der Demenz funktioniert." *(Sander)* Ein anderer Autor meint dazu: in die Zeit der akutesten Krankheit fallen: „Fort comme la mort", „Notre coeur", „L'inutile beauté", „La vie errante", „L'âme étrangère" und „L'angelus". „Alle diese Werke sind vom ersten bis zum letzten mit der gleichen künstlerischen Meisterschaft geschrieben. Nirgends zeigt sich mit fortschreitender Krankheit ein Erlahmen jener Eigenschaften, die Maupassant zu einem der größten Erzähler machen, ein Weitschweifig- oder Dunkelwerden; überall trifft man auf dieselbe prägnante, den Stoff in bewunderswerter Kürze, Einfachheit und Anschaulichkeit meisternde Darstellungsweise, überall auf dieselbe durchsichtige Sprache. Nirgends finden sich Anzeichen, die beim Verfasser das Bestehen einer Geisteskrankheit vermuten lassen." *(Braun)*

Ein dritter Autor stimmt überein: „Wenn etwas für die volle künstlerische Potenz des Dichters bis kurz vor dem Ruin spricht, so sind es die beiden hinterlassenen Romanbruchstücke des letzten Jahres: ‚L'Ame étrangère' und ‚L'Angelus'. Alles ist bester Maupassant, so klassisch klar und schlicht, so voll der alten Bildlichkeit im Ausdruck; die Charaktere so sicher hingestellt und scharf umrissen! Von dem zweiten Werk, dem ‚L'Angelus', das die Arbeit an ‚L'Ame étrangère' unterbrach, hat er selbst das lebhafteste Gefühl gehabt, daß es Zeugnis von seiner gesammelten Kraft ablegen werde. Im Juli 1891, also ein halbes Jahr vor seinem geistigen Ende, schreibt er an seine Mutter: ‚Ich habe niemals etwas mit solcher Leichtigkeit geschrieben. Ich wandere in diesem Buch, wie in meinem Zimmer, ohne zurückzuschweifen, ohne Änderungen. Ich kann nicht sagen: es wird ein Meisterwerk; aber ich weiß, es wird mein Meisterwerk.'" *(Mahn)*

Nicht bloß auf Grund dieser Meinungen möchte ich diesen Schriftsteller hier erwähnen, sondern aus zwei weiteren Gründen: Einmal beeindruckt uns die seltsame Fähigkeit von Maupassant, seine Sinnestäuschungen dadurch zu überwinden, daß er sie auf seine Romanhelden „projizierte", sie also durch die Dichtung sublimierte und möglicherweise auf diese Weise als eigene Realitätserlebnisse korrigierte, indem er sie als etwas Krankhaftes erkannte.

Zweitens merken wir die tragische Unruhe, die durch das Wetterleuchten der Krankheit in sein Leben hereinbrach. Die Phase seiner „Vie errante", seines unsteten Lebens, begann, die vorletzte, an deren Ende der Blitzstrahl niederfuhr, der ihn geistig auslöschte. „Wenn das Buch, die ersten fünf

Seiten des ‚Angelus' in drei Monaten nicht fertig ist, bringe ich mich um", sprach er gegen Ende seines Lebens aus.
Zur ersten Überlegung möchte ich, noch vor der Aufzählung der mir bekannten Daten, doch sagen, daß meine These freilich eine Deutung ist. Wir haben im Grunde genommen nicht die Möglichkeit zu entscheiden, was wahr ist:
Konnte der Dichter das Krankhafte seines Erlebens durch die Möglichkeit, es dichterisch zu sublimieren, durchschauen?
Oder litt er eine Zeitlang lediglich unter Pseudohalluzinationen, die ihm als solche den Raum für eine dichterische Bearbeitung des Erlebens frei ließen?
„Sicher seit 1884, wahrscheinlich seit 1882, verfolgten ihn auch die Halluzinationen des Gesichtes, die er hauptsächlich in, Lui' und ‚Le Horla' so schaurig beschrieben hat."
„Gerade wo Halluzination und Irresein von ihm behandelt werden, ist sein künstlerischer Verstand zu bewundern: so fein durchkomponiert ist alles, so sicher berechnet auf die eindringlichste Wirkung. Nur der Stoff gehört dem Gebiet des Irreseins an, der Schriftsteller steht darüber, räsoniert wie der Vernünftige über den Gestörten, wie der Arzt über die Krankheit." *(Braun)*
Wir haben hier den besonders für die Paralyse erstaunlichen Befund, daß Maupassant seine Sinnestäuschungen nicht nur „rektifizierte", wie sich *Vial* ausdrückte, also verstandesmäßig korrigierte, sondern durch seine Romanhelden als echte, nicht korrigierte Halluzinationen erlebte. Die Geisteskrankheit bewegte sich sozusagen auf einer doppelten Ebene: auf der Bühne seines Erlebens und im Spiegel des Erlebens seiner künstlerischen Kreaturen. Bei sich konnte der Dichter das geisteskranke Erleben lange in Schach halten, indem er es in seine Schöpfung hineinlegte und aus seinen Protagonisten das ursprüngliche, geisteskranke Erleben sprechen ließ. Durch diese lebte er einen geisteskranken Weltbezug, den er durch Einsicht bei sich begrenzen konnte.
Ein anderer Autor meint übereinstimmend: „Zusammenfassend sehen wir demnach bei Maupassant eine erstaunenswerte Produktionskraft, die erst nach der syphilitischen Infektion und nach den ersten zentralen Störungen einsetzt und die in unverminderter Stärke bis zum Ausbruch des Wahnsinnes vollwertige und durchaus gesunde Leistungen schafft. Gerade der Fall Mauspassant legt nahe, der zugrundeliegenden Krankheit einen steigernden Einfluß auf das geistige Schaffen beizumessen." *(Braun)*
Nicht, um diese in einem letzten Grunde doch willkürliche These zu bestätigen, wähle ich den Fall Maupassant, sondern um an diesem Beispiel auf meinen zentralen Gedankengang einzugehen: selbst die organisch bedingte Geisteskrankheit kann eine Grenzsituation der Existenz schaffen, wo dem Menschen Erfahrungen zuteil werden, die anderswo nicht möglich sind, und welche erschüttern. Solange die Erschütterung die Wurzeln des

Geistes nicht zerstört, kündet dieser von ihr; er entwirft sich als Geist in seiner Krankheitserfahrung und läßt uns diese als eine mögliche, sonst verborgene Seite unseres Existierens erscheinen.
Das eigentlich Paralytische hat also keinen Niederschlag in der Kunst Maupassants gefunden; denn die Schilderung der Geisteskrankheit ist nicht die Geisteskrankheit selber.
„In welch geringem Maße trotz aller Mühewaltung, deren Maupassant sich bei ihrer Ausgestaltung unterzogen hat, wie ihre Manuskripte und die in seinen Briefen niedergelegten Selbstzeugnisse erkennen lassen, die Romane unmittelbare Äußerungen seiner selbst sind, geht daraus hervor, daß sich in ihnen keinerlei Spuren seiner beginnenden geistigen Zerrüttung finden, abweichend von den Novellen, die häufig den Wahnsinn zum Gegenstand haben. Anderseits jedoch dürfen die Romane keinesfalls als Merkmale des Nachlassens der Schöpferkraft angesehen werden; denn neben ihnen gelangen ihrem Autor in seiner Spätzeit hochwertige novellistische Leistungen. Seine Schöpferkraft hat bis unmittelbar vor der Katastrophe angedauert und ist erst jäh während der Arbeit an dem Roman ‚L'Angelus' erloschen, Maupassants unvollendetem Lieblingswerk." *(Sander)*

Das ergibt sich aus manchen eindrucksvollen Stellen in seiner Meistererzählung „Der Horla", den wir im Folgenden kommentieren. Im „Horla" läßt Maupassant einen Mann über die Symptome seiner fortschreitenden geistigen Erkrankung Tagebuch führen. Dieser glaubt zunehmend, von einem übernatürlichen, ihn zerstörenden Wesen, dem er den Namen Horla gibt, besessen, ausspioniert, verfolgt zu werden. Dieser Unsichtbare zwingt ihm seinen Willen auf, zerrüttet ihm die Sinne und saugt wie ein Vampir an seiner Lebenskraft. In einem Anfall von Geistesgestörtheit legt der Gequälte Feuer an sein Haus in der Hoffnung, seinen Peiniger dadurch vernichten zu können. Doch nach dem Brand befallen ihn die Angstzustände von neuem. Mit dem verzweifelten Ausruf „dann werde ich mich also umbringen müssen!" enden die Aufzeichnungen.
In einer bemerkenswert realistischen Weise schildert uns Maupassant dabei sowohl das Phänomen der positiven *Doppelgängerhalluzination,* wie auch dasjenige der *negativen Halluzination.*
Das Erstere besteht in der Wahnwahrnehmung der Folgen der Anwesenheit eines unsichtbaren, aber realen Wesens, das die Milch des Kranken aus einer Karaffe trinkt und wie eine unheimliche Kopie seines Selbst an der Seite des Patienten lebt.
Die negative Halluzination äußert sich hingegen im eigentlichen Erleben des Kranken, daß er sein Bild im Spiegel nicht mehr erblicken kann. An Stelle des vertrauten Bildes erscheint ihm ein erschreckendes Nichts.
Besonders die letzte Schilderung hat mich ergriffen, weil wir Psychiater heute, Jahre nach Maupassants Tod, an Schizophrenen das Phänomen der

negativen Halluzination ähnlich beobachten, wie der Dichter es beschreibt. An einem Symposium in Montreal über „Probleme der Psychose" (1969) verdiente das Thema der negativen Halluzination unsere Aufmerksamkeit als ein erst neuerdings beachtetes Schizophreniesymptom.
Wir geben im Folgenden einen kurzen Abschnitt aus der Erzählung Maupassants wieder.

Guy de Maupassant:

„16. Mai – Ich bin krank, das ist sicher. Immerfort habe ich das gräßliche Gefühl einer drohenden Gefahr.
18. Mai. – Ich habe meinen Arzt aufgesucht, weil ich nicht mehr schlafen konnte.
25. Mai – Keine Veränderung. – Wirklich, mein Zustand ist sonderbar. Je näher der Abend rückt, umso mehr befällt mich eine unbegreifliche Unruhe. – Ich habe Angst ... Wovor? Bis jetzt habe ich mich vor nichts gefürchtet. – Ich horche, – ich horche ... worauf? Ich fühle, daß ich daliege und schlafe. – Ich fühle es und weiß es. Und ich fühle auch, daß sich jemand mir nähert, auf meine Brust kniet, seine Hände um meinen Hals legt und so stark er kann, zudrückt, um mich zu erwürgen."

Der Verfolgungswahn beginnt. Was ursprünglich noch eine formlose, frei flottierende, unbestimmte Angst war, legt sich nun wie eine übermächtige konkrete Wolke um den Patienten.

Guy de Maupassant:

„2. Juni. – Mein Zustand hat sich noch verschlechtert. Was hab' ich bloß? – Obwohl mein Körper ohnehin schon erschöpft ist, mache ich einen Spaziergang im Wald, um ihn noch mehr zu ermüden. Auf einmal erfaßt mich ein Schauer, ... doch kein Kälteschauer. Es ist das seltsame Erschauern vor Angst. Plötzlich habe ich das Gefühl, daß ich verfolgt werde, daß mir jemand auf den Fersen ist. Ganz nah, zum Berühren nah. Die Bäume tanzten, – der Boden schwankte. Ich wußte nicht mehr, woher ich gekommen war. – Eigenartig ... diese Vorstellung. – Ein schreckliches Gefühl."

Das wahnhafte Erleben des Verfolgtwerdens ist qualitativ anders als die Erfahrung einer wirklichen Verfolgung. Das Ich löst sich auf und zerfällt. Deswegen tanzen die Bäume, schwankt der Boden, der Kosmos, dieses Spiegelbild des Ichs, geht wie das Ich selber aus den Fugen.

Guy de Maupassant:

„3. Juli. – Es ist soweit. Es hat mich wieder gepackt. Meine alten Angstträume sind wieder da.
4. Juli. – Heute nacht habe ich gespürt, daß jemand auf mir hockte. – Mit seinem Mund hat er mir das Leben von den Lippen gesaugt. Ja, wie ein Blutegel sog er es mir aus der Kehle."

Deutliche Sinnestäuschungen treten auf. Sie lassen sich psychodynamisch verstehen: das in Auflösung und im Zerfall begriffene Ich des Menschen ist zu schwach, um die Welt als sein Gegenüber zu begreifen. Das Ich kann die Flut der Sinnestäuschungen, die aus der konkreten Wirklichkeit ihm zuströmen, nicht mehr gestalten. Vielmehr wird das Ich durch Sinnesreize, die es nicht bewältigen und einordnen kann, angegriffen. Die Welt verwandelt sich also in ein Ungeheuer, das dem Patienten sein Blut aussaugt.

Guy de Maupassant:

„5. Juli. – Habe ich den Verstand verloren? Was in der vergangenen Nacht geschehen ist, ist so seltsam, daß sich alles in mir verwirrt, wenn ich daran denke.
Ich hatte meine Tür abgeschlossen, – wie ich das jetzt jeden Abend tue. Zufällig bemerke ich, daß die Karaffe voll war, bis an den Kristallstöpsel. Dann ging ich ins Bett, – und ich fiel in einen Schlaf, der so grauenhaft war, wie er meist jetzt ist. Stellen Sie sich einen Mann vor, der im Schlaf ermordet wird. Er wacht auf, mit einem Messer in der Lunge. Er röchelt, ist blutbesudelt, kann nicht mehr atmen, er wird sterben ... und er begreift es nicht. Die Karaffe war leer. Sie war leer, vollkommen leer. Jemand hatte also das Wasser getrunken. Wer? Ich? – Zweifellos war ich es gewesen. Das konnte ich nur gewesen sein. – Ich war also ein Nachtwandler. Ich lebte, ohne es zu wissen, ein geheimnisvolles Doppelleben. Ich frage mich, ob es zwei Wesen in uns gibt."

Eindrucksvoll schildert hier Maupassant das Erleben der Ichentfremdung. „Ich frage mich, ob es zwei Wesen in uns gibt." Wir haben Gründe, um anzunehmen, daß Maupassant eigene Erfahrungen schildert. Wir wissen, daß Maupassant einige Zeit vor dem Ausbruch seiner Geisteskrankheit ein merkwürdiges Erlebnis hatte: als er von einem Spaziergang heimkehrte, erschrak er, weil ein Doppelgänger, der ihm genau glich, auf seinem Lehnstuhl saß.
Wenn das Ich so gespalten ist, dann stirbt die Icheinheit, die normale Einheit der Person, die gesunde Selbstidentität; dies wird im Bilde des Mannes ausgedrückt, der mit dem Messer in der Lunge stirbt. Der psychotische Zustand zeigt sich auch daran, daß es dem Patienten unmöglich ist, zwischen Traum und Sinnestäuschung zu unterscheiden. Es ist, als ob sich der Traum im Wachen fortsetzen würde: das wache Leben wird traumhaft, das Bewußtsein wird verwirrt. Charakteristisch für solche Zustände ist auch die Unmöglichkeit, alles genau auszudrücken, was erlebt wird. Es fallen Worte wie Blut, Leere, Schlaf, aber man hat den Eindruck, daß diese Dinge etwas Unfaßbares umschreiben, das sich in Worten nicht mehr gestalten läßt. Denn das schildernde Ich zerfällt: alles wird größer als seine eigene Sprache. Auch die Geschichte mit der Karaffe ist typisch. Sie erklärt sich daraus, daß das psychotische Ich nicht mehr imstande ist, die ursächliche Reihenfolge der Ereignisse, der Wahrnehmungen, der Erinnerungen zu erfassen. Die Welt wird deshalb magisch. Anderseits wird auf diese zerfallende Welt das Bild des Doppelgängers projiziert, der die zweite Hälfte des Ichs ist.

Guy de Maupassant:

„Wer wird meine entsetzliche Angst verstehen? – Wer wird die Erregung eines Menschen begreifen, der geistig gesund, hellwach, ganz bei Verstand ist ... und der mit Entsetzen sieht, daß das Wasser aus der Karaffe verschwunden ist, während er geschlafen hat.
6. Juli. – Ich werde wahnsinnig. Heute Nacht hat wieder jemand die ganze Karaffe leer getrunken. Oder vielmehr, ich habe sie ausgetrunken. – Aber war ich es wirklich? War ich es? – Oh, mein Gott! – Ich werde wahnsinnig – Wer rettet mich?
10. Juli. – Ich habe erstaunliche Versuche angestellt. Ja, ich bin verrückt ... und trotzdem!"

Psychotisch ist diese Desorientierung des Patienten im Hinblick auf seinen Zustand: Er spürt auf der einen Seite, daß er in einer anderen Welt als die Normalen lebt, daß er also wahnsinnig sein muß, aber er kann anderseits nicht umhin, seinen fünf Sinnen doch zu trauen und die Dinge für bar und real hinzunehmen, die ihm sinnlich erscheinen. Er ist also hellwach, geistig „gesund" und doch wahnsinnig. Später, mit fortschreitender Krankheit, schwindet die Wahrnehmung des eigenen Wahnsinns, der Kranke behauptet stur, normal zu sein: dadurch wird er umso mehr verrückt, aber er leidet dafür etwas weniger.

Guy de Maupassant:

„Am 6. Juli, bevor ich schlafen ging, habe ich Wein, Milch, Wasser, Brot und Erdbeeren auf den Tisch gestellt. Jemand hat getrunken . . . ich habe getrunken . . . das ganze Wasser und etwas Milch. Der Wein und die Erdbeeren wurden nicht berührt.
Am 7. Juli habe ich den Versuch wiederholt. Das Ergebnis war dasselbe.
Am 8. Juli ließ ich das Wasser und die Milch weg. – Nichts wurde angerührt.
Am 9. Juli schließlich, habe ich nur Wasser und Milch auf den Tisch gestellt. Ich hatte mich nicht bewegt. Sogar meine Bettwäsche hatte keine Flecken bekommen. Die Tücher, in denen die Flaschen steckten, waren sauber geblieben. Das ganze Wasser war ausgetrunken. Die ganze Milch war ausgetrunken. Ich werde sofort nach Paris zurückfahren.
6. August. – Diesmal bin ich nicht verrückt. Ich habe es gesehen. – Ich hab's gesehen! ich hab's gesehen!
Als ich stehen blieb, um einen Rosenstock zu betrachten, der prachtvolle Blüten hatte, – da sich ich es. Ich sah es ganz deutlich und ganz nah, wie sich der Stiel einer dieser Rosen bog, wie von einer unsichtbaren Hand heruntergedrückt. Dann brach er ab, – wie geflückt von dieser Hand. Dann bewegte sich die Blume empor, – in einem Bogen, den eine Hand machen würde, um sie zum Mund zu führen. Und in der durchsichtigen Luft blieb sie schweben. Ganz allein – Ein schrecklicher roter Fleck, drei Schritte vor meinen Augen. Ich stürzte mich auf sie, um sie zu fassen. Ich griff ins Leere. Sie war verschwunden.
Jetzt bin ich ganz sicher, so sicher wie ich weiß, daß Tag und Nacht abwechseln. Es existiert in meiner Nähe ein unsichtbares Wesen, das sich von Milch und Wasser ernährt. Es kann die Dinge berühren, sie ergreifen und ihren Ort verändern. Es muß also von materieller Natur sein, wenn es auch nicht wahrnehmbar ist für unsere Sinne. Und es wohnt, so wie ich, unter meinem Dach."

Der Verfolgungswahn wird ausgebaut. Eine wahnhafte Gewißheit tritt an die Stelle der ursprünglichen unheimlichen Unsicherheit; dadurch ist der Kranke „ver-rückter", aber er verfügt über eine ihn erleichternde subjektive Gewißheit. Freilich sind diese Wahneinfälle solcher Art, daß sich durch sie die logische Struktur der Welt verändert.

Guy de Maupassant:

„7. August. – Es hat das Wasser aus meiner Karaffe getrunken. Aber es hat meinen Schlaf nicht gestört. – Ich frage mich, ob ich verrückt bin. Sicher, ich würde mich für verrückt halten, für vollkommen verrückt, wäre ich nicht klar bei Bewußtsein. – Kann es nicht sein, daß eine dieser verborgenen Tasten in der Klaviatur des Hirns bei mir gelähmt ist?
Doch immer mehr hat mich ein unerklärliches Unbehagen erfaßt. – Eine Kraft, so schien es mir, eine geheime Kraft – lähmte mich, hielt mich auf, hinderte mich weiterzu-

gehen, rief mich zurück. Ich kehrte nach Hause zurück, sicher, dort eine schreckliche Nachricht vorzufinden. Aber es war nichts. Das machte mich noch verwirrter und unruhiger, als hätte ich wieder eine dieser phantastischen Visionen gehabt."

Unheimlich für den Kranken ist nicht nur das Eintreffen von unerwarteten, unwahrscheinlichen Dingen, wie das Verschwinden des Wassers aus der Karaffe, sondern auch das Nichteintreffen von geahnten, erwarteten Geschehnissen.
Man vermutet heute, daß in der Psychose kybernetische Systeme der Nachrichtenvermittlung im Gehirn gestört sind. Notwendige Rückkoppelungsmechanismen funktionieren nicht. Das Bild der Realität, das uns die Sinne vermitteln, kann nicht mit früheren, im Gehirn liegenden Gedächtnisspuren und Erwartungen, verglichen werden. Wahrscheinlichkeit und Unwahrscheinlichkeit, Kausalität und Zufall können nicht voneinander getrennt werden, nicht richtig eingeschätzt werden. Das Selbstverständliche wird seltsam, merkwürdig, geheimnisvoll bedeutsam, unerwartet, und das Unwahrscheinliche, die bloße Phantasie, die Befürchtung, werden dagegen bereits als erfolgte Realität wahrgenommen. Die Innenwelt wird als Außenwelt erlebt und die Außenwelt als Spiegel der Innenwelt. Die ganze Erlebniswelt gerät durcheinander.

Guy de Maupassant:

„8. August. – Gestern habe ich einen entsetzlichen Abend verbracht. Das Wesen macht sich nicht mehr bemerkbar, aber ich spüre es in meiner Nähe.
9. August. – Nichts.
10. August. – Nichts.
11. August. – Den ganzen Tag wollte ich weggehen. Ich konnte nicht. Ich kann nicht mehr wollen. Aber irgend jemand will für mich. Und ich gehorche.
14. August. – Ich bin verloren. Jemand bestizt meine Seele und beherrscht sie. Jemand bestimmt alle meine Taten, alle meine Bewegungen, alle meine Gedanken. Aber der, der mich beherrscht, – wer ist das? Als ich etwa vierzig Minuten geschlafen hatte, öffnete ich die Augen wieder, ohne mich zu bewegen. Zuerst sah ich nichts. Ich erkannte, daß es da war. Es saß auf meinem Platz. Es las. Mein Tisch schwankte. Meine Lampe fiel hin und ging aus. Und mein Fenster öffnete sich, als hätte ein überraschter Einbrecher, der in die Nacht entflieht, die beiden Fensterflügel aufgerissen. Jetzt weiß ich Bescheid. Ich sag es voraus. Die Herrschaft des Menschen ist zu Ende. Er ist gekommen, der von den primitiven Völkern entsetzlich gefürchtet wurde, den die Priester ängstlich beschworen, den die Zauberer in dunklen Nächten ängstlich anriefen. – Doch er zeigte sich ihnen noch nicht.
Weh' uns! Wehe dem Menschen! Er ist gekommen, der ... Wie nennt er sich? es ist mir, als riefe er mir laut seinen Namen zu. Ich verstehe ihn nicht. – Ja, er schreit."

Der Ichteil, der vom normalen Ich entfremdet ist, erscheint dem anderen Teil, dem wahrnehmenden Ich, als ein machtvolles Ungeheuer, das mächtiger, dämonischer ist als alle Riesen und Dämonen der Sagen und Mythen. Dies kommt daher, weil dieses andere Ich, das auf die Außenwelt projiziert wird, nicht bloß ein Gegenstand, ein Objekt wie alle Dinge dieser Welt ist, sondern *ein Teil des Subjektes.* Wir Gesunde können uns nicht ganz einfühlen in dieses schreckliche Erleben des Geisteskranken, dem ein Gegenüber erscheint, das ihm sowohl fremd wie auch irgendwie ein Teil seiner Subjektivität ist. Diese furchtbare Doppelbedeutung des Gespenstes ist dem Dichter, wie wir sehen werden, durchaus bewußt: nämlich dort, wo er sein eigenes Bild im Spiegel vermißt *und gleichzeitig* realisiert, daß er das Bild des Verfolgers ebenfalls nicht erfassen kann. Kein Teufel, kein Gegenstand der Furcht kann je so furchtbar sein wie der projizierte Ichteil: durch die Zäsur in der Kontinuität des Selbsterlebens hat er sich jeglicher Ichkontrolle entzogen, seine Macht wächst ins Unbestimmte und ist gegen die Einheit der Person gerichtet.

Guy de Maupassant:

„Der Horla. Ja, ich hab's verstanden. Der Horla, er ist es, der Horla. Er ist gekommen.
Der Geier hat die Taube gefressen. Der Wolf hat den Hammel gefressen. Der Löwe hat den Büffel mit den spitzen Hörnern verschlungen. Der Mensch hat den Löwen getötet, mit dem Pfeil, mit dem Schwert, mit dem Pulver.
Der Horla wird aus dem Menschen machen, was wir aus dem Pferd, dem Ochsen gemacht haben, seinen Diener, seine Nahrung. Und das allein durch die Kraft seines Willens. Wehe uns!"

„Ein neues Wesen? Warum nicht? Sicher, er mußte kommen. Warum sollten wir die letzten sein? Wir werden ihn sowenig sehen wie alle anderen vor uns.
Weil seine Natur vollkommen ist? Sein Körper feiner, vollendeter, als unserer? — Unser Körper, wie schwach, wie ungeschickt ist er gebaut. Eine tierische Maschine, Raub von Krankheiten, Verunstaltungen, Fäulnis. — Mit wieviel Genialität absichtlich schlecht gemacht.
Wir sind ein paar, sowenige Geschöpfe auf dieser Welt, von der Auster bis zum Menschen. Warum nicht eines mehr? Warum nicht auch Bäume mit riesigen Blüten, die leuchten und die ganze Gegend mit ihrem Duft erfüllen? — Warum nicht andere Elemente als Feuer, Wasser, Erde, Luft? — Sie sind vier, sind nur vier. Aber warum sind sie nicht vierzig? Vierhundert? Viertausend?"

Das entfremdete, projizierte Ich verschlingt das normale Ich, verschlingt die Einheit der Person, die psychische Zusammengehörigkeit des „Ich-sagenden" Menschen. Der Horla ist im Erleben des Geisteskranken mehr als irgendeine Naturerscheinung. Die Natur ist normalerweise zusammengefügt, das Ich hat seine Grenzen, welche damit auch Grenzen der Realität werden. Die Lockerung der Ichgrenzen bedeutet gleichzeitig eine Lockerung der Realitätsgrenzen: vier-vierhundert-viertausend. Der Verlust der Ich- und Realitätsgrenzen kann für einen Augenblick das Gefühl des Vollkommenen erzeugen; es überwiegt aber dasjenige des Ungeheuren, Gestaltlosen, Verschlingenden.

Guy de Maupassant:

„Wie ist alles so armselig, kleinlich, miserabel! So kärglich verteilt, dürftig erdacht, schwerfällig gemacht! Ah, der Elefant, das Nilpferd, welche Anmut! Und das Kamel, welche Eleganz!
Aber, wird man entgegnen, — der Schmetterling! Eine Blume, die fliegt. Ich träume, daß er groß ist wie hundert Welten. Mit Flügeln, deren Form, Schönheit, Farbe, Bewegung ich nicht fassen kann. Aber ich sehe ihn. Er fliegt von Stern zu Stern, Kühlung spendend und frischen Duft, — in dem gleichmäßigen Schwingen seines Fluges. Und da oben die Wesen sehen ihn vorbeifliegen, — hingerissen und verzückt.

Was hab' ich bloß? – Er ist es; er ist es, der Horla, der mich verfolgt, der mir diese Torheiten eingibt. Er ist in mir. Er eroberte meine Seele. – Ich muß ihn töten!"

Ekstatische Hoffnungen wechseln mit schrecklichen Erwartungen. „Ich muß ihn töten!" drückt einen letzten Abwehrkampf des Ichs aus. Wenn das Ich überleben will, muß es das projizierte Ich, das gleichzeitig Nicht-Ich ist, aber zu ihm gehört, loswerden.
Aber das Wort: „Ich muß ihn töten" ist selbst aussichtslos. Der Patient kann das von sich aus nicht. Er kann nicht den Horla, der zu ihm gehört und sein zweites Gesicht ist, töten, außer wenn er sich selbst das Leben nähme.

Guy de Maupassant:

„19. August. – Ich werde ihn töten. Ich habe ihn gesehen. Gestern abend hab ich mich an den Tisch gesetzt. Und ich tat so, als schrieb ich, als könnte ich nichts anderes bemerkt haben. Ich wollte ihn täuschen. Denn auch er belauert mich. Und plötzlich spürte ich, es wurde mir ganz klar, daß er über meine Schulter mitlas. Er war da, streifte mein Ohr.
Mein Spiegel war leer, hell, tief, voller Licht. Mein Bild war nicht darin[2]. – Ihn töten? Aber wie, – wenn ich ihn nicht fassen kann!"

„Mein Bild war nicht darin." Es ist erstaunlich, mit welcher Genauigkeit hier Maupassant das bereits erwähnte psychopathologische Phänomen wiedergibt, das wir negative Halluzination nennen. Die negative Halluzination ist die Umkehrung der Doppelgänger-Halluzination: in dieser sieht der Patient einen Doppelgänger, der sein abgespaltener Ichteil ist. In der negativen Halluzination sieht der Patient das eigene Bild im Spiegel nicht.
Diese *negative Halluzination* wird von der Psychiatrie so erklärt, daß das Ich des Patienten bereits weitgehend aufgelöst, zerfallen und zerflossen ist. Das Erleben, kein Ich zu haben, ist so mächtig, daß es in ein anderes transformiert wird: kein Spiegelbild zu haben. Wir kennen die Novelle des Menschen, der keinen Schatten hatte. Kein Spiegelbild zu besitzen, das ist aber weit schlimmer, denn es heißt: keine Selbstidentität, kein Selbst mehr haben.

Guy de Maupassant:

„20. Augsut. – Ihn töten? Aber wie, – wenn ich ihn nicht fassen kann! Gift? – Er würde es sehen, wenn ich es in's Wasser schütte –. Und hat Gift überhaupt eine Wirkung auf einen unsichtbaren Körper? Nein, nein, ganz sicher nicht. – Was dann? – Was dann?
25. August. – Es ist geschehen. Aber ist er tot? Meine Seele ist erschüttert von dem, was ich erlebt habe.
Gestern habe ich die Fenster bis Mitternacht offen gelassen, obwohl es kalt wurde. Plötzlich spürte ich, daß er da war, – und eine Freude, eine wahnsinnige Freude überfiel mich. – Ich glaubte, er wäre tot. Tot? – Vielleicht. – Sein Körper? – Sein Körper, durch den das Licht hindurchscheint, – können ihm die Mittel, die uns töten, überhaupt etwas anhaben?"

---

[2] Hervorhebung von mir.

Am Anfang der Psychose wird der Ichzerfall als etwas erlebt, das kommt und geht. Augenblicken der Verwirrung folgen deshalb Momente, wo das Ich wieder als eine Einheit funktioniert. Eine unsägliche Freude kommt dann über den Patienten: „Eine wahnsinnige Freude überfiel mich." Es sieht so aus, als ob sich stundenweise ein wieder ganzes Ich zusammenfügen würde, als ob der Horla — das Bild des Ichzerfalles — tot wäre. Freilich bedeutet dies nicht nur vorübergehende Reintegration, sondern auch Verdrängung des latent stets vorhandenen Psychosegefühls.

Guy de Maupassant:

„Wenn er nicht tot ist? – Warum besäße er diesen durchsichtigen Körper, diesen unerkennbaren Körper, diesen Geisterleib, wenn er auch Krankheiten, Wunden, den zu frühen Zerfall zu fürchten hätte. – Der frühe Zerfall, das ganze Grauen des Menschen rührt daher. Nach dem Menschen der Horla. – Nach dem Menschen kommt der Horla! Vielleicht hat nur die Zeit Macht über das unsichtbare, furchtbare Wesen?
Nach dem Menschen kommt der Horla.
Nach dem, der jeden Tag, jede Stunde, jede Minute durch irgendeinen Zufall sterben kann, – ist der gekommen, der erst an seinem Tag, zu seiner Stunde, zu seiner Minute stirbt, erst wenn er die Grenze seiner Existenz erreicht hat.
Nein! Oh nein! Ganz sicher! Er ist nicht tot. – Dann, . . . dann muß ich mich töten, mich."

C. CHIFFREN UND SYMBOLE DER PSYCHOPATHOLOGIE

1. Zwischen Psychopathologie und Symbol

> „Die Existenz des Entsetzlichen in jedem Bestandteil der Luft. Du atmest es ein mit Durchsichtigem; in dir aber schlägt es sich nieder, wird hart, nimmt spitze, geometrische Formen an zwischen den Organen."
>
> Rainer Maria Rilke

Psychopathologie wird in der Dichtung oft nicht genau so reproduziert, wie sie in der Wirklichkeit in Erscheinung tritt. Besonders, wenn sie der Dichter nicht aus erster Hand kennt und wenn er sich in seinem Werk nicht autobiographisch ausdrückt, ist das psychopathologische Motiv oft aus dem Rahmen, in dem wir Psychiater es gewöhnlich beobachten, herausgerissen: das psychopathologische Phänomen wird als Symbol verwendet. Es wird aus dem Kontext der übrigen Merkmale einer Krankheit herausgenommen und durch Menschen fiktiv vertreten, die aber, bis auf jenes psychopathologische Phänomen, Gesunde sind wie wir.
Das psychopathologische Phänomen ist dann bewußt als Allegorie eingesetzt, welche das Geisteskranke als einen Teil unseres Daseins erleben läßt.
Der Dichter will offensichtlich bedrohliche Dimensionen der Existenz in Bildern wiedergeben, die der Psychopathologie entnommen sind.
Aber diese Psychopathologie ist eine Chiffre und besteht ohne den Kontext der typischen und zusammengehörenden Symptome. Also: sofern wir unter Psychopathologie konkrete Geisteskrankheit verstehen, ist die Wirklichkeitsnähe der literarischen Darstellungen verschieden. Bei den Dichtern, die selber die Krankheit am eigenen Leib erlebten und geistig erkrankten, wird mit dem psychopathologischen Ausdruck bitterernst gemacht. Bei den anderen hat man oft den Eindruck, daß ein menschliches Problem durch den zusätzlichen Spiegel des Wahnsinnes dargestellt wird, wobei jenes „Andere", das nicht Problem, sondern Prozeß ist, meistens fehlt. Krankheit ergibt sich in Wirklichkeit nur zum Teil aus menschlichen Spannungen.
Nicht nur als ausgesprochen Krankes in seiner vollen, befremdenden Andersartigkeit ist das Geistig-Verrückte Thema der Dichtung. Häufiger sind die Darstellungen von menschlichen Zuständen, denen nur ein Schein oder Zug der Geisteskrankheit anhaftet. Zustände der wahnhaften Stimmungen, der Entwicklung, der Entpersönlichung, der Verfremdung

kommen zum Ausdruck; aber der ganze reflektierende Mensch ist doch noch beteiligt, der „Balkon" des Ichs, über der Landschaft der Psychose, ist erhalten.

Wir lassen die Frage hier offen, inwieweit solche Dichtungen autobiographische Bedeutung haben — also letzten Endes als andeutende Selbstzeugnisse auf die Seinsverfassung des Dichters hinweisen — oder vielmehr seinem Vermögen entspringen, sich in ihm fremde Menschen und Erlebnisse einfühlend zu versetzen. Daher trägt unser Kapital den Titel: „Zwischen Psychopathologie und Symbol." Es möchte die Frage weitgehend offen lassen, was in gewissen Dichtungen Darstellung der Psychopathologie und was Symbol der Existenz ist, wenn man sie mit Augen sieht, die nicht wie die gewöhnlichen sehen. In diesem weiten Bereich, der sich zwischen Psychopathologie und Symbol spannt, möchte ich insbesondere das Thema der *Doppelgänger-Halluzination* behandeln, die wir in ihrer eindeutig geisteskranken Variante bei *Strindberg* und bei *Nerval* antrafen und die wir als vorübergehende Entpersönlichung bei *Rilke* und bei *Hofmannsthal* betrachten wollen.

Nehmen wir also als Beispiel das in der Dichtung nicht seltene Thema der Maske, der Verfremdung der eigenen Person durch Bilder, die ihr Gesicht verdecken, die ihr Leben in eine traumartige Atmosphäre heben und der Realität die Kennzeichen einer Wahnstimmung geben.

Ein Dichter, bei dem solche Schilderungen zu finden sind, ist *Rainer Maria Rilke*. Die „Aufzeichnungen des Malte Laurids Brigge" sind im Hinblick auf dieses Thema der Maske und der Angst, das zwischen Psychopathologie und Symbol liegt, bezeichnend.

Lassen wir Malte selbst reden:

„Ich lernte damals den Einfluß kennen, der unmittelbar von einer bestimmten Tracht ausgehen kann. Kaum hatte ich einen dieser Anzüge angelegt, mußte ich mir eingestehen, daß er mich in seine Macht bekam; daß er mir meine Bewegungen, meinen Gesichtsausdruck, ja sogar meine Einfälle vorschrieb; meine Hand, über die die Spitzenmanschette fiel und wieder fiel, war durchaus nicht meine gewöhnliche Hand; sie bewegte sich wie ein Akteur, ja ich möchte sagen, sie sah sich selber zu, so übertrieben das auch klingt."

Ein Teil des Ichs, des Selbst, des eigenen Körpers, wird also so erlebt, als ob er aus dem Ganzen herausgelöst wäre; als ob er eigenständig zu der Außenwelt leben würde. Hier haben wir im Kerne das Phänomen der Entpersönlichung, des Transitivismus, der Ich-Spaltung. Die Tracht reißt eine Seite des Ichs an sich, als Teil-Ich besetzt sie die Persönlichkeit, diktiert ihr Einfälle.

„Die Vorstellung", erzählt Malte weiter, „ging indessen nie so weit, daß ich mich mir selber entfremdet fühlte; im Gegenteil, je vielfältiger ich mich abwandelte, desto überzeugter wurde ich von mir selbst."

Das Erlebnis der Entpersönlichung, in welchem ein Teil des Körpers nicht mehr zum Ganzen gehört, ist deutlich, wird aber als Selbstvergewisserung verarbeitet. Der Mensch liefert sich zwar an unvertraute, fremde Bilder seines Selbst aus, um sich aber in ihnen zu behaupten, um sich in der Auslieferung wieder zu gewinnen. Die Maske entrückt ihn, führt ihn in eine Ver-rückung, aus der er sich aber in die ihm vertraute Selbst-Identität zurückholt.

Diese Rück-gewinnung gelingt am besten im Spiel, denn Spiel ist ein Versuch der Bewältigung einer ungewohnten, neuartigen Lebenssituation. Daher muß Spiel in der Entspannung geübt werden, damit das endgültige Bestehen in der Wirklichkeit mit einem Minimum an Spannung gelinge.

Aber die Aufgabe der Selbstgewinnung mitten in der Selbstauflösung kann doch scheitern, wenn die Kleider, in denen man sich dem Unheimlichen ausgesetzt hat, sich nun im Spiel nicht mehr leicht abstreifen lassen, sondern zu starren Masken werden und so, wie durch autonomes Leben erfüllt, über die Selbstidentität des Menschen verfügen.

Jedes psychopathologische Symptom ist zunächst ein Versuch der Selbstheilung und der Selbstverwirklichung: Sogar die Wahnidee ist etwa eine Erleuchtung, die Sinnestäuschung mag wie eine Enthüllung, wie eine Vision wirken, die Ich-Auflösung, welche Angst macht, kann doch zeitweise, wie z. B. bei *Nerval* oder *Strindberg*, als beseligend erlebt werden. Der Horror huscht aber der Seligkeit nach, so wie der Schatten dem Körper folgt. Das merkt bald auch Malte:

„Ich wurde kühner und kühner; ich warf mich immer höher; denn meine Geschicklichkeit im Auffangen war über allem Zweifel. Ich merkte (zunächst) nicht die Versuchung in dieser rasch wachsenden Sicherheit. Zu meinem Verhängnis fehlte nur noch, daß der letzte Schrank, den ich bisher meinte nicht öffnen zu können, eines Tages nachgab, um mir, statt bestimmter Trachten, allerhand vages Maskenzeug auszuliefern, dessen phantastisches Ungefähr mir das Blut in die Wangen trieb. Es läßt sich nicht aufzählen, was da alles war ... Was mich aber in eine Art von Rausch versetzte, das waren die geräumigen Mäntel, die Tücher, die Shawls, die Schleier, alle diese nachgiebigen großen, unverwendeten Stoffe, die weich und schmeichelnd waren, oder so gleitend, daß man sie kaum zu fassen bekam, oder so leicht, daß sie wie ein Wind an einem vorbeiflogen, oder einfach schwer mit ihrer ganzen Last. In ihnen erst sah ich wirklich freie und unendlich bewegliche Möglichkeiten: eine Sklavin zu sein, die verkauft wird, oder Jeanne d'Arc zu sein oder ein alter König oder ein Zauberer; das alles hatte man jetzt in der Hand, besonders da auch Masken da waren, große drohende oder erstaunte Gesichter mit echten Bärten und vollen oder hochgezogenen Augenbrauen. Ich hatte nie Masken gesehen vorher, aber ich sah sofort ein, daß es Masken geben müsse."

Er maskiert sich; er geht vor den Spiegel:

„Das war nun wirklich großartig, über alle Erwartung. Der Spiegel gab es auch augenblicklich wieder, es war zu überzeugend ... aber es galt zu erfahren, *was ich eigentlich sei*[1], und so drehte ich mich ein wenig und erhob schließlich die beiden Arme ... doch gerade in diesem feierlichen Moment vernahm ich ... ganz in meiner Nähe, einen vielfach zusammengesetzen Lärm; erschreckt verlor ich das Wesen da drüben aus den Augen ..."

---

[1] Hervorhebung von mir.

Er merkt, daß er etwas zerbrochen hat:

„Ich war recht verzweifelt, ich erhob mich und suchte nach irgendeinem Gegenstand, mit dem ich das alles gutmachen konnte, aber es fand sich keiner, auch war ich so behindert im Sehen und in jeder Bewegung, daß die Wut in mir aufstieg gegen meinen unsinnigen Zustand, den ich nicht mehr begriff. Ich zerrte an allem, aber es schloß sich nur noch enger an. Die Schnüre des Mantels würgten mich, und das Zeug auf meinem Kopfe drückte, als käme immer noch mehr dazu. Dabei war die Luft trübe geworden ..."

Im Moment, wo Malte realisiert, daß er seine vertraute Selbst-Identität in den Spiegelbildern verloren hat, aus welchen er sich selbst in einer erneuten Selbstvergewisserung nicht mehr zurückholen kann, fürchtet er, daß er sein wahres Selbst verloren hat. Die Angst — eine Angst der Depersonalisation und der Derealisation — ist plötzlich da, eine solche, in der ihn niemand mehr versteht, so wie niemand den in einem Wahn gefangenen Menschen versteht, welcher sich nicht ausdrücken kann, weil er sich selbst nicht mehr hat. Eine Todesangst, welche aus dem Zerfall der Selbstidentität entsteht, droht ihn zu desintegrieren. In diesem Gefühl, nicht mehr man selbst zu sein, spüren wir im Kern die Situation des psychotischen Menschen, welcher aus seinem Ich-Gehäuse herausgerissen wird.

„Heiß und zornig stürzte ich vor den Spiegel und sah mühsam durch die Maske durch, wie meine Hände arbeiteten. Aber darauf hatte er nur gewartet. Der Augenblick der Vergeltung war für ihn gekommen. Während ich in maßlos zunehmender Beklemmung mich anstrengte, mich irgendwie aus meiner Vermummung hinauszuzwingen, nötigte er mich, ich weiß nicht womit, aufzusehen und diktierte mir ein Bild, eine Wirklichkeit, eine fremde, unbegreifliche, monströse Wirklichkeit, mit der ich durchtränkt wurde, gegen meinen Willen; denn jetzt war er der Stärkere, und ich war der Spiegel. Ich starrte diesen großen, schrecklichen Unbekannten vor mir an, und es schien mir ungeheuerlich, mit ihm allein zu sein. Aber in demselben Moment, da ich dies dachte, geschah das Äußerste: ich verlor allen Sinn, ich fiel einfach aus. Eine Sekunde lang hatte ich eine unbeschreibliche, wehe und vergebliche Sehnsucht nach mir, dann war nur noch er: es war nichts außer ihm."

Symbolhaft gibt uns der Dichter mit diesem ergreifenden Sinnbild die Grenzsituation des sich-selber-verlorengehenden Menschen wieder, man spürt in dem so häufigen präpsychotischen Suchen eines Menschen nach der eigenen Person in neuen Rollen den verzweifelten Versuch, das eigene unlösbare Lebensproblem dennoch zu beherrschen, es in der Projektion, in der Auslieferung an die doch zurückzugewinnende Welt, in der Abkehr von sich, die doch auf eine Intention zu sich hindeutet, zu integrieren. Ja, so wie Malte den Masken verfällt, die er spielerisch versuchend anzieht, so wird schließlich der psychotische Mensch von den Bildern dieser Welt eingesaugt, die er einsaugen wollte. Die Bilder verformen ihn, er bekommt das Gesicht eines jeden fremden Menschen, der ihm begegnet.

Eine zweite Episode aus dem Buch:

Malte — noch ein Knabe — hat etwas unter den Tisch fallen lassen, einen Bleistift; er sucht ihn nun, indem er sich unter den Tisch fallenläßt und am Boden kriecht:

„Endlich kam ich doch, etwas konfus, unten an, und befand mich auf einem Fell, das sich unter dem Tisch bis gegen die Wand hinzog, aber da ergab sich eine neue Schwierigkeit. Eingestellt auf die Helligkeit da oben ... vermochten meine Augen nicht das Geringste unter dem Tisch zu erkennen, wo mir das Schwarze so zugeschlossen schien, daß ich bange war, daran zu stoßen. Ich verließ mich also auf mein Gefühl und kämmte knieend, auf die Linke gestützt, mit der anderen Hand in dem kühlen, langhaarigen Teppich herum, der sich recht vertraulich anfühlte; nur daß kein Bleistift zu spüren war. Ich bildete mir ein, eine Menge Zeit zu verlieren ... als ich merkte, daß für meine unwillkürlich angestrengten Augen das Dunkel nach und nach durchsichtiger wurde. Ich konnte schon hinten die Wand unterscheiden, die mit einer hellen Leiste abschloß; ich orientierte mich über die Beine des Tisches; ich erkannte vor allem meine eigene, ausgespreizte Hand, die sich ganz allein ein bißchen wie ein Wassertier da unten bewegte und den Grund untersuchte. Ich sah ihr, weiß ich noch, fast neugierig zu; es kam mir vor, als könnte sie Dinge, die ich sie nicht gelehrt hatte, wie sie da unten so eigenmächtig herumtastete mit Bewegungen, die ich nie an ihr beobachtet hatte. Ich verfolgte sie, wie sie vordrang, es interessierte mich, ich war auf allerhand vorbereitet, aber wie hätte ich darauf gefaßt sein sollen, daß ihr mit einem Male aus der Wand eine andere Hand entgegenkam, eine größere, ungewöhnlich magere Hand, wie ich noch nie eine gesehen hatte. Sie suchte in ähnlicher Weise von der anderen Seite her, und die beiden gespreizten Hände bewegten sich blind aufeinander zu. Meine Neugierde war noch nicht aufgebraucht, aber plötzlich war sie zu Ende und es war nur Grauen da. Ich fühlte, daß die eine von den Händen mir gehörte und daß sie sich da in etwas einließ, was nicht wieder gutzumachen war. Mit allem Recht, das ich auf sie hatte, hielt ich sie an und zog sie flach und langsam zurück, indem ich die andere nicht aus den Augen ließ, die weitersuchte. Ich begriff, daß sie es nicht aufgeben würde, ich kann nicht sagen, wie ich wieder hinaufkam. Ich saß ganz tief im Sessel, die Zähne schlugen mir aufeinander, und ich hatte so wenig Blut im Gesicht, daß mir schien, es wäre kein Blau mehr in meinen Augen."

In der ersten Episode wird eine dissoziierte Seite des Ichs in die Maske verlegt, auf die Maske projiziert, die dann plötzlich lebendig wird; in dieser zweiten Episode tritt eine Sinnestäuschung an die Stelle der Maske, eine schemenhafte, gespenstische Hand erscheint, halluziniert aus dem Nichts.

Offenbar schildert uns *Rilke* auch mit dieser Episode einen Zustand des sogenannten *Transitivismus*, der *Selbstentfremdung*, der teilweisen *Doppelgängerhalluzination*. Die eigene Hand, die im Dunkeln herumtastet, findet keinen Gegenstand; die motorische Erregung kann sich nicht auf ein Greifen hin erfüllen; sie wird daher vom schwachen Ich nicht mehr integriert. Die nicht mehr zu einer beabsichtigten Handlung führende Erregung überbordet sozusagen das Ich-System, sprengt die Ichgrenzen und wirkt daher als eine Qualität der Außenwelt d. h. sie wird vom Rest-Ich als Nicht-Ich wahrgenommen. Man kann sich psychiatrisch auch so ausdrücken, daß die in der planenden Ichstruktur sonst integrierte motorische Erregung auf die Außenwelt projiziert wird und sich dort selbständig macht.

Natürlich ist ein solches Phänomen abnorm; nicht jegliche motorische Erregung, die sich in eine Handlungsgestalt entladen will, sprengt die sie entwerfende Ichstruktur und erscheint dem Ich deshalb als ichfremd. Damit dies geschehe, ist es notwendig, daß ein sehr schwaches, seiner Identität, seiner Grenze und seines Zusammenhaltes unsicheres Ich vorhanden sei.

Ein solche Unsicherheit der Selbstidentität kennzeichnet aber viele Erlebnisse von Malte Laurids Brigge; sie zeigt sich z. B. sowohl in der Episode vor dem Spiegel wie auch in vielen anderen Gefühlserlebnissen. Wir können hier verstehen, warum Malte so oft unter Ängsten leidet, die absurd erscheinen und die stellvertretend für eine nur dunkel geahnte, unbewußte Gefahr des Ichverlustes auftreten. Hören wir uns wieder Malte an, wie er die vielen Ängste seiner Vergangenheit schildert:

„Die Angst, daß ein kleiner Wollfaden, der aus dem Saum der Decke heraussteht, hart sei, hart und scharf wie eine stählerne Nadel; die Angst, daß dieser kleine Knopf meines Nachthemdes größer sei als mein Kopf, groß und schwer; die Angst, daß dieses Krümchen Brot, das jetzt von meinem Bette fällt, gläsern und zerschlagen unten ankommen würde und die drückende Sorge, daß damit eigentlich alles zerbrochen sei, alles für immer; die Angst, daß der Streifenrand eines aufgerissenen Briefes etwas Verbotenes sei, das niemand sehen dürfe, etwas unbeschreiblich Kostbares, für das keine Stelle in der Stube sicher genug sei; die Angst, daß ich, wenn ich einschliefe, das Stück Kohle verschlucken würde, das vor dem Ofen liegt. Die Angst, daß irgendeine Zahl in meinem Gehirn zu wachsen beginnt, bis sie nicht mehr Raum hat in mir; die Angst, daß das Granit sei, worauf ich liege, grauer Granit; die Angst, daß ich schreien könnte und daß man vor meiner Türe zusammenliefe und sie schließlich aufbräche; die Angst, daß ich mich verraten könnte und alles das sagen, wovor ich mich fürchte, und die Angst, daß ich nichts sagen könnte, weil alles unsagbar ist."

Anderswo im Tagebuch lesen wir:

„Und jetzt war es wieder da. Es war später einfach ausgeblieben, auch in Fiebernächten war es nicht wiedergekommen, aber jetzt war es da, obwohl ich kein Fieber hatte. Jetzt war es da. Jetzt wuchs es aus mir heraus wie eine Geschwulst, wie ein zweiter Kopf und war ein Teil von mir, obwohl es doch gar nicht zu mir gehören konnte, weil es so groß war. Es war da, wie ein großes totes Tier, das einmal, als es noch lebte, meine Hand gewesen war oder mein Arm. Und mein Blut ging durch mich und durch es, wie durch einen und denselben Körper. Und mein Herz mußte sich sehr anstrengen, um das Blut in das Große zu treiben: es war fast nicht genug Blut da. Und das Blut trat ungern ein in das Große und kam krank und schlecht zurück. Aber das Große schwoll an und wuchs mir vor das Gesicht wie eine warme bläuliche Beule und wuchs mir vor den Mund, und über meinem letzten Auge war schon der Schatten von seinem Rande."

Wenn ich von psychotischen Erlebnissen des *Ichverlustes*, der *Depersonalisation*, der *Derealisation*, der *Wahnstimmung*, der *Selbstverfremdung* und der *Identitätsauflösung* bei diesem Dichter spreche, *meine ich nicht, daß er psychotisch war*. Das Bild, das wir uns von ihm machen können, ist nicht dasjenige, das wir uns z. B. von *Strindberg* auf Grund seiner eindeutig autobiographischen Aufzeichnungen machen. Erstens handelt es sich nicht um eine bewußte getreue Selbstdarstellung. Zweitens sind hier die krankhaften Erlebnisse des Helden in viele andere, die nicht äußerst ungewöhnlich und nicht krankhaft sind, eingewoben. Es gibt in der Psychiatrie wohl ein Krankheitsbild, das genau der Selbstdarstellung von

Strindberg entspricht; aber wir kennen kein nosologisch umschriebenes Krankheitsbild, das etwa dem von *Malte* entspricht. Es ist, mitten in seiner Selbstdarstellung allzureich an feinsinnigen, normalen, philosophischen Einfällen!

Anderseits sind jedoch viele geschilderte Erlebnisse an sich nicht nur außergewöhnlich, sondern sie erinnern auch stark an Depersonalisations- und Derealisationsgefühle und -empfindungen von psychisch Kranken.

Der Schluß, der sich aus solchen Überlegungen ergibt, ist erstens der, daß der Dichter vielleicht manche leichte grenzpsychotische Empfindung aus eigener Erfahrung kennen dürfte — man könnte sich schwerlich vorstellen, daß ihm eine derartig treffende Schilderung der Zustände gelungen wäre, von denen die Kranken in der Sozietät kaum sprechen und die nur derjenige Beobachter erfährt, der sich lange mit ihnen abgibt. Zweitens nehmen wir an, daß es dem Dichter nicht darum geht, Empfindungsbilder erinnerungsgetreu wiederzugeben, sondern darum, sie durch dichterische Phantasien in großartige Symbole der menschlichen Angst zu verwandeln.

Als Symbol der Angst stehen diese Bilder zwischen Norm und Psychopathologie. Sie wollen von einer Angst künden, die der menschlichen Existenz grundsätzlich innewohnt und das menschliche So-Sein erst bedeutungsreich macht; sie zeugen gleichzeitig von einer kommunikativen Offenheit, die keine Abwehr, keinen Widerstand, keine Verdrängung und keine Rationalisierung kennt und daher der wirklichen Psychopathologie nicht ganz entspricht[2].

[2] Neben dem Phänomen der Depersonalisation, der Derealisation des Spiegelerlebnisses finden wir bei Rilke, auf den Malte projiziert, die Andeutung des Beziehungswahnes. Die kurze Schilderung gehört zum Besten, was wir darüber in der Dichtung lesen können. Das Erleben des Malte findet innerhalb einer selber im Roman nicht geisteskranken Persönlichkeit statt. Aber es ist meine Erfahrung, daß die Beziehungsidee als solche auch bei neurotischen, ja andeutungsweise bei gesunden Menschen vorkommen kann. Das Psychotische in uns wird in der Beziehungsidee plötzlich gegenwärtig. Es ist ein Privileg des Dichters, aus seiner menschlichen Fülle schöpfend, an jene Grenze zu gelangen, wo er dem Kranken ins Antlitz schaut und auf einmal — wie vor dem Spiegel — wie dieser wird. Hören wir uns nun Rilke an:
„Was in aller Welt wollte diese Alte von mir, die, mit einer Nachttischschublade, in der einige Knöpfe und Nadeln herumrollten, aus irgendeinem Loch herausgekrochen war? Weshalb ging sie immer neben mir und beobachtete mich? Als ob sie versuchte, mich zu erkennen mit ihren Triefaugen, die aussahen, als hätte ihr ein Kranker grünen Schleim in die blutigen Lider gespuckt. Und wie kam damals jene graue, kleine Frau dazu, eine Viertelstunde lang vor einem Schaufenster an meiner Seite zu stehen, während sie mir einen alten, langen Bleistift zeigte, der unendlich langsam aus ihren schlechten, geschlossenen Händen sich herausschob. Ich tat, als betrachtete ich die ausgelegten Sachen und merkte nichts. Sie aber wußte, daß ich sie gesehen hatte, sie wußte, daß ich stand und nachdachte, was sie eigentlich täte. Denn daß es sich nicht um den Bleistift handeln konnte, begriff ich wohl: ich fühlte, daß das ein Zeichen war, das die Fortgeworfenen kennen; ich ahnte, sie bedeutete mir, ich müßte irgendwohin kommen oder etwas tun. Und das Seltsame war, daß ich immerfort das Gefühl nicht los wurde, es bestünde tatsächlich eine gewisse Verabredung, zu der dieses Zeichen gehörte,

Die Maske im Spiegel, welche eine Ichdimension an sich reißt und wie ein zweites, übermächtiges Ich erlebt wird, und das gespenstische Gegenbild der Hand, das ebenfalls ein dissoziiertes Körpergefühl darstellt, sind Beispiele der Doppelgänger-Halluzination. Schon bei *Strindberg* sind wir diesem Phänomen begegnet: ein zweites Ich scheint sich des Subjektes bemächtigt zu haben, es diktiert ihm seine Einfälle und Gedanken, es haust mit ihm, es liegt in seinem Bett, es wohnt in seinem Zimmer, es handelt an seiner Stelle. Aber es bestehen wesentliche Unterschiede zwischen den Erlebnissen *Strindbergs* einerseits und denjenigen *Rilkes* anderseits. Im ersten Fall handelt es sich um eindeutige Geisteskrankheit. Bei *Rilke* ist das Phänomen jedoch nur angedeutet: es betrifft den Augenblick des Spiegelbilderlebnisses an der Hand — Depersonalisation. Es ist ferner nur vorübergehend; das Ich bleibt, nach der Angstepisode, doch es selbst. Der Dichter kann von dem Erlebnis sachlich Distanz nehmen; dementsprechend sind wir nicht sicher, inwieweit er autobiographisch schreibt, oder ob er sich nur allegorisch ausdrückt. Sicher muß aber auch hier eine intensive Beschäftigung mit dem Bewußtseinsproblem stattgefunden haben.

In der Dichtung werden oft Erlebnisse aus dem Grenzgebiet zwischen Norm und Psychiatrie geschildert. Zu diesen Grenzgebieten zählen sowohl Situationen, in denen die Desintegration droht, wie auch solche, in denen sich erst aus der radikalen Infragestellung des Dichters eine neue Form seiner Selbstverwirklichung ergibt. Durch das Kunstwerk wird einerseits eine innere Gefahr ausgedrückt, anderseits wird diese durch die künstlerische Gestaltung gleichzeitig bewältigt oder abgewehrt. Denn Gestalt ist Ordnung, Integration, Sublimierung, Sinn und Befriedigung. In der Gestaltung der Angst drückt sich also beides aus: sowohl die Hilflosigkeit wie auch das Können.

Ein wesentlicher Unterschied besteht zwischen Psychopathologie einerseits und dichterischem Symbol anderseits. Es scheint mir, daß der psychotische Mensch das volle Bewußtsein für die eigene Lage nicht in gleichem Maße entwickeln kann wie der darüber berichtende nicht psychotische Dichter. Das psychotische Bewußtsein kann sich meistens nicht so verstehen und ausdrücken, daß es sich selber, sein eigenes Schicksal, wieder zu integrieren vermag. *Es ist der Situation der Selbstentfremdung allzusehr verfallen, als daß es sie in Wort und Bild formen und meistern kann.* Der Dichter kann aber in der Selbstvergewisserung letzten Endes sich und das Menschliche finden.

Wir wollen nun als Beispiel einer symbolischen Verarbeitung der Doppelgängerhalluzination nach der „Maske" und der „Hand" bei *Rilke* die Episode des Wachtmeisters Lerch in Erinnerung rufen, wie sie uns von *Hof-*

und dieser Szene. Das war vor zwei Wochen. Aber nun vergeht fast kein Tag ohne eine solche Begegnung. Nicht nur in der Dämmerung, am Mittag in den dichtesten Straßen geschieht es, daß plötzlich ein kleiner Mann oder eine alte Frau da ist, nickt, mir etwas zeigt und wieder verschwindet, als wäre alles Nötige getan."

mannsthal in der „Reitergeschichte" erzählt wird. Vorausschicken möchte ich, daß wir uns hier noch mehr als bei *Rilke* vom autobiographischen Bericht entfernen und uns ganz in jenem Grenzbereich befinden, der sich zwischen Psychopathologie und Symbol erstreckt. Denn das Erlebnis des Wachtmeisters Lerch ist so „unwirklich", wie es eben nur ein Symbol sein kann. Die unmittelbare subjektive Erlebnisweise muß uns bei Hofmannsthal in einem letzten Grunde unbekannt bleiben.

„Indem Lerch[3], ein Wachtmeister, das leere Dorf durchreitet, tut er nichts als seine Pflicht, er nimmt an, daß sich dort ein General mit nur geringer Bedeckung verborgen hält. Auch das scheint nichts Besonderes. Aber in der dialektisch-antithetischen Art, in welcher der Ritt ins Dorf motiviert wird, wird bereits etwas Entscheidendes deutlich: das Dorf scheint dem Wachtmeister *auf verlockende Weise verdächtig.* Er reitet durch diese Einsamkeit auf das Erlebnis der Ichspaltung hin. Man könnte tiefenpsychologisch argumentieren, daß der Ritt durchs Dorf, die traumhaft erlebten Gestalten einen Ritt durch das eigene Innere darstellt.
Ihm ist, als hätte er eine unmeßbare Zeit mit dem Durchreiten des widerwärtigen Dorfes verbracht. Nicht nur sein Zeit-, sondern auch sein Raumbewußtsein scheint beeinträchtigt. Er kann das Geräusch, das *ein schwer röhrender Atem* seines Pferdes verursacht, nicht sofort richtig lokalisieren; er sucht *die Ursache zuerst über und neben sich und schließlich in der Entfernung.* Aber sein verwirrter Orientierungssinn mündet in ein höchst eigenartiges Erlebnis, das im Grunde die einzige irreale Begebenheit der ganzen Geschichte darstellt. Als er das Geräusch seines Pferdes in der Ferne zu lokalisieren sucht, sieht er *einen Reiter des eigenen Regiments auf sich zukommen.* Je näher der Reiter kommt, desto besser erkennt er ihn und desto stärkere Ähnlichkeit gewinnt dieser mit ihm, dem Wachtmeister Anton Lerch. Er sieht *einen Reiter des eigenen Regiments auf sich zukommen, und zwar einen Wachtmeister, und zwar auf einem Braunen mit weißgestiefelten Vorderbeinen.* Das ungewöhnliche oft wiederholte *und zwar ... und zwar ...*" läßt die Erscheinung des herannahenden Gegners immer eindringlicher werden. Während der Wachtmeister bedenkt, daß es in der ganzen Schwadron *kein solches Pferd* gibt, kommt der Reiter näher. Er kann das Gesicht der Gestalt noch nicht ganz erkennen. Die beiden treffen sich schließlich an einer Brücke: *so daß nun nur mehr ein Steinwurf sie trennte, und nun, indem die beiden Pferde, jedes von seiner Seite her, im gleichen Augenblick, jedes mit dem gleichen weißgestiefelten Fuß die Brücke betraten.* In diesem Augenblick erkennt der Wachtmeister *mit stierem Blick in der Erscheinung sich selbst und reißt, wie sinnlos sein Pferd zurück.* Auch hier wird wieder, wie vorher durch die steigende Wiederholung *und zwar ... und zwar ...* eine Intensivierung und Beschleunigung durch das wiederholte *nun ... nun ... jedes* ausgedrückt."
„... die Folge des Aufeinanderzureitens war die, *daß der Wachtmeister, mit stierem Blick in der Erscheinung sich selbst erkennend wie sinnlos sein Pferd zurückriß und die rechte Hand mit ausgespreizten Fingern gegen das Wesen vorstreckte, worauf die Gestalt, gleichfalls parierend und die Rechte erhebend, plötzlich nicht mehr da war.* Die sich anschließende Schilderung ist wieder durchaus real im allgemeinen Sinne. Es kommt zu einem Gefecht, der Wachtmeister erobert seinen Schimmel und wird schließlich vom Rittmeister niedergeschossen."

Der Philologe *Wunberg* meint, daß die Frage der Ichidentität und Ichspaltung den Dichter jahrelang beschäftigt hat: „Die Konfrontierung mit dem eigenen Ich ist bei Hofmannsthal ein vertrauter Gedanke."

[3] Diese Darstellung stammt von *Wunberg;* die unterstrichenen Sätze stammen von *Hofmannsthal* selber.

Das Phänomen (des sich Beobachtet-Fühlens) hat *Hofmannsthal* möglicherweise an sich selbst feststellen können; er greift dieses Thema häufig auf. Beispielsweise in seiner Erzählung „Der Kaufmannssohn". Dieser Mann kann nichts tun, ohne daß seine Diener ihm aus allen Fenstern zusehen. Selbst im Gewächshaus *schaut* ihn ein kleines Mädchen aus einer traumhaften Wirklichkeit durch ein Glasfenster an. Schließlich weist die Grimasse des Pferdes auf das häßlich verzerrte Gesicht des Kaufmannssohnes in seinem Tode voraus.

„In seinen Aufzeichnungen zu einer Autobiographie, ‚Ad me ipsum', weist *Hofmannsthal* einen geistigen Zusammenhang in seiner dichterischen Entwicklung auf, der auch die Problematik mancher seiner Erzählungen umfaßt. Die Werke der verschiedenen Schaffensperioden überspannt die Grundproblematik der ‚richtigen Beziehung' des Ichs zum Leben, des Zu-sich-selber-kommens, der Selbst- und Schicksalsfindung. Es geht immer wieder um das Problem der Verknüpfung, wie es in ‚Ad me ipsum' heißt, um den ‚Durchbruch zum Sein', um den Übergang des Ichs von der Präexistenz in die Existenz." *(Seelemann)*

Wenn überhaupt Präexistenz, schreibt *Wunberg,* dann war gerade dieses schizophrene Bewußtsein ihr entscheidendes Merkmal. Hofmannsthal war allerdings sein Leben lang nicht psychotisch. Daher spricht *Wunberg* von einer „Schizophrenie der Texte, nicht des Dichters". Es ist denkbar, daß eine dichterische Persönlichkeit, die sich jahrzehntelang mit dem Problem der Ichidentität beschäftigt, ohne selbst gespalten zu werden, über die Möglichkeit verfügt, die Grenzsituation zu akzeptieren, d. h. das Erleben der Ichgefährdung im Wort und in der Reflexion zu gestalten, ohne daran preisgegeben zu werden. Eine Beobachtung *Wunbergs* scheint mir diese Auffassung zu bestätigen. Der Philologe beobachtet nämlich, daß viele Gestalten von *Hofmannsthal* das Erleben der Ichspaltung durchmachen, ohne selbst daran zugrundezugehen; diese sind vielmehr alle „darum bemüht, ihr anderes Ich zu finden". Der einzige Held, der sofort nach der Doppelgängerhalluzination stirbt, ist der Wachtmeister Anton Lerch in der Reitergeschichte, welcher das ichauflösende Erleben nicht verarbeitet. Im Gegenteil, er stürzt sich unmittelbar nach seinem Spaltungserlebnis sofort wieder in das gewohnte Getümmel der nächsten Schlacht, wo er stirbt.

Wunberg drückt pointiert aus: „Warum muß der Wachtmeister Anton Lerch sterben? Nach der hier gegebenen Analyse muß die Antwort heißen: weil er seine Ichspaltung nicht akzeptiert."

Freilich möchte ich bemerken, daß die tiefgreifende, schizophrene Ichspaltung *nicht einfach akzeptiert werden kann.* Sie löst das Ich auf, also gerade jene denkende und synthetisierende Instanz, der die Rolle des Akzeptierens zufallen sollte. Anders verhält es sich aber, wenn wir unter Ichspaltung nur eine Grenzsituation verstehen, die sich der eigentlichen Spaltung nähert, ohne sie ganz zu vollziehen. Da besteht für das Ich doch die

Möglichkeit und die Chance, Stellung zu beziehen zu dem, was ihm widerfährt. Die Paradoxie sowohl der Psychotherapie als auch aller Selbstheilungsversuche liegt übrigens darin, daß wir Menschen einerseits in unserem psychischen So-sein determiniert sind, anderseits uns doch innerhalb bestimmter Grenzen steuern können. Ein wesentlicher Aspekt der Dichtung, die sich mit der Gefährdung des Menschen befaßt, besteht nicht nur darin, die Tragik des Unterganges zu schildern, sondern im Wort, im einfühlenden Verstehen, im erschütterten Mitsein Wege aufzuzeigen, Perspektiven zu entwerfen, welche eben diese Steuerung in der Steuerlosigkeit anstreben.

2. *Das Spiegelbild*

(Mit einem Beitrag von Therese Wagner-Simon)

Man kann das Phänomen des *Doppelgängers* in der Literatur vom psychiatrischen Standpunkt aus im Sinne einer Dissoziation der selbstbeobachtenden Ichfunktion aus dem Ichgefüge verstehen. Die selbstbeobachtende Ichfunktion ist normalerweise in die Ichstruktur, ins Gefüge der übrigen Ichfunktionen, so integriert, daß sie dem Subjekt als Einzelfunktion nicht auffällt.

Man beobachtet sich in der Realität ständig — ausgenommen jene Ausnahmezustände, die durch Verdrängung charakterisiert sind. Jegliche Entscheidung des Alltagslebens, die nicht vollautomatisch erfolgt (dann ist sie keine Entscheidung im eigentlichen Sinne), ist das Ergebnis einer Ichfunktion, welche das Fazit zieht und dem „Handlungs-Ich" Material der Selbstbeobachtung zur Verfügung stellt.

Wie sehr uns eine tiefe Integration dieser Selbstbeobachtungsfunktion ins Gesamtgefüge des Ichs not tut, zeigen uns jene Kranken, welche unter „Stimmen" leiden, die nicht bloß anklagen, entwerten, zensurieren, sondern lediglich *das Selbst beobachten*. „Jetzt steht er auf, er geht, er nimmt einen Stuhl, er setzt sich."

Die beschriebenen Handlungen sind banal. Der Kranke leidet gerade unter der Banalität dieser ständigen Spionage. Er kann einfach nichts tun, keinen Schritt unternehmen, keinen Gedanken vollziehen, ohne daß dies sorgfältig registriert wird.

Der Selbstbeobachtungszwang ist der erste Schritt zur eigentlichen Verdoppelung. Er ist in nuce schon eine Verdoppelung, weil der Patient sich gespalten fühlt in ein handelndes und in ein beobachtendes Subjekt.

Gleich, ob das beobachtende Subjekt vom „Rest-Ich" des Patienten objektiv als intrapsychische Stimme oder als Weltdämon erlebt wird: in jedem Falle fühlt sich der Patient in seinem „Vollzugs-Ich" entzweit.

Er entgeht diesem Gefühl der Depersonalisierung durch die Projektion der abgespaltenen beobachtenden Ichfunktion auf einen scheinbar ganz außerhalb des Ichs liegenden und waltenden Dämon; doch verwandelt sich damit Depersonalisierung in Derealisierung, weil solche „Phantasmen" für den Kranken jene eigentümliche Eigenqualität haben, die die Weltdinge nie entfalten.

Die wirklich außerhalb unseres Selbst liegenden Weltdinge mögen noch so gefährlich und aufregend sein, sie stehen uns immer *gegenüber*, d. h. es steht ihnen ein Ich *gegenüber*, das mitten in jeglicher Bedrohung des Zusammenstoßes einen letzten Rest Freiheit besitzt, *sich selbst treu zu bleiben.* Dieses Freiheitsgefühl ist aber dem halluzinierenden Kranken verloren gegangen — das Phantasma des Doppelgängers saugt von seinem eigenen Blut, ist irgendwie die andere Seite seines Selbst. Es ist etwas da, das ihm nicht gehört und doch zu ihm gehört; etwas, das es im normalpsychologischen Erleben also nicht gibt und deshalb bald *magische Qualität* gewinnt. Die Welt füllt sich mit Magie.

Je radikaler die beobachtende Ichfunktion vom Rest-Ich abgespalten ist, desto entschiedener wird sie zu einem autonomen Ichkern, d. h. sie wird mit Eigenleben gefüllt. Sie ist nicht mehr eine „Stimme" (also eine laut gewordene Ichfunktion), sie wird bald eine eigenständiges Wesen. Als ein solches hat es jeglichen Fühlungskontakt mit dem Rest-Ich verloren. Der Doppelgänger hat eigene Intentionen, Motivationen, eine bizarre Innenwelt, die der Patient als Rest-Ich nicht mehr eigentlich kennt. Der abgespaltene Ichkern hat alle Attribute des Ichs, erhebt den Anspruch, wie das Ich eine Innenwelt zu vertreten. Und diese Innenwelt, die eine Autonomie mitten im autonomen Ich besitzt, ist deshalb immer unheimlich. Der Doppelgänger erscheint selbst dann, wenn er sich äußerlich harmlos verhält, unheimlich. Er will irgendetwas Furchtbares mitteilen, das sich aber hinter der Banalität einer Photokopie der Handlungen verbirgt.

Das Ich weiß, daß jenes Wesen an seiner eigenen Ichsubstanz zehrt, und hat deshalb Angst, von ihm irgendwie verschluckt zu werden. Diese Angst spüren wir bei *Maupassant*, wo der „Horla" den Menschen fressen wird; spüren wir bei *Rilke*, wo das maskierte Spiegelbild des Selbst plötzlich die Qualität des Seienden an sich reißt und das wirkliche Subjekt zu seinem Spiegelbild, zu etwas nicht wirklich Seiendem macht; wir empfinden diese Angst auch bei *Strindberg*, wo der Dichter sich von einem Doppelgänger tödlich bedroht fühlt, der so wie das Subjekt atmet, sich bewegt, und Geräusche macht; oder bei *Nerval*, wo der Doppelgänger dem Ich die Anima, die Aurelia, wegnimmt.

Gerade weil dem Doppelgänger die Qualität des Unheimlichen grundsätzlich eignet, bedeutet die Begegnung mit ihm den Tod. Das hat der Dichter *Hofmannsthal* intuitiv erfaßt, als er den Wachtmeister Lerch in dem Moment sterben läßt, wo dieser einem ihm entgegenreitenden Reiter begegnet, der als sein Doppelgänger erscheint.

Wenn man diese tödliche Begegnung bedenkt, wird man allegorisch an ein Beispiel aus der Physik erinnert. Nach der modernen Physik existiert im Weltall eine sogenannte „Antimaterie", welche unserer eigenen Materie spiegelbildlich gegenüberliegt, wie diese in allem strukturiert ist, allein mit dem umgekehrten elektrischen Zeichen. Dort ist der Atomkern also negativ, das Elektron positiv. Das Aufeinanderprallen von Materie und Antimaterie führt zu einer gewaltigen Explosion und zu einer Nichtigung der Masse, die gänzlich in Energie ausgeht.

So bedeutet auch die Begegnung des Ichs mit dem Doppelgänger den Tod. Das wird in der sogenannten negativen Halluzination des Geisteskranken ausgedrückt, der in den Spiegel schaut und darin — wie der Romanheld von Maupassant in der Erzählung „Der Horla" das Nichts sieht. Diese *Nichtigung* der Existenz entspringt der Erfahrung, kein Ich mehr zu sein. Solange das Rest-Ich seinen Doppelgänger zu verdrängen, zu verbannen vermag, kann es sich noch der Illusion hingeben, ein Rest-Ich, eine Realität zu sein. Ist es aber einmal dem Doppelgänger wirklich begegnet, so ahnt es plötzlich, daß jener Doppelgänger ein Teil seines Selbst ist. Diese furchtbare, unfaßbare Einsicht, ohne die Möglichkeit einer Integration, ohne die Freiheit, beide Selbstteile zusammenzuschweißen, bedeutet nichts anderes, als daß man nichts ist. Denn kein Mensch kann je ertragen, von sich als von zwei Personen zu denken, die in einer einzigen leben. Keiner vermag dies, ohne in seinem Seinsbewußtsein zu erlöschen.

Wenn wir am Bild der modernen Physik für einen Moment noch festhalten und uns fragen, welches zweite Bild ihm die Psychologie gegenüberstellt, so kann es keinen Zweifel geben: die Alternative von Materie und Antimaterie ist hier diejenige zwischen Bewußtsein und Unbewußtem.

Beides, Bewußtsein und Unbewußtes, müssen in der Gesundheit wie in der Neurose wohl aufeinander bezogen, integriert und doch voneinander getrennt bleiben. Das Unbewußte muß die Freiheit behalten, sich in einem nur ihm eigenen Bereiche (und wäre es nur im Traum) eigengesetzlich zu verhalten, ohne deshalb das Ich zu bedrohen. Dieses muß aber die Fähigkeit behalten, seine Burg des Bewußtseins auf Fundamenten aufzubauen, die ruhig unbewußt bleiben dürfen und müssen.

Bereits im neurotischen Konflikt entsteht eine Spannung zwischen Bewußtsein und Unbewußtem. Aber das Unbewußte ist verdrängt, oder es wird in der Psychoanalyse durch die Deutung integriert. Wo aber das Unbewußte dem Bewußtsein erscheint, *ohne durch diese Erscheinung Ichqualität zu gewinnen,* stirbt das Ich. Das Ich muß normalerweise jegliche Bewußtseinsqualität an sich reißen, kann kein anderes als das eigene, bewußte Sein dulden; es ist ein Schloßherr, der zu einem Schloßgespenst wird, sobald das Schloß auch von Anderen bewohnt wird. Im Rahmen des Bewußtseins gibt es keine Autonomie vom Ich, sonst muß das Ich seine Autonomie gegenüber der Natur verlieren.

Diesem Verlust begegnen wir in der Psychiatrie nicht selten: in der Schizophrenie *(Strindberg, Nerval)* wie in der hirnorganischen Krankheit

(Maupassant); in der wahrscheinlich neurotischen Depersonalisation *(Rilke)* wie in der Epilepsie *(Dostojewskij)*. Schließlich kann das fatale Ereignis, statt Selbstdokument, rein dichterisches Symbol sein, wie wahrscheinlich bei *Hofmannsthal*. Je größer die Diskrepanz zwischen Romanheld und Person des Dichters, je abstrakter und klinikferner das Bild des Doppelgängers ist, desto größer ist seine symbolische Bedeutung. Je klinisch genauer das Bild aber gestaltet wird, je mehr wir anamnestische Dokumente über das Leidensschicksal des Dichters besitzen, desto wahrscheinlicher wird der konkrete Krankheitsfall. Die Krankheit ist jedoch beim Dichter, selbst bei dem halluzinierenden, *Strindberg* oder *Maupassant*, relativiert durch die Kunst, durch die Dichtung, d. h. durch das Wort, das gestaltend Ordnung stiftet im Bereich der Wirrnis, der Zerfahrenheit, der Unverständlichkeit. Deshalb ist hier jede Dichtung im Ansatz ein Heilungsversuch, der Wille eines großen Geistes, sich gesund zu schreiben — ohne es freilich zu können.

Der Doppelgänger ist oft eine Erfindung des Dichters, der sich in den Geisteskranken einfühlt. Aber er ist auch eine Erfahrung des Dichters, der am Rande oder gar mitten in der Situation lebt, die er schildert. Je persönlicher der Dichter an ihr beteiligt ist — wie *Strindberg* — desto erschütternder der Bericht.

Wir aber, die als Psychiater der Psychopathologie nahestehen, können, über den Umgang mit der Gestaltung eines solchen Sachverhalts, seiner erschüttert innewerden und ihn tiefer verstehen; denn wir vermögen eher das Allgemeine zu sehen, wenn wir das psychopathologische Phänomen des einfachen Patienten bei einem großen Geist beobachtet haben. Die Potenz des Ausdrucks macht uns dann wacher und aufmerksamer für die Dinge, die sich in der einsilbigen Sprache des mutistischen Katatonen, im stotternden Bericht des einfachen Geisteskranken als dasselbe Dokument der Menschlichkeit ausdrücken, wie es in der Dichtung einmalige Gestalt gewinnt.

Bevor ich diese Überlegungen zum Doppelgänger weiterführe, möchte ich mein Augenmerk auf jenen Sonderbereich des Menschlichen werfen, der zwischen Psychose und Realität liegt: auf den *Traum*. Dort ereignen sich Dinge, die in der Psychopathologie ähnlich aussehen; ist doch der Traum seit *Freud* lange als die Via regia zum Unbewußten und als die funktionelle Psychose angesprochen worden. Aber im Traum schläft das Ich; es ist nicht desintegriert. Das will nichts weniger heißen, als daß im Traum alles einen Sinn und eine Absicht hat, die letzten Endes dem Ich dient.

Eine Patientin träumt zum Besipiel von einer schwer verletzten Frau, die ihr selber gleicht. Plötzlich schaut sich die Träumerin im Traum an, und sie merkt, daß sie wie jene Schwerverletzte auch ganz blutbefleckt ist. Der Unterschied ist aber der, daß die Verletzung bei ihr, anders als bei der Doppelgängerin, als eine Bagatelle erscheint.

Was will uns und der Träumerin ein solcher Traum anderes mitteilen als die Einsicht, daß sie in der Tiefe verletzt ist, daß sie diese Realität aber abwehrt. Der Traum will ihr ein Spiegelbild vor Augen halten, das wahrer als die Maske ist. So ist der Doppelgänger das Spiegelbild, in dem die Maske, sonst sich selbst verborgen, sichtbar wird.

In diesem Sinne verstanden erhellt der Traum eine Seite des Daseins des Menschen. Die

Begegnung (mit dem Gefangenen) oder mit dem Doppelgänger, welche Erschütterung, aber auch Einsicht bringt, bedeutet nicht mehr Tod, sondern Leben. Der Doppelgänger ist im Traum des gesunden Menschen kein Fragment des Ichs, sondern lediglich die Verkörperung eines alternativen, verdrängten Seinsmodus. Nur dort, wo das Ich zerrissen ist, wird jede Figur, jede Gestalt und jedes Spiegelbild des Ichs wirklich unheimlich – denn dieses verfügt dann nicht mehr über jene Kraft, aus der Einsicht erwachsen kann. Es gibt in der Spaltung keine Einsicht – diese ist dann nur noch in der Begegnung mit dem therapeutischen Spiegelbild möglich, wenn der Therapeut innerlich akzeptiert, das Spiegelbild des Patienten zu werden.

Die Dichter, die Maler kennen das Thema der Maske, der Existenz als Gefängnis, als Entdeckung der grundsätzlichen Situation des Menschen. Man wähnte sich frei, man begann, das Leben als Spiel zu entwerfen, man wählte eine Rolle in der Meinung, diese wieder abwerfen zu können, wenn sich die Umstände veränderten. Aber die Jahre vergehen und schmieden uns in ihren eisernen Ring. Bald ist man für alle Menschen doch die Imago, die man einst gewählt hat; die Leute staunen und glauben einem nicht, wenn man versucht, anders zu handeln, zu sein.
Dann beginnt der Kampf mit der Maske. Es hatte wie ein Experiment begonnen; nun wird es ernst. Es gibt bald keine Möglichkeit mehr, auszuweichen; denn andere Rollen erfordern eine Kompetenz und eine Erfahrung, die man nur aus der eigenen Vergangenheit schöpfen könnte, die man niemals nur aus der Freiheit des Soseinwollens findet. *Pirandello* schildert uns eindrücklich und immer wieder, wie der Mensch plötzlich entdeckt, der Gefangene seiner Maske zu sein, die er sich einst in einem Freiheitswahn des Sichbesinnen-könnens angelegt hatte. Umsonst versucht er jetzt, die Maske von seinem Gesicht abzureißen, bald muß er sich dem Schicksal unterwerfen, das sich seiner „Freiheit" bedient, um ihn zu versklaven, er muß die Maske als sein endgültiges Gesicht annehmen.
Aber die Situation des Gefangenseins kann als Sinnbild im Traum auch die Dimension der Befreiung haben, welche darin besteht, eine latente Einengung, in der man lebte — wähnend frei zu sein, zu durchschauen.
Ich bin der Meinung, daß der Traum die Situation ist, wo der Mensch alle drei Stufen des Gesunden, des Kranken und des Dichters in sich zusammenfaßt. Möge dies der Traum eines Gesunden verdeutlichen, der sich der oben beschriebenen Situation der Neurose innewird und schließlich ohne jegliche Absicht dichterisches Niveau erreicht:

„Ich bin Gefangener in einem Gefängnis. Anfangs ist es beinahe wie ein Experiment, beinahe ein Spiel, eine abgekartete Sache, von der aber nur der Gefängnisdirektor und ich wissen, daß es ein Experiment ist. Doch zunehmend wird mir die Sache unangenehmer, ernster und irgendwie bedrohlicher für mich. Ich gehe mit dem Gefängnisdirektor zusammen durch einige Räume, die Räumen in einer psychiatrischen Klinik gleichen. Männer sitzen oder stehen herum, grau angezogen, z. T. resigniert, starr, ein bedrückender Anblick. Bei diesem Gang realisiere ich plötzlich, daß ich nicht mehr einfach, wie ich dachte, aus diesem Gefängnis heraus kann, daß das Ganze nicht einfach wie ein Experiment abgebrochen und ich wieder in die Freiheit hinaus kann. Mir wird klar, daß auch ich ein Gefangener bin. Ich empfinde den Druck dieser Erkenntnis, die Ausweglosigkeit meiner Lage."

II

Nicht umsonst wählen wir das Thema des Doppelgängers als ein Paradigma der Selbstentfremdung, das immer wieder vom Dichter ergriffen und behandelt wird: von Maupassant, Strindberg, Rilke, Dostojewskij.
Nicht nur zufällig, sondern weil es sich eignet, das an sich fachpsychiatrische Thema der Selbstentfremdung verständlich zu machen, greift es der Dichter auf. Manchmal geschieht dies in Anlehnung an ein archetypisches Symbol allegorisch; manchmal aber im vollen Ernst des krankhaften Selbsterlebens, wie — um eines der radikalsten Beispiele zu wählen — bei *Strindberg.* Vielleicht bei keinem anderen Dichter sind wir so sicher, daß er sich selber dargestellt hat. Er sagt es aus und er meint es ernst. Nirgendwo wie bei ihm erfolgt der Prozeß der Spaltung so radikal, daß diese uns sowohl auf der Subjekt-, wie auch auf der Objektebene begegnet. Das „Inferno" ist nämlich das seltene, vielleicht in der Literatur einmalige Beispiel, wie der Doppelgänger sowohl als Spiegelbild der eigenen Person auftritt, als auch als dasjenige einer dritten Person auftreten kann. Das heißt die Spaltung geht sowohl durch die Subjektwelt, wie auch durch die Objektwelt des Patienten hindurch.
Beispiele seien kurz mit den Worten *Strindbergs* angeführt:

a) *Subjektspaltung*

„Nie höre ich den Unbekannten sprechen. Er scheint hinter der Bretterwand, die uns voneinander trennt, mit einer Schreibarbeit beschäftigt zu sein. Jedenfalls ist es merkwürdig, daß er jedesmal, wenn ich meinen Stuhl zurückschiebe, das gleiche tut. Er wiederholt alle meine Bewegungen und äfft mich nach, als wolle er mich ärgern.
Das dauert drei Tage. Am vierten Tag mache ich folgende Beobachtung: wenn ich zu Bett gehe, legt sich der andere im Zimmer neben meinem Arbeitstisch schlafen. Wenn ich aber in meinem Bett liege, höre ich wie er in ein anderes Zimmer geht und sich dort in das Bett legt, das Seite an Seite mit dem meinen steht. Ich höre, wie er sich parallel zu mir ausstreckt. Er blättert in meinem Buch, löscht die Lampe, holt tief Atem, dreht sich zur Seite und schläft ein. Vollständiges Schweigen herrscht im Raum neben meinem Tisch. Er bewohnt also beide Zimmer. Es ist unbehaglich, von zwei Seiten belagert zu sein."

Der Laie muß sich genau vorstellen, was diese Schilderung bedeutet. Hier handelt es sich nicht um eine dichterische Allegorie, wie z. B. bei *Hofmannsthal* („Reitergeschichte"); wir erfahren von einem eigenen und eigentümlichen Erleben, das wir nicht nachvollziehen können, uns im Grunde nur theoretisch vorstellen können.
Stellen wir uns vor, daß uns unsere psychischen Akte — sagen wir unsere Gesten, unsere Gedanken — bei mangelnder Integrierung im Ichsystem nicht mehr zugehörig sind, nicht als die eigenen erlebt werden können. Wir werden sie dann von der Außenwelt nicht mehr unterscheiden können. Unsere Wahrnehmungen reichen offensichtlich nicht aus, um eigene Handlungen als wirklich eigene zu erleben, wenn jener innere Zusammen-

hang schwach wird und zerfällt, welcher „Selbst" heißt. Der eigene Gedanke wird zwar noch wahrgenommen, gehört einem aber nicht mehr.
Wem gehört er? Sicher einem Anderen. Aber der Geisteskranke ist immer noch imstande, diejenige Außenwelt, die ihm die fünf Sinne wiedergeben, von jener anderen Außenwelt zu unterscheiden, die vielleicht gelegentlich durch die fünf Sinne halluzinatorisch dargestellt wird, jedoch im Gegensatz zur ersteren durch Projektionen ausgefüllt ist, durch das selbstentfremdete Selbst, durch etwas, das er bei aller Spaltung doch als etwas ursprünglich Eigenes ahnt. Der Doppelgänger, der zu dieser zweiten Wirklichkeit gehört, vollführt also genau dieselben Gesten und Bewegungen wie der Patient. Er ist ein Fremder und doch zugleich eine Innenseite des einstigen Selbst.
Wir stellen uns manchmal vor, Gott kenne unsere einzelnen Gedanken, er habe jedes unserer Haare gewogen. Ja — aber das ist nur ein Begriff, eine Vorstellung, eine Chiffre. Das Erleben, daß es konkret so sei, wäre unerträglich, würde unserem Freiheitsgefühl sofort eine Ende machen[4]. Man wäre *determiniert* durch einen Gott, der zum voraus wüßte, was wir denken, was wir *tun werden*[5].
So empfindet aber der Schizophrene; er befindet sich in einer Situation der *Determiniertheit*, der *Beeinflussung*, die unserer Vorstellung schlechterdings entzogen ist.
Das Erleben des Geisteskranken ist für uns nicht nachvollziehbar, weil wir bei allem Verstehen und Nachvollziehen immer von einem intakten Ich ausgehen müssen und nicht anders als durch unser Ich etwas nachvollziehen können.
Eine Instanz, die fremd, außerweltlich und doch ichhaft ist — sie stammt ja vom ursprünglichen, ganzen Ich — ist für den Kranken doch kein bloßes „Bild" des Doppelgängers; sie ist eine zweite furchtbare, magische Realität, die im Grunde nur gefühlt, nicht einmal sprachlich ausgedrückt werden kann; denn der Ursprung der Sprache liegt in der Ganzheit des Ichs. Die Sprache sagt nur das aus, was ein ganzes Ich meint, z. B. das, was ich jetzt schreibe. Der Dichter seines eigenen gespaltenen Teilselbst ist nur sein ungenauer Dolmetscher.

b) Objektspaltung

Nun muß ein gespaltenes Ich die Außenwelt — ich meine diesmal die objektive, nicht den vorher geschilderten Zwitter von Innen und Außen — oft als eine gespaltene erleben. Dies erscheint dem Ich als äußerst merkwürdig, verdächtig, jedoch nicht im gleichen Sinne beängstigend, wie

---

[4] Das scheint mir der psychologische Sinn der metaphysischen These zu sein, daß Gott das Böse zulasse, weil Er dem Menschen sein Freiheitsgefühl gewähren wolle.
[5] Dieser wissende Gott kann in unserer Vorstellung existieren, weil sein Wissen uns nie bewußt wird.

wenn der eigene Doppelgänger (also eine dritte Realität) sich zwischen die innere und die äußere schiebt. Die Spaltung der Objektwelt erscheint beispielhaft im Bilde der Verdopplung des Bekannten, des *Doppelgängers der dritten Person.* Lassen wir wieder *Strindberg* sprechen:

„Ich bemerke an ihm (einem Bekannten) eine ungewöhnliche Intelligenz, Anlage zur Schwermut und zügellose Sinnlichkeit. Aber hinter dieser menschlichen Maske, deren eigentliche Züge unter ksomopolitischer Erziehung abgeschliffen sind, ahne ich eine Schicht, die meine Gedanken beschäftigt. Ich bin gewiß, daß ich eines Tages bis zu ihr durchdringen werde."
„Eines Tages fällt mir in der ‚Revue des revues' ein Bild des amerikanischen Sehers und Gesundbeters Francis Schlatter in die Augen, der im Jahre 1895 fünftausend Kranke geheilt hat, dann von der Bildfläche verschwunden ist und nie wieder gesehen wurde. *Seltsamerweise gleichen die Züge jenes Mannes auffallend denen meines Kameraden*[6]. Um eine Probe zu machen, nehme ich die Zeitschrift mit ins Café de Versailles, wo ein schwedischer Bildhauer auf mich wartet. Auch er bemerkt die Ähnlichkeit und macht mich auf zweifaches seltsames Zusammentreffen aufmerksam: Beide sind deutscher Herkunft, und beide haben später in Amerika gewirkt. Und mehr noch: Schlatter ist genau zu dem Zeitpunkt verschwunden, als unser Freund in Paris auftauchte.
Inzwischen etwas vertrauter mit den Begriffen des Okkultismus, komme ich zu der Annahme, dieser Francis Schlatter könne vielleicht der ‚Doppelgänger' unseres Mannes sein, der unabhängig von ihm existiere, ohne selbst davon zu wissen.
Als ich das Wort „Doppelgänger" ausspreche, macht der Bildhauer erstaunte Augen und berichtet, unser Mann wohne stets an zwei Orten, nämlich in einem Zimmer auf dem linken und in einem anderen auf dem rechten Ufer der Seine. Außerdem erfahre ich, daß mein geheimnisvoller Freund allerdings ein Doppelleben führe: So sei er, wenn er abends mit mir Gespräche religiösen und philosophischen Inhalts geführt hatte, anschließend nachts stets im Tanzlokal Bullier zu sehen gewesen.
Mir fällt ein zuverlässiges Mittel ein, die Identität des Doppelgängers nachzuweisen, da Francis Schlatters letzter Brief in der Zeitschrift im Faksimile veröffentlicht worden ist.
– Komm doch heute abend nach dem Essen zu mir, schlage ich vor. – Dann werde ich ihm Schlatters Brief diktieren. Wenn die Handschrift und vor allem die Unterschriften gleich sind, dürfte das ein ausreichender Beweis sein.
Noch am gleichen Abdend nach dem Essen bestätigt sich alles. Die Schrift ist dieselbe, vor allem der Namenszug mit dem kleinen Schnörkel.
Etwas erstaunt unterwirft sich der Maler unserem Examen; endlich fragt er:
– Was soll das eigentlich? – Kennen Sie Francis Schlatter? – Ich habe nie von ihm gehört. – Erinnern Sie sich nicht an den Gesundbeter in Amerika, der im vorigen Jahr so große Erfolge hatte? – Ach ja, der Scharlatan!
Er erinnert sich also, und nun zeige ich ihm das Bild und das Faksimile.
Er lächelt skeptisch, gelassen und mit gleichgültigem Gesichtsausdruck.
Am Karfreitag finde ich meinen Unglückskameraden eingeschlafen am Mittagstisch.
In einer Anwandlung von Übermut wecke ich ihn und frage erstaunt: – Sie sind hier? – Warum denn nicht? – Ich dachte, am Karfreitag blieben Sie wenigstens bis sechs Uhr am Kreuze! – Bis sechs Uhr? Tatsächlich habe ich den ganzen Tag bis sechs Uhr abends geschlafen, ohne zu wissen weshalb. – Aber ich glaube, den Grund zu wissen. Natürlich: der Astralleib geistert in Amerika herum, nicht wahr . . . und so weiter. Von diesem Abend an schleicht sich unmerklich eine Kälte zwischen uns ein.
Schließlich lösen wir in stillschweigendem Übereinkommen die zu gegenseitiger Hilfe eingegangene Verbindung. Ein merkwürdiges Gefühl sagt uns beiden, daß wir genug voneinander haben und daß sich unsere Schicksale getrennt erfüllen müssen. Und als

---

[6] Hervorhebungen von mir.

wir uns zum letztenmal Lebewohl sagen, weiß ich daß es wirklich das letzte gewesen ist.

Ich habe den Mann nie wiedergesehen und weiß nicht, was aus ihm geworden ist."

Dostojewskijs „Doppelgänger"

Von Therese Wagner-Simon

In diesem Roman schildert der vierundzwanzigjährige *Dostojewskij* die Entwicklung einer Persönlichkeitsspaltung, die schließlich zur Einlieferung des Betroffenen in die Irrenanstalt führt. Dieses Werk wurde, im Gegensatz zu Dostojewskijs Erstling „Arme Leute", wodurch er als junges Genie gefeiert worden war, vom Publikum wie von der literarischen Kritik eher negativ aufgenommen. Man fand das Thema unerquicklich und schockierend, was insofern verständlich ist, als die Hauptfigur den Leser keineswegs zu Wunschprojektionen einlädt, sondern im Gegenteil Ängste mobilisiert und unbewußte Gefährdung anspricht. Erst später wurde dieses Werk wegen seiner erstaunlichen psychologischen Hellsichtigkeit richtig eingeschätzt, — als Studie von beispielhafter Genauigkeit und Folgerichtigkeit darüber, wie ein allzu in sich gekehrter Mensch, „ein Mensch nur für sich", wie es wiederholt heißt, im Dilemma zwischen dem Wunschbild von sich selbst und dem negativen Ich-Bild, das ihm die Außenwelt reflektiert, selbst-unsicher wird und zuletzt die Beziehung zur Wirklichkeit völlig verliert.

Bevor wir auf die Frage eintreten, ob dieser Roman als Dichtung oder möglicherweise in irgendeinem Sinn als Selbstaussage zu verstehen ist, sei zunächst der Inhalt kurz dargestellt.

Der „Held" der Handlung, für den diese Bezeichnung nur im negativen Sinn zutrifft, ist ein kleiner Kanzleibeamter, eine jener namenlosen Schreiberseelen, die zum russischen Verwaltungsapparat gehörten und so oft in *Dostojewskijs* Werken vorkommen. Ihre finanzielle Dürftigkeit und gesellschaftliche Geringschätzung gehörten zum Begriff dieser Beamtenkategorie, deren ständige Hoffnung in einer Beförderung bestand. Diese hing allein von der Gunst der Vorgesetzten ab, die vom Bürochef bis zum Rang einer allmächtigen Exzellenz die Sprossen der Leiter bezeichneten, wobei die Exzellenz geradezu die Bedeutung einer Gottheit hatte. Die Kenntnis der sozialen Rangordnung ist deshalb wichtig, weil eben der Doppelgänger sich in diesem Gefüge liebedienerisch einzupassen und unentbehrlich zu machen verstand, d. h. alle jene Eigenschaften herauskehrte, die dem „Unhelden", dem Titularrat Goljädkin, selber abgingen.

Der Roman beginnt, nachdem „Herr Goljädkin" gleich morgens beim Erwachen zuerst sein Ebenbild im Spiegel (!) inspiziert hatte, bezeichnenderweise mit einem eigentlich gar nicht geplanten Besuch bei seinem Arzt.

Zunächst hatte Herr Goljädkin nämlich etwas ganz anderes im Sinn: Er will, obwohl er nicht geladen ist, an diesem Abend bei dem Geburtstagsdiner des von ihm angebeteten Mädchens erscheinen. Zu diesem Zweck hat er sich am Morgen bereits in Gala gekleidet, seinen halbverkommenen Diener in eine gemietete Livrée gesteckt, seine Brieftasche mit seiner ganzen Barschaft gefüllt und ist in einer ebenfalls für diesen Tag gemieteten Kutsche davongefahren — eigentlich um zunächst Geschenke zu kaufen und noch größere Anschaffungen für die nur in seiner Phantasie bestehende gemeinsame Zukunft vorzubereiten. Doch ein peinlicher Zwischenfall erschüttert seine forcierte Selbstsicherheit: Er wurde von einer eleganten Equipage überholt, in welcher sein Abteilungschef saß, „und zufällig den gerade recht unvorsichtig zum Fenster hinausschauenden Kopf von Herrn Goljädkin erblickte". Die Mienen des Staatsrates zeigten höchstes Erstaunen:

„Goljädkin sah und begriff sehr wohl, daß sein hoher Vorgesetzter ihn erkannt hatte, daß er ihm starr in die Augen sah, daß ein Entrinnen oder Verstecken vollkommen ausgeschlossen war, und er fühlte, wie er unter seinem Blick bis über die Ohren errötete, doch — ‚Soll ich grüßen, oder soll ich nicht?' fragte sich unser Held trotzdem unentschlossen und in unbeschreiblich qualvoller Beklemmung, ‚soll ich ihn erkennen oder soll ich tun, als wäre ich gar nicht ich, sondern irgendein anderer, der mir nur zum Verwechseln ähnlich sieht? — und soll ich ihn ansehen, genau so, als läge gar nichts vor? — Jawohl, ich bin einfach nicht ich — und damit basta!' beschloß Herr Goljädkin mit stockendem Herzschlag, ohne den Hut vor Andrei Filippowitsch zu ziehen und ohne seinen Blick von ihm wegzuwenden. ‚Ich . . . ich, bin eben einfach gar nicht ich', dachte er unter Gefühlen, als müsse er auf der Stelle vergehen, ‚gar nicht ich, ganz einfach, bin ein ganz Anderer — und nichts weiter!'
Bald jedoch hatte der Wagen die Equipage überholt, und damit war der Magnetismus, der in den Blicken des Gestrengen gelegen hatte, gebrochen. Freilich, Herr Goljädkin war immer noch feuerrot und lächelte und murmelte Unverständliches vor sich hin . . ."

In dieser Szene liegt das Leitmotiv der weiteren Geschichte: Mit dem Wunsche „ich bin eben einfach gar nicht ich" bereitet Goljädkin „seine eigene Hinrichtung" vor, wie der amerikanische Literaturhistoriker *Kent*[7] treffend sagt. Und unser Held muß das geahnt haben:

„Herr Goljädkin empfand nämlich das dringende Bedürfnis, zu seiner eigenen Beruhigung etwas sehr Wichtiges seinem Arzt Krestjan Iwanowitsch mitzuteilen . . . der Arzt soll doch, wie man sagt, so etwas wie ein Beichtiger des Menschen sein, dessen Pflicht es ist, seinen Patienten zu kennen."

Irgendwie spürt unser Held also, daß etwas nicht mehr mit ihm stimmt. In einem sehr ambivalenten Selbstgespräch redet er sich selber zu, daß er schließlich das Recht habe, seinen Arzt aufzusuchen.

In tiefer Verwirrtheit und unter ständigem heftigem Erröten versucht er dann, seinen Arzt davon zu überzeugen, daß ihm eigentlich gar nichts

[7] Leonard J. Kent: The Subconscious on Gogol and Dostojewskij, and its Antecedents. Mouton, The Hague/Paris 1969 (S. 91).

fehle, daß er „niemanden etwas anzugehen wünsche und daß er wie alle Menschen ein Mensch für sich sei". Der Doktor rät ihm an, „ein von Grund auf verändertes Leben zu führen", Geselligkeit zu suchen und keineswegs allein zu Hause zu sitzen. Herr G. insistiert, daß er eben die Stille liebe, daß ihm die Gabe fehle, „das Parkett mit den Stiefeln zu polieren", daß er „nicht so wie andere" sei. „Dafür aber Krestjan Iwanowitsch, handle ich; ja, dafür handle ich, Krestjan Iwanowitsch." Diese unbestimmten Reden, wie auch die Anspielung auf „gehässige Feinde", die sich verschworen hätten, Herrn Goljädkin zugrunde zu richten, stimmten den Arzt nur bedenklicher. Um sich des zeitraubenden Patienten zu entledigen, griff er nach einem Rezeptformular „und sagte, daß er sogleich aufschreiben werde, was nottue".

Dieser Ausdruck brachte die Wand, die unser Held in sich aufgerichtet hatte, zum Einstürzen. Er sprang in plötzlicher Erregung vom Stuhl auf, ergriff die Hand des Arztes und versicherte wiederholt, daß „hier gar nichts nottue ..."

„Doch während er das noch sprach, ging bereits eine seltsame Veränderung in ihm vor. Seine grauen Augen blitzten eigentümlich, seine Lippen bebten, und alle Muskeln seines Gesichts begannen zu zucken und sich zu bewegen. Er zitterte am ganzen Körper."

Der Arzt sah seinen Patienten zunächst sprachlos an; dann stand er langsam auf und faßte Herrn Goljädkin am Rockaufschlag.

„So standen sie eine Weile regungslos, ohne den Blick voneinander abzuwenden. Goljädkins Lippen und Kinn begannen zu zittern, und plötzlich brach unser Held in Tränen aus. Schluchzend, schluckend nickte er mit dem Kopf, schlug sich mit der Hand vor die Brust und erfaßte mit der linken Hand gleichfalls den Rockaufschlag Krestjan Iwanowitschs: er wollte irgend etwas sagen, erklären, vermochte aber kein Wort hervorzubringen. Da besann sich Krestjan Iwanowitsch, schüttelte seine Verwunderung ab und nahm sich zusammen. ‚Beruhigen Sie sich, regen Sie sich nicht auf, setzen Sie sich!' sagte er und versuchte, ihn auf den Stuhl zu drücken. ‚Ich habe Feinde, Krestjan Iwanowitsch, ich habe Feinde ... ich habe gehässige Feinde, die sich verschworen haben, mich zugrunde zu richten ...' beteuerte Herr Goljädkin, ängstlich flüsternd."

Es folgt das Eingeständnis, daß ein jüngerer, soeben beförderter Kollege von Herrn Goljädkin der aussichtsreiche Bewerber des angebeteten Mädchens sei, während gegen ihn eine herabsetzende Klatschgeschichte herumgeboten werde. Nach diesen Geständnissen nimmt Herr Goljädkin plötzlich eine überlegene und etwas affektierte Haltung ein, verfällt in eine forcierte Munterkeit und verabschiedet sich unvermittelt und — wie er meint — außerordentlich gewandt.

„Während Herr Goljädkin die Treppe hinabstieg, schmunzelte er und rieb sich froh die Hände. Draußen angelangt, atmete er tief die frische Luft ein, und da er sich jetzt wieder frei fühlte, war er fast bereit, sich für den glücklichsten Sterblichen zu halten."

Im Begriff, wieder in seine ratternd vorfahrende Equipage zu steigen, blickte er noch einmal zu den Fenstern seines Arztes hinauf, der dort auch wirklich stand und ihm „reichlich interessiert" nachsah.

„‚Dieser Doktor ist dumm', dachte Herr Goljädkin, indem er einstieg, ‚überaus dumm. Es ist ja möglich, daß er seine Kranken ganz gut kuriert, aber immerhin ... dumm ist er dennoch wie ein Klotz.'"

Indem unser Held sich so durch die Entwertung des Arztes, von dem er sich erkannt fühlte, eine scheinbare Beruhigung verschafft hatte, stürzte er sich für den Rest des Vormittages in eine wirre Geschäftigkeit mit seinen Einkäufen, bis es Zeit war, sich zu dem Diner, zu dem er nicht geladen war, einzufinden. Doch an der Türe wurde er von dem Bedienten zurückgewiesen. Zu seiner Pein begegnete er auf dem Vorplatz eben jenem Vorgesetzten, der am Vormittag in seiner eigenen Equipage an ihm vorbeigefahren war, und der mit seinem Neffen, eben dem erfolgreichen Bewerber der jungen Dame, zu den Geladenen gehörte. Herr Goljädkin flüchtete sich in seine Kutsche und ließ sich zu einem bescheidenen Restaurant fahren, wo er Kutscher und Diener entließ. Nach einem Imbiß kehrte er, unwiderstehlich gezogen, an den Ort zurück, von dem er ausgeschlossen war. Die ganze Zeit über befand er sich innerlich, tagträumend, bei dem Diner und dem anschließenden Ball, und nun befand er sich

„in einer, sagen wir kurz, sehr seltsamen Lage. Er hielt sich nämlich gleichfalls dort auf, das heißt: er war nicht gerade auf dem Ball, aber genau genommen doch so gut wie auf dem Ball. Er war wie immer ein freier Mensch, ein Mensch für sich, und ging niemanden etwas an. Nur stand er, während man dort oben tanzte, nicht — wie soll ich sagen — nicht ganz gerade. Er stand nämlich — es ist etwas peinlich, das zu sagen — er stand nämlich währenddessen im Flur der Küchentreppe des Hauses. Es hatte das nichts weiter auf sich, daß er dort stand: er war auch dort ein freier Mensch, ein Mensch für sich, wie immer. Er stand, meine verehrten Leser, er stand in einem Winkel, in dem es zwar nicht gerade wärmer, doch dafür etwas dunkler war, stand halbwegs verborgen hinter einem großen Schrank und einem alten Wandschirm, stand zwischen verschiedenem Gerümpel, Hausgerät und anderem Kram, und wartete vorläufig nur die Zeit ab, gewissermaßen wie ein müßiger Zuschauer, dem das Schauspiel selbst nicht sichtbar ist. Er wartete und beobachtete vorläufig nur. Übrigens konnte er jeden Augenblick gleichfalls eintreten ... warum auch nicht? Er brauchte nur aus seinem Versteck hervorzukommen und weiterzugehen; er wäre dann wie jeder andere mit der größten Leichtigkeit in den Saal gekommen ..."

Und plötzlich führte er seinen Vorsatz aus, schlüpfte in das Buffetzimmer, stopfte dort seine Überkleider in einen Winkel und schlich leise durch verschiedene kleinere Gesellschaftsräume, bis er sich auf einmal im Ballsaal befand.

„Er bewegte sich nicht aus eigener Kraft, sondern gleichsam einer fremden folgend, die ihn, ohne nach seinem Willen zu fragen, obschon er ganz entschieden keinen eigenen mehr besaß, immer weiter schob, immer weiter, und durch die er, indem er ihr folgte, auf diese Weise unaufgefordert in einem fremden Ballsaal erschien ..."

Es folgt ein entsetzlich peinlicher Auftritt, der damit sein Ende fand, daß Herr Goljädkin von kräftigen Männerarmen den gleichen Weg zurückgeführt wurde, den Mantel umgehängt und den Hut auf den Kopf gedrückt erhielt, irgendwie schief auf die Stirn und auf die Augen.

„Dann befand er sich, wie ihm schien, einen Moment im Treppenflur, in der Dunkelheit und Kälte, dann auf der Treppe. Plötzlich stolperte er und glaubte in einen Abgrund zu fallen: er wollte gerade aufschreien – aber da stand er schon auf dem Hof. Die frische Nachtluft wehte ihn an, er stand und fühlte nur einen Schwindel im Kopf. Da vernahm er mit einem Mal die gedämpften Klänge der Musik, die wieder einsetzte. Er fuhr auf, griff sich an den Kopf und stürzte fort, gleichviel, wohin, in die Luft, in die Freiheit, geradeaus – egal wohin ihn die Füße trugen.
Von den Türmen der Stadt schlug es gerade Mitternacht, als Herr Goljädkin auf den Kai des Fontankakanals in der Nähe der Ismailoffbrücke hinauslief, um sich vor seinen Feinden zu retten, vor seinen Feinden und Verfolgern ...
Herr Goljädkin fühlte sich aber nicht bloß vernichtet, wie man das so zu sagen pflegt, sondern vollständig und buchstäblich erschlagen – erschlagen und tot, und wenn er im Augenblick doch noch die Fähigkeit des Laufens behielt, so war das entschieden nur mit einem Wunder zu erklären, einem Wunder, an das zu glauben er sich schließlich selber weigerte. Das Wetter war grauenvoll – eine Petersburger Novembernacht: naß, neblig, dunkel, mit jenem Regen und Schnee, die alle Gaben des Petersburger Novemberwetters, wie Rheumatismus, Schnupfen, Influenza und alle möglichen sonstigen Erkältungen und Fieberarten mit sich brachten oder in sich trugen. Keine Menschenseele war nah und fern zu sehen, und es konnte ja auch um diese Zeit und bei diesem Wetter niemand zu sehen sein. So eilte denn auf dem Trottoir an der Fontanka nur Herr Goljädkin ganz allein mit seiner Verzweiflung durch die Dunkelheit und den Regen, eilte in seiner eigentümlichen Gangart mit schnellen, kleinen, trippelnden Schritten, wie im Trab halb laufend, immer weiter, um so schnell wie möglich die Schestiláwotschnaja zu erreichen, unter den Torbogen zu schlüpfen und dann die Treppe hinaufzueilen, bis er in seiner Wohnung in Sicherheit war."

Er läuft und läuft – wenn nicht auf der Flucht vor seinen Verfolgern, so doch in der Hoffnung, an einen Ort der Sicherheit, der Rettung zu kommen. Er sah aus,

„als wolle er am liebsten vor sich selbst davonlaufen. Und so war es auch wirklich. Ja, wir können sogar sagen, daß Herr Goljädkin sich am liebsten auf der Stelle vernichtet, in Staub und Nichts verwandelt hätte."

Und in diesem Moment, in dem er zweifellos wieder, wie am Morgen des gleichen Tages, am liebsten: „Ich bin nicht ich!" gesagt hätte, sofern er so etwas noch hätte formulieren können, – in diesem Moment begegnete er seinem Doppelgänger.

„Plötzlich aber ... plötzlich zuckte er am ganzen Körper zusammen und sprang unwillkürlich ein paar Schritte zur Seite. Mit einer unerklärlichen Unruhe begann er sich umzuschauen: es war aber niemand zu sehen, es konnte nichts Besonderes geschehen sein, und doch ... und doch schien es ihm, daß im Augenblick jemand neben ihm, dicht neben ihm gestanden hatte, gleichfalls auf das Geländer gestützt, und – seltsam! – es war, als habe der Betreffende ihm sogar etwas gesagt, schnell und kurz und nicht ganz deutlich, aber irgend etwas, ihn sehr nahe Berührendes, etwas, das ihn persönlich anging. ‚Wie, oder sollte mir das ... nur so vorgekommen sein?' fragte sich Herr Goljädkin, indem er sich nochmals suchend umsah."
Ein wenig später aber verdichtet sich seine Wahrnehmung: er erblickt „nicht weit von sich einen Menschen, der ihm entgegenkam, – wohl ebenso wie er selbst ein verspäteter Fußgänger", will er sich beruhigen; „eine zufällige Begegnung, die nichts weiter zu bedeuten hatte; aber aus einem unbekannten Grund wurde Herr Goljädkin ängstlich und verlor sogar ein wenig den Kopf. Nicht, daß er einen Mörder oder Dieb gefürchtet hätte, – nein, das nicht, aber ... ‚Was kann man wissen, wer es ist', fuhr es ihm durch

den Sinn. Der Fremde war keine zwei Schritte mehr von ihm entfernt. Herr Goljädkin beeilte sich seiner Gewohnheit gemäß, eine Miene aufzusetzen, die deutlich zu erkennen gab, daß er, Goljädkin, ein Mensch für sich sei und niemanden etwas angehe, daß der Weg für alle breit genug, und er, Goljädkin selbst, niemanden anrühre und ruhig vorübergehe. Plötzlich aber stand er wie vom Blitz getroffen da, und dann wandte er sich schnell zurück und sah dem anderen nach, der kaum an ihm vorübergegangen war, – wandte sich zurück, als habe ihn jemand an einer Schnur herumgerissen. Der Unbekannte entfernte sich schnell im Schneetreiben. Er ging gleichfalls sehr eilig, war gleichfalls ganz vermummt, hatte den Hut in die Stirn gezogen und den Kragen aufgeschlagen, und ging ganz wie er, Herr Goljädkin, mit kleinen, schnellen, trippelnden Schritten, ein wenig im Trab.

‚Was . . . was ist denn das?' murmelte Herr Goljädkin mit einem ungläubigen Lächeln, – schauderte aber doch am ganzen Körper zusammen. Es lief ihm kalt über den Rücken. Inzwischen war aber der Unbekannte vollends verschwunden in der Dunkelheit, auch seine Schritte waren nicht mehr zu hören. Herr Goljädkin aber stand immer noch und sah ihm nach. Erst allmählich kam er wieder zu sich.

‚Was ist das mit mir?' dachte er ärgerlich, ‚bin ich denn etwa rein von Sinnen oder . . . oder schon ganz verrückt?' Und er ging wieder seines Weges, beschleunigte aber immer mehr den Schritt und bemühte sich, an gar nichts zu denken. Ja, er schloß sogar die Augen, um nicht zu denken. Plötzlich, durch das Heulen des Windes und das Geräusch des Unwetters, vernahm er wieder schnelle Schritte in der Nähe. Er fuhr zusammen und öffnete die Augen. Vor ihm, etwa zwanzig Schritte weit, tauchte von neuem irgendein dunkles Menschlein auf, das ihm eilig entgegenkam. Die Entfernung verringerte sich schnell. Herr Goljädkin konnte schon deutlicher seinen neuen Schicksalsgenossen erkennen, – und plötzlich schrie er auf vor Überraschung und Entsetzen. Seine Füße wurden schwach. Es war derselbe, ihm schon bekannte Passant, der vor etwa zehn Minuten an ihm vorübergegangen war, und der ihm jetzt plötzlich wieder entgegenkam."

Erschöpft und zitternd sank Herr Goljädkin auf einen der Prellsteine am Bürgersteig, und als er sich endlich aufraffen konnte, „begann er zu laufen – und er lief was er nur laufen konnte, ohne sich umzusehen. Der Atem ging ihm aus, er stolperte zweimal, fiel fast hin . . .

Ganz außer sich rannte der Held unserer Erzählung in seine Wohnung. Ohne Hut und Mantel abzulegen, lief er durch den Korridor und blieb, wie vom Donner gerührt, auf der Schwelle seines Zimmers stehen.

Alle Vorahnungen Herrn Goljädkins, alles, was er befürchtet hatte, war jetzt in Erscheinung getreten. Der Atem ging ihm aus, der Kopf schwindelte ihm: Der Unbekannte saß vor ihm auf seinem Bett, gleichfalls in Hut und Mantel, lächelte ein wenig, blinzelte ihm zu und nickte freundschaftlich mit dem Kopf. Herr Goljädkin wollte schreien, konnte aber nicht – wollte irgendwie protestieren, doch die Kraft reichte dazu nicht aus. Die Haare standen ihm zu Berge, und er setzte sich, starr vor Schreck. Dazu hatte er freilich Ursache. Herr Goljädkin erkannte sofort seinen nächtlichen Freund. – Sein nächtlicher Freund aber war niemand anders als er selbst – ja: Herr Goljädkin selbst, ein anderer Herr Goljädkin und doch Herr Goljädkin selbst – mit einem Wort und in jeder Beziehung war er sein eigener Doppelgänger! . . ."

Von nun ab ist der Doppelgänger auch im Büro. Er sieht aus wie Herr Goljädkin, nur etwas jünger, und er hat alle jene Eigenschaften, die unserem Helden, dem älteren Goljädkin, fehlen. Das Diensteifrige, Umgängliche und Liebedienerische. Er geht mit seiner Mappe im Zimmer der Exzellenz aus und ein; er hat ein joviales Wort für jeden Kollegen. Herr Goljädkin, der ältere, ist von maßlosem Entsetzen gepackt. Er versucht, sich zu vergewissern, wie die Kollegen zu seinem Spiegelbild stehen. Er kämpft um seine Position. Er schreibt einen Brief an den „Titularrat Goljädkin" und schickt seinen Diener damit auf die Büroabteilung. Er sucht Schutz bei väterlichen Autoritäten und dringt zuletzt bis in die Wohnung der Exzellenz vor. Doch zuvor hatte er noch einen Traum, der den Zerfall seines Ichs veranschaulichte.

„Dann träumte Herr Goljädkin wiederum, daß er sich in einer prächtigen Gesellschaft befände, die sich durch Geist und den vornehmen Ton aller anwesenden Personen auszeichnete: daß er, Goljädkin, sich seinerseits durch Liebenswürdigkeit und Scharfsinn auszeichnete, daß alle ihn liebgewannen, sogar einige seiner Feinde, die zugegen waren, sich ihm zugetan zeigten, was Herr Goljädkin als sehr angenehm empfand, daß ihm alle den Vorzug gaben und er selbst, Goljädkin, mit Vergnügen anhören durfte, wie der Wirt einen seiner Gäste beiseite führte, um ihm Lobenswertes über Herrn Goljädkin zu sagen ... Doch plötzlich, mir nichts, dir nichts, erschien wieder dasselbe mißvergnügte und mit wahrhaft tierischen Zügen begabte Gesicht des Herrn Goljädkin *junior* und zerstörte den ganzen Triumph und den Ruhm des Herrn Goljädkin *senior*, verdunkelte seine glänzende gesellschaftliche Erscheinung, trat ihn abermals in den Schmutz und bewies allen klar, daß Herr Goljädkin der Ältere, daß also der wirkliche Goljädkin – gar nicht der wirkliche sei, sondern ein nachgemachter, während er, er selbst, der wirkliche wäre ... Herr Goljädkin der Ältere aber, der sei, sagte er, durchaus nicht derjenige, als der er erscheine, sondern bald dieser, bald jener: und folglich habe er auch gar nicht das Recht, zu der Gesellschaft so trefflicher Leute von gutem Ton zu gehören! ... Es gab keine Person mehr, bis auf die unbedeutendste der ganzen Gesellschaft, bei der sich nicht Herr Goljädkin, der unnütze und falsche, mit seinen süßen Manieren und auf seine geschmeidige Art eingeschmeichelt und vor denen er nicht, seiner Gewohnheit gemäß, Weihrauch ausgestreut hätte. Er schmeichelte hin, schmeichelte her, schmeichelte sich im stillen ein, entriß jedem ein Lächeln des Wohlwollens und kratzfußte vor ihm mit seinem kurzen, runden, übrigens recht stämmigen Beinchen – und siehe da, schon machte er einem Neuen den Hof und schloß mit ihm Freundschaft. Noch bevor man dazu kam, den Mund aufzusperren vor Erstaunen, war er schon bei einem vierten, und mit diesem vierten in denselben Beziehungen! Fabelhaft! – einfach Zauberei schien es zu sein! Und alle waren sie entzückt von ihm und alle liebten ihn und bemühten sich um ihn. Alle wiederholten im Chor, daß seine Liebenswürdigkeit und der satirische Witz seiner geistigen Einstellung unvergleichlich höher ständen als die Liebenswürdigkeit und der Geist des andern Herrn Goljädkin und beschämten dadurch diesen wirklichen und unschuldigen Herrn Goljädkin; ja, man wandte sich von dem durch seine Nächstenliebe bekannten echten Herrn Goljädkin einfach ab, und alsbald jagte man ihn schon mit Püffen und Nasenstübern einfach hinaus! ...
Außer sich vor Schreck, Kummer und Zorn, lief der bemitleidenswerte Herr Goljädkin auf die Straße und wollte sich eine Droschke nehmen, um geradewegs zu Seiner Exzellenz zu fliehen, und wenn nicht zu ihm, dann doch wenigstens zu Andrei Filippowitsch, aber o Schrecken! Die Droschkenkutscher weigerten sich, Herrn Goljädkin aufzunehmen, denn: ‚Wie, Herr, kann man einen Menschen fahren, der doppelt dasteht? Wohlgeboren, ein guter Mensch bemüht sich, in Ehrbarkeit zu leben, aber nicht so wie Sie, der erscheint niemals doppelt.'
Sprachlos vor Scham sah der doch so vollkommen ehrenhafte Herr Goljädkin sich um, und konnte sich so selbst und mit seinen eigenen Augen überzeugen, daß die Droschkenkutscher sowie Petruschka, der offenbar mit ihnen unter einer Decke steckte, im Recht waren. Denn der andere, der nichtsnutzige Herr Goljädkin stand in der Tat in greifbarer Nähe neben ihm, und seinen schlechten Gewohnheiten gemäß war er auch hier, in diesem kritischen Augenblick, im Begriff, etwas sehr Gemeines zu tun, etwas, das allerdings keinen edlen Charakter bewies, wie er ihn durch Erziehung erhalten haben sollte – keinen Anstand, keine Form, keinen Takt, mit denen der widerliche

Herr Goljädkin der Zweite doch bei jeder sich bietenden Gelegenheit zu prahlen pflegte. Ohne sich zu besinnen, voll Scham und Verzweiflung floh der unglückliche und ehrenwerte Herr Goljädkin von dannen, floh, lief, wohin ihn die Füße trugen, wohin das Schicksal wollte. Doch bei jedem Schritt, den er machte, bei jedem Aufschlag seiner Füße auf das harte Trottoir, sprang wie aus der Erde hervor ein ebensolcher Herr Goljädkin, jener andere Herr Goljädkin, jener verworfene, ruchlose, abscheuliche Zweite. Und alle diese Ebenbilder begannen nun, kaum, daß sie erschienen, eines dem anderen nachzulaufen. In einer langen Kette, wie eine Reihe watschelnder Gänse, zogen sie hinter Herrn Goljädkin dem Älteren her, daß es ganz unmöglich war, ihnen zu entfliehen, daß dem bedauernswerten Herrn Goljädkin der Atem stockte, daß zuletzt eine furchtbare Anzahl solcher Ebenbilder sich ansammelte, daß ganz Petersburg von ihnen überschwemmt war und ein Polizist, der diese Störung des Schicklichen bemerkte, sich veranlaßt sah, alle diese Ebenbilder am Kragen zu packen und in ein zufällig nahestehendes Schilderhaus zu stopfen . . .
Gebannt und erstarrt vor Schrecken erwachte unser Held, und gebannt und erstarrt vor Schrecken fühlte er sich auch noch im wachen Zustand nicht besser. Schwer und quälend war ihm zumut . . . Er hatte ein Gefühl, als ob ihm jemand das Herz aus der Brust risse . . .
Endlich konnte es Herr Goljädkin nicht mehr länger aushalten. ‚Das darf nicht sein!' rief er mit Entschlossenheit aus, und erhob sich vom Bett, worauf er vollständig wach wurde."

Wir begreifen die Panikstimmung des unglückseligen Träumers: So wie die aufgeweichten, schmutzigen Schneemassen am ersten Abend das seelische Chaos symbolisierten, aus dem der Doppelgänger auftaucht, so symbolisiert in diesem Traum der Übergang vom Doppelgänger zum Polygänger den endgültigen Sieg der gesichtslosen Anonymität über das Individuum, das mit sich identisch ist. Dieser Verlust der Identität veranlaßt den Prototyp, nun — logischerweise — Schutz bei allen väterlichen Autoritäten zu suchen. So dringt er zuletzt bis zur Wohnung der Exzellenz vor, wo er einige Herren versammelt fand, unter ihnen seinen Arzt.
Und so kam es, wie es kommen mußte: Schließlich wurde unser unglücklicher Held von seinem Arzt und dem Staatsrat in einen Wagen gehoben; sein Doppelgänger „aber half, nach seiner gemeinen Angewohnheit, noch von hinterrücks". Der Wagen entfernte sich, nur noch sein Arzt saß neben ihm. Der Wagen fuhr auf einem ihm unbekannten Wege, an dunklen Wäldern entlang.

„Ringsum war es öde und leer . . ."
„‚Sie bekommen von der Krone freie Wohnung, Beheizung, Beleuchtung, wessen Sie gar nicht wert sind', ertönte streng und furchtbar, wie ein Todesurteil," die Stimme seines Arztes – eines „anderen, entsetzlichen" Doppelgängers, seines „früheren" Arztes.
„Unser Held stieß einen Schrei aus und griff sich an den Kopf. Das war es also: Das hatte er ja schon lange vorausgefühlt . . ."

Die Geschichte Goljädkins ist die Geschichte eines Menschen, der keinen Platz in der Gesellschaft hat. Er hat im Grunde keinen Ort, an den er gehört, — kein Du, mit dem er in Beziehung steht; er hat keine Familie, keine Herkunft. Es wird nur von jenem „Beschützer" gesprochen, der sich um seine Ausbildung gekümmert hatte und auf dessen Tochter Goljädkin sich später Hoffnungen machte.

Seine Unfähigkeit, irgendwohin zu gehören, seine totale Wurzellosigkeit wird zum Ausgangspunkt der Spaltung.
Es gab auch keine Liebe, die ihn aufgefangen hätte. Nur der unheimliche Schritt des Doppelgängers begleitet ihn in seinem Untergang — begleitet ihn nicht nur, sondern bemächtigt sich zuletzt des eigenen Schritts in einem Maße, daß in seinem Traum auf seiner panischen Flucht „bei jedem Schritt, den er machte, bei jedem Aufschlag seiner Füße auf das harte Trottoir ein ebensolcher Herr Goljädkin wie aus der Erde hervorsprang ..."
Bei diesem unheimlichen Bild des Selbstzerfalls denken wir an *Benedettis* Formulierung: „Die Lockerung der Ichgrenzen bedeutet gleichzeitig eine Lockerung der Realitätsgrenzen: vier-vierhundert-viertausend ... es überwiegt aber bald dasjenige des Ungeheuren, Gestaltlosen, Verschlingenden." So wird Goljädkin von der Todesangst erfaßt, „welche aus dem Zerfall der Selbstidentität entsteht". Sein Traum, der als Schlüssel zum inneren Geschehen aufzufassen ist, zeigt zugleich *Dostojewskijs* meisterhafte Handhabung der Träume, wodurch er sich einmal mehr als „Vater der Psychoanalyse" erweist. Dem Traum voraus geht die Konfliktballung — der Traum spiegelt sie wider und enthüllt ihren Sinn. Er läßt sich als Ausdruck der abgespaltenen Selbstkritik, des verdrängten Gewissens deuten, genauso wie sein Wahn.
Die völlige Isolierung, die vielerlei Ängste, die ihn plagen, lassen kompensatorisch dazu Ehrgeizziele entstehen, deren Verfolgung ihm aber sein Gewissen verbietet. Der innere Dialog wird dann in eine zweite Gestalt hinausverlegt, „personifiziert". Allerdings sind die vom Helden begehrten Eigenschaften, deren Träger der Doppelgänger ist, nicht weniger unwesentlich, unmenschlich als seine eigenen. Auch dieser Ehrgeizling jagt nur Scheinzielen nach. Auch ihm fehlt Individualität, „Identität", im Sinne *Eriksons*[8], von dessen Forschungen her sich der Persönlichkeitszerfall Goljädkins als Identitäts-Krise verstehen ließe. Und hiermit hätten wir eine Verbindung zum autobiographischen Gehalt dieses Romans:
Dostojewskij schrieb seinen „Doppelgänger" zu einer Zeit, da er seiner psychosozialen Identität keineswegs gewiß war und selber wie „Herr Goljädkin" im Dilemma zwischen dem eigenen Wunschbild und dem negativen Ichbild, das ihm die Außenwelt reflektierte, schwankte.
Nach dem überraschend großen Erfolg seines ersten Romans „Arme Leute" erlebte der unbekannte junge Dichter eine solche Wende in seinem armseligen, schuldengedrückten Schriftsteller-Dasein, daß er von seinem plötzlichen Ruhm berauscht wurde. Es ist verständlich, daß ihm die für ihn so neue Überbeachtung in den Kopf stieg: Die namhaftesten Schriftsteller, unter ihnen *Turgenjew*, suchten seine Bekanntschaft; die Einladungen in die eleganten literarischen Salons folgten einander. *Dostojewskijs* Ehrgeiz war endlich gestillt! In den Briefen an seinen Bruder spiegelt sich die geradezu naive Begeisterung über seinen Ruhm; doch seine sensi-

[8] *Erik H. Erikson:* Identität und Lebenszyklus. Suhrkamp, Frankfurt 1966.

ble und krankhaft gespannte Persönlichkeit war dem nicht gewachsen. Es kam zu Entgleisungen, die ihn lächerlich machten und auch die Bewunderer seines Talents gegen ihn einnahmen. *Turgenjew* und ein anderer Dichterkollege verfaßten ein Spottgedicht gegen ihn, ja, gerade *Turgenjew*, auf dessen Freundschaft Dostojewskij so stolz gewesen war, persiflierte in einer Gesellschaft den Stil des Romans „Arme Leute". *Dostojewskij* erbleicht und flieht aus der Gesellschaft. Er läuft durch die menschenleeren Straßen, rettet sich in seine Wohnung — ganz wie „Herr Goljädkin" vor seinem Verfolger. Er entwickelt in dieser Atmosphäre Beziehungsideen: Als eines Abend einige Literaten bei *Turgenjew* zum Kartenspiel versammelt waren, machte einer der Freunde einen Witz, und alle brachen in Gelächter aus. In diesem Moment öffnet sich die Türe, *Dostojewskij* erscheint auf der Schwelle, starrt die Eingeladenen erbleichend an und zieht sich zurück: er hat das Gelächter auf sich bezogen. Nach einer guten Stunde findet ihn *Turgenjew* unten im Hof, ohne Kopfbedeckung in der kalten Nacht (erregt hin- und herlaufend, am Rande seiner Kraft. Er wirft *Turgenjew* vor, daß, wo immer er sich zeige, man sich über ihn mokiert)[9].
Man versteht, daß *Dostojewskij* später von seinem „Doppelgänger" als seiner Beichte spricht[10]! Er war sich dessen bewußt, daß er „schwerfällig und eckig" wirkte, daß er seine „Nerven nicht in der Gewalt hatte". In einem Brief an seinen Bruder Michail, seinen Vertrauten, schrieb er: „Ich erscheine lächerlich und abstoßend und muß unsagbar darunter leiden, daß mich meine Mitmenschen falsch beurteilen."[11] Jahre später verleiht er dem Antihelden der „Aufzeichnungen aus dem Untergrund" autobiographische Züge, die zugleich identisch mit denen des „Herrn Goljädkin" sind:

„Damals war ich erst vierundzwanzig Jahre alt. Mein Leben war auch schon zu jener Zeit unfreundlich, unordentlich und bis zur Menschenscheu einsam. Mit keinem einzigen Menschen pflegte ich Umgang; ich vermied es sogar zu sprechen, und immer mehr zog ich mich in meinen Winkel zurück. In der Kanzlei bemühte ich mich sogar, niemanden anzusehen, und doch glaubte ich zu bemerken, daß meine Kollegen mich nicht nur für einen Sonderling hielten, sondern mich gleichsam mit einem gewissen Ekel betrachteten.
Jetzt ist es mir vollkommen klar, daß ich selbst, infolge meines grenzenlosen Ehrgeizes und somit auch infolge meiner grenzenlosen Ansprüche an mich selbst, sehr oft so unzufrieden mit mir war, daß diese Unzufriedenheit sich bis zum Ekel vor mir selbst, bis zur Raserei steigern konnte, *und so schrieb ich denn mein eigenes Empfinden in Gedanken jedem anderen zu.*"[12]

Interssanterweise wollte *Dostojewskij* in seinem Goljädkin einen Schurken darstellen, einen „Charakter, der durch und durch gemein ist", wie er

---

[9] *H. Troyat:* Dostoievsky, Paris 1960, S. 80 ff.
[10] Briefe, hg. v. A. Eliasberg, München 1914, S. 67.
[11] Ebd. S. 67.
[12] In: Der Spieler. Späte Romane und Novellen, München 1959, S. 476 (Hervorhebung von mir).

seinem Bruder schrieb[13]. Dies war die bewußte Absicht des Dichters, die jedoch von seinem Unbewußten durchkreuzt wurde, so daß etwas ganz anderes dabei entstand. Denn wenn wir uns den bedauernswerten „Herrn Goljädkin" vergegenwärtigen, so ist er — worauf auch sein Name: „Armer Schlucker, Habenichts" hinweist — ein von Ängsten gejagter armer Wicht, der sich auf einem toten Geleise des Lebens befindet, was durch das Gerümpel symbolisiert wird, zwischen dem er steht, während er sein Eindringen in den Ballsaal „abwartet": auch er gehört unter die verstaubte, „abgestellte" Ware; gesellschaftlich befindet er sich in der Gerümpelkammer!

Aber auch sein Doppelgänger, der ihm das, was er für sein „Leben" hält, stiehlt, hat in keiner Hinsicht das Format eines „Schurken". Auch dieser miserable kleine Kerl ist nichts als ein unbedeutender Kanzleibeamter, der es allerdings versteht, sich zu bücken und zu schicken und damit unentbehrlich zu machen. Seine „Schurkerei" besteht lediglich darin, daß er alles das ohne Hemmungen tun kann, was Goljädkin erstrebt, sich aber nicht erlaubt — bis er ihn aus seiner Position verdrängt hat —, und welcher Streber verhielte sich als Kollege anders? Zuletzt hilft er, „nach seiner gemeinen Art, von hinterrücks" mit, Goljädkin in den Wagen zu befördern, der ihn in die Irrenanstalt bringt.

Insofern ist *Troyats* Deutung zuzustimmen[14], der auf die Selbstverurteilung des jungen Dichters hinweist, der seine gesellschaftlichen Ambitionen nicht aufgeben konnte und deshalb dennoch mit sich haderte, was seine Entgleisungen in den Salons vermehrte und seine Reizbarkeit steigerte. Die Gattin des einflußreichen Literaturkritikers *Panajew* beschreibt ihn in ihren Erinnerungen wie folgt[15]: „Schon beim ersten Blick auf *Dostojewskij* konnte man sehen, daß er ein schrecklich nervöser und sensibler junger Mann war. Er war mager, klein, blond, mit einer krankhaften Gesichtsfarbe; seine winzigen grauen Augen wanderten ständig in einer beängstigenden Weise von einem Gegenstand zum anderen, und seine blaßen Lippen zuckten nervös . . . Fast in jedem Wort, das ohne jede böse Absicht gesagt wurde, vermutete er den Wunsch, sein Werk herabzusetzen und ihn zu beleidigen."

Aus diesen inneren Zusammenhängen, aus einer Konfliktballung, die sich auf *Dostojewskijs* weitere, eher erfolglose Werke in dieser Periode auswirkte, fällt u. a. ein Licht auf seine unerklärlich widerspruchslose Hinnahme seiner Verurteilung zum Tode aus politischen Gründen, die dann allerdings in die Verbannung nach Sibirien umgewandelt wurde (s. Kapitel „Der Idiot"). Er wollte Petersburg ohnehin verlassen, um sich wieder zu finden, und plante eine Reise nach Italien. Die widerspruchslose Hin-

[13] Briefe, S. 47, 52.
[14] A.a.O. S. 88 ff.
[15] Zitiert nach *J. Lavrin:* Dostojewski in Selbstzeugnissen und Bilddokumenten, Reinbek 1963, S. 14.

nahme der unverhältnismäßigen Strafe dürfte nicht nur durch seine noble und stolze Haltung der Solidarität mit den Freunden zu erklären sein, noch — wie durch *Freud*[16] — allein auf die Schuldgefühle zurückgeführt werden, die aus den Todeswünschen gegen den Vater stammten. Wenn man die Ungeordnetheit seiner damaligen Lebensführung, die ständige Geldnot, das verbissene Ringen um Anerkennung und vor allem das völlige Fehlen einer gültigen Liebeserfahrung bedenkt, so zeigt der Plan einer längeren Reise nach Italien sein unbewußtes Wissen darum, daß er eines „psychosozialen Moratoriums" bedurfte, ähnlich wie *Martin Luther*, *Bernard Shaw* und andere schöpferische Geister[17].

Eriksons faszinierende Studie über *Luther*, diesen andern großen homo religiosus, zeigt erstaunliche Parallelen zu *Dostojewskijs* Identitätskrise, auf deren Hintergrund wir den „Doppelgänger" erstehen sehen. *Luther*s berühmter „Anfall im Chor" ereignete sich, als er Anfang oder Mitte Zwanzig war: Zeitgenossen berichten, daß er sich „eines Tages im Chor des Erfurter Klosters plötzlich zu Boden geworfen, wie ein Besessener gerast und mit der Stimme eines Stiers gebrüllt habe: „Ich bin's nit! Ich bin's nit! oder „Non sum! Non sum! (was bedeutet hätte: ich bin *nicht*)." *Erikson* führt dazu aus, daß diese Worte „den Anfall als Teil einer sehr ernsten Identitätskrise offenbarten, . . . in der der junge Mönch sich verpflichtet fühlte zu beteuern, was er *nicht* war (besessen, krank, sündig), um dadurch vielleicht zu dem vorzudringen, was er in Wirklichkeit war, oder sein sollte". *Erikson* bezeichnet diesen physischen Anfall, der mit teilweiser Bewußtlosigkeit und unwillkürlicher Äußerung einherging, als „epileptoides Ringen"! Die psychogene Komponente in *Dostojewskijs* echten epileptischen Anfällen erhält durch diese Parallele ein neues Licht, — nicht zu sprechen von der auffallenden Ähnlichkeit der Elternkonstellation: auch *Luther*s Vater war „hinter der wohlkontrollierten Persönlichkeit, die er nach außen hin darstellte, von einer bösartigen, oft durch Alkohol beeinflußten Erregbarkeit, die er an seiner Familie . . . unter dem Vorwand abreagierte, ein strenger Zuchtmeister und gerechter Richter zu sein".

*Luther*s Klosterexistenz, die von *Erikson* als ein „psychosoziales Moratium" gedeutet wird, eine dem schöpferischen Geiste absolut notwendige Zeit des Rückzugs in die Stille, in der die Ideen reifen, die dann die Menschheit bewegen (Jesus in der Wüste!), entspricht in der Tat *Dostojewskijs* Jahren im sibirischen Straflager, aus dem er als der fraglos große Dichter zurückkehrte. Er hatte seine „Identitätskrise" überwunden!

Auch diese Zusammenhänge sprechen dafür, daß der Ich-Zerfall, den *Dostojewskij* in seinem „Doppelgänger" darstellt, nicht den Rückschluß erlaubt, er sei zu jener Zeit selber an einer paranoiden Schizophrenie er-

[16] *S. Freud:* Dostojewski und die Vatertötung. Ges. Schr. Bd. XII, S. 11 ff.
[17] *Erik H. Erikson:* Der junge Mann Luther, Reinbek 1970.

krankt gewesen. Er hat zwar sein Leben lang schwer unter den zur Epilepsie gehörenden Dämmer- und Entfremdungszuständen gelitten, die ja auch zu den Phänomenen der Ichspaltung gehören. Dennoch gibt seine Einfühlung in die Psychodynamik und das Wesen der schizophrenen Ichspaltung uns Rätsel auf. Ohne den Anspruch zu erheben, sie lösen zu können, wollen wir doch auf einige Elemente verweisen, die im Schmelztiegel seiner dichterischen Intuition miteinander verbunden wurden.

Zunächst sind dabei seine literarischen Vorbilder zu nennen: Die Themen des Wahnsinns und der Ichspaltung waren bei den Romantikern beliebt, und die russischen Dichter hatten sie von ihnen übernommen. *Dostojewskij* hatte sich schon als Siebzehnjähriger für *E. Th. A. Hoffman* begeistert, dessen „Elixiere des Teufels" die Idee zum „Doppelgänger" angeregt haben mögen. Aber auch der etwas ältere *Gogol* war von *Hoffmann* beeinflußt. Seine „Memoiren eines Wahnsinnigen", „Der Mantel", „Die Nase" zeigen diesen Einfluß — wirkten ihrerseits auf die Konzeption des „Doppelgängers"[18]. Doch was *Dostojewskij,* im Sinn des Wortes „psychoanalytische" Bearbeitung des Themas daraus machte, wurde schon von den ersten Lesern als dem „synthetischen" *Gogol* überlegen empfunden. Im Gegensatz zu *Gogols* distanzierter und amüsanter Schilderung erschüttert *Dostojewskij* den Leser, den er das ganze Geschehen aus der Sicht des Erkrankten und immer tiefer Verwirrten erleben läßt; er zieht ihn in den ununterbrochenen inneren Monolog hinein, in das halbbewußte Denken, und läßt so auch ihm zuletzt die Grenzen zwischen Wirklichkeit und Wahn verschwimmen. „Gerüchte", die man für wahnhaft hält — wie das von Goljädkins Beziehungen zu seiner früheren Wirtin — erhalten durch eine erst spät eingestreute Bemerkung einen Realitätsgehalt, während Briefe, die der Leser als Fakten begreift, sich als Wahnvorstellungen erweisen ...

Diese Vielschichtigkeit des menschlichen Bewußtseins wurde zum Gegenstand aller größeren Werke *Dostojewskijs*. „Er glaubte nämlich, daß derartige krankhafte oder abnorme Zustände der menschlichen Psyche einen zuverlässigeren Aufschluß über die innere Natur des Menschen zu geben vermögen, als unser gesunder Normalzustand."[19] Auch die eigentliche Doppelgänger-Halluzination kehrt bei zentralen Gestalten wieder: so bei Stawrogin in den „Dämonen", bei Iwan Karamasow in seinen Teufelsvisionen und bei Werssilow im „Jüngling". Die Beharrung bei diesem Thema spricht dafür, daß die ursprünglichen literarischen Vorbilder ihm nur ein Anlaß waren, seine eigenen psychischen Grenzzustände in einem Ausphantasieren größten Stils zu ermessen. Die Themenwahl gespaltener Persönlichkeiten weist auf seine eigene Doppelbodigkeit, aber auch auf sein latentes Erbgut hin, das sich als „Ahnenanspruch" *(Szondi)* in eben dieser Themenwahl manifestierte: Sein Vater und seine Schwester hatten para-

[18] S. hierzu *Lavrin, Troyat, Chizhevsky, Kent* u. a.
[19] *Lavrin,* a.a.O. S. 17.

noide Züge, nicht zu sprechen von jener Mörder-Ahnin, die nach dem Bericht der Gerichtsakten[19a] keine epileptiforme Affekttotschlägerin gewesen ist, sondern die kalt und distanziert den Mörder des Gatten dingende Kriminelle des schizophrenen Erbkreises. Auch die übrige Ahnengesellschaft von Gaunern und Banditen einerseits — Mönchen, ja Heiligen anderseits läßt auf diese Gengarnitur schließen, die der Dichter in einer „operotropen" Gestaltung humanisierte.

Und wenn wir aus dem Bericht von *Dostojewskijs* Arzt erfahren[19b], daß der Dichter ihn nach dem literarischen Mißerfolg seines „Doppelgängers" wegen seiner Halluzinationen täglich aufsuchte, wobei er nach dem Eintreten stets zuerst in den Spiegel sah (!), dann möchten wir die Deutung dieses Werkes mit einer Formulierung von Benedetti schließen: daß nämlich „die künstlerische Gestaltung . . . solchen Dichtern Mittel (war), um das Schicksal, das ihnen drohte, eine Weile zu bannen, im Worte zu meistern . . ." Offensichtlich gelang ihm das nur eine Weile.

3. Das Doppelgängermotiv innerhalb des Weltbilds und des Selbstverständnisses einzelner deutscher Dichter

Von Louis Wiesmann

Seit *Heinrich Wölfflins* berühmtem Buch „Kunsthistorische Grundbegriffe" wissen wir, daß es in der bildenden Kunst Epochen gibt, welche die klaren Umrisse, die Eindeutigkeit der Bildinhalte und innerhalb des Porträts die Wiedergabe des Typischen, Gleichbleibenden einer Persönlichkeit anstreben, während andere Epochen die Grenzen der Bildteile bewußt verunklären und ineinanderlaufen lassen, den vorübergehenden Eindruck festhalten, der von Augenblick zu Augenblick wechseln und sich ins Gegenteil verkehren kann, so daß auch die Porträtkunst auf das Schillernde, Vieldeutige eines Menschen eingeht und gerne Augenblicke der Leidenschaft, der Verzückung oder der Qual wiedergibt. Diese zweite Stilrichtung ist etwa für das Barock gültig, und sie verbindet sich in der damaligen Literatur mit entsprechenden Inhalten: Die Welt ist ein Theater voller unerwarteter Überraschungen, die Menschen in ihr keine klar umreißbaren Persönlichkeiten, sondern Rollenträger, bei denen mit plötzlichen Umschlägen des Verhaltens zu rechnen ist, ja man hat den Verdacht, die ganze Welt sei eine Illusion der Sinne, ein Traum- und Scheingebilde, in dem sich alles in sein Gegenteil verkehren könne und nichts vorausberechenbar sei. Es wimmelt von undurchsichtigen Maskenträgern, alle Leiden-

[19a] S. *Troyat,* a.a.O.

[19b] *Dominique Arban:* Les Années d'Apprentissage de Fiodor Dostoievski. Payot, Paris 1968, p. 300–303.

schaften sind entfesselt, der theatralische Verrat ist an der Tagesordnung wie jede andere Art von Täuschung auch, und das einzig Beständige in diesem „Labyrinth" ist ein heiligmäßiges Leben, in dem sich wiederum keine eigenständige Persönlichkeit aufbaut, sondern das Ich in der idealsten aller von Gott vorgesehenen Theaterrollen aufgeht, der des tadelfreien und gegenüber jeder Versuchung standhaften Christen. Es kann denn nicht überraschen, daß in einem solchen Welt- und Menschenbild die Doppelgängerei reichen Niederschlag findet. Die Literatur der Zeit ist voll davon, ja es kann in Komödien vorkommen, daß einer ausgeschickt wird, unter mehreren Ichs das wahre herauszufinden, und erfolglos zurückkehrt. Nicht einmal die Geschlechtsidentität steht fest. In *Shakespeare*s Komödien, und nicht nur in ihnen, treten Frauen in Männerkleidern auf und werden auch für Männer genommen, und umgekehrt. Es gab damals Ballette, in denen Tänzer zu sehen waren, deren rechte Körperhälfte männlich, die linke weiblich war. Dem Thema verwandt ist die Umkehr eines Menschen in sein Gegenteil, wofür Hamlet, Othello, Lear als Beispiele unter Hunderten gelten mögen. „Was ist das Ich" (Qu'est-ce que le moi?")[20] fragt *Pascal* in den „Pensées" und gibt zur Antwort, Körperkrankheit oder Wahnsinn könnten eine Persönlichkeit bis zur Unkenntlichkeit zerstören. Die Identitätsfrage ist eine Kardinalfrage des Barock und ist, nach einer Beruhigung in der so selbstsicheren Aufklärung, seit dem Sturm und Drang das wohl vorherrschende Thema der Dichtung überhaupt geworden, mehr als je zuvor auch in der Literatur unseres Jahrhunderts.

Nachdrücklich wird das Doppelgängerproblem nach dem Barock in der deutschen Romantik wiederaufgenommen, unter deren Vertretern es fast jeder behandelt. *Jean Paul*, der es in ungezählten Variationen durchgespielt hat, möchte ich übergehen, weil seine Themen uns bei den ausführlicher zu behandelnden Autoren ohnehin begegnen werden. (Zudem hat *Otto Rank* in der Zeitschrift „Imago", Jahrgang 1914, in einem hervorragenden Aufsatz unter dem Titel „Der Doppelgänger" auf den Seiten 106 ff. diesen Dichter sorgfältig behandelt, so daß das Erforderliche dort nachgelesen werden kann.)

Sind die „Elixiere des Teufels" die berühmteste Doppelgängerdichtung der deutschen Literatur, so ist *Kleists* „Amphitryon" die großartigste. Der Stoff darf als bekannt vorausgesetzt werden: Jupiter besucht Alkmene während der Abwesenheit ihres Gatten Amphitryon in dessen Gestalt und zeugt mit ihr, der Ahnungslosen, Herakles. *Kleist* gibt diesem Stoff einen Inhalt, der nur bei ihm denkbar ist. Mehrmals erscheinen die beiden Amphitryone bei der Frau, jeweils nur einer, und sie gerät in eine Gefühlsverwirrung, die an Verzweiflung grenzt, bis zuletzt beide zugleich zugegen sind und sie sich für einen von ihnen entscheiden muß. Ihrem „innersten

---

[20] *B. Pascal:* Pensées, hg. v. Léon Brunschvigk, No. 323.

Gefühl"[21] gehorchend entscheidet sie sich für Jupiter-Amphitryon. Die weltanschauliche Fragestellung, um die es hier geht, sei kurz skizziert. Man weiß, daß *Kleist* in eine tiefe Krise gestürzt wurde, als er *Kant*s Auffassung kennenlernte, wonach der Mensch niemals erfahren könne, ob seine Denk- und Wahrnehmungsmöglichkeiten so beschaffen seien, daß das Ding an sich, also die Wahrheit schlechthin, erkannt werden könne. Fortan suchte *Kleist* nach andern Möglichkeiten, zu absoluter Erkenntnis vorzustoßen. Die wichtigste sah er im Gefühl, und Alkmene scheint Garantin dafür zu sein, daß dieses nicht irre. Schon die erste Liebesnacht mit Jupiter empfindet sie als eine Beglückung, wie sie sie von ihrem Gatten noch nie erfahren hat. Religiöse Liebesinbrunst, dargestellt in der Sprache der Ekstase und auch als solche empfunden, bleibt für *Kleist* die höchste Möglichkeit des Menschen, Göttliches zu erfahren, gleich welchen Namen dieses Göttliche erhält. Was für Alkmene Jupiter heißt, ist bei Penthesilea Mars, bei Käthchen ein Cherub, in der „Marquise von O" ein Engel. Das sind lauter irdische Worte für das Unsagbare, im tiefsten Innern Erfahrene. Daß zureichende Worte fehlen, wie *Kleist* oft hervorhebt, liegt an der Unerkennbarkeit des Göttlichen. In einer der vielen Verhörszenen, die er mit dem Ziel der Wahrheitsfindung geschrieben hat, fragt Jupiter die Geliebte, wie sie sich im Gebet den Gott vorstelle. Sie gesteht, daß sie sich dabei stets die Gestalt Amphitryons denke. Wie die Erkenntnisorgane nach *Kant* möglicherweise Täuschung vermitteln und in ihre irdischen Grenzen gebannt bleiben, so ist auch das höchste religiöse Gefühl an die menschlichen Bedingungen gebunden, und es gibt keine Gewähr, daß es nicht seinerseits einer Täuschung verfällt. Der Graf F., welcher der Marquise von O zunächst als Engel erschienen war, wird ihr nachher, wie sie im letzten Satz der Erzählung aussagt, zum Teufel, weil er sie während einer Ohnmacht geschwängert hat („Die Marquise von O"). Von göttlichem, dionysischem Wahnsinn geschlagen verkennt Penthesilea die liebende Absicht, in der Achill zu einem Stelldichein kommt, und zerfleischt ihn („Penthesilea"). Der Graf Wetter von dem Strahl läßt sich lange von den Liebeswonnen mit der heuchlerischen Kunigunde täuschen, ehe er erkennt, daß ihm die höheren Mächte Käthchen zugedacht haben („Das Käthchen von Heilbronn"). — Was im „Amphitryon" der reinen Alkmene gelingt, ist zwar in der dichterischen Erfindung möglich; im wirklichen Leben gibt es für *Kleist* derartige Sicherungen nicht. Er hat somit in diesem Drama das Doppelgängerthema zu einem Wunschbild ausgemünzt: der wahre Gatte ist derjenige, der ein himmlisches Entzücken bereitet, der alltägliche ist nichts als ein zwar geliebter, aber üblicher Mensch, der wesensärmere Doppelgänger des gottähnlichen Idols.

So grundlegend anders die „Elixiere des Teufels" von *E. Th. A. Hoffmann* angelegt sind, die ich ausführlicher untersuchen möchte, im Grundthema

[21] *H. v. Kleist,* Amphitryon II, 5; Vers 1251.

sind sie mit *Kleists* Auffassung verwandt. In der Szene, in der sich gegen Schluß des Dramas Alkmene zu Jupiter bekennt, sagt sie ihrem wahren Gatten, er sei ein „Nichtswürdiger, Schändlicher", sein Leib der „feile Bau gemeiner Knechte"[22], und die Marquise von O erklärt, der Graf „würde ihr ... nicht wie ein Teufel erschienen sein, wenn er ihr nicht, bei seiner ersten Erscheinung, wie ein Engel vorgekommen wäre"[23]. Bei *Hoffmann* steht der Mönch Medardus in seiner einen Gestalt unter der Einwirkung des himmlischen, in der andern des satanischen „Prinzips", nur hat *Hoffmann* alle Kräfte seiner Phantasie aufgeboten, die Verwirrungen durch die Doppelgänger für den Leser so undurchdringlich wie möglich zu machen. Da der Roman eine selbstverfaßte Lebensbeichte des Medardus ist, beschreibt dieser ohne Zweifel seine eigenen Taten und Leiden. Die andern Gestalten des Romans jedoch erliegen ständigen Täuschungen, indem sie bald dem Mönch, bald seinem Doppelgänger, dem Halbbruder Viktorin, anlasten, was geschieht. Was das soll, ist klar. Medardus, von Kindheit an dem Anschein nach zu einem musterhaften frommen Leben bestimmt, wird schon als junger Kapuzinermönch vom Volk wie ein Heiliger verehrt. Aber Glanzerfolge als Prediger lassen in ihm rasch einen überbordenden Hochmut anwachsen, nach katholischer Lehre eine Hauptsünde. Sein Prior nimmt daran ein solches Ärgernis, daß er ihn nach Rom verschickt. Nachdem ohne des Mönchs Verschulden, bloß durch sein zufälliges Dazutreten, Viktorin in einem Felsabgrund den Tod gefunden zu haben scheint, beginnt eine Reihe von Kapitalverbrechen. In der rasenden Fieberglut einer Liebesleidenschaft tötet er die Frau, mit der er unter Bruch des Mönchsgelübdes alle Ausschweifungen der Erotik betrieben hat, während ihn schon längst eine an Wahnsinn grenzende Liebe zu deren Tochter Aurelie festhält. Um sie zu gewinnen, öffnet er alle Schleusen priesterlicher Beredsamkeit vor ihr, aber so, daß er auch sie zur heftigsten Liebe aufpeitscht. Doch in dem Augenblick, da er sie gewonnen glaubt, taucht der längst mißtrauisch gewordene Bruder Hermogen auf. Außer sich vor Wut ersticht ihn Medardus, glaubt dann auch Aurelie erstochen zu haben, während er in Wahrheit sich selbst verwundet hat, und ergreift die Flucht. Unterdessen geht Viktorin, den man sich offenbar als Totengespenst zu denken hat — das Wort „Revenant"[24] fällt einmal —, als Wahnsinniger in den Gegenden um. Daß der Halbbruder trotz seines Todessturzes weiterlebt, ist psychologisch einsehbar: Als das andere Ich des Medardus kann er erst mit diesem selbst von der Weltbühne verschwinden. An einem andern Adelshof kommen schon bald die Freveltaten des Mönchs aus. Doch unmittelbar vor seiner Verurteilung zum Tode erscheint der wahnsinnige Viktorin und bekennt sich selbst als den Verbre-

[22] Ebda. III, 11; Verse 2236 und 2249.
[23] Schlußsatz der „Marquise von O".
[24] *E. Th. A. Hoffmanns* Werke, hg. v. Georg Ellinger (Bong), Bd. 2: Die Elixiere des Teufels, S. 240.

cher. Damit ist Medardus vor Aurelie, die zufällig anwesend ist, unschuldig geworden, sie gibt ihm ihre Liebe und ist zur Hochzeit bereit. Am Hochzeitstag sieht jedoch Medardus seinen Doppelgänger und stürzt mit allen Zeichen eines panischen Grauens davon. Drei Monate weilt er zerrütteten Geistes in einem Irrenhaus, bis er, genesen, nach Rom zu pilgern beschließt. Er geht dort in sich, beichtet alles und versucht durch maßlose Kasteiungen in seiner Zelle und durch stundenlanges inbrünstiges Beten in den Kirchen Roms, bewundert durch das Volk, sich zu entsühnen. Aufs neue wird er deswegen wie ein Heiliger verehrt, der Hochmut stellt sich wieder ein, und er erhofft, weil er sich von Feinden verfolgt weiß, einen glorreichen Märtyrertod. Wie es ihm weiter ergeht und wie er in sein Stammkloster zurückkommt, sei hier übergangen. Es genügt zu wissen, daß die totgesagte Aurelie in einem benachbarten Frauenkloster den Schleier nehmen will. Am Tag ihrer Nonnenweihe bricht plötzlich in des Medardus Gegenwart der fürchterliche Doppelgänger in die Kirche ein und ersticht die Novize. Medardus ist fortan wieder für das Heilige gewonnen.

Das Vertrackte an dem Roman ist das Ineinanderwirken verschiedener ein Menschenleben bestimmender Gewalten. Zunächst ist Medardus durch sein Erbe zu seinen Untaten verdammt, zieht sich doch wie ein Atridenfluch durch seine nähere und fernere Verwandtschaft ein Ehebruch nach dem andern, alle in sinnberaubender Leidenschaft begangen. Zum andern handelt er unter dem Zwang von Einflüsterungen seines Doppelgängers: Immer wieder hört er höllische oder hohnlachende Stimmen, die von diesem stammen, oder schaut in weissagenden Träumen, was er getan hat oder tun wird, auch diese durchsetzt vom Anblick und von den Schrekkensworten des satanischen Viktorin. Dieser ist seinerseits nur das Werkzeug eines teuflischen „Prinzips“[25], das über die Menschen unüberwindbare Macht gewinnen kann. Aus dem Wortschatz, der zum Doppelgänger gehört, seien Beispiele zitiert: „die grenzenlose Qual wahnsinniger Liebe“, des Wahnsinns „grinsendes entsetzliches Gelächter“, „der konvulsivische Krampf der inneren herzzerreißenden Qual“[26]. Der Doppelgänger ist ein gefürchteter und gehaßter Feind, der Medardus mehrmals tödlich bedroht und ihm die Geliebte ersticht. *Hoffmann* vergißt aber nie den Hinweis, daß der Doppelgänger nichts anderes als die eine Seite von des Medardus Seele ist: „Deine Qual ist in dir“; das „Phantom des Doppelgängers“ „spukt“ nur in seiner „Phantasie“[27]. Offensichtlich sind in den Handlungen des Mönchs Phantasien des Autors real geworden, nur bleiben sie als Dichtwerk dennoch innerhalb des Reichs bloßer Gedanken-Sünden hängen. Überflüssig zu betonen, daß die Verbrechen des Mönchs auf Diktat des Unbewußten erfolgen, über das die Romantiker so viel theoretisiert haben. Insofern sind die „Elixiere des Teufels“ auch ein psychologischer

[25] Ebda. S. 215. [26] Ebda. S. 78, 168, 238. [27] Ebda. S. 213, 181.

Roman; Himmel und Hölle werden ins menschliche Innere verlegt. Durch die Hetzjagd, die verschiedene Seelenzustände miteinander veranstalten, wird auch die Übernahme immer neuer Theaterrollen durch den Helden veranlaßt, anschaulich gemacht im mehrfachen Kleiderwechsel. Der Mönch glaubt träumenderweise sein „Ich hundertfach zerteilt"[28], immerhin weniger als die tausend Ichs von Hesses Steppenwolf. Daß Täuschungen, Illusionen, Visionen, Träume die in der Erzählung aufgebaute Wirklichkeit durchsetzen, ist ebenfalls erzromantisch, galt doch das Irrationale für die damalige Dichtergeneration als so real wie die sogenannte Wirklichkeit. Hoffmann selbst kannte halluzinatorische Zustände, denen er wehrlos ausgeliefert war, nur zu gut, und es fehlte wenig, daß er sie den normalen Wahrnehmungen der Sinne gleichgesetzt hätte. Immerhin weiß Medardus, der Doppelgänger sei die Ausgeburt von Träumen in der Nachtseite seiner Seele, und den Todessturz Viktorins hält er einmal für vielleicht nur „scheinbar", „das leere Blendwerk des Teufels"[29]. Man kann den ganzen Roman als Traumgeschehen deuten.

Der Welt des Doppelgängers steht diejenige Aurelies gegenüber, die das himmlische Prinzip symbolisiert. Aurelie gleicht der heiligen Rosalia eines Altargemäldes zum Verwechseln, und ihre das Krankhafte streifende Liebe zu Medardus ist nur eine vorübergehende Entgleisung. Auch sie ist bloß das Werkzeug einer höheren Macht und kann als solches Medardus erlösen. Da die Schilderung dieser lichten Welt mit konventionellem Wortschatz und herkömmlichen katholischen Vorstellungen arbeitet, gehe ich nicht näher darauf ein.

Zu den Mächten, die das Romangeschehen bestimmen, gehört auch der Tod. Viktorin hält Medardus, dem er überraschend begegnet, „für seinen Doppelgänger, dessen Erscheinen ihm den Tod verkünde"[30]. Medardus selbst entgeht in Rom ums Haar der Ermordung, nachdem er schon mehrmals in Lebensgefahr geschwebt hat; andere Gestalten des Romans bringt Viktorin-Medardus tatsächlich um, zuletzt sogar Aurelie, spricht doch *Hoffmann* mehrmals als echter Romantiker die mystische These aus, Liebe und Tod seien in eins verschlungen.

Ends aller Enden ist alles Geschehen der „Elixiere des Teufels" von einem unausweichlichen und undurchsichtigen Schicksal gelenkt, gegen dessen zwangshafte Auswirkungen höchstenfalls der Glaube hilft. Kann das Teufelselixier sich voll auswirken, so treten, abgesehen von den entfesselten Leidenschaften, vor allem Täuschungen auf. Sie gehen gelegentlich so weit, daß die eine der beiden bestimmenden Mächte für die andere gehalten wird, vor allem die höllische für die himmlische, und wie sehr sie gemeinsam wirken können, belegt die Äußerung, das höllische Prinzip vermöge die Kraft des himmlischen zu entbinden[31], nämlich als Gegenkraft. Die beiden Prinzipien betreiben also selbst so etwas wie Doppelgängerei und

[28] Ebda. S. 201.
[29] Ebda. S. 271.
[30] Ebda. S. 175.
[31] Ebda. S. 262 f.

sind damit die höhere Ursache des Doppelgängerwesens; sie sind nicht klar geschieden. Wenn Medardus seine Liebe zu Aurelie für die „Erfüllung des Überschwänglichen" hält, wird dieses „Streben nach dem Heiligen, Überirdischen gebrochen in dem namenlosen, nie gekannten Entzükken irdischer Begierde"[32].

Die „Elixiere des Teufels" beruhen trotz der für die damalige Zeit modernen romantischen Welt- und Menschendeutung auf der herkömmlichen katholischen Morallehre und dem katholischen Ritus. Das ist nicht einmal ein Widerspruch, sind doch zahlreiche Heiligenlegenden nicht gar so weit von der Ichverdoppelung entfernt, nur daß die Begegnung mit einem andern Ich fehlt, vielmehr die beiden widersprüchlichen Persönlichkeiten einander ablösen. Die Verwandlungen der ungezügelten Weltmänner *Augustinus* und *Franziskus* zu Heiligen sind die zwei spektakulärsten Beispiele.

Auf einen möglichen Irrtum ist noch hinzuweisen. Es liegt nahe, in Medardus und seinen krankhaften Zuständen ein Ebenbild *Hoffmanns* zu sehen, und in diesem Sinne hat sich die Literaturkritik auch mehrmals geäußert. Gewiß sind sie die Ausgeburt einer Phantasie, wie sie nur diesem Dichter eigen war, mit seiner Angst vor dem Wahnsinn und seinem Doppelgänger. Aber die souveräne Überlegenheit, mit der das fast unüberschaubare Geschehen durchkomponiert ist, und die Klarsicht in der Darstellung und Deutung der wahnhaften Reaktion erweisen ihn als voll zurechnungsfähigen Beobachter und gewiegten Psychologen, und wenn er Medardus und Euphemie die Überzeugung zuschreibt, sie beherrschten mit ihrer geistigen Allmacht und Überlegenheit die Mitmenschen[33] — eine Täuschung allerdings —, so kann *Hoffmann* für sich selbst dieselbe völlige Übersicht, wie sie vom romantischen Dichter allgemein gefordert wird, die Schau von überhöhtem Standpunkt aus, mit vollem Recht beanspruchen.

Gehen wir zu *Eduard Mörike* und der *Annette von Droste-Hülshoff* über. An zwei Gedichten läßt sich aufzeigen, wie eng Doppelgängertum und Spiegelbild zusammenhängen. In *Mörike*s Gedicht „Erinna an Sappho" erschrickt die junge Erinna vor ihrem „Tod weissagenden" Spiegelbild mit plötzlichem Entsetzen. Sie blickt „schwindelnd" in ihr Inneres wie in eine „nachtschaurige Kluft", und ihr ist, als flöge „schwarzgefiedert ein tödlicher Pfeil ... die Schläfe hart vorbei". Sie hat ihren unmittelbar bevorstehenden Tod vorauserlebt. Reizvoll wäre es, die reichlich verschleierte Doppelgängerbeziehung, die zwischen Nolten und Larkens im „Maler Nolten" besteht, zu untersuchen; doch würde das eine allzu weitläufige Beweisführung erheischen. Es genügt zu wissen, daß Larkens als Stellvertreter Noltens ohne dessen Wissen den Austausch von Brautbriefen mit Agnes weiterpflegt und daß Agnes selbst in ihrem Wahnsinn die beiden miteinander verwechselt.

[32] Ebda. S. 76.

[33] Ebda. S. 74.

Mörike selbst war sich bewußt, daß er in zweierlei Gestalt vorkomme, und unterschied einen „wahren“ Mörike[34] von dem alltäglichen, welchem Gram, Arbeitsunlust und Kränklichkeit das Leben verdrossen. Der wahre Mörike habe rote Adern, Zeichen des erfüllten Ichseins, der gewöhnliche nur blaue, besagt ein Brief[35]. Dieses Selbstverständnis hat er dichterisch überhöht auf den König Ulmon übertragen, die Hauptgestalt in dem Schattenspiel „Der letzte König von Orplid“, einer Einlage des „Maler Nolten“. Ulmon herrschte vor tausend Jahren als Gatte der Almissa über die herrliche Insel Orplid. Durch einen Ratschluß der Götter hat er alles, Gattin, Volk und Hauptstadt, verloren, darf aber nicht sterben und irrt seitdem auf der Insel umher, von Gram gebeugt, innerlich leer, des Gedächtnisses beraubt, nur noch der wesenlose Schatten seiner selbst. Einzig in Augenblicken dichterischer Gehobenheit, wenn ihm die Harmonien des Weltalls im Ohr erklingen, erwacht in ihm kurz die Erinnerung an das, was einst war, am schönsten festgehalten im „Gesang zu zweien in der Nacht“, den *Mörike* in die Sammlung seiner Gedichte aufgenommen hat. Nach Geschehnissen, wie sie in einem Erlösungsmärchen vorkommen könnten, erschaut er sich selbst im Mummelsee als Spiegelbild in seiner alten königlichen Herrlichkeit und sinkt „unmächtig“ (ohnmächtig) in die Tiefen eines Gewässers, das unterirdisch mit den Weltmeeren verbunden ist — was *Mörike* nicht sagt, aber aus Grimmelshausens „Simplicissimus“ weiß; Ulmon geht somit in die Unendlichkeit der Toten ein. Diese und auch die meisten andern Dichtungen Mörikes sind in ein Weltbild eingebettet, in dem die Erfahrung der leeren und der erfüllten Zeit, des verfehlten und des harmonischen Lebens vorherrschen.

In dem Gedicht der *Droste*, das den Titel „Das Spiegelbild“ trägt, durchfährt ein noch ärgerer Schreck das dichtende Ich, als es bei Erinna geschieht. Was im Spiegel geschaut wird, ist ein „Phantom“, ein Gespenst, „entschlüpft der Träume Hut“, bestimmt, „zu eisen mir das warme Blut, die dunkle Locke mir zu blassen“. Träte dieser Doppelgänger aus dem Spiegel hervor, so würde das Ich „von des Auges kaltem Glast, voll toten Lichts, gebrochen fast, gespenstig“, weit den „Schemel rücken“. Wir werden das Ineinsfallen von Spiegelbild und Doppelgänger an weiteren Beispielen beobachten können. So viel Schuld haftet an dem Spiegelich, daß sich ihm die Dichterin „wie Moses nahet, unbeschuhet ... Gnade mir Gott, wenn in der Brust mir schlummernd deine Seele ruhet“. Dieses andere Ich mit seinem Kainszeichen erinnert an die klassische Erzählung einer Schuldverkettung, wie sie die *Droste* in der „Judenbuche“ vorlegt, wo der verbrecherische Friedrich Mergel in Johannes Niemand seinen Doppelgänger hat, zu dessen Verwahrlosung und Hilflosigkeit Mergel schließlich selbst herabsinkt. Dämonische Schicksalskräfte lenken das ganze Geschehen und verbünden sich mit Charaktereigenschaften, deren Entfaltung seit

[34] Brief an Waiblinger vom 19. 9. 1822

[35] Brief an Hartlaub vom 20. 3. 1826.

früher Kindheit die Droste mit dem Spürsinn der geborenen Psychologin nachgeht. Obwohl das christliche Gedankengut, ähnlich wie im „Maler Nolten" des Pfarrers Mörike, ausgeklammert bleibt, fühlen wir uns an die religiösen Schuldgefühle erinnert, die sich so nachdrücklich durch die geistliche Lyrik der Droste ziehen.

Anders als die Romantik, der schon *Mörike* und erst recht die *Droste* nur teilweise zugehören, hat der Realismus das Doppelgängerthema angegangen. Vorhin ist der Vergleich der „Elixiere des Teufels" mit zahlreichen Heiligenlegenden gezogen worden. Bekanntlich hat *Gottfried Keller* das Schema umgedreht, und die Bekehrung von der Heiligkeit zur Weltlichkeit kommt bei ihm nicht nur in den „Sieben Legenden", sondern auch in den Novellen vor, namentlich in den „Mißbrauchten Liebesbriefen". Er schreibt aber auch eigentliche Doppelgängerdichtungen, behandelt sie jedoch als Realist von einem sachlicheren Standpunkt aus als die Romantiker. Zunächst ist darauf hinzuweisen, daß *Otto Rank* in dem oben erwähnten Aufsatz gezeigt hat, wie eng der Verlust des eigenen Schattens und das Gefühl, zweifach da zu sein, untereinander zusammenhängen; beides deutet auf Identitätsverlust, Todesnähe und Angst. *Chamissos* Peter Schlemihl verliert mit dem Schatten auch jedes gefestigte Ichbewußtsein und wird zum Gespenst seiner selbst. Mit „Schlemihl, der träumend Raum und Zeit verlor", vergleicht sich *Keller* in dem Gedicht „Ein Tagewerk"; denn er hat einen prächtigen Sonnentag nutzlos vertan. „Ein toter Körper ohne Form und Schall, so, däuchte mir, lag ich im regen All." Das Motiv des Doppelgängers geistert sodann, wenn auch nicht als solches angesprochen, durch den wundervollen Terzinenzyklus „Eine Nacht" (nachzulesen in Band 13 der historisch-kritischen Gesamtausgabe von *Jonas Fränkel*). Der Dichter erlebt eine Nacht wirrer Träume, in deren einem er sich als fröhliches Kind erschaut, das ihm vorwirft, er habe seine Gaben vertan, die Jugendjahre seien im „wilden Sumpf — der mochte meinen Lebenslauf bedeuten — versunken". „Ein Irrlicht tanzt' auf meiner Jugend Grab — Bewußtlos sank ich hin mit meinem Leide." Das zweite Gedicht kehrt das Alter des Traumichs um; es sitzt ergraut in der Schulbank, um nie erworbenes Wissen nachzuholen. Dieses weitere Ich des Dichters, als Greis schon nahe an der Wesenlosigkeit, wird vom Schulmeister mit Schimpf und Schande zum Tempel hinausgejagt, weil nichts mehr in den leistungsarmen Kopf hineingeht: „wie man einen bösen Geist verbannt." Ein Kirchenlied, das die Schüler gerade singen, wirkt auf ihn wie ein „Verbannungsfluch". „Es deckten, wie ein blumig Leichentuch, die holden Kinderstimmen fest mich zu." Obwohl von Doppelgängerei nicht die Rede ist, liegt versteckt eine solche vor. Daß der Doppelgänger auch sonst in der Dichtung mit der Vergreisung gekoppelt ist, weil auch sie Identitätsverlust bedeutet, hat *Otto Rank* an mehr als einem Beispiel nachgewiesen.

Die Legende „Die Jungfrau als Ritter" nimmt dann das Doppelgängerthema eindeutig auf und wendet es ins Heitere, Glückhafte, indem die Jungfrau Maria in der Gestalt des Ritters Zendelwald diesem eine Braut verschafft; staunend sieht er sich selbst neben der Begehrten sitzen, kann die Stelle einnehmen und ist seither ein Mann im besten Sinne des Wortes. „Kleider machen Leute" variiert das Thema geistvoll. Als armer Schlucker kommt der Schneider Strapinski nach Goldach, einem Nachbarstädtchen Seldwylas. Eine Kette von schicksalbringenden Zufällen führt dazu, daß man ihn für einen Grafen hält. Aus zaghafter Scheu weiß er sich gegen diesen Irrtum nicht recht zu wehren, sieht auch einige Ausbruchsversuche scheitern. Aber mehr und mehr wächst er in seine Rolle hinein, wird von Tag zu Tag prächtiger, gewinnt eine Braut, die schon lange von einem polnischen Grafen geträumt hat — für einen solchen hält man ihn —, und schließlich soll in einem Wirtshaus, das zwischen den beiden Städtchen liegt, die Verlobung gefeiert werden. Die schon im Barock typische Verbindung von falschem Rollenspiel und Hineinwachsen in die theatralische Illusion gipfelt darin, daß sich der Graf in einem wirklichen Schauspiel als der begegnet, der er ist. Die Seldwyler haben von der seltsamen Angelegenheit Wind bekommen, rücken in einer „Maskenfahrt" daher und führen vor der Verlobungsgesellschaft ein Festspielchen auf, in dem zuletzt einer Kleider verfertigt, als der richtige Strapinski aufgemacht: „Es war niemand anders als der Graf Strapinski." Plötzlich geht er auf den Bräutigam zu und erkennt in gespieltem Erstaunen seinen früheren Gesellen in ihm, der da so „fröhliche Fastnacht" hält. Bleich „wie ein Toter, der sich gespenstisch von einem Jahrmarkt stiehlt"[36], verläßt der Entlarvte die Festgemeinde und entschwindet in die eiskalte Winternacht. Am Rande einer Straße legt er sich in den Schnee und gedenkt zu erfrieren. Seine Braut jedoch sucht ihn in ihrem Gefährt, findet ihn, reibt ihm die Glieder warm und hält dann mit ihm in einem nahen Haus zum erstenmal ernsthaft Zwiesprache. Strapinski gewinnt jetzt sein wahres Ich und wird ein tüchtiger Schneidermeister, und diese Wende ist für *Keller* bezeichnend. Das Doppelgängererlebnis ist nur ein Durchgangsstadium auf dem Weg zu einer in sich ruhenden, gefestigten Persönlichkeit. Daß ein theatermäßiges, überspanntes Gebaren durch eine Krise in eine festgegründete Wirklichkeit führt, ist in seinen Novellen auffallend oft der Fall — man denke an „Pankraz der Schmoller", „Die mißbrauchten Liebesbriefe", „Das Sinngedicht" und andere mehr — ja der „Grüne Heinrich" sogar beruht auf diesem Erzählschema. Bis gegen Schluß des vierten Bandes lebt Heinrich in einer halben Scheinexistenz. Erst wird er zwar durch Judith von der Liebe zu Anna, deren Gestalt von einer ganzen Legendensymbolik umgeben ist, zur Sinnenfreude bekehrt, bleibt aber nach wie vor im Beruf und überhaupt in der Bewältigung des Lebens dem Anschein nach bei Null stehen. Er gewinnt aber eine so ausgedehnte Lebenserfahrung und ist mit einem so reichen Innenleben ausgestattet, daß er sich auf

[36] *G. Keller:* Sämtliche Werke, Hist.-krit. Gesamtausg., hg. v. Jonas Fränkel, Bd. 8: Die Leute von Seldwyla II, S. 42—46.

dem Grafenschloß, wo Dortchen Schönfund lebt, sagen lassen darf, er sein ein „wesentlicher Mensch"[37]. Dennoch läßt ihn *Keller* in der Erstfassung des Romans zugrundegehen und macht ihn erst in der zweiten Fassung zu einem melancholischen, aber tüchtigen Bezirksstatthalter. Sein eigenes Schicksal führte den Dichter nach mehr als vier Jahrzehnten einer Taugenichtsexistenz, in der immerhin seine schönsten Werke entstanden, zum hohen Amt des ersten Staatsschreibers im Kanton Zürich. Diese entscheidende Lebenswende, die eine Rettung war, hat er dichtend längst in seinen ersten Novellen vorweggenommen.

Die Verquickung der heilsamen Krise mit dem Doppelgängerthema in „Kleider machen Leute" ist allerdings singulär; fast regelmäßig jedoch ist der Umschwung in *Kellers* Novellen mit dem Erlebnis verbunden, als Lebendiger bereits den Toten anzugehören. Nicht zufällig sollte der „Dietegen" ursprünglich die Überschrift „Leben aus dem Tode" tragen. Die jeweilige Überwindung der Krise hängt mit *Kellers* glühendem Bekenntnis zu dieser grünen Wirklichkeit und zur Lebenstüchtigkeit zusammen, wie ihm das seit der Begegnung mit *Ludwig Feuerbachs* Philosophie selbstverständlich war, ist aber letztlich auf einen unzerstörbar gesunden Wesenskern seiner selbst zurückzuführen, der ein unaufhebbares Doppelgängerbewußtsein ausschloß.

Bei *Conrad Ferdinand Meyer* liegen die Dinge anders. Ich gehe von dem Gedicht „Möwenflug" aus. Über einem reglosen Gewässer kreist eine Schar Möwen und spiegelt sich im Wasser so, „daß sich völlig glichen Trug und Wahrheit". Wieder begegnen wir der so häufigen Verbindung der Doppelgängerei mit der Spiegelung. Den Dichter beschleicht es allgemach „wie Grauen, Schein und Wesen so verwandt zu schauen", und er fragt sich: „Und du selber? Bist du echt beflügelt? Oder nur gemalt und abgespiegelt?" „Gemalt": auch das täuschend echte Gemälde gehört in den Umkreis des Doppelgängertums, und dies bedarf wie bei der Spiegelung keiner besonderen Begründung; das Ich ist zweimal da. Schon Aurelie und Francesko sind in den „Elixieren des Teufels" in Gemälden täuschend ähnlich nachgebildet, und diese Gemälde werden beinahe so inbrünstig geliebt wie die Personen selbst.

Die Spiegelung im Gemälde kommt bei *Meyer* mehrmals vor; ich kann aus Raumgründen nicht darauf eingehen und beschränke mich auf das Gedicht „Die drei gemalten Ritter", wo ein Liebhaber in trügerischer Absicht seinem Mädchen den Treuschwur ablegt, worauf eine mit drei Rittern bemalte Zimmerwand verschwindet und diese als lebendige Zeugen den Eid gültig machen.

Das Doppelgängertum hat *Meyer* auch sonst in origineller Weise gehandhabt. Wenig Besonderes liegt darin, daß der entkuttete Mönch Astorre in der „Hochzeit des Mönchs" — der Titel könnte von *E. Th. A. Hoffmann*

---

[37] Ebda. Bd. 4: Der grüne Heinrich, erste Seite des Kapitels „Dortchen Schönfund".

stammen — der nach einem vorbildlichen geistlichen Wandel plötzlich von den Gewalten der Sinnlichkeit übermannt wird und wie eine Seifenblase zu nichts verpufft, einen Doppelgänger erhält in einem andern, minderwertigen Mönch, der seine Kutte ebenfalls wegwirft und sich liederlich im Schlamm der Gasse wälzt. Was in der Hauptgeschichte ein tragisches Geschehen auf der Bühne der großen Welt ist, wiederholt sich hier in trauriger Minderwertigkeit. Das hat *Meyer* auf das Dingsymbol übertragen. Im „Schuß von der Kanzel" kommen zwei Pistolen vor, eines mit hartem, eines mit ganz leichtem Abzug. Der General Werthmüller, der dem Pfarrer von Mythikon, der mehr Jäger als Geistlicher ist, einen Streich spielen will, schenkt diesem unmittelbar vor einer Predigt das rechte Pistol, das mit dem harten Abzug, weiß es jedoch vor der Übergabe gegen das andere zu vertauschen. Da der Herr Pfarrer während der Predigt probeweise an dem Kleinod fingert, geht plötzlich ein Schuß los. Der Scheingeistliche ist entlarvt und wird Verwalter eines Schloßes mit ausgedehnten Jagdgründen. Nicht anders verhält es sich mit den beiden Kreuzen in der Novelle „Plautus im Nonnenkloster". Jede einzukleidende Nonne vollbringt vor dem gaffenden Volk das Wunder, ein überschweres Kreuz zur Kirche zu tragen. In Wahrheit handelt es sich um eine täuschend nachgemachte Dublette von geringem Gewicht. Gertrude, welche den Eintritt ins Kloster nur eines Gelübdes wegen für ihre Pflicht hält, kommt hinter das Geheimnis, ergreift und trägt das wirkliche Kreuz, die „Wahrheit" statt des „Scheins"[38], bricht unter der Last jedoch zusammen und kann eine weltfrohe Heirat eingehen, zu der sie recht eigentlich geschaffen ist. In allen drei Fällen wird das Hauptgeschehen in einem begleitenden Symbol gespiegelt: der Verrat am eigenen Selbst ist bei Astorre, dem Pfarrer von Mythikon und Gertrude der Vordergrund dazu. Es geht alles mit rechten Dingen zu, und darin erweist sich auch *Meyer* als Realist.

Allmählich fällt auf, mit welcher Beharrlichkeit in der Dichtung das bessere Ich mit dem Göttlichen in Beziehung gesetzt wird; nur gerade in den letzten beiden Beispielen ist das weltliche Ich das wahre. Allzu sehr vergessen viele heutige Literaturhistoriker ob ihrer Analyse formaler Merkmale und ihrem ästhetischen Interesse, wie stark Literatur immer wieder religiöse Probleme umkreist. Wie oft ist das wahre Ich ein Geistlicher, wie oft ist der Ichgewinn sonstwie an die Beziehung zu Gott oder an die Loslösung von ihm gebunden!

Nur am Rande sei erwähnt, daß bei *Meyer* das Motiv der Spiegelung, im Symbol angedeutet — eine unmittelbare Konfrontation mit dem Doppelgänger kenne ich nur aus dem Gedicht „Begegnung" —, in einem Weltbild angesiedelt ist, das demjenigen des Barock in vielerlei Beziehung gleicht: die Welt ist ein Theater, auffallend viele Gestalten sind Theaterspieler ohne erkennbaren festen Wesenskern, Maskenträgerei und entfesselte

[38] *C. F. Meyer:* Novellen I, Hist.-krit. Ausg., Bern 1959, S. 161.

Leidenschaft stehen in schroffem Gegensatz zu stoisch-christlichem Lebenswandel, stets ist bei Meyer das Bewußtsein wach, schon im Leben dem Tod anzugehören usw.

Trotz völlig anderm Sprachstil bilden weitgehend dieselben Elemente auch bei dem Neuromantiker *Hugo von Hofmannsthal* den weltanschaulichen Hintergrund zu seinen Abwandlungen des Doppelgängerthemas. Ich greife nur eine heraus, weil wir ihr noch nicht begegnet sind. Im Romanfragment „Andreas oder die Vereinigten" erlebt der Held eine unerklärliche Erfahrung. Er liebt gleichzeitig zwei Frauen, Maria und Mariquita. Maria ist das Muster einer untadelig sittlichen Frau, ihr Wesen ist auf Gott gerichtet, sie wird später ins Kloster gehen. Mariquita ist das reine Gegenteil: übermütig, frech, mannstoll, eine fröhliche „Cocotte"[39]. Da kann es vorkommen, daß Andreas abends mit Mariquita zu Bette geht, des Morgens jedoch zu seinem Schrecken feststellen muß, daß sich Maria zerknirscht vor Scham von ihm wegschleicht. Ich habe vor mehr als zwanzig Jahren in einer Vorlesung den Studenten an einem eigenartigen psychiatrischen Fall aufzuzeigen versucht, daß eine solche sich vielfach wiederholende hysterische Spaltung derselben Persönlichkeit in zwei einander scheinbar ausschließende Wesen tatsächlich vorkommt und wies auf das folgende Vorkommnis hin, das der amerikanische Psychiater Dr. *Prince* berichtet[40]. Zu ihm kam eine Patientin , übertrieben moralisch, das Haar ehrbar aufgebunden, intellektuell und mehrere Sprachen beherrschend, aber belastet von Depressionen, rascher Ermüdbarkeit, Unfähigkeit zum Sport, spröde gegen Männer und durchgehend unglücklich und innerlich gelähmt. Dieselbe Patientin erschien eines Tages mit einer frechen offenen Frisur, ertrug jeden Sport und jeden Alkohol, war lebensfroh und liebesfreudig, konnte nur noch ihre Muttersprache und war in allem das Gegenteil von vorher. Dieselbe Verwandlung vollzog sich vielfach, bis es dem Psychiater gelang, die beiden Persönlichkeiten und weitere, die später noch dazukamen, zu einer einzigen zu integrieren. Zu meiner Überraschung fand ich später bei dem *Hofmannsthal*-Forscher *Richard Alewyn* den Nachweis, daß genau dieser Bericht des amerikanischen Seelenarztes *Hofmannsthal* zum Vorbild für die Gestalten von Maria und Mariquita gedient hat[41]. Weiß man aber, wie oft dieser Dichter Wandelbarkeit und Untreue zum Vorwurf von Dichtungen nahm, so kann es nicht überraschen, daß ausgerechnet dieser Bericht einer alternierenden Doppelgängerei ihn fesselte. Sein Plan war, in dem nicht zu Ende gediehenen Roman Andreas schließlich mit einer Frau zusammenzuführen, in der Maria und Mariquita versöhnt waren, nach einem Schema des Liebeslebens, das seine berühmten Vorbilder in *Wielands* „Agathon", *Jean Pauls* „Titan" und

[39] *H. v. Hofmannsthal:* Die Erzählungen, Gesammelte Werke, Stockholm (Bermann-Fischer) 1949, S. 206.

[40] *M. Prince:* The Dissociation of a Personality, New York 1906.

[41] *R. Alewyn:* Über Hugo von Hofmannsthal, 4. Aufl. Göttingen 1967, S. 110 ff.

dem „Grünen Heinrich" hat. Bemerkenswert in dem Fragment *Hofmannsthals* scheint mir noch der Hinweis: „Ihm (Sacramozo) fehlt jener Beisatz von Schauspielerwesen, der dem Priester, dem Propheten nötig, ohne den dieser nicht bestehen kann."[42] Es gibt schwer ein Entrinnen aus dem Gefängnis der Rollen.

Ausführlicher möchte ich zum Schluß noch auf *Rilke* eingehen, nicht weil ich seinen einst legendären Dichterruhm auffrischen möchte, sondern weil das Thema, das uns beschäftigt, bei ihm in einer besonders aufschlußreichen Weise aufgenommen wird, wie denn überhaupt sein Weltbild in mancher Beziehung ebenso fesselnd ist wie seine künstlerische Leistung. Ich gehe dabei vor allem auf den „Malte Laurids Brigge" ein, ein frühes Beispiel moderner Verzweiflungsliteratur. Daß Maltes Ich hoffnungslos desintegriert ist und die Suche nach einer Mitte der Persönlichkeit und einem gültigen Weltbild ergebnislos bleibt, ist die Voraussetzung dafür, daß dieser Antiroman einige aufschlußreiche Aussagen der Hauptgestalt enthält. In einer wichtigen Szene gehen Verkleidung und Maskierung mit dem Spiegelbild und dem Doppelgänger eine so völlige Verbindung ein, wie ich sie aus keinem andern Beispiel der Literatur kenne. Malte erinnert sich an ein fürchterliches Kindheitserlebnis. Er entdeckt eines Tages alte Kleider und Masken, vermummt sich und tritt so vor einen großen Spiegel. Selbstgefällig betrachtet er sich und gestikuliert, bis schon bald das Spiegelbild sich seiner bemächtigt und ihm die Persönlichkeit raubt. Nur noch „er" ist da, Malte ausgelöscht. Ein namenloses Grauen ergreift den Knaben, und er fällt in Ohnmacht[43].

Jedes Element dieser Erfahrung hat seinen Stellenwert in *Rilke*s Weltbild. Gehen wir zunächst auf den Spiegel ein. Ein Lieblingsthema *Rilke*s ist der Narziß. Sich vor dem eigenen Spiegelbild oder auch ohne dieses als Narziß zu fühlen, hat er oft vorgetragen. Das entspricht seiner Kontaktarmut, Einsamkeit und unermüdlichen Selbstbespiegelung. Sogar ein Dinggedicht wie die berühmte „Römische Fontäne" aus dem ersten Band der „Neuen Gedichte" ist ein Zeichen dafür, daß er auch dann von der völligen Abgeschlossenheit seines Ich redet, wenn er sich ausdrücklich bemüht, einen Gegenstand sich selbst aussprechen zu lassen. Der Brunnen ist ganz mit sich allein, versponnen in den Bezug seiner drei Schalen zueinander; nur in der Spiegelung der Wasserflächen wird Welt aufgenommen. Nicht nur Selbstverliebtheit, sondern auch völliges Zurückgeworfensein auf das eigene Selbst gehören zur mythischen Vorstellung von Narziß. Man kann so weit gehen, zu behaupten, für *Rilke* bestehe die Welt nur insofern, als sie sich in seinem Innern abspiegle und mit den Wesenszügen seines Seelenlebens amalgamiert werde. Beleg für die hohe Einschätzung des Spiegelbilds sei das bekannte Orpheussonett, das davon spricht, nur der kenne die Welt, der vom Mohn der Toten gegessen habe und dadurch die Welt

[42] A.a.O. S. 238.

[43] *R. M. Rilke:* Sämtliche Werke, Wiesbaden (Insel) Bd. 6, 1956, S. 804–809.

von ihrer andern, der Todesseite her kenne und darum die Fähigkeit besitze, alles Bestehende von seinem innersten Wesenskern her zu verstehen. („Sonette an Orpheus" I, 9) Wir lesen darin die Verse:

> Mag auch die Spieglung im Teich
> Oft uns verschwimmen:
> Wisse das Bild.

Einmal gewonnene wahre Erkenntnis bleibt innerer Besitz.

Aus seiner Spiegelexistenz auszubrechen und einen Kontakt mit der handfesten Wirklichkeit zu gewinnen, ist *Rilke* trotz fast übermenschlicher Versuche nicht gelungen. Als er durch die „Aufzeichnungen des Malte Laurids Brigge" geglaubt hatte, seine Pariser Krise überwunden zu haben und endlich in der Welt ein wenig Fuß zu fassen, mußte er enttäuscht feststellen, die Wasser seien wieder nach derjenigen Seite zurückgeflossen, von wo er sie in die Höhe gebracht habe.

Nur ein eigenes Jugenderlebnis, wie immer es geartet gewesen sein mag, konnte ihn zu der Schilderung des Grauens vor dem Spiegel bringen, das die Stelle aus dem „Malte" beschreibt. Daß ihm das ausgerechnet dann mit tödlicher Gewalt bewußt wird, wenn er maskiert davortritt, ist nichts Neues. Die ungezählten Maskenbälle in den barocken Spiegelsälen belegen, daß Spiegelbild und Mummerei nachdrücklich zusammengehören und miteinander Identitätsverlust anzeigen. Maltes Entsetzen gegenüber dem Spiegelbild der eigenen verfremdeten Erscheinung ist das, was den Passus mit dem Doppelgängerproblem verbindet. Nicht weniger entsetzt sich Medardus mehrmals, wenn ihm in der teuflisch verzerrten Fratze Viktorins die negative Seite seiner Person entgegentritt. Andere literarische Parallelen ließen sich häufen.

Angeschlagen wird auch das Thema des Theaters, und zwar durch die Vermummung und die Gebärden, die der Verkleidete vor dem Spiegel vollführt. Die fünfte der Duineser Elegien belehrt uns darüber, wie vergeblich sich die Budenakrobaten, Theaterleute auf dem Jahrmarkt des Lebens, mit ihren Kunststücken darum bemühen, auch nur einen Flecken festen Bodens unter die Füße zu bekommen, wenn sie bei ihren Sprüngen auf den „von ihrem ewigen Aufsprung dünneren Teppich, diesen verlorenen Teppich im Weltall", niederkommen. Raffinierte Kunst mit dem Ziel des Ichgewinns ist ein von *Rilke* unermüdlich umkreistes Thema.

Von der Verkleidung führt eine Verbindung zu einem weiteren Lieblingsthema *Rilkes*, dem des Gesichts. Malte findet, bei den meisten Menschen wirke es wie eine Maske, die sich allmählich verbrauche. Bei manchen wird die Maske mit zunehmenden Jahren immer häufiger gewechselt, d. h. die Identität zerfällt immer rascher, bis überhaupt kein Gesicht mehr da ist. Was einst Antlitz war, ist leer geworden; vielleicht läuft ein Hund damit herum, weil es entmenscht ist[44]. Das Einschrumpfen und Verwel-

[44] Ebda. S. 711 f.

ken des Gesichts als Zeichen des Ichverlusts ist Gegenstand vieler Texte von *Rilkes* Hand. In der fünften Duineserelegie ist der Stemmer auf dem Jahrmarkt „eingegangen in seiner gewaltigen Haut, als hätte sie früher zwei Männer enthalten, und einer läge nun schon auf dem Kirchhof, und er überlebte den andern, taub und manchmal ein wenig wirr, in der verwitweten Haut". Man ist nur noch schäbiger Rollenspieler und Schaubudenmensch, dem alle angelernten Bravourstücke nichts fruchten. Durchgehend hat sich der Tod, „Madame Lamort", eingenistet. Wie anders lautet das Frühgedicht des „Stundenbuchs" „Werkleute sind wir ...", wo die Künstler an der Vollendung Gottes arbeiten und ihn, den „Dom", um ein weniges höher emporführen.

Eine Lösung des Ichzerfalls versucht die Parabel vom verlorenen Sohn vorzuschlagen, mit der der „Malte" schließt. Da ist es ein junger Mensch satt, von den Mitmenschen auf eine Rolle festgelegt zu werden — man denkt an *Max Frischs* „Andorra" —, löst sich aus ihrer Gemeinschaft und möchte seiner Person ledig werden, indem er sich „allgemein und anonym"[45] fühlen will und sich darum ganz den auf ihn einwirkenden Kräften der Natur überläßt, mit dem Ziel einer „innigen Indifferenz seines Herzens"[46]. Auf die Dauer mißlingt der Versuch. Eine andere Lösung ist die, welche in der Sängerin Abelone dargestellt wird. Diese muß vor einer Abendgesellschaft Lieder vortragen. Zuerst wirkt sie zaghaft, bis allmählich ihre Stimme eine solche Sicherheit gewinnt, daß die Kraft der Persönlichkeit die Zuhörer in Bann schlägt: wieder die Verbindung von Kunstvermögen und Ichgewinn[47]. Aber auch hier sind Grenzen gesetzt. Die erste der Duineserelegien beginnt mit den Engeln, deren Gestalt und Schönheit eine derartige Strahlungsintensität besitzen, daß der Mensch den Anblick nicht zu ertragen vermöchte: „Jeder Engel ist schrecklich."

Eigenartigerweise kann auch die Maske übermenschliche Kräfte an sich ziehen, und zwar ist als Maske ein Bühnenraum gesehen, der des antiken Theaters von Orange. „Dieses Ragende da mit der antlitzhaften Ordnung seiner Schatten, mit dem gesammelten Dunkel seiner Mitte, begrenzt, oben, von des Kranzgesimses gleichlockiger Haartracht: dies war die starke, alles verstellende antikische Maske, hinter der die Welt zum Gesicht zusammenschoß. Hier ... herrschte ein wartendes, leeres, saugendes Dasein: alles Geschehen war drüben: Götter und Schicksal. Und von drüben kam ... leicht, über den Wandgrat: der ewige Einzug der Himmel."[48]

Ausgerechnet Theater und Maske, sonst sozusagen unfehlbar Zeichen von Rollenspiel und Ichverlust, werden hier zu einem Inbegriff von Intensität der Existenz. Eine solche sucht Malte vergeblich. Das Werk schließt mit der Feststellung, der verlorene Sohn erstrebe die Verbindung mit Gott; „der aber wollte noch nicht"[49] und bleibt in „äußerstem Abstand"[50].

[45] Ebda. S. 942.
[46] Ebda. S. 939.
[47] Ebda. S. 936.
[48] Ebda. S. 921 f.
[49] Ebda. S. 946.
[50] Ebda. S. 943.

Gott ist offenbar fast bei all den behandelten Autoren das vollendete Ich schlechthin. Im Hinblick auf ihn meint Malte: „Aber innen und vor Dir, mein Gott, innen vor Dir, Zuschauer: sind wir nicht ohne Handlung? Wir entdecken wohl, daß wir die Rolle nicht wissen, wir suchen einen Spiegel, wir möchten abschminken und das Falsche abnehmen und wirklich sein. Aber irgendwo haftet uns noch ein Stück Verkleidung an ... Und so gehen wir herum, ein Gespött und eine Hälfte: weder Seiende, noch Schauspieler."[51] Das Gegenbild zu Abelone, der Bühnenwand von Orange und den Engeln aber ist jene hingekauerte Alte, die Malte einmal in Paris erblickt. Sie hat die Hände vor das Gesicht geschlagen und sieht so elend aus, daß zu fürchten ist, wenn sie die Hände wegnehme, gehe das Gesicht mit, und es sei nichts als das Fleisch zu sehen, ein „Kopf ohne Gesicht"[52].

Diese wenigen Querverbindungen deuten die Methode an, wie man den Stellenwert des Doppelgängererlebnisses im Werk eines Dichters ausfindig macht. Auf einen Nenner gebracht, bedeutet das Spiegelerlebnis des Knaben Malte eine Angst, ob der er ohnmächtig zusammenbricht. Geht man den Dingen auf den Grund, so ist *Rilke*s ganzes künstlerisches Schaffen und weltanschauliches Ringen darauf zurückzuführen, daß er aus der Wesenlosigkeit zum personhaften Sein und aus dem Weltverlust zu einer allumspannenden Weltschau zu gelangen suchte: bei seinen Voraussetzungen ein von vornherein aussichtsloses Unterfangen, auch wenn er erstaunlich viel geleistet hat. Welch weiter Weg, in der Form und im weltanschaulichen Inhalt, konnte von den schülerhaften, sentimentalen und dünnen ersten Gedichten bis zum Spätwerk zurückgelegt werden!

Blicken wir zurück! Das wohlbekannte Phänomen der Doppelgängererfahrung stellt sich für den Literaturhistoriker anders als für den Psychiater, auch wenn der Überschneidungen viele sind. Für ihn wird es, mindestens bei wirklichen Dichtern, zu einem künstlerischen Symbol, dessen Gehalt sich erst aus einer Interpretation des jeweiligen Gesamtwerks ergibt. Oder andersherum gesagt: die dichterische Phantasie bemächtigt sich einer Erfahrung, die zahllosen Menschen möglich ist, in einer solchen Art, daß daraus etwas Einmaliges wird, das zum Verständnis des eigenen Ichs, des Menschen und des Daseins überhaupt in bedeutender Weise beiträgt. In diesem Sinne erweist sich Dichtung als eine Schwester der Philosophie, auch wenn sie mit ganz andern Mitteln arbeitet. Aber auch der Psychiater geht nicht leer aus. Der Schluß ist gewiß erlaubt, daß auch jeder nichtdichterische Mensch, der es mit seinem Doppelgänger zu tun bekommt, diese Erfahrung in je individueller Abwandlung verarbeiten dürfte, und welche Unzahl von Möglichkeiten dafür offenstehen, kann gerade das Studium der Dichter ahnen lassen.

[51] Ebda. S. 920 f.
[52] Ebda. S. 712.

D. NEUERE HERMETISCHE LYRIK UND SCHIZOPHRENE SPRACHE

1. *Ähnlichkeiten zwischen hermetischer Lyrik und schizophrener Sprache*

Wir haben bis jetzt einzelne Dichterpersönlichkeiten und ihre Werke auf die Frage hin untersucht, inwieweit psychopathologische Züge ihnen eigen sind und inwieweit Zusammenhänge zwischen Psychopathologie und Kreativität vorkommen. Als ein Modell der Psychopathologie haben wir die Geisteskrankheit, insbesondere die Schizophrenie, betrachtet.

Im Folgenden soll nun das Verhältnis von Psychopathologie und Dichtung einmal von einem entgegengesetzten Gesichtspunkt aus aufgerollt werden. Wie also, wenn wir von Einzelpersönlichkeiten und ihrer Problematik bzw. ihrer psychodynamischen Struktur ausgehend, umgekehrt nach den *Beziehungen zwischen neuerer Dichtung und Psychopathologie* fragen? Sind wir zu solchen Fragen berechtigt, und was ist unser Anlaß dazu?

Das Thema der Beziehungen zwischen Psychopathologie und Dichtung ist heute weitaus aktueller als noch vor einem Jahrhundert. Menschen, die sich fraglos mit dem eigenen Selbstbild identifizieren können, neigen dazu, das, was von diesem Bild abweicht, als nur pathologisch zu beschreiben. Erst, wenn diese Sicherheit, im Besitze des Gesunden, der Norm zu sein, verlorengeht, öffnen sich dem Betrachter die Augen für eine neue Beziehung zwischen Psychopathologie und Dichtung.

Diese Beziehung können wir aber an Hand der neueren Dichtung erst besprechen, nachdem wir uns einige wesentliche Sprachkommunikationen und logische Strukturen der schizophrenen Psychopathologie vergegenwärtigt haben.

Eine Eigentümlichkeit der Schizophrenie besteht in einer *besonderen Handhabung der Sprache*, die auf eine von der Norm abweichende Denkweise der Patienten schließen läßt und die *ihre Äußerungen oft dem unmittelbaren Verständnis entzieht*.

Ich möchte Beispiele dazu anführen und diesen Sachverhalt ein wenig veranschaulichen, um die scheinbaren Berührungspunkte der schizophrenen Sprache mit der neueren Lyrik genauer untersuchen zu können.

Zunächst zur *Schizophrenie*. Es fällt hier auf, daß schizophrene Patienten *Worte aus ihrem gewöhnlichen Bedeutungskontext herauslösen und einzelne Assoziationen so überbewerten, daß es zu neuen, unerwarteten Sinnverbindungen kommt.* Gewisse sinn-notwendige Assoziationen werden z. B. ausgelassen, andere dagegen überbetont; symbolische Ähnlichkeiten werden vom Schizophrenen wie Gleichheiten behandelt; die Sprache des Patienten wird metaphorisch, ohne daß klar ersichtlich ist, ob der Patient seinen Ausdruck symbolisch versteht oder das Symbol buchstäblich als Realität begreift.

Beispiele:

Ein Patient wird einem Arzt zugewiesen, welcher Dr. Faust heißt. „Mich wird eben der Teufel holen!" meint dazu der Kranke. Auf Befragen gibt er folgenden Gedankengang wieder: der Name des Arztes habe ihn an Faust erinnert, der seine Seele dem Teufel verkaufte. Er habe dann dieses Schicksal auf sich selbst übertragen.

Eine andere Patientin hat einen Arzt aufgesucht, welcher Dr. Diethelm heißt. „Tatsächlich, er beschützt mich", sagt die Kranke. Befragt, wie sie dies meine, antwortet sie, daß Diethelm – Helm, also Schutz bedeute.

Eine dritte Patientin erklärt, daß sie die Schweiz sei. Der Gedankengang entwickelt sich bei ihr wie folgt: „Die Schweiz ist frei, ich bin auch frei: also bin ich die Schweiz." Zwei Begriffe, „ich" und die „Schweiz", welche nur ein gemeinsames Attribut haben, eben die Qualifikation der Freiheit, werden deswegen als Synonyme gebraucht, während andere differenzierende Attribute nicht beachtet werden. Aus einer geringen Teilgemeinsamkeit der Attribute wird auf eine Identität der Subjekte geschlossen.

„Unter den Grundsymptomen der Schizophrenie", schreiben *E.* und *M. Bleuler*, „sind die Störungen des Gedankenganges besonders wichtig. *Die normalen Ideenverbindungen büßen an Festigkeit ein; beliebige andere treten an ihre Stelle*[1]. Es können sogar aufeinanderfolgende Glieder der Beziehung zueinander ganz entbehren, so daß das Denken unzusammenhängend wird." „Das Wesentliche der schizophrenen Assoziations- und Denkstörung ist durchaus nicht bloß dadurch gekennzeichnet, daß die einzelnen Assoziations- und Denkketten bloß (wie beim unzusammenhängenden Denken) untereinander oder mit der äußeren Situation nicht zusammenhängen. Vielmehr hängen sie oft in einer krankhaften Art zusammen: manchmal fehlen nur einzelne der zahlreichen Fäden, die unsere Gedanken einleiten. Das kann sich schon in einer Wandelbarkeit und Unklarheit von Begriffen, und zwar auch der gewöhnlichsten, äußern; der Vater kann von sich als Mutter seiner Kinder sprechen. Dieser Begriff drängt sich beispielsweise an die Stelle des richtigen Vaterbegriffes deshalb, weil er gerade von der liebenden Sorge für die Kinder redet, die ja häufiger mit der Mutter als mit dem Vater in Beziehung gebracht wird; zugleich existiert aber dann die Differenz zwischen ihm selbst und der Mutter (seiner Frau) nicht mehr."

„Kein Gesunder", sagt *Bleuler*, „denkt an Kristallwasser, wenn ihm das Wasser das Haus fortschwemmt, und niemand an die Tragfähigkeit desselben für Schiffe, wenn er sich damit den Durst stillen will. Die Unvollständigkeit der Begriffe erleichtert das Zustandekommen von Verdichtungen, die denn auch bei der Schizophrenie ungemein häufig sind. Verschiedene Geliebte, verschiedene Aufenthaltsorte werden nicht mehr auseinanderge-

[1] Hervorhebung von mir.

halten; das eine Mal ist der eine Geliebte, der eine Ort der Repräsentant des ganzen Sammelbegriffes, das andere Mal ein anderer. Hierbei ist aber der Ausdruck Sammelbegriff in einem anderen Sinn als dem geläufigen gebraucht. Für den Patienten entstehen durch solche Verdichtungen keine Kollektivbegriffe; er meint, einen Individualbegriff zu haben, und nur dem Beobachter kommt es zum Bewußtsein, daß in dem Begriff verschiedene Einzeldinge stecken. *Beispiele von Verdichtungen lauten etwa Dampfsegel, aus Dampfschiff und Segelschiff, und ‚trauram' aus traurig und grausam, oder der Satz: ‚Der Herrgott ist das Schiff der Wüste', wobei Ideen aus der Bibel von Gott und Wüste und Kamel mit dem in anderem Zusammenhang erworbenen bildlichen Ausdruck für das nützliche Tier in einen unsinnigen Satz zusammengeschweißt werden."*[2] Oft tritt ein Begriff für einen anderen ein, was wir als eine Verschiebung bezeichnen. Ein Spezialfall der Verschiebung ist das Symbol, das in der Schizophrenie eine große Rolle spielt, aber nicht in seiner üblichen Verwendung, sondern in der Art, daß es an die Stelle des ursprünglichen Begriffes tritt, ohne daß der Patient es merkt: Er sieht Feuer oder wird gebrannt, indem er diese Vorstellungen, die das normale Symbol für Liebesgefühle und Liebesgedanken sind, als Wirklichkeit halluziniert.

„Postillion d'amour", „Briefträger der Liebe", nennt eine schizophrene Patientin den Bleistift, weil dieser auch zum Schreiben von Liebesbriefen gebraucht wird. Es genügt eine Qualität, um das Wesen des Gegenstandes zu bezeichnen. Wenn verschiedene in ihrem Bedeutungszusammenhang einseitig behandelte Begriffe dann in Form von Sätzen in Beziehung zueinander gebracht werden, entsteht eine Sprache, die chiffriert, zerfahren, selbstverborgen und abstrakt wirkt. Ein Begriff wird als Ersatz eines anderen gebraucht, wobei keine allgemeinen Konventionen der Verständigung, sondern eigenwillige Phantasie und Wunschgedanken die Wahl bestimmen; zwei verschiedene Begriffe, die auch ganz verschiedene Dinge bezeichnen sollten, werden zu einem Ausdruck verdichtet; Sinnverschiebungen von einem Wort zum anderen finden statt; Worte werden jeweils als konkrete Dinge verstanden, die nicht etwas bedeuten, sondern die etwas sind.

Es gibt nun in der normalen Psychologie einen Zustand, der an denjenigen der Psychose erinnert: den Zustand des *Traumes.* Die Sprache unserer Träume wird wie diejenige der Psychose von „paläologischen" *(Arieti)* Gesetzen bestimmt. *Freud,* ihr Entdecker, nannte sie „primäre Prozesse", um sie von den sekundären Prozessen des wachen Denkens zu unterscheiden.

Das mir gestellte Thema betrifft nun die Beziehungen, die Verwandtschaften und die Unterschiede zwischen neuerer Lyrik einerseits und schizophrener Sprache andererseits. Das Thema ist umfangreich, weil es einen

---

[2] Hervorhebung von mir.

Einblick sowohl in die Zeugnisse moderner Lyriker wie auch in die Sprachleistungen und schließlich auch in die Dichtungen schizophrener, nicht genial veranlagter Patienten beinhaltet. Wir heben nur einige Züge hervor.

Gehen wir zur neueren Lyrik über. Wir besprechen sie vorwiegend an Hand der Kommentare von Philologen, etwa eines *Hugo Friedrich*, der befugter ist als wir, über Form und Substanz moderner Dichtung von seinem Fach aus zu urteilen. Unser Beitrag zu der Darstellung ist, daß wir die Wesensmerkmale, die der Philologe an moderner Dichtung hervorhebt, mit dem in Zusammenhang bringen, was wir über die Psychopathologie der Schizophrenie und schizophrene sprachliche Dokumente wissen.

Neuere Lyrik ist ein einmaliges geschichtliches Phänomen. Mallarmé meint, daß der Geist der modernen Lyrik noch bei Orpheus gewaltet habe, daß die Dichtung aber diesen Pfad „seit der Abirrung Homers" verloren habe. „Plötzlich, in der zweiten Hälfte des 19. Jahrhunderts (mit *Mallarmé*) entstand eine radikale *Verschiedenheit* zwischen üblicher und dichterischer Sprache, eine übermäßige Spannung, die, im Verein mit den dunklen Gestalten, Verwirrung hervorruft." Das geläufige Wortmaterial tritt in ungewohnten Bedeutungen auf. Wörter, die entlegenstem Spezialistentum entstammen, werden lyrisch elektrisiert. Die Syntax entgliedert sich oder schrumpft zu absichtsvoll primitiven Nominalaussagen. Das älteste Mittel der Poesie, Vergleiche und Metapher, wird in einer neuen Weise gehandhabt, die das natürliche Vergleichsglied umgeht und eine irreale Vereinigung des Dinglichen und des logisch Unvereinbaren erzeugt."

Wie sehr bloße Klangassoziationen gerade das Wesen eines modernen Gedichtes ausmachen können, zeigt die häufig bestehende Unmöglichkeit, sie zu übersetzen; denn in der Übersetzung werden die Klangassoziationen, *und somit das Entscheidende am Gedicht*, verändert. *Friedrich* nennt folgendes Beipiel:

„Es steht in dem Prosagedicht Métropolitain der Satz: ‚et les atroces fleurs qu'on appellerait coeurs, et soeurs damas de langueur.' Wollte man das übersetzen, so käme Folgendes zustande: ‚und die grausamen Blüten, man könnte sie Herzen und Schwestern nennen, vor Sehnsucht verdammenden Damast.' Aber — fährt der Philologe fort — die Übersetzung ist falsch — nicht weil sie Unsinn ergibt (der steht auch im Original), sondern weil sie dasjenige verfehlt, was Ursprung des Satzes ist, die Sprachzeugung. Der Satz ist eine abstrakte Tonfolge von Assonanzen und Alliterationen."

„Vokalische und konsonantische Ähnlichkeiten bestimmen die Tonfolge so, daß die Bedeutung der von ihr aufgerufenen Wörter keinen Bild- oder Gedankenzusammenhang mehr ergeben. Warum sollten Blüten ‚Herzen und Schwestern' heißen? Aus keinem anderen Grund, als weil sie im

Französischen den gleichen Vokal enthalten wie die Blüten (fleurs, coeurs, soeurs)."

Man vergleiche diese Feststellungen mit denjenigen eines *Bleuler:* „Infolge des Mangelns eines Zieles gerät der schizophrene Gedankengang so leicht in Nebenassoziationen, daß unter Umständen bloße Alliterationen die leitenden Faktoren werden, wie in ‚Schuh' — ‚Schönheit'. Nebenbei möchte ich bemerken, daß dies als ein Beispiel gelten dürfte, wie schizophrenes Denken zwei Inhalte, die sich sprachlich überschneiden, gleichsetzt. Der gemeinsame Konsonant, oder gemeinsame Vokal dient hier zur Identitätsbildung."

In der modernen Lyrik kommen Synästhesien, d. h. Verdichtungen von verschiedenen Sinnesempfindungen zustande wie: „Schritte ergrünen", „deine grünen Purpuraugen", „grüne Sonne", „grünes Gold", „grüner Geruch", „grüne Musik". Doch vergißt man über dem Schulbegriff der Synästhesie, daß es sich um Akte der Verfremdung handelt[3]. Scheinbare Gleichnisse und Metaphern der Realität werden als konkrete Realitäten behandelt: Es sind Einblendungen eines zweiten Bereiches. Bei *Garcia Lorca* liest man: „Es ziehen schwarze Pferde über die tiefen Wege der Gitarre." *Eluard:* „In der stürmischen Ebene faulen die Wurzeln des Stöhnens." *Garcia Lorca:* „Der Mond mäht langsam das alte Zittern des Flusses." *Guillén:* „Oktober, Insel des genauen Profils" — *Valéry:* „Das stille Dach" — erst nachher erfährt man, es ist das Meer gemeint. *Rimbaud:* „Der Zwieback der Straße", „der König auf seinem Bauch stehe", „azurrot". „Die moderne Metapher verflüchtigt oder vernichtet die Analogie, spricht nicht ein Zueinandergehören aus, sondern zwingt das Auseinanderstrebende zusammen." „Die Metapher wird zum absoluten Bild, das nur noch entfernte Spuren eines Abbildes besitzt und das weniger einem Vergleichen entstammt als vielmehr einem Sprung, einem Weitsprung." *(Friedrich)*

„Moderne Lyrik nötigt die Sprache zu der paradoxen Aufgabe, einen Sinn gleichzeitig auszusagen wie zu verbergen. Dunkelheit ist zum durchgängigen ästhetischen Prinzip geworden." (Ebd).

„Die Dunkelheit liegt in den Gehalten wie in den stilistischen Mitteln. Das Gedicht spricht von Vorgängen, Wesen oder Dingen, über deren Ursache und Zeitlichkeit der Leser nicht informiert ist und nicht informiert wird. Aussagen werden nicht gerundet, sondern abgebrochen. Vielfach besteht der Gehalt nur aus wechselnden Sprachhaltungen, schroffen oder hastigen oder weich gleitenden, für welche die gegenständlichen oder affektiven Vorgänge nur Material sind, ohne eigenen Sinn. Die stilistischen Mittel, welche die gehaltliche Dunkelheit unterstützen, sind: Funktionsveränderungen der Positionen, der Adjektive und Adverbe, der tempora-

---

[3] Ich erinnere mich noch an eine Vorlesung des alten Prof. *Kleist,* der als Beweis dafür, daß der Schizophrene unter einer hirnorganischen Störung leiden müsse, das Beispiel einer seiner Kranken anführte, die Bleistift „Postillon d'amour" genannt hatte. Der Dichter *Rimbaud* nennt aber die Seele „eine Silbersäule".

len und modalen Verbformen, Umschichtungen der normalen Satzordnung, Neigung zu offenen Sätzen, etwa derart, daß ein Satz nur aus Nomina besteht, zu denen kein Verbum tritt, oder daß ein Nebensatz geschrieben wird, auf den kein Hauptsatz folgt; artikelloser Gebrauch der Substantive, Wortbedeutungen, die sich nur aus der Wortwurzel erklären, aber heute nicht mehr geläufig sind." (Ebd.).

„Das Wort, das Bild, der Satz haben nicht mehr die Funktion, etwas mitzuteilen; sie wollen unbestimmt anrufen, sie wehren im gleichen Augenblick ab, wie sie ansprechen, ja sie stellen sich als selbständige Gebilde zwischen Sender und Empfänger, nicht wesensverschieden von psychischen Vorgängen, die sich gegenüber dem Ich des Autors verselbständigen und ihm nicht mehr gehören." *Yeats* wünscht, daß das Gedicht die neuen Bedeutungen annehmen soll, die der Leser in es hineinlegt. Für *T. S. Eliot* ist das Gedicht ein unabhängiges Objekt, das zwischen Autor und Leser steht, wobei aber die Beziehung zwischen Autor und Gedicht eine andere ist als zwischen Leser und Gedicht; das Gedicht gerät durch den Leser in ein neues Bedeutungsspiel. *Salina* schreibt: „Poesie ist angewiesen auf jene höhere Form der Deutung, die im Mißverstehen liegt. Der Begriff des Verstehens ist dem Begriff des Weiterdichtens gewichen."

Zwischen Psychopathologie und Dichtung, zwischen banalem Zufall und verborgener Mitteilung bestehen dann fließende Grenzen. Die Ratlosigkeit der Kritik ist die Folge einer modisch gewordenen Verborgenheit.

In Australien machten sich vor einiger Zeit ein paar Leute den Spaß, möglichst unsinnige Verse als angeblichen Nachlaß eines angeblichen Bergarbeiters zu veröffentlichen; die Kritik war ergriffen vom „Tiefsinn der Verse". Eine amerikanische Yeats-Ausgabe enthielt eine Stelle, die „soldier Aristotle" hieß. Das war ein Druckfehler für „solider Aristotle". Ein junger Poet, der den Druckfehler nicht bemerkte, bestaunte das Mysterium des „Soldaten Aristoteles".

Es gibt eine „geschichtliche Lage des modernen Geistes. Durch übermäßige Bedrohung seiner Freiheit wird sein Drang in die Freiheit übermäßig. Sein Künstlertum kommt in der gegenständlichen geschichtlichen Wirklichkeit so wenig mehr zur Ruhe wie in der echten Transzendenz". Die erstere ist zu eng, die zweite ist leer. „Darum ist sein dichterisches Reich die von ihm erschaffene irreale Welt, die nur Kraft des Wortes existiert." *(Friedrich)*

In dieser Lyrik zerfällt der Raum, er verliert seine Kohärenz und die normale Richtungsordnung seiner Dimensionen. *Schiller* hatte einst an einem Gedicht auszusetzen, daß es vom Saum der Berge und sofort danach von einer Talwiese spreche; nach realer Raumgliederung urteilend, mißbilligte er dies als einen Sprung, der „die Stetigkeit der Zusammenhänge" unterbreche.

Wie anders in der modernen Lyrik! Bei *Trakl* liest man: „Ein weißes Sternenhemd verbrennt die tragenden Schultern." In dieser Verschmelzung mit einer menschlichen Figur ist der Raum überhaupt aufgehoben.

In *Apollinaires* „Zone" herrscht Gleichzeitigkeit aller Räume: Prag, Marseille, Koblenz, Amsterdam sind der Simultanschauplatz ein und desselben äußeren und inneren Geschehens.

Bei *Valéry* schläft das Meer über den Gräbern; bei *R. Alberti* ist „über den Sternen der Wind und über dem Wind das Segel".

Dazu gehört auch die Verkehrung anderer Sachordnungen. „Luft atmet bitteres Laub aus" *(Quasimodo)*; „die dunkle, tastbare Feuchte riecht nach Brücke" *(Guillén)*. „Im letzten Beispiel ist übrigens eine Erscheinung zu beobachten, die man unter den Begriff versetztes Beiwort reihen kann: ‚Tastbar', eigentlich zur Brücke gehörend, wird Qualität der fast unstofflichen Feuchte."

„Modern ist, daß ... kreativer Phantasie und eigenmächtiger Sprache entsprungene Welt Feindin der realen Welt ist." *(Friedrich)*

Auch die Zeit erhält eine abnorme Funktion. Das geschieht vorwiegend so, daß ein Gedicht beliebig zwischen den Tempora wechselt, ohne daß der Aussageinhalt zu solchem Wechsel paßt.

„In einem Gedicht von *M.-L. Kaschnitz* bringen die ersten fünf Verse in zeitwortlosen Normalaussagen so etwas wie einen realen Vorgang: Hinaufreiten zu einer kleinen Bergstadt; dann treten Verben auf, aber in einem gleichsam überzeitlichen Imperfekt, das die verschiedenen Zeitstufen (darunter eine zukünftige) in sich faßt, in denen die weiteren, nur aber traumhaften Vorgänge zu denken wären — wenn man sie zu ‚denken' hätte. Man sieht: der ‚reale', in der empirischen Zeit verlaufende Vorgang erscheint ohne Zeiten, der irreale dagegen in mehreren Verben, deren Zeitstufe allerdings irreal ist, weil sie, Künftiges als Vergangenes aussagend, die Unterschiede zwischen beiden beseitigt." (Ebd.)

Ein Vers von *Eliot* lautet: „Geh, sprach der Vogel, denn das Laub war voller Kinder." Der Vers setzt eine scheinkausale Beziehung zwischen Beziehungslosem; allein kraft der Phantasie wird das im zweiten Versteil Gesagte ein „Grund" für den Ruf des Vogels. „Was in der älteren Lyrik möglich, aber selten war, die Paradoxie nämlich, daß gegenständliche oder geschehnishafte Beziehungen durch Auslassen kausaler, finaler, adversativer oder sonstiger Konjunktionen gestört, währenddem umgekehrt Dinge oder Vorgänge, die nichts miteinander zu tun haben, eben durch solche Konjunktionen verbunden werden, wird hier zur Regel." (Ebd.)

„Die Symboldeutungen wechseln von Autor zu Autor, müßten aus diesem selbst jeweilig erschlossen werden, mit dem häufigen Ergebnis, daß sie überhaupt nicht ergründbar sind. „Kutschen fahren über den Himmel, in der Tiefe eines Sees liegt ein Salon, über höchsten Berggipfeln schwebt das Meer, Eisenbahnschienen laufen durch und über ein Hotel, der Notar hängt an seinen Uhrkettchen." (Álvarez) „eBtrübt bis in den Tod durch das Murmeln der Milch des Morgens, der Nacht des letzten Jahrhunderts." *(Rimbaud)*

„Geschichtliche Übernahmen, Anspielungen und Zitate sind geisterhafte, wahllos herangeholte Reste einer geborstenen Vergangenheit ... Ihre Wirkung aber ist die des Chaos. Sie gehören, wie auch die grenzenlose Aufnahme rangnivellierter Dingwelten, zum Stil der Beliebigkeit, der Inkohärenz, des Ineinanderschiebens von allem mit allem." *(Friedrich)*

„Die Enthumanisierung erfolgt in der Beseitigung natürlicher Gefühlslagen, in der Umkehr der früher gültigen Stufenordnung zwischen Ding und Mensch, auf deren unterste Stufe der Mensch gedrückt wird." (Ebd.)

„Es hat keinen Sinn, moderne Lyrik danach abzufragen, wo sie Freude und wo sie Trauer kundgibt. Solche Inhalte, die gewiß da sind, schwingen hinaus oder zurück in eine Zone, wo die Seele weiter, kühler wird als der empfindende Mensch." (Ebd.)

„Das empfangende Ich ist fiktiv, ist bloßer Träger der Sprache. Diese freilich ist alles andere als realistisch. Diese läßt die Dinge sehr erstarren oder gibt ihnen ein so seltsames Leben, daß eine geisterhafte Unwirklichkeit entsteht. Ausgeschieden aber ist der Mensch." (Ebd.)

Angst bildet einen obligatorischen Bestand zeitnaher Poesie. Auch „die besten und männlichsten Texte zeigen die Echtheit dieser Grunderfahrung." (Ebd.)

„*Goethe* schrieb ein Gedicht ‚Meeresstille'. Es spricht vom lähmenden Bann des Fürchterlichen, der ungeheuer reglosen Welt. Aber ein zweites gehört dazu, ‚Glückliche Fahrt'; das Fürchterliche zieht ab, das ‚ängstliche' Band löst sich, der Schiffer faßt Mut, und schon taucht in der Ferne das rettende Land auf. Solches Dichten duldete das Fürchterliche und die Angst nur als Übergang zur Helle und Hoffnung. Man wird in der modernen Lyrik kaum einen Text finden, der, wenn er in der Angst beginnt, sich ihr entwindet." (Ebd.)

„In *Flauberts* späten Romanen war die Kontaktstörung zum Gesetz des inneren wie äußeren Stils geworden; die Dinge verhalten sich konträr zum Menschen: leidet er, so leuchten und blühen sie auf — fährt einer zur Geliebten, so ziehen trostlose Vorstadthäuser neben seiner Straße vorüber; eine Ursituation dieser Romane ist, daß Leute sich gegenseitig verfehlen, räumlich wie seelisch, und daß keiner sein Ziel erreicht; die parataktischen, konjunktionsarmen Sätze spiegeln stilistisch den Zerfall der Handlung in ein Aggregat, dessen Einzelvorgänge kaum noch kausal auseinander hervorgehen." (Ebd.)

„Einstmals waren Engel Licht- und Gnadenbringer für den Menschen und waren auch dann, wenn sie als Rächer Gottes Schrecken brachten, zum Menschen gesandt. Hier aber kennen sie den Menschen nicht mehr, sind seiner überdrüssig geworden, so sehr, daß er sich nur noch Bilder des Häßlichen und Abgestorbenen von ihnen machen kann." „Die ineinandergeblendeten Dinge kreisen im Beliebigen und Vertauschbaren — wie übri-

gens auch der Text selber; von seinen zehn Versen ließen sich mindestens drei oder vier umstellen, ohne daß damit sein Organismus gestört würde." (Ebd.)
„Die Einblendungstechnik bildet, bis zur Gegenwart, eine der vielen Gemeinsamkeiten zwischen Dichtung und Malerei." „Wie die Dichtung mittels Metapher, so bewirkt die Malerei mittels Metaphern eine Umsetzung des Gegenständlichen zu Gebilden, die es in der realen Welt nicht gibt." (Ebd.)
„Wenn das moderne Gedicht Wirklichkeit berührt — der Dinge wie der Menschen — so behandelt es sie nicht beschreibend und nicht mit der Wärme eines vertrauten Sehens und Fühlens. Es führt sie ins Unvertraute, verfremdet sie, deformiert sie." (Ebd.)
Kontrast, Ambivalenz, Spannung von unversöhnlichen Gegensätzen, die auseinanderfallen bis zur Spaltung, Mangel einer Synthese, gehören zum Bild der Schizophrenie.
Moderne Lyrik lebt nun aus schmerzlichen, fast unerträglichen Kontrasten, die die Verständlichkeit aufheben.

2. *Unterschiede zwischen neuerer Lyrik und schizophrener Sprache*

Wir würden uns schaler Oberflächlichkeit, des bloßen Analogiedenkens schuldig machen, wenn wir im Vergleich zwischen neuerer Lyrik und Schizophrenie nur die Ähnlichkeiten sehen würden. Ja, indem wir diese Ähnlichkeiten als Wesensgleichheit verstehen würden, wären wir in unserem Denken von jenen schizophrenen Patienten nicht weit entfernt, von denen wir sagten, daß sie eine Identität der Subjekte auf Grund der Gemeinsamkeit gewisser prädikativer Attribute annehmen. Unser Denken würde gewissermaßen im gleichen Moment schizophrene Züge annehmen, wo wir versuchten, die Eigenart schizophrenen Denkens in der neueren Dichtung zu erfassen.
Wir hoffen aber, diesem Irrtum entgangen zu sein. Wir glauben zu wissen, daß Schizophrenie ein zu komplexes Phänomen ist, als daß man mit gutem Gewissen versuchen könnte, ihr Wesen nur in einem einzelnen Symptom, etwa in der Pathologie der Sprache oder im Wahn oder in der Besonderheit der Sinnestäuschungen oder in irgend etwas Anderem zu erfassen.
Die *erste* Tatsache ist also die, daß es einerseits gestattet ist, zwischen sprachlicher Handhabung in der neueren Lyrik und derjenigen in der Schizophrenie zu vergleichen, daß es aber anderseits unzulässig ist, aus einer schizophrenen Handhabung der Sprache in der neueren Lyrik auf eine Schizophrenie zu schließen.

Damit haben wir den Unterschied gewissermaßen negativ erfaßt. Wir können ihn aber umgekehrt auch positiv formulieren: Es kommt in der modernen Lyrik in der schizophrenen Handhabung der Sprache meistens jenes „etwas" hinzu, das wir vorläufig nicht näher formulieren, dem wir uns nur schrittweise nähern wollen, jenes „etwas", das uns bei großen Lyrikern spüren läßt, wie der *Dichter an einer wichtigen Ader der Existenz steht,* in einer Beziehung mit dieser, als ganzer Mensch engagiert ist. Schöpferisches ist in der modernen Lyrik von Sachverständigen und Verstehenden eindeutig festgestellt worden: „Diese Bewegungen, an den irrealen Sinnlichkeiten mehr spürbar als sichtbar werdend, sind absolute Dynamismen. Auch die Bewegungen der Satzperioden sind dies: crescendierende, dazwischen retardierte Aufstiege bis zur Textmitte, von da ein breiter Boden, zuerst schwebend, dann stockend absinkend, bis der Schluß den Bogen nun plötzlich steil herunterreißt. Solche Bewegungen, nicht der ‚Inhalt', ordnen das Gedicht. Seine Faszination nimmt zu, je öfter man es liest." (Friedrich) Anders ist die Situation, wie wir später sehen werden, beim schizophrenen Gedicht.

Zweitens ist die kommunikative Absicht der modernen Lyrik, bei aller Schwierigkeit der formalen Verständigung, doch eine andere als in der autistischen Psychose.

Ich möchte mich hier dem Problem nähern, indem ich zunächst einige Zeilen wiedergebe, die andeuten, wie ein moderner Dichter seine Kunst versteht: „Vielleicht", sagt *Celan* in einer Rede, „vielleicht gelingt es der Dichtung, zwischen Fremd und Fremd zu unterscheiden. Vielleicht wird hier mit dem Ich — mit dem hier und solcherart freigesetzten und befremdeten Ich — vielleicht wird hier noch ein Anderes frei?

Das Gedicht behauptet sich am Rande seiner selbst; es ruft und holt sich, um bestehen zu können, aus seinem Schon-nicht-mehr in sein Immernoch zurück."

Man merkt aus diesen Zeilen das Sich-Mühen um Kommunikation. *Der dritte Unterschied ist die verschiedene Freiheit in der Absonderung.* Schizophrene Dichtung ist oft dunkel, weil die Kommunikationsfähigkeit des Kranken auch sonst — auch in seiner alltäglichen Sprache — mehr oder weniger *gestört* ist.

Die Dunkelheit moderner (nicht geisteskranker) Lyrik ist *aber vorsätzlich. Baudelaire* meint: „Es liegt ein gewisser Ruhm darin, nicht verstanden zu werden." Dichten ist nach *Benn* „die entscheidenden Dinge in die Sprache des Unverständlichen erheben, sich hingeben an Dinge, die verdienen, daß man niemanden von ihnen überzeugt". Und *Montale:* „Keiner schriebe Verse, wenn das Problem der Dichtung darin bestünde, sich verständlich zu machen."

Ein anderes Mal prägt *Baudelaire* das Wort von der „leidenschaftlichen Lust am Widerstand"; er rühmt sich, den Leser zu irritieren und nicht mehr von ihm verstanden zu werden. *Friedrich:* „Wer überraschend befremden will, muß sich abnormer Mittel bedienen." Es besteht also die Möglichkeit, einen besonderen Kommunikationswillen in der formalen Negation anzunehmen. Diese intrapsychische Spannung zwischen abwehrendem Ausdruck und kommunikativem Schock- und Überraschungswillen ist dem Schizophrenen, dessen Negativismus und Autismus höchstens eine hilflose Suche, wenn überhaupt, nach dem Mitmenschen verbergen, nicht eigen.

Klangassoziationen bestimmen oft den Gedankengang des nicht schizophrenen Lyrikers, aber doch so, daß sie nur Vektoren einer sich ihrer bedienenden geistigen Gestaltungskraft sind:

„Wie in der modernen Malerei das autonom gewordene Farb- und Formgefüge alles Gegenständliche verschiebt oder völlig beseitigt, um nur sich selber zu erfüllen, so kann in der Lyrik das autonome Bewegungsgefüge der Sprache, das Bedürfnis nach sinnfreien Klangfolgen und Intensitätskurven bewirken, daß das Gedicht nicht mehr von seinen Aussageinhalten her zu verstehen ist." *(Friedrich)*

Die Gemeinschaft der Verstehenden aber wird in der modernen Dichtung nicht ganz so zerrissen wie in der Schizophrenie: „Wohl ist noch ein Verstehen angestrebt. Aber es ist das Verstehen weniger Eingeweihter." *(Friedrich)*

Beide, Kranke und Dichter, stehen ihrem Unbewußten besonders nahe. Die Eruption primärer Prozesse verbindet sich immer mit einer Auslieferung des Ichs an sie, das heißt, mit dem Erleben, nicht ganz um deren Sinn zu wissen.

Ich erinnere mich an eine schizophrene Patientin, die ständig in Symbolen und Metaphern sprach. Oft gelangen ihr metaphorische Formulierungen von ungewöhnlicher Aussagekraft, die ich, mich in sie einfühlend, sinngemäß erfassen konnte. Andere Male fragte ich sie, was der dunkel wirkende, bedeutungsschwere, aber nicht zu entziffernde Satz gemeint habe. Die — oft von leiser Ungeduld begleitete Antwort — war immer die, daß sie es nicht wisse oder daß es selbstverständlich nicht symbolisch gemeint sei!

Geht es dem modernen Dichter auch so? Nach einem Wort von *Eliot* sind dichterische Inhalte so unabsehbar in ihren Bedeutungen, daß sogar beim Dichter selbst das Wissen um den Sinn des Gedichteten äußerst begrenzt ist. *Aber der Dichter hat es in der Hand, den Grad der Nähe zu seinem Unbewußten zu bestimmen,* gewissermaßen zu regulieren, Eingebungen und Tiefenbilder in ein Ausdrucksganzes hineinzuweben, wo auch sekundäre Prozesse der Gestaltung ihren Platz haben.

Einzelne Spracheigentümlichkeiten, die in der schizophrenen Sprache vorkommen, sind an sich noch lange keine Schizophrenie, so wie der Traum, der einen Teil unser aller Existenz ausmacht, keine Psychose ist. Schon *Novalis,* der große romantische Pionier der Denkweise moderner Lyriker, hebt das Postulat der „Klangassoziationen" hervor.

„Gedichte, bloß wohlklingend, aber auch ohne allen Sinn und Zusammenhang, höchstens einzelne Strophen verständlich, wie lauter Bruchstücke aus den verschiedensten Dingen. Ich möchte fast sagen: das Chaos muß in jeder Dichtung durchschimmern."

Mitten in der Parallele zwischen schizophrenen und nicht schizophrenen Klangassoziationen entdecken wir auch die Wesensverschiedenheit: „Neues Dichten bewirke allerdings ‚Entfremdung', um in die ‚höhere Heimat' zu führen. Seine ‚Operation' besteht darin, wie der ‚Analyst im mathematischen Sinne' aus dem Bekannten das Unbekannte abzuleiten. Thematisch", meint *Friedrich*, „folgt das Dichten dem Zufall, methodisch den Abstraktionen der Algebra . . . nämlich mit seinem Freisein von der gewöhnlichen Welt, die an ‚allzu großer Klarheit leidet'."

Schon hier besteht jenes Element des *aktiven Gestaltens, des Beabsichtigten*, des *bewußt und frei Operierens*, das die sekundären Prozesse kennzeichnet.

Vierter Unterschied: die verschiedene Gestaltungskraft.

Navratil [2] erfaßt eine Grundlage der schöpferischen Kraft, wenn er schreibt: „Schöpferische Leistungen entstehen durch die Unterdrückung von Trieben, die infolge ihrer Stärke das Ichgefüge zu sprengen drohen und die geistige Integrität des Individuums gefährden. Aus diesem Grund ist die unerhörte Anstrengung, die zur genialen Leistung führt, auch als das Ringen eines Menschen, der sich in Gefahr befindet, zu verstehen.

Auch der geistig Gesunde kennt jene emotionellen ‚Grenzspannungen', die die rationale Ordnung des Daseins erschüttern und ein tiefgehendes Gefühl der Unsicherheit aufkommen lassen. Von solchen Situationen gibt es fließende Übergänge zum Erlebnis der Depersonalisation: die Welt erscheint unwirklich, ratlos, und angsterfüllt ist der Betroffene."

Angst, Erschütterung und Depersonalisation genügen aber nicht, um Kunst zu begründen. Entscheidend ist die Gestaltungskraft, die geistige Fähigkeit, die Spannung wieder in eine große Form zu bringen, welche die Spannung sowohl wiedergibt als auch bewältigt. Literaturkritiker haben diesen Punkt schon betont. *Wolfgang Kayser* z. B. versteht in seiner Schrift: „Das Groteske in Malerei und Dichtung" das Groteske in der Kunst als Darstellung der sich plötzlich entfremdenden Welt. *Aber* er betont anderseits die Gestaltung dieser Situation als Versuch des Künstlers, „die Orientierung wiederzugeben, die Dingkategorien aufrechtzuerhalten, die Individualität zu wahren und dadurch das Dämonische zu bannen und zu beschwören."

Das Nebeneinander von scheinbarer Gestaltungslosigkeit und verborgenem starkem Gestaltungswillen, der sich z. B. in der Sorge *Rimbauds* um jedes einzelne Komma äußert — er konnte stundenlang über die Zweckmäßigkeit nachsinnen, ein Komma am Ende eines Satzes einzufügen oder wegzulassen —, gibt der modernen Lyrik den Charakter aristokratischer

Unnahbarkeit, die durch gezielte Meditation des Lesers überwunden werden will.

Bei einem geistesgesunden modernen Dichter lesen wir etwa die Worte: „Ich berechnete Form und Bewegung jedes Konsonanten und bildete mir ein, mittels eingeborener Rhythmen ein dichterisches Urwort zu finden, das früher oder später allen Sinnen zugänglich sein sollte." Projektionen auf die Welt, die Sprache, Dasein des Vollkommenen, das, wie ein Perpetuum mobile, uns Psychiatern oft als Urstoff des Wahnes begegnet?

Im Jahre 1928 schreibt *André Breton:* „Alles zielt dahin, zu glauben, daß ein bestimmter Punkt existiert, wo das Leben und der Tod, das Wirkliche und das Unwirkliche, die Vergangenheit und die Zukunft, das Aussprechbare und das Unausprechliche, das Obere und das Untere nicht mehr als Gegensätze wahrgenommen werden, und es ist vergeblich, hinter der surrealistischen Bewegung einen anderen Antrieb zu erkennen als die Hoffnung, diesen Punkt festzulegen." Man beachte nun aber den Unterschied zwischen diesen „aristokratischen" Konstruktionen und dem banalen Gehalt mancher schizophrener Gedichte.

Wir zitieren als Beispiel ein schizophrenes Gedicht aus dem Buch von *Navratil*[4]: „Schizophrenie und Sprache."

Alexander (ein schizophrener Patient) verstellt auch die Buchstaben. Ein Gedicht: „Die Liebe" lautet:

„Es war ein lieber Antwortbrief
da hieß es nur ein Anfang mit
„die Liebe-Liebe ist es nicht."
Da war der Anfang nicht darauf
was fehlte im hder liebe Hauch.
Wie immer war die Liebe da.
die Liebe
Wo auch st „ein leiser Hauch"."

Betrachten wir zunächst mit *Navratil* formstilistisch den Satz: „Was fehlte im hder liebe Hauch."

Hier ist das h aus ihm entfernt und dem unmittelbar folgenden Wort vorangestellt worden. Aber „hder" ist in diesem Kontext nicht völlig sinnlos, meint *Navratil;* es nimmt das H aus dem Worte „Hauch" vorweg und unterscheidet, ebenfalls klangmalend, dessen Bedeutung. Die letzte Zeile des Gedichtes lautet: „Wo auch st, ein leiser Hauch." Hier ist kein Buchstabe

[4] Zu den Gedichten seiner schizophrenen Patienten meint *Navratil:* „Ich konnte mich der seltsamen Mischung von scheinbarer Geistlosigkeit, wilkürlicher Destruktion, Zartheit des Ausdruckes und Eigenart der Form nicht mehr entziehen. Die schlechten Stellen in der Sprachproduktion des Kranken scheinen mit kein stichhaltiges Argument gegen den Wert der guten zu sein." Nicht alle Kenner sind freilich derselben Meinung. *Alfred Bader*, dem *Navratil* die Gedichte seiner schizophrenen Patienten zeigte, welche den Grundstein zu seinem Buch: „Schizophrenie und Sprache" darstellen, hielt nicht viel von diesen Versen. Sie kamen ihm langweilig, monoton und inhaltsarm vor. Er sagte: „Es hat mir die Gedichte in Erinnerung gerufen, die von einer elektronischen Maschine gemacht worden sind."

verstellt, sondern das i einfach weggelassen worden. Daraus ergibt sich zunächst eine verfremdende Wirkung, gleichzeitig aber wird „st" mehrdeutig, erinnert nicht nur an „ist", woraus es entstand, sondern läßt auch die Interjektion „pst" („still") anklingen. Das schafft zusammen mit dem folgenden, durch Anführungszeichen hervorgehobenen „ein leiser Hauch" eine eigentümliche Atmosphäre."

Zunächst möchte ich zustimmen: Schon am Anfang spürt der Dichter, daß der Geist der Liebe fehlt, der Brief beginnt mit einer Lücke, die der Dichter, den Brief kommentierend, konkretisiert, so daß mancher Buchstabe im Satzbau fehlt. (Konkretisierung ist ein bekanntes Symptom des schizophrenen Ausdruckes, aber auch der „sinnlichen Abstraktion" *(Friedrich)* der modernen Lyrik.) Nein, klagt der Dichter, im lieben Wortlaut fehlt der Hauch der Liebe. Dieses Fehlen des Hauches wird durch das beschreibende Wort so dargestellt, daß die Entstellung, welche dem Briefe eigen ist, in der Reflexion des Dichters wiedergegeben wird. Damit wird indirekt gesagt, daß, wenn der Hauch fehlt, auch der Stoff, die Areinanderreihung der konkreten Dinge, sich verändern muß. Aber das Leben hat zwei Gesichter: das weiß der Dichter. Der Brief möchte ein Liebesbrief sein: auch ohne Hauch ist es „Antwort". Und diese ist immer Liebe: „wie immer war die Liebe da", selbst dort, wo sie bruchstückhaft erscheint: als ein St und nicht als das, was ist.

Es sei hier an das Wort des Dichters *Yeats* erinnert, an seinen Wunsch, daß „das Gedicht soviele Bedeutungen annehmen soll, wie der Leser findet." Hier haben wir in *Navratil* einen Leser, der bei schizophrenen Versen immer eine Bedeutung herausspürt, die vielleicht nicht wesentlich verschieden ist von derjenigen, die ein Anderer beim modernen Gedicht erfaßt. *Das Gedicht lebt also für den Leser, gleich ob es von einem Schizophrenen stammt oder nicht.*

Eine Schwierigkeit besteht aber meines Erachtens darin, daß wir zum Geisteskranken eine doppelte Einstellung haben: eine naturwissenschaftliche und eine humanistische. Derselbe *Navratil* kann im gleichen Kapitel („Buchstabenzauber") schreiben: „Oft hat dieses eigentümliche Hantieren mit Buchstaben weder Zweck noch Motiv, sondern ist als das Wechselspiel von Iterationstendenzen und Gegenantrieben zu verstehen." Wir sprechen von Iterationstendenzen dort, wo der Kranke seinem gestörten Antrieb folgend, einen Handlungsimpuls wiederholt, der sich im Schreiben eines Buchstabens ausdrückt; der Gegenantrieb soll an einem anderen Ort des Satzes den Buchstaben, an dem das Ich haften geblieben war, plötzlich überspringen.

Die Frage taucht auf: Was ist Pathologie der Antriebe und was nicht? Wo „Zweck und Motiv" liegt, läßt sich das objektiv feststellen? So wie ein Dichter den Druckfehler von „soldier Aristoteles" nicht bemerkte und vom Tiefsinn des Ausdruckes sprach, besteht auch die Möglichkeit, daß der Psychiater den Antriebsfehler, den „Druckfehler der Krankheit", ebenfalls

nicht beachtet und an seiner Stelle einen Sinn erblickt. Besteht umgekehrt aber nicht auch die Gefahr (die die klassische Psychiatrie zur Genüge kennzeichnet), daß man beim Geisteskranken jede Äußerung, jeden Satz als Pathologie beschreibt, nur weil wir wissen, daß er krank ist? Wir wundern uns nicht, wenn etwa *Rimbaud* die Seele als „Silbersäule" anspricht, wir sollten uns aber mit *Kleist* wundern, wenn der Schizophrene den Bleistift „Postillon d'amour" nennt.
Es ist meine Ansicht, daß das Detail des Einzelverses uns doch nicht zur Entscheidung helfen kann. Zwischen Einzelausdruck und schizophrener Störung liegt die Persönlichkeit; die Distanz ist zu groß, als daß wir vom Ausdruck her mit auch nur einiger Wahrscheinlichkeit auf die Krankheit des Einzelnen schließen könnten. Der einzelne Ausdruck kann beides sein: Symptom der Krankheit oder Gebärde der darüber waltenden Persönlichkeit; Antriebsstörung oder künstlerische Gestaltung derselben. Das Ausdruckssymptom hat zwei Gesichter, und es kommt auf die Art und die Position des Lesers an, welches Gesicht er vor allem sieht.

Was beim schizophrenen Gedicht im Vergleich zu den Versen moderner Autoren dem Psychiater oft auffällt, ist das Nebeneinander von bizarren Assoziationen und Banalitäten. Das heißt, daß hinter dem Gedicht kein Plan, keine große Absicht, keine Spannung, keine Gestaltungskraft verborgen liegt. Ein Unterschied zwischen unverständlicher moderner Lyrik und schizophrener Produktion liegt also darin, daß letztere oft keine Spannungen erfaßt und mitteilt, welche hinter der Zerstörung der realen Welt liegen. Das bunte Durcheinander von Worten wirkt nur schrullig, banal, platt.
Ein ähnlicher Unterschied ist der, daß mit dem Fehlen von echten, sich in Bewegungen und Bildbruchstücken äußernden Spannungen der Zerstörungsprozeß einen Grad erreicht, der den Eindruck des Grotesken hervorruft. So entsteht eine Mischung von Dunkelheit und konventioneller Banalität. Neben der Banalität einzelner verständlicher Verse bemerkt man auch die Anpassung an Konventionen und eine saloppe Rhythmik.

Fünfter Unterschied: verschiedene Dimensionen des Welträtsels.

Ein gemeinsamer Zug abstrakter und schizophrener Kunst besteht sicher darin, daß der Sinn der Gestalt verschlüsselt ist, sich nicht eindeutig aus dem Bild ergibt, vom Betrachter verschieden gedeutet werden kann. Moderne Maler sagen uns, ein jeder Betrachter solle bei der Beurteilung dem Kunstwerk den Sinn geben, der in ihm angesprochen wird. Manche Künstler verwirklichen einen Gedanken, der sich aber im Bild nur andeutet und bei der Interpretation verschieden rekonstruiert werden kann. Andere arbeiten unter der unmittelbaren Wirkung unbewußter Antriebe; sie sagen uns, daß sie keine klare rationale Vorstellung davon haben, was zum Ausdruck drängt. Andere schließlich bestehen darauf, daß man das

Bild nicht symbolisch auffaßt, sondern in seiner unmittelbaren Aussage versteht.

Nun gehört die häufige, ja sogar spielerische Verwendung von Symbolen auch zur schizophrenen Kunst.

Schizophrene haben schon immer so rätselhaft und symbolisch gezeichnet und gemalt wie heute[5]. Während erst unser Zeitalter seine Verwandtschaft mit der schizophrenen Kunst entdeckt hat, ist diese über Jahrzehnte und Jahrhunderte hinweg sich selbst treu geblieben. Stilwandlungen gehören zur Geschichte einer Psychose; weniger aber zur Geschichte der Psychiatrie. Die Stilverwandtschaft schizophrener und nicht schizophrener Künstler in unserer Zeit ist oft dahin gedeutet worden, daß sie der Ausdruck von schöpferischen Vorgängen sei, welche mit der Krankheit nichts zu tun hätten. Nicht Krankheit verursache die überraschende Ähnlichkeit zwischen den Gedichten Schizophrener und denen einiger moderner Lyriker, sondern eine ähnliche Lebenssituation: der Kranke sei wie der moderne Künstler in einer absurden Welt auf sich selbst zurückgeworfen. Gerade hier hebt aber das weitere Fragen an.

Der moderne Künstler erlebt die Welt als absurd, weil sie Grundfragen unserer Existenz unbeantwortet läßt, die Sinngebungen verhüllt, weil Angst und Sorge nach *Heidegger*, oder das Absurde nach *Camus*, die Grundlage unseres Daseins bilden. Das Brüchigwerden von früheren Normen und Traditionen, von weltanschaulichen Sicherungen und Zielsetzungen, die Auflösung der Ordnungen in einer rasanten Entwicklung der Zivilisation, die Konfliktballungen auf einer immer kleiner werdenden Erdoberfläche, die Unzulänglichkeit der klassischen Institutionen der Sozietät in der Bewältigung der uns gestellten Aufgaben, der alles in Frage stellende und aufzehrende rationalistische Geist, die Technisierung und Entseelung der Welt, die Anonymisierung und die Bevölkerungsexplosion, die Gefährdung der Natur und des Erbgutes, der stets drohende Atomtod, all das sind Momente, die unser Existenzgefühl zutiefst erschüttern. Für diese Erschütterung, die oft wie eine Vernichtung erlebt wird, ist der dichterische Geist Stellvertreter und Verkünder.

Das Leiden hat zwar keinen Platz in der Selbstreflexion der modernen Lyrik, die ausgesprochen unsentimental ist. Es ist aber im Grunde genommen nicht weniger vorhanden als in früheren Zeiten, ja vermutlich eher in größerem Maße (nach dem, was wir über den Lebensgang eines *Rimbaud* oder eines *Mallarmé* wissen). Aber auch in der Kunst bleibt das Absurde letzten Endes nicht überwindbar: „Was als ‚neue Welt' aus solcher Zerstörung hervorgeht, kann nicht mehr real geordnete Welt sein. Es ist ein irreales Gebilde, das nicht mehr kontrolliert werden will nach normalen Realordnungen" *(Friedrich)*.

Läßt sich nun aber die ungeheure Erschütterung der Psychose mit derjenigen des modernen Menschen vergleichen?

[5] Persönliche Mitteilung von *M. Bleuler*.

Die schizophrene Erschütterung ist wesentlich durch die Krankheit verursacht. Sie geht *weiter* als jegliche Erschütterung, der ein normaler Mensch ausgesetzt sein kann. Nicht bloß der Sinn der Zukunft und der Gegenwart ist dem Schizophrenen rätselhaft, sondern ganz einfache Umstände, warum z. B. ein Mensch auf der Straße, der dem Kranken begegnete, ein schwarzes Kleid trug, oder warum ein Polizist ihn beim Aussteigen aus dem Wagen angeschaut habe. Sinnestäuschungen, die im Widerspruch stehen mit dem Erleben seiner Mitmenschen, versetzen ihn in eine Welt, die für ihn, wie alles Sinngemäße, einfach evident ist, deren Wirklichkeit er aber bei den anderen *nicht* findet. Die Ichzugehörigkeit der eigenen Gedanken und Gefühle ist erschüttert, der Kranke erlebt sein Denken als eine ständige Beeinflussung durch die anderen, seine Empfindungen und Bewegungen sind Ausflüsse magischer Einwirkungen.

Wenn das Absurde in dieser Welt einmal *wirklich* zutiefst erlebt wird, dann in der Schizophrenie: diesem Erleben gegenüber verblaßt alles, was der Gesunde, der Neurotiker, der Dichter davon verkünden mag. Nur Dichter, die wie *Strindberg* etwas von der schizophrenen Hölle erfahren haben, können glaubwürdig schildern, was das ist. Es wäre freilich falsch, wenn man schizophrene Dichtung direkt auf die Krankheit reduzieren würde. Aber man darf umgekehrt nicht übersehen, daß die schizophrene Erschütterung aus der Krankheit hervorgeht.

Sechster Unterschied: die verschiedenen Formen der Auflehnung.

Baudelaire schrieb schon 1859: „Die Phantasie zerlegt die ganze Schöpfung nach Gesetzen, die dem tiefsten Seeleninnern entspringen, sammelt und gliedert sie in Teile und erzeugt daraus eine neue Welt." Desintegration ist hier kein Naturgeschehen, an dessen Trümmern der gestaltende Geist erst sekundär ansetzt, sondern ein vom Ich ausgehender Vorgang: „Im Deformieren waltet die Macht des Geistes."

Ein Unterschied zwischen schizophrenen Patienten und modernen Dichtern läßt sich nun in der *verschiedenen Weise, wie sich beide gegen die Norm auflehnen,* erfassen.

In der Psychopathologie, wie übrigens auch in der Soziologie, ist Abnormität ein vielseitiger Begriff. Es wird heute daran gezweifelt, ob geistige Höhe immer in der Anpassung an eine Norm bestehe. Was sich aber gegen die Norm auflehnt, muß vom Gesichtspunkt jener Norm als abnorm gelten. Freilich gilt eine solche Wertung nur so lange, als der „normale" Gesichtspunkt in der Auseinandersetzung mit den neuen Inhalten nicht völlig untergegangen ist. Dann ändert sich die Beziehung. „Immer wieder stellt sich ja heraus, daß das Abnorme einer Epoche zur Norm der nächsten wurde, sich also assimilieren ließ." (*Navratil* [2])

Relative Begriffe in der Psychopathologie des Abnormen betreffen insbesondere die Neurose: ist die aggressive Ablehnung der sozialen Normen nur psychopathologisch, etwa als Ausdruck eines nicht bewältigten Ödipuskomplexes — oder ist sie das eigentlich Schöpferische, dank dessen die Geschichte sich entwickeln kann?

In der Psychopathologie kennen wir aber Formen des Verhaltens, die überall, in allen Kulturen, abnorm wirken, weil sie sich nie von einer Weise der *Verständigung assimilieren* lassen. *Sie heben sich grundsätzlich aus der Verständigung heraus.* Sie sind das Schizophrene.

Soweit wäre dieser Unterschied eindeutig. Die Dialektik unserer Unterschiede liegt aber darin, daß sie nur im großen und ganzen gelten, daß sie aber *im Einzelfall aufgehoben* erscheinen. Nichtassimilierbarkeit kann ein Phänomen des Gesunden bleiben. Von der modernen Dichtung schreibt *Friedrich:* „*Rimbaud* und *Mallarmé* sind von einem größeren Publikum nicht mehr *assimiliert* worden, noch heute nicht, soviel auch über sie geschrieben wird. Die *Nichtassimilierbarkeit* ist ein chronisches Merkmal auch der Modernsten geblieben." Sie resultiert bei *Rimbaud* aus einem bewußten und verzweifelten Nein gegen gewisse Aspekte des Lebens, mit denen er sich nicht versöhnen will.

Man lese etwa, was *Friedrich* über das Leben von *Rimbaud* schreibt: „Christliche Vokabeln stehen da — Hölle, Teufel, Engel — aber sie schwanken zwischen wörtlicher und metaphorischer Bedeutung, sind nur darin beständig, daß sie Zeichen blinder Erregung bilden." „Häßliche Blätter aus meinem Tagebuch der Verdammnis, dem Teufel präsentiert", so nennt *Rimbaud* sein Werk. „Das Heidenblut kommt wieder, das Evangelium ist vorbei, ich verlasse Europa, will schwimmen, Gras brechen, jagen, Säfte trinken, die stark sind wie kochendes Metall — ein Geretteter." Doch zwischen diesen Sätzen heißt es: „Ich warte mit Gier auf Gott", und einige Sätze später, wiederum: „Nie war ich ein Christ, bin ich von der Rasse derer, die in der Qual sangen." Er ruft nach den „Wonnen der Verdammnis". Sie kommen nicht. Weder Christus noch Satan kommen. Aber er spürt ihre Fessel. „Ich weiß mich in der Hölle, also bin ich bei ihr." Die Schwierigkeit des Unterscheidens wird beim Einzelfall besonders spürbar, wenn man sich z. B. überlegt, daß die Psychiatrie heute beim Dichter *Rimbaud* eine Schizophrenie vermutet. Wir haben dann zwei Möglichkeiten der Auslegung: entweder sagen wir mit den Psychiatern, daß seine Dichtung autistisch „verstiegen" war und deswegen isoliert geblieben ist; oder wir sehen diese Isolierung mit den Augen des Philologen als Ausdruck letzter Radikalität: „Ein Leben von siebenunddreißig Jahren; ein im Knabenalter beginnendes Dichten, das nach vier Jahren abbricht; der Rest, bei völligem literarischem Schweigen, ein unruhiges Umherreisen."[6] Seine Sätze: „Alles Vertraute haben solche Städte abgestoßen, kein Denkmal des Wahns ist da, keiner der Millionen Menschen kennt den anderen, und doch ist das Leben des einen gleichförmiger Zwang wie das aller anderen; Gespenster sind diese Menschen, Kohlenrauch ist ihr Waldschatten

---

[6] Man vergleiche hier das Selbstbildnis des Malers *E. Munch* „In der Hölle".

und ihre Sommernacht; ohne Tränen wird gestorben, ohne Hoffnung geliebt und im Straßenschlamm plärrt ein reizendes Verbrechen."

Friedrich schreibt: „*Rimbaud* hat den Entschluß bewahrheitet. Er kapituliert vor den ihm unlösbaren Spannungen der geistigen Existenz. Der Dichter, der am weitesten von allen sich hinausgestellt hat in das Unbekannte, konnte nicht zur Klarheit kommen, was das Unbekannte sei. Er kehrt um und nimmt den inneren Tod auf sich, verstummt vor der von ihm selbst gesprengten Welt. Hier aber finden wir am Schluß, nachdem wir etliche Unterschiede aufgezeigt haben, wiederum eine Ähnlichkeit zwischen schizophrenen Patienten und einem so gezeichneten Dichter wie *Rimbaud.*

Alle diese Unterschiede, die ich erwähnt habe:
die verschiedene Formhöhe,
die verschiedene Kommunikationsabsicht,
die verschiedene Freiheit in der Absonderung,
die verschiedene Gestaltungskraft,
die verschiedene Dimension der Ungeborgenheit,
die verschiedene Art der Auflehnung,
stellen keinen vollständigen Katalog dar (man könnte bei weiterer Vertiefung in das Thema genauer differenzieren). Sie überschneiden sich gegenseitig. Im Ganzen lassen sie uns jedoch eine eindeutige Trennungslinie zwischen neuerer und schizophrener Dichtung erkennen. Bei den großen schizophrenen Geistern aber, die wir besprochen haben, bei einem *Strindberg, Nerval* und *Rimbaud* sind diese Unterscheidungskriterien entweder nicht vorhanden oder nicht wesentlich: die Größe des Geistes, durch die Schizophrenie anfänglich aktiviert oder inhaltlich tragisch bereichert, hat sie *über die Schizophrenie hinaus* gestellt. *Sie hat sie aber damit zu einmaligen Wortführern derer gemacht, die in einer unmündigen Weise dasselbe Schicksal erleiden. Sie hat uns gezeigt, daß eine Dichtung aus dieser extremen Grenzposition des Lebens heraus möglich ist.* Sie hat uns diese extreme Grenzposition in einer solchen Weise nahe gebracht, daß am Ende die Frage nach der Bedeutung der Dichtung verstummt, weil etwas Anderes uns wesentlich erscheint: Was der Mensch erlebt — und nicht bloß, was er dichtet.

J. Rivière schreibt in seinem *Rimbaud*buch: „Die Hilfe, die er uns bringt, besteht darin, daß er uns den Aufenthalt im Irdischen unmöglich macht ... Die Welt sinkt in ihr ursprüngliches Chaos zurück, die Dinge treten wieder mit jener furchtbaren Freiheit hervor, die sie besaßen, als sie noch keine Namen hatten. Kann man dies nicht ebensosehr vom Schizophrenen sagen? Kein Psychiater, der die Begegnung mit einem Schizophrenen wirklich ernst genommen hat, der die allmähliche Auflösung des Geistes bei völlig klarem Wissen um das, was hier geschieht, mitgemacht hat, würde anders denken als so: „Die Hilfe, die er uns bringt, besteht darin, daß er uns den Aufenthalt im Irdischen unmöglich macht ..." Und

zwar unabhängig von seinem Kunstschaffen. Hier ist die Grenze, wo Kunst hart an die Existenz stößt und ihr gleichzusetzen ist. Wie überflüssig die Kunst werden kann, hat uns übrigens *Rimbaud* selber gezeigt.
„Als er an die Grenze kam, wo sein die Welt wie das Ich deformierendes Dichten sich selbst zu zerstören begann, hatte er, der erst Neunzehnjährige, Charakter genug, zu verstummen. Dies Verstummen ist ein Akt seiner dichterischen Existenz selber." Und weiter: „Manche Späteren, die von seinem Vorbild mehr verführt als geführt sind, hätten von ihm lernen können, daß es für sie besser gewesen wäre, überhaupt stumm zu bleiben." *(Friedrich)*

E. MELANCHOLIE

1. *Leiden als dialektischer Gegensatz zur Depression*

Die psychische Grenzsituation, die sich als Dichtung gestaltet, kann sich nicht nur in einer Nähe zu den Phänomenen der schizophrenen Realitätsentgrenzung und Spaltung, sondern auch zu denjenigen der Melancholie ausdrücken. Zum Wesen dieser schöpferischen Nähe gehört es aber, daß sie dialektisch ist, d. h. daß sie sowohl melancholisches Leiden im psychiatrischen Sinn widerspiegelt, als auch menschliches Leiden überhaupt in Bildern ausspricht, die der Psychiater aus seinem Erfahrungsbereich kennt, ohne in diesem aber aufzugehen.

Wir vertreten also die These, *daß sich das Leiden bei manchen Dichtern in einer besonderen Nähe zur melancholischen Psychopathologie offenbart, sich dieser aber zugleich in einer Antithese entgegenstellt.*

Dieses Doppelverhältnis drückt sich in der Frage aus, inwieweit Dichtung nur Spiegel ist, inwieweit sie auch Bewältigung der Existenz oder beides zugleich darstellt.

Leiden und Einsamkeit bedeuten nicht Psychopathologie; sie können aber zu ihr führen oder sie können sich aus ihr ergeben. An sich dürfen sie noch nicht der Psychopathologie gleichgesetzt werden.

Betrachten wir einige Dokumente der dichterischen *Melancholie* — zunächst aber nicht als Dokumente der Psychopathologie, sondern als Hinweis darauf, was *nicht* Psychopathologie ist.

Wir werden dann feststellen, daß das Leiden des Dichters oft nicht psychopathologischer Natur ist und sich dennoch stellenweise auch mit dem Leiden unserer schwermütigen psychiatrischen Patienten berühren mag; wohl deshalb, weil fließende Übergänge zwischen Gesundheit und Krankheit, zwischen normalem und psychopathologischem Leiden bestehen.

Ich habe früher Beispiele erwähnt, die das weite Spektrum der Psychopathologie umfassen: von der bloßen Andeutung bis zum ausgeprägten Symptom. Man kann sich noch darüber streiten, was Psychopathologie bei *Kafka* oder *Rilke* ist; man kann sich aber nicht mehr darüber streiten, was Psychopathologie in gewissen Aufzeichnungen von *Maupassant* oder *Strindberg* ist. Die umgekehrte Fragestellung ist deshalb erlaubt und wichtig: was ist *nicht* Psychopathologie in der Dichtung, auch wenn gewisse *Elemente der Psychopathologie* gelegentlich festzustellen sind?

Die Antwort auf diese Frage ist eindeutig: *Dieses „etwas" ist das Leiden des Dichters.* Wir meinen das Leiden, das höchstens psychoanalytisch, als Problem, als Konflikt, als Komplex, aber nicht *psychopathologisch* deutbar ist.

Das Leiden ist die andere Hälfte der Welt, ja der Existenz überhaupt. Nichts wäre oberflächlicher als der Versuch, vom seichten Modell einer psychischen Gesundheit auszugehen, die das Leiden negiert.

In der Gegenüberstellung von Psychopathologie und Nichtpsychopathologie soll uns die *Verflochtenheit* der Erscheinungen deutlicher werden: denn oft mögen die Grenzen undeutlich sein, wobei wir uns dann gelegentlich in der Mitte des Spektrums befinden. Leiden gehört zu den Grundtatsachen der menschlichen Existenz, und es ist also nur natürlich, daß diese dunklere Seite menschlichen Lebens in den Werken der Dichter ihren gebührenden Platz findet. Allerdings sind die Grenzen zwischen dem, was jeder Gesunde in Stunden der Not erlebt, und dem, was der Schwermütige als den Grundstoff seines täglichen Daseins erfährt, locker.

Vielleicht ist gerade der Dichter als Repräsentant der menschlichen Grenzsituation mit seiner hohen Empfindlichkeit und Erlebenskraft wie kein anderer dieser letzten Erfahrung ausgesetzt. Lassen wir den Philosophen *Schopenhauer* sprechen:

„Im Ganzen und Allgemeinen beruht die dem Genie beigegebene Melancholie darauf, daß der Wille zum Leben, von je hellerem Intellekt er sich beleuchtet findet, desto deutlicher er das Elend seines Zustandes wahrnimmt. Die so häufig bemerkte trübe Stimmung hochbegabter Geister hat ihr Sinnbild am Montblanc, dessen Gipfel meistens bewölkt ist: aber wenn bisweilen, zumal früh morgens, der Wolkenschleier reißt und nun der Berg vom Sonnenlichte rot, aus einer Himmelshöhe über den Wolken, auf Chamonix herabsieht, so ist es ein Anblick, bei welchem jedem das Herz im tiefsten Grunde aufgeht. So zeigt das meistens melancholische Genie zwischendurch nur die mögliche, aus der vollkommensten Objektivität des Geistes entspringende eigentümliche Heiterkeit, die wie ein Lichtglanz auf seiner hohen Stirne schwebt: in tristitia hilaris, in hilaritate tristis.“ Die Auffassung *Schopenhauers*, daß *Genie und Leiden eine Beziehung miteinander haben*, steigert sich zur extremen Auffassung, daß Genie und Psychopathologie komplementäre Phänomene darstellen. Es wird heute vorschnell angenommen, daß solche Korrelationen von Genie und Psychopathologie erst durch Naturwissenschaftler wie etwa *Lombroso* festgestellt worden sind. Die naturwissenschaftliche Psychiatrie hat aber mit ihrer eigenen Sprache eine Annahme wiederholt, die ohne jeglichen Anspruch auf wissenschaftliche Beweisführung von Schriftstellern und Philosophen bereits in älteren Zeiten vertreten wurde. Bei derartigen Beobachtungen, die im Kern etwas Richtiges ausdrücken, haben aber sowohl Naturwissenschaft wie literarische Intuition Fehler begangen. Der Fehler des Naturwissenschaftlers liegt meistens darin, daß er einen engen Begriff von der psychischen Norm entwickelt und alles, was nicht in sein Schema der Norm paßt, als psychopathologisch deklariert. Der Literat macht hingegen den Fehler, daß er in der schmerzlichen geistigen Erkrankung des Dichters einen Höhepunkt seiner Verwandlung und Entrückung sieht, für den der Dichter trotz allem persönlichen Leiden sogar dankbar sein müsse, weil auch das krankhafte Leiden mit seiner Dichtkunst tief zusammenhängt und diese begründet.

Das war etwa die Ansicht eines *Montaigne*, als er in Ferrara den geistig erkrankten italienischen Dichter *Torquato Tasso* besuchte. Wörtlich schreibt er 1581:

„Aus den Handlungen der Vernunftberaubten sehen wir, wie sehr benachbart Wahnsinn und die kräftigst gesunden Tätigkeiten unserer Seele sind. Wer wüßte nicht, wie fast unmerklich nah der Wahnsinn neben den kühnsten Aufschwüngen eines großangelegten Geistes und den Leistungen einer außerordentlichen Tüchtigkeit sich einstellt? . . . Welchen merkwürdigen Sprung vollzog unlängst aus der ihm eigentümlichen beweglichen Heiterkeit einer der scharfsinnigeren, begabtesten Köpfe, der wie kein anderer italienischer Dichter seit langem in der reinen Luft der Poesie des Altertums groß geworden war! Hat er nicht Anlaß, dieser seiner selbstmörderischen Lebhaftigkeit, dieser Hellsicht, die ihn erblinden machte, *dankbar*[1] zu sein. Dank zu wissen dieser seiner genau gespannten Verständniskraft, die ihn des Verstandes beraubte? Dieser seiner rastlosen, nie befriedigten Wissensneugier, die ihn ganz und gar verdummt hat? Zu danken ist dieser selten großen Eignung für die Beschäftigungen der Seele, durch die er unbeschäftigt und seelenlos ist. Ich empfand mehr Unwillen als Mitleid, als ich ihn in Ferrara in so erbärmlichem Zustand antraf: nur noch ein Schatten seiner selbst, sich selbst entfremdet und seinen Werken, welche man ohne sein Wissen vor seinen Augen ungeprüft dem Druck übergab."

Melancholie ist nach dem Dichter *Gryphius* des Dichters Vorrecht.

> „Ist wie ein Eisenhemd, von Spitzen zahllos starrend,
> Ich trug es auf der Haut der Seele. Blutgerötet
> Träufeln die Dornen Tropfen meiner Schwermut.
> So geh ich blind, verstört auf dieser bitteren Erde;
> Manchmal scheint mir, der Weg sei endlos lang,
> Ein andermal sehr kurz . . ."

Leiden wird als Vorrecht bezeichnet. Für die These, daß Wachheit und Höhe des Geistes zu Meloncholie prädisponieren könne, geben die selbst davon betroffenen Dichter immer wieder Zeugnis.

Leopardi:

„Mit diesen und anderen unseligen Umständen hat das Schicksal mein Leben umstellt und mir dazu eine derartige *Wachheit des Verstandes* gegeben, daß ich jene in ihrer Tragweite klar erkenne; Einsicht des Herzens, die begriffen hat, daß ihm Fröhlichkeit versagt ist und daß es, in Trauer gehüllt, sich zur ewigen unzertrennlichen Gefährtin die Melancholie zu nehmen habe. Ich weiß also und sehe, daß mein Leben nicht anders als un-

---

[1] Hervorhebung von mir.

glücklich sein wird. Trotzdem erschrecke ich nicht, und auch so noch könnte es zu etwas nütze sein, wie ich danach trachten werde, es ohne Feigheit auszuhalten."

Heute bemüht sich der Psychiater, in seiner psychologischen oder psychogenetischen Forschung Ursachen der Melancholie festzustellen. Früher waren es Philosophen, die sich mit dem Thema befaßten, weniger kausalistisch im modernen, wissenschaftlichen Sinn als vielmehr in bezug auf eine menschliche Phänomenologie.

Schopenhauer:

„Den Lebensmut kann man vergleichen mit einem Seil, welches über dem Puppenspiel der Menschheit ausgespannt wäre und woran die Pupen mittels unsichtbaren Fäden hingen, während sie bloß scheinbar von dem Boden unter ihnen (dem objektiven Werte des Lebens) getragen würden. Wird doch dieses Seil einmal schwach, so senkt sich die Puppe; reißt es, so muß sie fallen, denn der Boden unter ihr trug sie nur scheinbar: das heißt, das Schwachwerden jener Lebenslust zeigt sich als Hypochondrie, Spleen, Melancholie; gänzliches Versagen, als Hang zum Selbstmord, der alsdann bei dem geringfügigsten, ja einem bloßen eingebildeten Anlaß eintritt, indem jetzt der Mensch gleichsam Händel mit sich sucht, um sich totzuschießen. Wie mancher es, zu gleichem Zweck, mit einem anderen macht: sogar wird, zur Not ohne jeden besonderen Anlaß zum Selbstmord gegriffen." Nach der Psychoanalyse waltet ein Todestrieb in der Melancholie. Dieser Begriff ergibt sich aber rein phänomenologisch aus den Worten der Dichter und der Philosophen.

Seneca:

„Es besteht nämlich, wie zu anderen Dingen, so auch zum Sterben eine besondere Neigung der Seele, die oft gerade Hochgemute und Männer tatkräftig-leidenschaftlichen Charakters überfällt, oft aber auch Feige und Kleinmütige: jene verzichten verächtlich auf das Leben, diese werfen es als Last widerwillig von sich. Gewisse überkommt ein Ekel am einen wie am anderen: am Handeln wie am Wahrnehmen, nicht Haß, aber Überdruß. Dahin gleiten wir ab, wenn wir von der Weisheit selber uns stoßen lassen und sagen: Wie lange noch immer das nämliche, aufwachen, einschlafen, zu essen begehren, Kälte und Hitze erleben? Nichts nimmt ein Ende; in einem Kreislauf ist alles verschlungen, es flieht sich und hascht sich. Nichts Neues erlebe ich, nichts Neues erblicke ich. Endlich stellt sich auch dem Gegenüber ein Brechreiz ein."

Der *Todestrieb* kann sich freilich auch weniger im Haß gegen das Leben als in der Sehnsucht nach dem Tode ausdrücken. „Ich hatte den Tod immer geliebt", schreibt *Flaubert*. „Als Kind ersehnte ich ihn, einzig weil ich kennenlernen, weil ich wissen wollte, was im Grabe los ist und was für Träume dieser Schlaf liefert; ich erinnere mich, daß ich oft an alten Kupfermünzen den Grünspan abkratzte, um mich damit zu vergiften, daß ich Nadeln zu verschlingen suchte oder daß ich an die Fensterluke einer

Dachkammer ging, weil ich mich auf die Straße stürzen wollte. Bedenke ich, daß fast alle Kinder derartiges vornehmen, daß sie in ihren Spielen sich das Leben zu nehmen suchen, darf ich da nicht daraus den Schluß ziehen, daß der Mensch, was er auch dagegen sagen mag, den Tod mit verzehrender Liebe liebt? Er überantwortet ihm alles, was er erschafft, er entsteht aus ihm und kehrt in ihn zurück, er denkt zeitlebens nur an ihn, er trägt seinen Keim im Leib, die Sehnsucht nach ihm im Herzen."

Diese Sehnsucht ist eine Melancholie, die nicht im psychiatrischen Sinne des Wortes gemeint ist, sondern geradezu als Gegensatz zur Depression; als ein sich-Fühlen der Seele, als ein Schutz vor der Leere und Kälte der Depression. Gelingt es dem Dichter, von seiner Hoffnungslosigkeit Abstand nehmend, zu dieser dunklen Schönheit Zugang zu finden, so ahnt man seine Liebe für das Bild des Leidens, — es wird hart und innig abgebildet, wie etwa in der Elegie von *Juan Ramon Jiménez:*

> „Melancholie, endloser fadendünner Silberquell,
> welch Herz beliedert dich mit Tränen? Unter was für
> nie welkenden Blumen erneuerst du dich, trüber Kristall, Sonate
> des Schattens, Kehle ältester Nachtigallen?
> Faden, leuchtest du auf in der Sonne, träumst beim Mondlicht,
> Stimmst Klage an im Wind und Gesang im Lichthauch,
> Feuer, Traum, Klage und glückloses Lied,
> Melancholie, endloser fadendünner Quell der Trauer."

Während die unbewältigte, uns zerstörende Depression oft als das schlechthin Sinnlose erscheint, mag die bewältigte Schwermut, an der sich unser Ich gestaltet, als die eigentliche Substanz im Leben mancher Dichter erscheinen. Der spanische Dichter *Panero* schreibt z. B. in seinem Gedicht „Melancholie":

> „Er ist's. Er bleibt in uns. Mit seinem Blick entzündet
> Er unsern Blick. Es ist der trüben Schwermut Engel,
> der durch die Seelen kreuzt, wortlos. Sein Unterbrechen
> spricht anders nicht als Gott, wenn er uns träfe, spräche."

In der Schilderung der eigenen Verlassenheit spürt man beim Dichter oft den leisen Trost, sich selber durch die Aussage zu entlasten, sich selber zu helfen; *das Formulieren des eigenen Leidens in Worten, die auf Gehör und Universalität Anspruch erheben, ist eine erste Form der Überwindung;* im geprägten Bild gestaltet man das Schicksal, statt daß man ihm ausgeliefert bleibt.

Lord Byron, Zu meinem 37. Geburtstag:

> „Mein Tag vergilbt im gelben Laub,
> Da Liebeslust und Furcht verweht,
> Ist Wurm und Rost und Seelengram
> mein einzig Teil."

Melancholie hat aber, im fließenden Übergang zur Depression, auch mit Selbstentfremdung zu tun. Der Melancholiker erkennt sich nicht als der

Mensch, der er war; er fühlt sich in seinem Bewußtsein *verändert*. Von der Beziehung zwischen bloßer Trauer und Melancholie im psychiatrischen Sinne, als Depression und Erleben der Selbst- und Weltentfremdung, weiß der Psychiater *Gebsattel* in einem feinfühligen, phänomenologisch-psychopathologischen Aufsatz zu berichten.

Das Erleben der beginnenden Selbstentfremdung durch die Tiefe der Schwermut findet sich in den Selbstzeugnissen mancher Dichter. So schreibt z. B. *Walter von der Vogelweide*:

„Nun bin ich erwacht, und ist mir unbekannt,
was mir vertraut einst war wie meine eigene Hand.
Das Land, die Leute, wo ich als Kind war großgeworden,
sind mir *entfremdet*[2] worden: *mir scheint es wie gelogen*[2].
Die meine Gespielen waren, die sind träge und alt.
Verödet ist das Feld, zerstört ist der Wald.
Die Welt ist allenthalben voll Mißgunst und voll Neid.
Wenn ich denke an manchen sonnenvollen Tag,
die mir ganz entfallen sind, wie in das Meer ein Schlag:
Für immer, o weh!"

Für diesen Menschen verändert sich die Welt im Sinne des — allerdings vorgestellten, noch nicht depressiv erlebten — Todes, des Stillstandes alles Lebens; ja in dieser Veränderung der erlebten Welt verändert sich das Selbst. Haus und Kind, Land und Stadt, alles erscheint dem Tode geweiht. Der spanische Dichter *Quevedo* drückt es im Gedicht „Alterswehmut" so aus.

„Die Mauern schaut ich meiner Heimatstadt,
einst hoch und stark, jetzt zum Zerfall gewendet,
Vom Lauf des Alters abgenutzt, geschändet,
abbröckelnd ihre Mächtigkeit und matt.
Ich trat ins Feld, sah wie die Sonne trank
die eben erst vom Frost befreiten Bäche,
und die Herden klagten ihre Schwäche,
weil hinterm Schattenberg das Licht versank.
Betrat mein Haus; traf es befleckt von Räude,
bloß Abraum von einst lieblichem Gebäude.
Mein Stab verbog sich unfroh mich zu lenken.
Besiegt vom Alter spürt ich meine Klinge,
Fand nichts, wo immer auch das Auge ginge,
was mich nicht zwang, nur an den Tod zu denken."

Oder denke man an *Baudelaire*:

„Et de longs corbillards, sans tambours ni musique,
Défilent lentement dans mon âme; l'espoir,
Vaincu, pleure, et l'angoisse atroce, despotique,
Sur mon crâne incliné plante son drapeau noir."

Er erlebt sich als einen von Gott und vom Licht Verlassenen.

„Ich bin ein Kirchhof dem die Sterne grollen
(un cimitiére abhorré de la lune)
Wo innere Qualen — lange Würmer ziehen . . ."

[2] Hervorhebung von mir.

Garcia Lorca hat ein „Reiterlied" geschrieben, das uns als Beispiel dafür dienen kann, wie seelische Entfremdung nicht psychopathologisch zu sein braucht. „Der Reiter von *Garcia Lorca*", schreibt *Friedrich*, „kennt wohl die Wege zu seinem Ziel, der Stadt Cordoba. Aber er weiß auch, daß er nie hinkommt, der Tod starrt ihn an von den Türmen Cordobas, er wird nicht heimkommen, sondern den Tod in den weiten, windigen Ebenen finden. Cordoba liegt „fern"; das ist nicht in räumlicher Bedeutung zu nehmen. Der Reiter sieht die Stadt schon vor sich. Obwohl sie räumlich eher nah als fern liegt, ist sie in eine absolute Ferne gerückt. Ein Rätsel, für das stellvertretend der Tod steht, hat sie unerreichbar gemacht und den nahen Weg dorthin zu einem endlosen und tödlichen. Kein Heimweh und keine Tränen, also keine bestimmten Empfindungen antworten darauf. Die Seele verharrt in einer konturlosen Bestimmtheit. Ein paar stoßweise erfolgende Anrufe an das Pferd, an den Weg, an den Tod, das ist alles. Die elliptischen Sätze spiegeln im verblosen Sprachbild die regungslose Hinnahme der Fremdheit. *Garcia Lorcas* Reiterlied ist das Gedicht der nie möglichen Heimkehr, weil ein unbekannter Bann das nahe Heim verfremdet hat." Worte wie Fremdheit, Entfremdung der Nähe und dergleichen kennzeichnen die Beschreibung. Aber täuschen wir uns nicht: Worte beziehen ihren Sinngehalt von den Phänomenen, die sie beschreiben. Wenn der Philologe hier von einer *Entfremdung der nahen Wirklichkeit* spricht, braucht er das Wort in einem anderen Kontext als der Psychiater, der bei einem Dämmerzustand seines Patienten ebenfalls von einer Entfremdung der Wirklichkeit spricht. Unsere sprachlichen Ausdrücke sind beschränkter als die Fülle der Phänomene, die wir beobachten. Ein und derselbe sprachliche Ausdruck kann mit verschiedenen Sinngehalten in verschiedenen Erfahrungsbereichen gebraucht werden. Wie oft wird heute von einer „politischen" oder „sozialen" Schizophrenie gesprochen! Die in diese Prozesse verwickelten Menschen sind aber keineswegs schizophrene Kranke.

Wir müssen also die verschiedenen Ebenen der Realität auseinanderhalten, auch wenn sie mit den gleichen Worten beschrieben werden. Trotzdem können wir nicht umhin, zu fragen, ob die gemeinsame Bezeichnung zuweilen nicht mehr trifft als eine zufällige Assoziation. Könnte es nicht sein, daß die psychopathologische Situation des Kranken auch eine allgemein menschliche darstellt, indem sie sich mit der dichterischen berührt? Spricht der Dichter nicht oft aus der Tiefe einer „allgemeinen Psychopathologie", die uns betrifft? Ist Psychopathologie nur Krankheit im klinischen Sinne, oder drückt sie nicht auch ein radikales Anderssein aus, das letzten Endes weder biologisch noch psychogenetisch zu erklären ist? Könnte sie nicht eine Nahtstelle zwischen Krankheit und Anderssein aufweisen?

Zwiespältig ist die Einstellung des Menschen zu seinen melancholischen Verstimmungen. Oft erkennt sich der Mensch, erkennt sich der Dichter in seiner Melancholie, und er sucht dieses sein Selbstbild als das ihm wahrhaft Angehörende; andere Male wehrt er das unglückliche Erleben ab, wie *Milton:*

> „Flieh, ekelhafte Melancholie, des Cerberus und der
> schwärzesten Mitternacht Erzeugte, in stygische
> Höhlen; verlassen mitten unter schrecklichen Schatten,
> Geheul und unheiligen Gesichtern. Suche irgendeinen
> mißgestalteten Winkel, wo brütende Traurigkeit ausbreitet
> ihre neidischen Schwingen und der nächtliche
> Rabe krächzt. Dort wohne ewig, in finsteren cimmerischen
> Wüsten, unter schwarzen Schatten und herabdrohenden,
> wie deine verworrenen Locken, bewachsenen Felsen."

Kann der Dichter aber, wie z. B. *Nerval,* die eigentliche Depression nicht mehr abwehren, so entstehen die schrecklichsten Verse. Der später geisteskrank gewordene Dichter schreibt:

> „Ich heiße ‚Schattenhold', ‚Verwaister', ‚Ohne Wonne',
> Bin Aquitaniens Fürst, mein Stammschloß liegt zerstört;
> Mein letzter Stern erlischt; die Leier sternbetört
> trägt als Erkennungsbild der Schwermut schwarze Sonne."

Die berüchtigte Dunkelheit in vielen seiner Gedichte entspringt nicht wie bei manchen neueren Nachahmern gewollter Verschrobenheit oder Unfähigkeit. Er machte seinem Leben schließlich selber ein Ende.

Vor der Entdeckung der Innerlichkeit in der Renaissance, und vor allem in der Romantik, verweilte der Dichter mehr bei der objektiven Schilderung des Verhaltensbildes. Schon im Mittelalter schreibt *Charles d'Orléans:*

> „Augen vor Weinen rot, voll Tränen,
> Brust kalt und aller Hoffnung bar;
> Das Haupt vor Schmerzen durcheinander
> und aufgewühlt von wirrem Wahn;
> Der Leib gelähmt und lustlos liegend;
> Herz ganz und gar erstarrt und steif;
> Den Zustand sehe ich bei manchen,
> Wenn Wind weht der Melancholie."

Andreas Gryphius schildert sich selbst:

> „Mir grauet vor mir selbst; mir zittern alle Glieder,
> wenn ich die Lipp' und Nas' und beider Augen Klufft,
> die blind vom Wachen sind, des Atems schwere Luft
> betracht' und die nun schon erstorbnen Augenlider.
> Die Zunge, schwarz und brand, fällt mit den Worten nieder
> und lallt, ich weiß nicht was; die müde Seele ruft
> dem großen Tröster zu, das Fleisch reucht nach der Gruft,
> die Ärzte lassen mich, die Schmerzen kommen wieder."

Anders klingt das Lied in der Innerlichkeit der Romantik. Ein oft melancholischer bis depressiver Dichter war *N. Lenau:*

„Du geleitest mich durchs Leben,
sinnende Melancholie!
Mag mein Stern sich strahlend heben,
mag er sinken – weichest nie!

Führst mich oft in Felsenklüfte,
wo der Adler einsam haust,
Tannen starren in die Lüfte,
und der Waldstrom donnernd braust.

wild hervor die Träne bricht,
Meiner Toten dann gedenk ich,
und an deinen Busen senk ich
mein ungeachtet Angesicht."

Nicolaus Lenau (1802–1850) hatte ein schweres Daseinserbe angetreten. Der Vater verspielte alles, was er besaß, und starb früh. Von der Mutter erbte er einen übererregbaren Sinn fürs Leben. Er war unbefriedigt vom Hochschulstudium. Einen Beruf erlernte er nicht. Er konnte sich für nichts entscheiden. So verließ der rastlos Umhergetriebene 1832 Europa, in der Hoffnung, in den nordamerikanischen Urwäldern als Siedler Ruhe zu finden. Er blieb ein umherziehender Zigeuner, nach zwei Jahren kehrte er nach Europa zurück. Er wurde schließlich wahnsinnig und verbrachte die letzten sechs Jahre seines Lebens in Pflegeanstalten. *(Oeschger)*

Wir müssen unterscheiden zwischen der Melancholie, die jeden Menschen für Stunden trifft und ihn somit zum eigentlichen Mitmenschen, zu unseresgleichen macht, wie z. B. den klagenden Faust, und der Melancholie, die sich durch ein ganzes menschliches Dasein hindurchzieht. Das Leiden des Dichters schwankt zwischen den zwei Polen des zeitweisen menschlichen Leidens, das mit den Worten des goethischen Faust ausgedrückt wird: „die Träne quillt, die Erde hat mich wieder", und dem Leiden des zur Umnachtung geweihten Dichters.
Am ersten Pol steht ein Gedicht von *Nietzsche*, das noch in gesunden Tagen geschrieben wurde und nicht als eine Vorahnung seines kommenden Schicksales aufgefaßt werden kann:

„Verarge es mir nicht, Melancholie,
daß ich die Feder, dich zu preisen, spitze,
und daß ich nicht, den Kopf gebeugt zum Knie,
einsiedlerisch auf einem Baumstumpf sitze.
So sahst du oft mich, gestern noch zumal,
in heißer Sonne morgendlichem Strahl:
begehrlich schrie der Geier in das Thal,
er träumt vom toten Aas auf totem Pfade."
(An die Melancholie)

Geister wie Nietzsche haben die existentielle Melancholie im heroischen Kampf überwunden, ohne ihre dunklen Töne loszuwerden. Leiden heißt hier also, abgesehen von den ausgesprochen krankhaften Erlebnissen: Steigerung eines Erlebens des Absoluten, das den Menschen auf den Grund seines Wesens stellt; letzte radikale Hingabe an ein Geschehen, das bald als Untergang, bald als Sehnsucht erlebt wird und das gelegentlich auch im religiösen Glauben verspürt wird. Die ganze gewaltige Tiefe des Geistes wird durch den Aufbruch des Leidens nicht zerstört, sondern erst recht beleuchtet und herausgefordert zu einem letzten Selbstentwurf. Das gilt aber freilich sowohl für das Leiden des gesunden wie für dasjenige des kranken Dichters, wobei fließende Übergänge entstehen; es erscheint beim geisteskranken Dichter oder Künstler der andere Pol des Leidens.

Von *van Gogh* schreibt *Jaspers:*

„Ist es nicht gerade solche Radikalität seiner nie stillbaren Sehnsucht, solche Visionen des Schönen, das nicht verwirklicht werden kann, seine grenzenlose mitmenschliche Hingabe, die sich an keinen Bildern erschöpfen kann, was die Größe des geistigen Schwunges hier begründet? Der Abgrund erhöht ihn."

Wir stellen die Frage: ist das existentielle Leiden des Dichters, das wir auch bei klinisch gesund gebliebenen Persönlichkeiten feststellen, deutlich unterscheidbar vom Leiden des geistig Erkrankten? Um diese, immer wieder in den verschiedensten Zusammenhängen von uns aufgeworfenen Fragen beantworten zu können, müssen wir an folgenden Grundsätzen festhalten:

a) Wenn wir unter einer Melancholie im psychiatrischen Sinne eine *Depression* verstehen, dann haben wir keine Möglichkeit, ohne über das Leben des Dichters etwas zu wissen, nur an Hand seiner literarischen Dokumente, zu mutmaßen, ob sich in einem leiderfüllten Text eine momentane Stimmung oder eine konstitutionell kennzeichnende Schwermut ausdrückt.

b) Wir können sagen, daß Kreativität in einem schweren Zustand der Depression, die alle geistigen Antriebe lähmt und das Erleben des Selbst- und Weltbezuges entleert, nicht möglich ist und deshalb nur in leichteren Phasen der endogenen Krankheit sich entfalten kann.

c) Im übrigen beobachten wir, daß zwischen der persönlichen Stimmung des Dichters und dichterischer Stimmung keine absolute Korrelation zu bestehen braucht. Es gibt auf der einen Seite Dichter wie etwa *Lenau* oder *von Platen,* welche sowohl als Persönlichkeiten wie auch als Dichter schwermütig waren; aber es gibt auch Dichter, wie etwa *Gottfried Keller,* der als Persönlichkeit eher zur Schwermut neigte, in der Dichtung dagegen ausgesprochen heiter sein konnte. *M. Bleuler* hat mich auf diese Paradoxie beim Dichter *Keller* in einem persönlichen Gespräch aufmerksam gemacht. Er drückt in seinem Werk die schwermütige Seite seiner Persönlichkeit nur teilweise aus und kompensiert sie meistens durch eine entgegengesetzte, aber nur in der Kreativität zum Ausdruck kommende heitere Seite.

Die letzte Frage lautet, was genetisch bedingt ist und also in seiner genetischen Bedingtheit außerhalb des Verstehens liegt, und was durch die Lebensgeschichte erzeugt ist. Unabhängig von den Antworten, die die Wissenschaft auf diese Frage zu geben versucht, sollen wir immer angesichts des Einzelmenschen nach seiner Lebensgeschichte fragen, in der ihm seine Anlage zum Auftrag wird. Das gilt nicht nur für die Depression!

Jaspers bemüht sich in seinem Buch über *Strindberg* und *van Gogh*, menschliche Spannung im Leben schizophren gewordener Dichter vom Beginn des schizophrenen Prozesses zu unterscheiden als ein „ganz Anderes". Er schreibt aber:

„Es ist bedenklich, etwas ‚unverständlich' zu finden. Das kann treffend sein, aber man wird immer ein größeres Interesse für Versuche haben, etwas positiv, anschaulich, verstehbar, erfüllt, wirksam erscheinen zu lassen, weil man nur so weiter kommt, während jene negativen Urteile alles schnell erledigen."

Jenes „ganz andere", die schizophrene Auflösung, wird von ihm oft in einen menschlichen Zusammenhang zurückgewandelt, etwa dort, wo wir die kühnen Worte lesen:

„Wenn wir nun gar geistige Werke auf Krankheit genetisch beziehen, so bleibt eine Selbstverständlichkeit, daß der Geist nicht erkranken kann, daß er einem unendlichen Kosmos angehört, dessen Wesen unter gewissen Bedingungen nur in besonderen Gestaltungen in die Wirklichkeit tritt."

Es ist damit wohl gemeint, daß (nach *Jaspers'* Worten) „geistige Werte zunächst an sich existieren, ohne daß ihre Genese betrachtet wird, in reiner qualitativer Anschauung zugänglich, verstehbar, wertbar."

Ich möchte den Sinn dieser Worte auch auf die Aussagen von gewöhnlichen schizophrenen Kranken beziehen. Wenn ein Schizophrener uns z. B. sagt: „Ich bin ein Mensch wie Sie, und doch bin ich nicht ein Mensch wie Sie"; „Ich kann nicht ich selbst sein, ich bin wie eine Schale, deren Inhalt draußen verschüttet liegt", so liegt dasselbe Phänomen vor uns wie in der Dichtung: Ein fremdes, für uns nicht ganz nachvollziehbares Erleben der Krankheit wird durch die Sprache geformt. Diese verbale Artikulierung eines Unfaßbaren, diese letzte Ichleistung gegenüber einem das Ich auflösenden Erleben, ist der Ausdruck eines auch in der Ichkrankheit waltenden Ichs, ja eines sich stellenweise erst dort in seiner tragischen Größe vor dem Untergang und im Untergang offenbarenden Ichs. Aber dieser Geist kann endlich völlig erkranken und auch dieser letzten Gestaltung unfähig werden; dann nämlich, wenn die Sprache nicht mehr ausreicht, ein befremdendes Erleben in einer Ichdimension zu gestalten, sondern selber jegliche Ichdimension verliert, die grammatikalischen und syntaktischen Ordnungen aufgibt und zu einer zerfahrenen Gestaltlosigkeit, mitunter zu einem Wortsalat wird. Das ist das qualitativ wirklich Andere, das uns in der völligen Schwermut begegnet und von einer Zerrüttung der Persönlichkeit zeugt, die vom Leiden kündet, auch wenn nur noch seine Leiche zurückbleibt.

2. *Ein Schicksal der radikalen Verzweiflung*

„Die Bläue meiner Augen ist erloschen in dieser Nacht, das rote Gold meines Herzens." Georg Trakl

Vielleicht bei keinem anderen Dichter wie bei *Georg Trakl* zeigt sich, wie ein im medizinischen Sinne schweres Geistesleiden, schwere anhaltende melancholische Stimmungen, die sich jahrelang hinzogen (Sucht[3], am Ende Suizid), sich mit hoher Kreativität verband, und zwar in einem Dichterwerk, das einerseits die Störungen des vitalen Bereiches voll widerspiegelt, jedoch einen Bezirk der Ideen gegenüber heraushebt; alles wird rein und klar formuliert, die eigene Todesstimmung wird stets zu einer Existenz erhoben, mit der jeder Mensch sich identifizieren kann, allgemeines menschliches Schicksal wiederfindend.

Trakl war einer jener Menschen, denen es gelang, eigenes überwältigendes Geistesleiden an den Pforten ihrer Kreativität anzuhalten, so daß nur ein leiser Hauch diese durchzieht, ohne ihre Transparenz zu trüben.

Diese Möglichkeit zeigt sich auch darin, daß die Sucht des Patienten nicht jene qualitative Grenze überschritt, die im mitmenschlichen Bereich den Anstand und die Kommunikation stiftet. Lesen wir diesbezüglich die Worte eines Freundes: „Ihm, der ein starker Trinker und Drogenesser war, verließ nie seine edle, geistig ungemein gestählte Haltung; es gibt keinen Menschen, der ihn im Zustand der Trunkenheit jemals auch nur hätte schwanken oder vorlaut werden gesehen, obschon sich seine so milde und wie um eine unsägliche Verstummtheit kreisende Art des Sprechens in vorgeschrittener Nachstunde beim Wein oft seltsam verhärten und ins funkelnd-Böse zuspitzen konnte. Aber darunter hat er mehr gelitten als die, über deren Köpfe hinweg er die Dolche seiner Rede in die schweigende Runde blitzen ließ; denn er schien in solchen Augenblicken von einer Wahrhaftigkeit, die sein Herz förmlich bluten ließ" (*Ludwig von Ficker*, Mitteilung an *Kurt Pinthus*, 1919).

Die Verbindung von einem Gefühl dauernder innerer Zerrüttung, von Sucht, von uferlos um sich greifender Angst- und Sexualneurose, läßt mich an die Möglichkeit einer latenten Psychose denken. Einzelne Worte des Dichters sprechen dafür, daß er selber die Diagnose bei sich stellte:

> „Aber da ich den Felsenpfad hinabstieg, ergriff mich der Wahnsinn und ich schrie laut in der Nacht; und da ich mit silbernen Fingern mich über die schweigenden Wasser bog, sah ich, daß mich mein Antlitz verlassen hat. Und die weiße Stimme sprach zu mir: Töte dich!"

In einem Brief an einen Freund (1913) lesen wir die Worte:

---

[3] „In diesen Tagen rasender Betrunkenheit und verbrecherischer Melancholie . . ." beginnt ein Brief vom 13. Dezember 1913.

„und es haben sich sonst in den letzen Tagen für mich so furchtbare Dinge ereignet, daß ich deren Schatten für mein Lebtag nicht mehr loswerden kann. Ja verehrter Freund, mein Leben ist in wenigen Tagen unsäglich zerbrochen worden und es bleibt nur mehr ein sprachloser Schmerz, dem selbst die Bitternis versagt ist . . . Vielleicht schreiben Sie mir zwei Worte; ich weiß nicht mehr ein und aus. Es (ist) ein so namenloses Unglück, wenn einem die Welt entzweibricht. O mein Gott, welch ein Gericht ist über mich hereingebrochen. Sagen Sie mir, daß ich nicht irre bin. Es ist steinernes Dunkel hereingebrochen. O mein Freund, wie klein und unglücklich bin ich geworden . . ."

Man findet die eigentümlich psychotische Angst, die sich ohne verstehbaren Grund aus dem Nebeneinander der Dinge selber ergibt:

„Die Uhr, die vor der Sonne fünf schlägt –
Einsame Menschen packt ein dunkles Grauen."

Aggressiv sexuelle Regungen , die zu einem Inzest führten, belasteten sein Selbstverständnis:

„Zu seinen Häupten erhob sich der Schatten des Bösen!"
„Haß verbrannte sein Herz, Wollust, da er im grünenden Sommergarten dem schweigenden Kind Gewalt tat, in dem strahlenden sein umnachtetes Gesicht erkannte."
„Aber da er Glühendes sinnend den herbstlichen Fluß hinabging unter kahlen Bäumen, erschien in härenem Mantel ihm ein flammender Dämon, die Schwester."

Ich vermute hier ein Spiegelerlebnis mit seiner Schwester, über die Triebstauung und die Triebhandlung hinaus. Die Angst vor der eigenen Aggressivität läßt den Mann nie los:

„O die Stunde, da er mit steinernem Munde im Sternengarten sank, der Schatten des Mörders über ihn kam."
„Unter kahlen Eichenbäumen erwürgte er mit eisigen Händen eine wilde Katze."

Der Sadismus verwandelt sich in Masochismus:

„O, die verfallene Scheibe der Sonne, süße Marter verzehren sein Fleisch."
„O die Wollust des Todes. O ihr Kinder eines dunklen Geschlechts. Silbern schimmern die bösen Blumen des Blutes an jene Schläfe, der kalte Mond in seinen zerbrochenen Augen. O der Nächtlichen; o, der Verfluchten."
„O der Verwesten, da sie mit silbernen Zungen die Hölle schwiegen."
„Am Abend ging er gerne über den verfallenen Friedhof, oder er besah in dämmernder Totenkammer die Leichen, die grünen Flecken der Verwesung auf ihren schönen Händen."

Kennzeichnend für die ganze Dichtung von *Trakl* ist eine dauernde melancholische Todesstimmung angesichts eines für die anderen Menschen unsichtbaren, ihm stets gegenwärtigen Weltunterganges in Fäulnis und Kälte. Aus verschiedenen Gedichten willkürlich herausgepflückte, bunt zusammengewürfelte Verse und Sätze mögen dies veranschaulichen:

„Aus beiden Masken schaut der Geist des Bösen. Ein Platz verdämmert grauenvoll und düster."
„Des Vogelfluges wirre Zeichen lesen Aussätzige, die zur Nacht vielleicht verwesen."
„Am Abend liegt die Stätte öd und braun. Die Luft von graulichem Gestank durchzogen."

„Und ein Kanal speit plötzlich feistes Blut vom Schlachthaus in den stillen Fluß hinunter."
„Von Fledermäusen gejagt, stürzte er fort ins Dunkel. Atemlos trat er ins verfallene Haus."
„In einem verödeten Durchhaus erschien ihm starrend von Unrat seine blutende Gestalt."
„Der Turm, der mit höllischen Fratzen nächtlich den blauen Sternenhimmel stürmt."
„O des verfluchten Geschlechts. Wenn in befleckten Zimmern jegliches Schicksal ist, tritt mit modernden Schritten der Tod ins Haus."

Die Todesstimmung weckt Gespenster, spiegelt sich fast halluzinatorisch in der durch sie verwandelten Welt:

„Es scheint, man hört der Fledermäuse Schrei
Im Garten einen Sarg zusammenzimmern.
Gebeine durch verfallene Mauern schimmern
Und schwärzlich schwankt ein Irrer dort vorbei."
„Es ist ein Weinberg, verbrannt und schwarz mit Löchern voll Spinnen."
„Es ist ein leeres Boot, das am Abend den schwarzen Kanal heruntertreibt."
„In der Düsternis des alten Asyls verfallene menschliche Ruinen."
„Die toten Waisen liegen an der Gartenmauer. Aus grauen Zimmern treten Engel mit kotgefleckten Flügeln. Würmer tropfen von ihren vergilbten Lidern."
„Formlose Spottgestalten huschen, kauern und flattern sie auf schwarz–gekreuzten Pfaden. O! trauervolle Schatten an den Mauern."
„Weltunglück geistert durch den Nachmittag."
„Auf meine Stirne tritt kaltes Metall. Spinnen suchen mein Herz."
„Doch immer ist das Eigene schwarz und nahe."
„Der Weiher unter den Weiden füllt sich mit den verpesteten Seeufern der Schwermut."

Daß es nicht gelang, diesem Menschen psychotherapeutisch zu helfen, ist beklagenswert. War doch — ich spüre es aus seinen Zeilen — eine Offenheit da für die Möglichkeit des Angesprochenwerdens; von der Klage über seine Einsamkeit —

„Niemand liebte ihn. Sein Haupt verbrannte Lüge und Unzucht in dämmernden Zimmern."
„Der Schatten eines Rappens sprang aus dem Dunkel und erschreckte ihn. Aber es war niemand, der die Hand auf seine Stirne gelegt hätte."

bis zu den Augenblicken versöhnlicher Stimmung, wo der Knabe in ihm, und sein Spiegelbild in der Schwester, andeutungsweise erlöst waren:

„Sprachlos lag ich unter den alten Weiden und es war der blaue Himmel hoch über mir und voll von Sternen; und da ich anschauend hinstarb, starben Angst und der Schmerzen tiefster in mir; und es hob sich der blaue Schatten des Knaben strahlend im Dunkel, sanfter Gesang; hob sich auf mondenen Flügeln über die grünenden Wipfel, kristallenen Klippen das weiße Antlitz der Schwester."

Georg Trakl, Selbstporträt, 1914

In Esterles Atelier soll, nach einer Mitteilung *Fickers, Trakl* den Pinsel ergriffen und sich so gemalt haben, wie er sich einmal, nachts aus dem Schlafe aufschreckend, im Spiegel gesehen hatte. Augen, Mund und Nase sind dunkle Höhlen, das Gesicht wie verwest, größtenteils blaugrün, mit scharlachenen Flecken auf den Wangen. Der Mund aufgerissen, wie lautlos schreiend. (Siehe Abbildung)

Bei *Trakl* wurde die Diagnose einer *Dementia praecox* gestellt. Die Auskunft aus dem Garnisonsspital in Krakau, wo *Trakl* starb, gab an: „Es wird Ihnen mitgeteilt, daß Ihr Bruder Medik.-Akzessist Georg Trakl im hiesigen Spital wegen Geistesstörung (Dement. praec.) in Behandlung stand, am 2. November nachts einen Selbstmordversuch durch Kokain unternommen hat und trotz aller möglichen ärztlichen Hilfe nicht mehr gerettet werden konnte."

Wenn wir bedenken, daß die Lyrik *Trakls* heute noch als ein Höhepunkt geistiger Kreativität angesehen wird, und wie der Dichter bis kurz vor seinem Tode schöpferisch blieb, so erscheint uns heute die Bezeichnung „Demenz" einfach grotesk. Man lese nur die Worte von *Rilke* (1915):

„Man begreift bald, daß die Bedingungen dieses Auftönens und Hinklingens unwiederbringlich einzig waren, wie die Umstände, aus denen ein Traum kommen mag. Ich denke mir, daß selbst der Nahstehende immer noch wie an Scheiben gepreßt diese Aussichten und Einblicke erfährt, wie ein Ausgeschlossener."

Selbst gegen die Verwendung des heute geläufigen Begriffes „Schizophrenie" hätte ich Bedenken. Zeichnet sich doch das, was ich eine latente Psychose nenne, im Gegensatz zur Schizophrenie gerade durch eine Abwehr des Ichs aus, welche Spaltungsphänomene meistens für das ganze Leben (wie viele Katamnesen uns zeigen) verhindert.

Es will mir scheinen, daß gerade diese Ichabwehr dem Leiden einen wesentlicheren Stempel gibt als die Spaltung. Die innere Welt des Patienten spiegelt nur diese Spaltung, bleibt aber in der Sprache, in der Dichtung, in der Selbstaussage, eins; sie gibt nur den Wiederschein einer Katastrophe, die allein subjektiv eintrifft und — obwohl erwartet — letztlich nicht objektiv eintrifft.

„Sag mir, daß ich nicht irre bin", diese verzweifelte Sehnsucht nach der Geisteseinheit hat vor allem der Mensch, der wie *Trakl* im Wesentlichen, d. h. innerhalb der bewußt redenden Person, in dieser Geisteseinheit ist.

Die Ichabwehr gehört in dieser Grenzsituation zum Wesen des Phänomens, mehr als das Abgewehrte. In der psychoanalytischen Denktradition ist die Abwehr ein Widerstand, ein nicht schöpferisches Moment; die eigentliche Realität liegt dann im Abgewehrten, im verborgenen Gesicht der Lebensgeschichte und des Unbewußten. Wenn aber das Abgewehrte die Zerstörung des Sinnes ist, dann ist die psychische Abwehr dagegen das *grundsätzlich Kreative*, welches den Sinn stiftet. Ob dieses Kreative sich in das Wort steigert, wie bei *Trakl*, bei *Rimbaud*, bei *Bernhard*, oder schweigt, wie bei vielen Patienten (selbst bei *Rimbaud* nach seiner Jugend), ist eine Frage, welche die eigentliche Mitte einer solchen Existenz nicht berührt.

Es besteht die Möglichkeit wie bei *Rimbaud*, auch im Schweigen weiter zu gestalten; indem der Mensch lebt.

Manche dieser Menschen haben die traurige Berufung, wie sonst niemand, nicht einmal der Schizophrene, zu sagen, was Ver-rückung bedeutet, mitten in einer Situation, wo er doch uns zutiefst gehört, wie *Rilke* es so schön sagt.

In seiner Tragischen Literaturgeschichte schreibt *Walter Muschg*, daß Madame Bovary von *Flaubert* (die übrigens ein völlig anderes Schicksal verkörpert) heute nicht Selbstmord begangen, sondern sich in eine psychoanalytische Behandlung begeben hätte. Solche Bemerkungen erscheinen noch salonfähig, wenn sie eine literarische Gestalt, einen Romanhelden betreffen. Handelt es sich aber um wirkliche Menschen, dann wird es ernst. *Trakl* war ein Mensch, der sich zuwenig helfen konnte und dem zuwenig geholfen wurde. Wenn es nicht gescheitert wäre: welch ein Dasein!

F. NEUROSE, DROGENABHÄNGIGKEIT, SOZIALE FRAGWÜRDIGKEIT

1. *Neurotische Komplexe in der Dichtung*[1]

Die Fragen nach dem Zusammenhang zwischen Dichtung und Neurose sind in der Literatur durch ihre Zahl bald unübersichtlich. Wir haben uns mit dem Thema in unserer Einführung grundsätzlich auseinandergesetzt und wollen hier nur folgende Hauptfragen behandeln:
1. Darf man Kunst- und Dichtwerke als Symptome einer neurotischen Persönlichkeit deuten?
2. Kann Neurose in einem kausalen Zusammenhang mit Kreativität stehen?
3. Können Neurose und Kreativität koexistieren?
4. Wenn im Einzelfall Neurose und Kreativität irgendwie zusammenhängen, ist eine psychoanalytische Behandlung der Neurose im Hinblick auf die weitere Kreativität des Dichters bzw. des Künstlers indiziert?
5. die fünfte Frage ist die nach den Grenzen der psychoanalytischen Betrachtungsweise.

1. Die Psychoanalytiker haben nicht selten Werke und Lebensläufe der Dichter als komplexhafte Schöpfungen gedeutet. Es ist damit nicht gemeint, deren Kunst habe nur einen neurotischen Ursprung. Der Psychoanalytiker meint nur, daß die Konfliktverstrickungen, die sich etwa im Roman, im Schauspiel ausdrücken, psychodynamischen Modellen entsprechen, die durch Kenntnisse der Lebensgeschichte des Autors besser erfaßt werden können. Der Psychoanalytiker stellt also *dichterisches Werk und Lebensgeschichte des Dichters in eine Relation;* er versucht, das, was aus der freien Phantasie des Autors zu entspringen scheint, nach gewissen psychologischen Gesetzmäßigkeiten zu ordnen. Der Psychoanalytiker meint ferner, daß der Dichter selber seine Schöpfungen deswegen nicht als Ergebnis einer psychologischen Gesetzmäßigkeit erlebt, weil diese ihm zum wesentlichen Teil unbewußt ist.
Freilich ist diese Betrachtungsweise einseitig, weil sie der freien Inspiration des Dichters und seiner Fähigkeit, sich auch mit fremden, mitmenschlichen Lebensschicksalen mitfühlend zu identifizieren, wenig Rech-

[1] Wir gebrauchen den Begriff der Neurose hier ohne feinere spezifische Nuancierungen, die uns in diesem allgemeinen Kontext nicht interessieren können; wir verstehen die Neurose vielmehr als Sammelbegriff für ein Leiden, das sich aus *Persönlichkeitsreaktionen und -entwicklungen* ergibt.

nung trägt. Es kann nicht geleugnet werden, daß jeder Dichter seine eigenen Themenkreise, seine Konflikte, seine spezifischen Interessen hat und universal nur in der Fähigkeit ist, dem Partikulär-Menschlichen eine allgemeine, jeden Zuhörer und Leser ansprechende Form zu geben. Insofern bleibt er nicht ein Gefangener seines Schicksales, als er diesem eine Bedeutung gibt, die für viele gültig ist.

Es ist jedoch legitim, Dichtung zum psychoanalytischen Untersuchungsfeld zu machen. Man muß allerdings um die Grenzen des Verfahrens wissen: Es geht lediglich darum, einige Bedingungen zu untersuchen, unter welchen eine Dichtung entstanden ist. Es liegt hier etwas Ähnliches vor wie bei der historischen Analyse: Wenn wir eine Dichtung oder ein Kunstwerk wissenschaftlich untersuchen, so erkundigen wir uns danach, wo ähnliche Motive in Werken früherer Dichter anzutreffen sind und in welcher Form; wir fragen danach, ob unser Dichter sie gekannt oder etwa davon beeinflußt worden ist; an welchen Stilmerkmalen eine Beeinflussung abzulesen ist, usw.

In ganz ähnlicher Weise können wir nach seiner sozialen Lage, nach der Soziologie seiner Zeit, nach seinen Familienverhältnissen, seinen kindlichen Erfahrungen, nach der Beziehung zwischen der Entwicklung seiner Kunst und dem persönlichen Schicksal fragen. *Das ist eine wissenschaftliche Einsicht, die wir letzten Endes beiseitelassen müssen, wenn wir uns unmittelbar vom Wort des Dichters ergreifen lassen wollen*[2].

Der Grund dafür ist prinzipieller Natur. Es ist doch so, daß unsere Seelenverfassung eine andere sein muß, je nachdem, ob wir forschen oder ob wir aufnehmen. Beim Forschen *erheben wir uns über den Gegenstand; wir machen den Stoff zu unserem Gegenstand, den wir wissend, aufzeigend beherrschen wollen. Beim Empfangen liefern wir uns an das Erleben des Dichters aus, wir werden mit ihm eins.*

Wir müssen uns darüber im klaren sein, daß diese beiden Einstellungen komplementär zueinander sind. Die eine verzichtet auf irgendwelche psychologische oder historische Teilerklärung, weil sie, von der Struktur des Kunstwerkes ausgehend, die Existenz auslegen will, so wie sie vom Künstler erlebt wurde. Der Psychoanalytiker aber objektiviert; er schwingt im Moment der wissenschaftlichen Untersuchung weniger mit dem Dichter mit, vielmehr will er darüber Aussagen machen, warum jener so erlebt. Diese zwei Arten der Stellungnahme schließen sich in der Polarität zusammen. Wir können zum Dichter so stehen, daß wir uns mit ihm identifizieren; oder wir können von einer distanzierten Sicht aus die biographischen, historischen, psychologischen und psychoanalytischen Voraus-

---

[2] Wissenschaftlichen Verfahren wie historische Motivforschung, soziologische Zusammenhänge usw. sind freilich nur Randgebiete der Literaturwissenschaft.
Zentrales Verfahren ist die Interpretation des Werkes, wissenschaftliches Verstehen, das von der Struktur des Werkes ausgeht und das ich aber im einfühlenden Verstehen (sich ergreifen lassen) mit einschließe.

setzungen seines spezifischen Daseins im Werk untersuchen. Beide Stellungnahmen gehören zur Ganzheit unseres Versuches. Sie ergänzen sich.
Zum Beispiel ist das Scheitern eines Menschen im Dasein ein häufiges Ereignis. Menschliches Scheitern in den großen Zusammenfügungen des tragischen Schicksals wird vom Dichter und von dem von ihm ergriffenen Leser und Hörer als ein Ausdruck des überwältigenden Wesens des Daseins erfaßt. In der Auslieferung an ein Schicksal ist der Mensch Träger seiner Not, die er im Scheitern aushält oder an der er zugrundegeht und die im Ansatz auch die unsere ist. So geht das Scheitern einen jeden an, der an der Existenz teilnimmt.
Die Psychoanalyse entwickelt hier eine Sicht, die zu der angeführten *komplementär* ist, *indem sie das tragische Scheitern auf ein teilweise psychisches Unvermögen des Scheiternden,* einen ungewollten Komplex, einen neurotischen Konflikt, eine unglückliche Kindheit und dergleichen, *zurückführt.* Die Befunde, auf die sie sich dabei stützt, sind freilich „Interpretationen" der uns nur teilweise zugänglichen biographischen Daten und psychologische Deutungen der dichterischen Dokumente selber.

2. Kann die Neurose eine Ursache der Kreativität sein?

Neurosen können genial veranlagte Menschen zu einer Produktivität veranlassen, die zwar im Ursprung einen neurotischen Keim enthält, in ihrem Endeffekt aber von großem sozialem Wert sein kann.
Ein Beispiel ist *Rousseau.* Der Psychoanalytiker *Laforgue* hat eine psychoanalytische Pathographie über ihn geschrieben: Die Dichtung hat Rousseau ermöglicht, seine Konflikte zu verarbeiten. Das Verständnis seines Konfliktes (etwa mit einem unterdrückenden Vater, gegen den er sich erfolglos auflehnte) hilft, dem literarischen Werke Rousseaus gerecht zu werden. Für seinen politischen Standpunkt ist der Konflikt von einiger Tragweite. Er hat ihn zum Wortführer aller Unterdrückten gemacht, zum Wortführer derer, die es nicht fertigbringen, sich ihrer Tyrannen zu entledigen. Wir stoßen freilich bei der Psychoanalyse des Dichters auf zwei wesentliche Schranken unserer Erkenntnis: Erstens besteht die Tatsache, daß wir von einem Dichter persönlich ungemein weniger wissen können als von einem Patienten, dessen sprachliche Produktionen wir Tag für Tag hören und dessen emotionelle Reaktionen wir in vivo prüfen können. Zweitens ist die Tatsache zu beachten, daß wir mit dem analytischen Werkzeug nur einige der vielen Bedingungen des psychischen Lebens erfahren können. Trotz dieser wesentlichen Einschränkungen wird von psychoanalytischer Seite oft vermutet, daß die lebensgeschichtlichen Inhalte, Komplexe und Konflikte bei entsprechender künstlerischer Prädisposition diese zu weiterer Entfaltung stimulieren können. Man meint also, die

hohe dichterische und künstlerische Reife entwickle sich gelegentlich auf dem Boden der großen Prüfungen, der radikalen Konflikte, des unausweichlichen Dilemmas, sogar auf dem Boden des Scheiterns, des neurotischen Leidens.

3. Können Neurose und Kreativität koexistieren?

Man kann Neurose als seelisches Kranksein auffassen, das im begrifflichen Gegensatz zur Kreativität steht, wenn man letzere nur auf dem Boden einer gesunden psychischen Entfaltung sieht.
Mit allem Nachdruck hat *Freud* festgestellt, daß er psychoanalytisch nicht die Genialität, sondern nur die menschlichen Konflikte untersuchen könne, welche dann genial verarbeitet werden. Was aber Genialität sei, lasse sich psychologisch nicht aufklären, das heißt, sie lasse sich nicht wie eine Motivation aus einem Erleben ableiten. Heute wiederholt man dasselbe mit anderen Worten. Man meint z. B.: nicht die Inhalte des Bewußtseins oder des Unbewußten, nicht die Abläufe der Lebensgeschichte, sondern erst das Formniveau, die kognitive und die ästhetische Struktur begründe die Kunst. Neurose und Kreativität können sich gemeinsam manifestieren, wie viele Beobachtungen nahelegen. Das dürfte wohl daher kommen, daß psychisches Leiden bei weitem *nicht immer zu einer Einengung, Verarmung, Verflachung der Persönlichkeit führt;* oft ist der Fall gerade umgekehrt. Hier wäre es wichtig, die Frage einmal systematisch zu untersuchen, wie stark Abwehrmaßnahmen und -mechanismen bei neurotischen, schöpferischen Menschen ausgeprägt sind. Diese Frage ist meines Wissens nicht genügend untersucht worden. Theoretisch dürfte man aber erwarten, daß die Ausbildung und Ausprägung starker Abwehrmaßnahmen, welche daraufhinzielen, Angst und sonstige negative Affekte zu binden, gleichzeitig wesentliche Bereiche der Produktivität vermauern. *Durch die Angstabwehr werden wesentliche psychische Vorstellungen verdrängt, psychische Kräfte im Symptom gebunden, wesentliche Aspekte des Lebens nicht mehr differenziert wahrgenommen.* Abwehrkräfte binden eine Menge psychischer Energie, die sonst für andere Zwecke frei würde. *Es scheint mir denkbar, daß Abwehrmechanismen bei psychisch leidenden Dichtern relativ wenig ausgeprägt sind, weshalb es dann bei ihnen häufiger zu einer Erfahrung der Welttrostlosigkeit als zur Ausbildung von eigentlichen klinischen Symptomen kommt.* Es kommt vielmehr zu einer Steigerung des subjektiven Leidens und weniger zu dessen neurotischer Austragung in einem klinischen Sinne.
Meine These ist jedenfalls die, *daß das, was schöpferisch wirkt, nicht die Neurose an sich, sondern das durch die Neurose bedingte Leiden ist.* Das Leiden öffnet dem Dichter die Tiefe der Existenz, läßt ihn sich mit seinen

Mitmenschen identifizieren, ihr Wortführer werden, sich als deren Schicksalsgenosse fühlen. Das Leiden beruft ihn dazu, etwas, was auch andere empfinden, wortmächtig und vorbildlich auszusagen und mitzuvollziehen, so daß diese sich in ihm und seinem Worte neu finden und gewinnen. Freilich besteht die Begabung des Dichters nicht nur in dieser einen Empfindsamkeit; sie ist aber oft eine wesentliche Komponente des Genius.

Die Tatsache, daß dieses Leiden auch neurotisch bedingt sein kann, tut seiner schöpferischen Funktion keinen Abbruch, vorausgesetzt, daß durch die Neurose nicht eine wesentliche Einengung der Persönlichkeit resultiert.

Dieser wesentliche Punkt soll klar gesehen werden. Neurose kann den Menschen chronisch verängstigen, erbittern, dauernd auf sich selber zurückwerfen, ihn unempfindsam für die Leiden der Anderen machen, welche mit ihm zusammenleben müssen, blind für die Tragik der Gesellschaft, die er dann nur haßt. Neurose kann die Aufmerksamkeit des Einzelnen ganz auf seine Symptome, seine Hypochondrie, seine Zwänge und Phobien einengen. Neurose kann den Menschen zu einem Armen machen, der keinen Sinn mehr für die Schönheit der Welt hat und das Glück anderer nur beneidet. Derart geistig arm gewordene Menschen können in ihrer Not unser Mitempfinden wecken, sie dürften aber kaum, weder in der Dichtung noch in ihren alltäglichen Beziehungen, schöpferisch wirken. Schöpferisch innerhalb der alltäglichen Beziehungen kann aber schon ein einfacher Mensch sein, der das Wort findet, das für seine Nächsten wesentlich ist. Der Mensch dagegen, dem der Durchbruch zum Sein in irgendeinem Bereich nicht gelang, kann als Dichter kaum Bedeutsames ausdrücken.

Der italienische Literaturhistoriker *Momigliano* schreibt über den italienischen Dichter *Leopardi,* daß *ein wesentlicher Unterschied zwischen seiner Lyrik und seinem Prosawerk vorhanden ist.* Zwar kommt in beiden die Existenztrauer, die tiefe Melancholie dieses Dichters zum Ausdruck. Aber in verschiedener Weise!

Als Lyriker ist er von einem Weltsinn und einem Mitgefühl für die Leiden des Lebens erfüllt, die erschüttern; dies alles weicht aber in der Prosa einem oft gehässigen Ton und einer übertriebenen Anklage, die nicht richtig überzeugen und wirklich bewegen können. Ich glaube hier nicht fehl zu gehen, wenn ich die Gedanken *Momiglianos* weiterführe und meine: In seiner Prosa ist *Leopardi* ein Neurotiker, in seiner Lyrik ist er weit mehr als ein Neurotiker[3]. Die Sonderbarkeiten des Charakters, die Eigentümlichkeiten des Liebeslebens, die individuellen Abarten des Verhaltens, welche die neurotischen Bilder bestimmen, sind Gegenstand der Dichtung gewesen, unabhängig davon, ob

[3] Die Prosa *Leopardis* zeigt neurotische Züge, deren Ausbleiben die Reinheit der Lyrik erst begründet. Man sieht in den Gesängen *Leopardis,* wie sich *Momigliano* ausdrückt, „nicht einen Menschen, der sich an die Trauer des Schicksales ausliefert, sondern einen, der in der Trauer er selber bleibt und immer in einem Kampfe begriffen ist. Diese Haltung ist aber weniger mittelbar und warm in seinen Gedanken und in seinen ‚Operette morali' zu spüren; deshalb ist die Prosa *Leopardis* minderwertig gegenüber seiner Dichtung. Sein Leben voller Versklavung und Entsagung förderte in ihm sowohl den Dichter, der aus dem Gefängnis der Realität strebte, wie auch den Misanthrop, der sich dazu verstieg, die Anderen bloßzustellen. In der Lyrik hat er über den Misanthrop gesiegt; in den Gedichten ist meist das Umgekehrte geschehen."

der Dichter selber neurotisch war oder nicht: seinen scharfen Augen konnte die Vielfalt der individuellen Schicksale, und gerade besonderer, ungewöhnlicher Schicksale, nicht entgehen. Allein der Dichter hat keine Diagnosen gestellt und nach keiner psychodynamischen Erklärung Ausschau gehalten.

4. Hier stellt sich die Frage, ob ein schöpferisches Leiden, das im Keim durch einen neurotischen Konflikt bedingt ist, durch eine psychoanalytische Behandlung in einer Weise erleichtert werden könnte, ohne daß dabei auch die Schöpferkraft des Dichters abnehmen würde. Diese Frage hat sich der Dichter *Rainer Maria Rilke* in einer unmißverständlichen Weise gestellt, dort, wo er in einem Brief an *Lou Andreas* schreibt: „Ich weiß jetzt, daß die Analyse für mich nur Sinn hätte, wenn der merkwürdige Hintergedanke, nicht mehr zu schreiben, den ich mir während der Beendigung des Malte öfters als eine Art Erleichterung vor die Nase hängte, mir wirklich ernst wäre. Dann dürfte man sich die Teufel austreiben lassen, da sie ja im Bürgerlichen wirklich nur störend und peinlich sind; und gehen die Engel möglicherweise mit aus, so müßte man auch das als Vereinfachung auffassen und sich sagen, daß sie ja in einem neuen, nächsten Beruf (welchem?) sicher nicht in Verwendung kämen. Aber bin ich der Mensch zu einem solchen Versuch mit allen Konsequenzen dieses Versuches? Oder ist auch das wieder nur ein Stück verschlagener Produktivität, sich gewissermaßen einen anderen Menschen, statt innerhalb einer Arbeit, in der eigenen, schäbig gewordenen Haut vorzustellen von morgen an?"
Rilkes Frage ist grundsätzlich auch von psychiatrischer Seite aufgenommen worden. Der Psychiater *Dracoulides* rät von einer psychoanalytischen Behandlung künstlerischer Persönlichkeiten ab; er sieht oder befürchtet, wie *Rilke*, eine therapeutische Gegenindikation. Es ist denkbar, daß eine therapeutische Beruhigung dem Dichter den Stachel entziehen könnte, von dem seine dichterische Produktion abhängt.
Mir scheint aber, daß man bei der Frage, ob die analytische Behandlung einer Neurose den mit ihr verwickelten schöpferischen Kräften den Boden entziehe, den umgekehrten Gesichtspunkt oft vernachlässigt, daß *eine klinische Neurose nämlich in sehr vielen Fällen einer Einengung der Persönlichkeit gleichkommt. Meine These ist die, daß die Psychoanalyse im wesentlichen der dichterischen Begabung keinen Abbruch tut, die Sensibilität des Dichters nicht vermindert, die Spannkraft des schöpferischen Geistes durch Bewußtmachung seiner Entwicklung nicht reduziert, sondern eher erhöht.* Psychoanalyse ist Kommunikation, die sich auf jenen tieferen Bereich erstreckt, der sonst von der Kommunikation ferngehalten wird. Sie ist Verständnis jenes Bereiches.
Auch darf man die Bedeutung der Therapie nicht überschätzen. Sie kann die in der Konstitution des Dichters verankerte Sensibilität nicht beeinflussen, welche *Leiden begründet*, die ihn befähigen, die Dissonanzen dieser Welt schöpferisch wahrzunehmen. Dagegen mag die psychoanalytische Bearbeitung eines infantilen Konfliktes jenen projektiven Zug einer Neu-

rose heilen, der unnötigen Ballast in der gegenwärtigen Auseinandersetzung mit der Gesellschaft oder der Existenz mit sich bringt.

5. *Welches sind die Grenzen der psychoanalytischen Betrachtungsweise?*

Die psychoanalytische Betrachtung des Kunstwerkes wirkt umso *überzeugender*, je mehr sie sich ihrer Grenzen bewußt wird. Im folgenden möchte ich diese Grenzen kennzeichnen.

a) Psychoanalytische Deutungen weisen im wesentlichen auf Inhalte hin: die Psyche, die Lebensgeschichte, die psychoanalytische Dynamik. Diese Inhalte lassen sich sowohl beim Künstler als auch beim intellektuell weniger bedeutenden Patienten wiederfinden. Es ist weder das Unbewußte, noch der Abwehrmechanismus des Ichs, die hier einen Unterschied zwischen ihnen begründen.

Was den Künstler vom Durchschnittsmenschen unterscheidet, ist *die Form des Ausdrucks, nicht der Inhalt* des Unbewußten. Formen gehen aber auf Wurzeln der Persönlichkeit zurück, die sich psychoanalytisch nicht ganz *unterscheiden* lassen.

Die Psychoanalyse ist eine Untersuchungsmethode, die vornehmlich auf dem Gespräch basiert und aus diesem auf verborgene *Motivationen* schließt. *Die formgebenden Impulse liegen aber anderswo begründet als die emotionellen Bedürfnisse und die Abwehrmaßnahmen gegen solche.* Die Formanalyse führt nicht auf die Lebensgeschichte zurück; sie bleibt am untersuchten Phänomen haften, sie kann durch keine anderen Begriffe ausgedrückt werden als durch solche, die eben die Gestaltstrukturen auslegen.

b) Die Psychoanalyse führt wesentliche Gehalte des Menschen auf ontogenetisch primitivere Zustände zurück — als deren „Reaktionsbildungen", „Sublimationen" usw. Das Wesen des Menschen liegt aber nicht nur in den elementaren Trieben und Motivationen, die abgewehrt wurden, sondern auch in den Strukturen, mit denen jene abgewehrt wurden. Die ursprünglichen Motivationen sind untereinander viel ähnlicher als etwa die ungemein differenzierten Reaktionsbildungen und Sublimationen. Der Rückweg von diesen zu primitiven Schichten ist von großem Interesse, entspricht der Freilegung eines Kausalmechanismus. Er sagt uns aber über das Wesen des geistigen Phänomenes im Prinzip ebensowenig aus wie die Anatomie der Hirnrinde, die ebenfalls kausal aller geistigen Tätigkeit zugrundeliegt. Damit wird die Bedeutung der psychoanalytischen Forschung ebensowenig abgewertet wie diejenige der Hirnanatomie oder der Neuropsychologie, deren faszinierende Entwicklung wir gerade in den letzten 2 Jahrzehnten miterlebt haben. Wir dürfen nie davon ablassen, die physiologischen oder psychoanalytischen *Mittelglieder* der geistigen Phänomene zu untersuchen und als wesentlich realitätsbegründend anzusehen.

c) Als Wissenschaftler, so auch als Psychoanalytiker, stehen wir dem Kunstwerk immer *gegenüber*, wir gehen in ihm nicht auf. Sein eigentliches Wesen erfahren wir freilich erst im Aufnehmen, im Vorgang der

Identifikation, die sich vorbegrifflich erlebend oder phänomenologisch-denkend vollzieht, jedoch in jedem Falle nicht hinter die Phänomene blickt. Hinter solchen ist im Hinblick auf das Wesen des Phänomenes nichts vorhanden, das Phänomen begründet sich selbst, d. h. wird von Ordnungen strukturiert, die *nur auf seiner Ebene liegen.*

Eine moderne, neue Art der psychoanalytischen Untersuchung der Dichtung und der Kunst (etwa bei *Thomas Mann, Rilke, Wagner;* siehe *Dettmering*) erschließt ferner folgende Gesichtspunkte:

a) Die Deutung hat weniger die Beziehung der Dichtung zur Persönlichkeitsstruktur des Autors als Forschungsgegenstand zu berücksichtigen (obwohl die Biographie und innere Konflikte des Dichters Voraussetzung der Dichtung sein mögen) als vielmehr das chronologische Fortschreiten des analytisch-verstandenen dichterischen Prozesses von einem Werk zum anderen. Im Sinne *Eisslers* kann man sagen, daß diese Psychoanalyse „endopoetisch" deute. Parallelen zu einer ähnlich „endopoetischen Psychopathologie" finden wir übrigens bei nicht psychoanalytischen, sondern psychiatrisch angestellten Untersuchungen.

b) Die Kunst sei, so sagte *Rilke,* nichts als die „fortwährende Neigung, die Konflikte auszugleichen, die unser aus so verschiedenartigen und einander oft widerstrebenden Elementen sich immer neu bildendes ‚Ich' gefährden und spannen"[4].

Die analytische Deutung der Inhalte des Kunstwerkes läßt die Form, die uns ergreift, unangetastet, „verlangsamt aber und verdeutlicht" jenen Prozeß des Ausgleiches, und sie ermöglicht einen „vergrößerten und erneuten Genuß am gedeuteten Kunstwerk" *(Parin)*[5]. Der genannte Autor meint, daß eine analytische Deutung die „im Schatten liegenden Vorgänge, die der Leser nur ahnen würde, klarer hervortreten" läßt, „sie zieht Linien nach, die dem Leser (sonst) unbewußt bleiben, obwohl sie ihn leiten".

Gewiß dürfte man hier zum Schluß die kritische Frage aufwerfen, ob das rationale Sich-Bewußtmachen des „Suizid- und Inzest-motivs" in den Werken von *Thomas Mann,* oder des Erlösungsmotives bei *Richard Wagner* eine größere Bedeutung haben als die einer Erweiterung unseres Spezialwissens. Die Inkommensurabilität von Wissen und Wirklichkeit, von Wissen und Leben, auf die Philosophen wie *Kirkegaard* und *Sartre* mehrmals hingewiesen haben, steht hier im Grunde zur Diskussion. Die durch das dichterische Mitbegreifen bewirkte *Katharsis,* durch welche beim Leser, Zuhörer, Zuschauer unbewußte Spannungen zur Entladung kommen, ist wesentlich am ästhetischen Empfinden mitbeteiligt.

---

[4] Ich bin als Psychotherapeut von seelisch schwer Kranken, denen meine Psychotherapie nur teilweise hilft, beeindruckt davon, wieviel Trost diese Menschen aus den Werken der Dichtung und Kunst schöpfen. Von vielen dieser Werke geht eine, von den Autoren vielleicht unbeabsichtigte, psychotherapeutische Wirkung aus.

[5] Das letztere gilt freilich nur für die psychoanalytisch gebildeten Leser.

Beispiele von psychologischen Komplexen

Das Leiden des Dichters, von dem wir sprachen, ist eine Landschaft, die, aus großer Höhe gesehen, als allgemeine Melancholie der Existenz erscheinen mag und die nun, sobald man die Flugrichtung ändert und sie aus der Nähe, ja schließlich aus dem mikroskopierenden Winkel der Psychoanalyse betrachtet, unzählige Varianten aufweist.

Situationen der Ambivalenz, der Zwiespältigkeit gegenüber den Liebespartnern oder den Aufgaben des Lebens, Abhängigkeiten oder Auflehnung gegen die Eltern, unlösbare Konflikte der Schuld und der Pflicht, Eigentümlichkeiten des Liebeslebens, Zerrüttungen der Gesellschaft und der Familie usw. werden uns sowohl in den Werken wie auch in der privaten Lebensgeschichte des Dichters deutlich. Wiederholen sich im Spiegel ihrer Werke gewisse Leitmotive, so können wir von „Komplexen" sprechen.

„Komplex" ist ein Begriff, der aus der Psychoanalyse stammt, bekanntlich von *Jung* geprägt und von *Freud* übernommen wurde. Unter psychischem Komplex versteht man das Zusammengehören vieler affektbeladener Vorstellungen und Verhaltensweisen, die sich alle auf eine oder einige zentrale Erfahrungen beziehen und oft eine dem Subjekt unbewußte Komponente haben mögen.

Komplexe bei Dichtern lassen sich durch genaue Kenntnis ihrer Biographien eindrücklich nachweisen. Der eine fühlte sich oft verfolgt und mißachtet; der andere schämte sich jeweils nachträglich seiner Werke wegen; der dritte litt unter einem unersättlichen, für ihn demütigenden Hunger nach Anerkennung, usw. Kürzlich las ich z. B. in einer Tageszeitung in einem Aufsatz zum hundertjährigen Todestag von *Grillparzer* folgende Zeilen über den Dichter:

„Seinen Namen *Grillparzer* haßte er. Er war imstande, den eigenen Namen zu umgehen; war imstande, ihn durch einen Spottnamen zu ersetzen. Wußte er, was der Name eines Menschen ist? Daß das Streichen eines Namens dem Streichen eines Daseins gleichkommt? Er war ein Selbsttöter. Was ihm von außen an Lob und Anerkennung zugebracht wurde, das löste er in der Säure seiner Zweifel auf. Bis in die Träume übte er solches Quälen: Er sieht im Traum eine Freundin in der Loge des Theaters; sie lacht, sie spottet über das Stück. Caroline Pichler spricht dann in solchem Zusammmenhang von dem „tückischen Gespenst", das aus *Grillparzers* Werken, sowie sie vollendet sind, herausblicke und ihm sage, daß die Werke nichts taugen." Im Zusammenhang mit der Aufführung der „Ahnfrau" setzt er ins Tagebuch: „Die Gestalten, die man geschaffen und halb schwebend in die Luft gestellt hat, vor sich hintreten sich verkörpern zu sehen, den Klang ihrer Fußtritte zu hören, ist etwas höchst Sonderbares. Die Aufführung . . . hat auch offenbar mein Schamgefühl verletzt. Es ist etwas in mir, das sagt, es sei ebenso unschicklich, daß Innere nackt zu zeigen als das Äußere." Das sind bloße Hinweise auf die Psychopathologie eines Dichters; freilich ergeben sie kein zusammenhängendes psychoanalytisches Bild, vor allem noch keinen Zusammenhang zwischen Biographie und Werk.

Als Beispiel dafür, wie gewisse Komplexe eine dichterische Darstellung und Verarbeitung finden können, möchte ich nun den Vaterkomplex beim Manne mit zwei berühmten Fällen anführen. Normalerweise dient die psychische Abhängigkeit eines Sohnes von seinem Vater nicht nur der Sicherung materieller Lebensbedürfnisse, die eine Zeitlang vom Sohn kaum selbständig garantiert werden kann, sondern vom Vater „besorgt" werden muß. Zu dieser materiellen Sicherung kommt auch die psychologische Dimension der Beziehung dazu:

a) In der erfahrenen *Liebe* des Vaters erlebt sich der Junge als angehender Mann wertvoll, er gewinnt an Selbstsicherheit;

b) In der Revolte gegen den Vater (Ödipuskomplex), welche schließlich die Fähigkeit einschließt, auf das Liebesobjekt (Mutter) zu verzichten, wird er zum Mann;

In der *Auseinandersetzung* mit dem Vater und im Austragen von *Rivalitätsgefühlen* kann sich der junge Sohn seiner *Männlichkeit* im Laufe der Ich-Entwicklung also mehr und mehr vergewissern;

c) In der Introjizierung mancher Aspekte der Männlichkeit des Vaters kann er sein Überich und seine eigene Selbstidentät besser entwickeln.

Ein Vaterkomplex im erwachsenen Alter bedeutet aber, daß infantile Momente die Beziehung lange belasten. Es kann z. B. sein, daß die Abhängigkeit über Gebühr lange dauert; oder daß diese sich mit Furcht und Angst paart; daß sie auf andere Autoritäten übertragen wird; daß Abhängigkeit und Auflehnung sich gegenseitig hemmen usw. Uns geht es hier nicht um eine Analyse dieser Momente, die wir der Allgemeinverständlichkeit wegen nur kurz, im Hinblick auf den psychoanalytisch nicht ausgebildeten Leser streifen, sondern um Hinweise auf dichterische Illustrationen des allgemeinen Problemes. Der Vaterkomplex, wie jeder andere Komplex, kann sich in der Dichtung widerspiegeln, sowohl wenn er dem Autor bewußt ist, als auch wenn er ihm unbewußt ist. In beiden Fällen *kann die Dichtung der Verarbeitung des Komplexes dienen.* Insofern dieser Komplex aber universell, im Grundriß allgemein menschlich ist, können dann viele Leser vom Dichtwerk *angesprochen* werden, freilich in individuell verschiedenem Grade, je nach dem Niveau der Dichtung, wie auch nach der Intensität des Komplexes beim Leser.

Als Beispiel einer dichterischen Verarbeitung des bewußten Vaterkomplexes werde ich nun den Brief *Kafkas* an seinen Vater kurz besprechen. Als Beispiel der dichterischen Verarbeitung eines zum Teil unbewußten Vaterkomplexes werde ich nachher eine Erzählung *Kubins* erwähnen.

Vorausschicken möchte ich noch die Feststellung, daß der Nachweis eines Vaterkomplexes oder eines sonstigen psychischen Komplexes noch nicht der Feststellung einer Neurose gleichkommt. Psychische Komplexe sind viel universeller als die Neurose; starke Ausprägungen eines Komplexes sind deswegen noch nicht neurotisch. Erst die Art und Weise, wie das Individuum einen Komplex in seinem privaten Leben, etwa in seinem Liebesleben, in seinem Beruf, in seiner Einstellung zu den sozialen Autoritäten lebt, macht die Neurose aus.

Der Brief von *Kafka* an seinen Vater ist im Jahre 1919 geschrieben worden. Im November 1919 zog sich *Franz Kafka* für einige Tage nach Schelesen, einen Erholungsort nördlich von Prag, zurück, um sich über seine augenblickliche — im Grunde genommen aber seit Jahren gleichbleibende — Situation klar zu werden. Tatsächlich weiß er zu Beginn der Niederschrift nicht, zu welcher Erkenntnis ihn dieser Brief führen wird. Zunächst gibt er großmütig zu, an der Entfremdung zwischen dem Vater und sich allein schuld zu sein. Die Beweisführung, daß nur er versagt habe, schlägt jedoch sogleich in eine leidenschaftliche Anklage gegen den allgewaltigen Patriarchen um; aus Mangel an Einfühlungsvermögen und Selbstkritik habe er bei der Erziehung seiner Kinder schwere Fehler begangen, ihnen, was für *Franz Kafka* besonders schwer wiegt, ein „Nichts von Judentum" mitgegeben und ihre Entwicklung dadurch behindert, daß er von ihnen gleichzeitig unbedingten Gehorsam und Selbständigkeit forderte. *Kafka* befreit sich, auch während er seine Situation beschreibt, nicht aus dieser Bindung an den Vater, den er seines maßlosen Machtanspruches wegen zugleich fürchtet, liebt und verachtet. Im Gegenteil, er kompliziert die Beziehungen nur noch mehr, erklärt seine schriftstellerische Betätigung als „absichtlich in die Länge gezogenen Abschied" von ihm, als Ersatzhandlung dafür, daß er an der Brust des Vaters nicht klagen konnte, und er begreift die Unmöglichkeit, aus seinem Bannkreis zu entfliehen: „Manchmal stelle ich mir die Erdkarte ausgespannt und dich quer über sie hingestreckt vor." In dieser Vorstellung kommt nicht nur der Vaterkomplex zum Ausdruck, sondern jener umfassende, unheilbare „Weltkomplex", ohne den *Kafka*s dichterisches Werk undenkbar ist, der seine Existenz jedoch stark beeinträchtigt, wie vor allem seine wiederholten vergeblichen „Anstrengungen des Heiratenwollens" zeigen.

Am Ende dieses ausführlichsten und schmerzlichsten autobiographischen Dokuments *Kafka*s, in dem er manche Umstände seines Lebens zweifellos verzerrt darstellt und das von seiner eigenen Überempfindlichkeit ebenso Zeugnis ablegt wie von dem geistig anspruchsvollen, herrischen Naturell des Vaters, drückt *Franz Kafka* die Hoffnung aus, daß sein Brief „beide ein wenig beruhigen und Leben und Sterben leichter machen werde". Er hat das Schreiben jedoch nie abgesandt. Diese Unterlassung entsprang vermutlich der Resignation oder der Einsicht, daß der Vater „in letzter Instanz recht behalten werde". Neben der bewußteren Komponenente dieses Vaterkomplexes, der Auflehnung, der Anklage, der Aggression, lassen sich andere Momente am Briefe *Kafka*s wahrnehmen:

Einmal ein gewisser Mangel an psychischer Männlichkeit. Er hat sich in seiner Kindheit kaum mit diesem unterdrückenden Vater identifizieren können und er hat in seiner Jugendzeit offensichtlich kein alternatives Vatermodell gefunden. Die mangelhaft interiorisierte Männlichkeit des Vaters steht ihm also im Wege, nicht nur als unterdrückendes, beängstigendes Moment, sondern als Spiegelbild einer Männlichkeit, die nie die seine werden konnte. Alles zum eigenen Wesen Gehörende, das introjiziert werden sollte und doch draußen geblieben ist, wird vom Subjekt als riesengroß erlebt; deshalb lesen wir: „Manchmal stelle ich mir die Erdkarte ausgespannt und dich quer über sie hingestreckt vor." Für eine Lücke in seiner unbewußten Selbstidentität als Mann sprechen auch seine vergeblichen „Anstrengungen" des „Heiratenwollens". Sodann ein zweites Moment: die Umkehrseite des Vaterkomplexes, die abhängig-kindliche Seite. Erst wenn wir diese berücksichtigen, können wir verstehen, daß mitten in der leidenschaftlichen Anklage sich der Wunsch regt, sich an der Brust des Vaters auszuweinen.

Auch die Tatsache, daß *Kafka* seinen Brief nie abgeschickt hat, ist bedeutungsvoll. *Kafka* fürchtete, daß der Vater das umfangreiche Schriftstück seiner „advokatorischen Ausdrücke" wegen als spitzfindig oder gar als Literatur empfinden würde. Er mag mit dieser Vermutung sachlich recht gehabt haben. Es ist aber offensichtlich, daß er sich unbewußt mit dem in seiner Phantasie ablehnenden Vater identifiziert, indem er seinem Briefe advokatorische, spitzfindige Ausdrücke zugrundelegt. Nicht nur erscheint er hier mit dem phantasierten Vater einig, der seinen Brief als Literatur empfinden könnte, sondern er schreibt sogar, daß der Vater mit seiner Ablehnung „in der letzten Instanz" recht behalten würde. Er ist außerstande zu erleben, daß der ablehnende Vater sich damit in letzter Instanz ins Unrecht versetzen und dadurch kleiner vor seinen Augen dastehen würde. Er kann sich also trotz seiner Auflehnung mit dem Vater nicht wirklich auseinandersetzen. Eine Auseinandersetzung mit ihm würde einer Befreiung gleichkommen, *unabhängig* von den Reaktionen des Vaters, da es in solchen Fällen nicht darauf ankommt, den Vater zu überzeugen, ihn nochmals als eine Autorität anzuerkennen, sondern ihn als Autorität herauszufordern.

Wir sind in einer völlig anderen Situation und Atmosphäre, wenn wir jetzt einen Roman von *Kubin*, „Die andere Seite", besprechen.

In diesem Roman versetzt sich *Kubin* in ein Traumreich, das von der übrigen Welt vollkommen abgeschlossen in einem fernen Land liegt. Der Traumstaat wird von einem Mann namens „Patera" regiert. Der Palast des Herrschers gleicht mit seinem großen Tor und den leeren Fensterhöhlen einem riesigen Totenschädel. Die von vornherein gespenstische Atmosphäre wird immer drohender und unheilvoller. Das Reich zerbröckelt innerlich und geht schließlich in ungeheuren Katastrophen zugrunde. Der Untergang wird durch eine Tierinvasion eingeleitet. Die Tiere vermehren sich mit wahnsinniger Geschwindigkiet. In den Mauern treten Sprünge auf, alles Holz wird morsch, das Glas wird trüb, die Stoffe zerfallen. Zum

Schluß ertönen schrille Schreie, ein Stöhnen und Ächzen ringsumher. Eine Vermählungsgier überfällt alle Lebewesen. Dann erscheint eine riesenhafte, nackte männliche Gestalt, die — sich selbst vernichtend — in sich zusammenschrumpft bis auf ihr riesiges Glied, das sich wie ein Wurm über die Erde bewegt und in einem der unterirdischen Gänge des Traumreiches verschwindet.

Entstehungsweise und Inhalt des Romans legen nach dem Psychiater *Winkler* eine tiefenpsychologische Interpretation nahe.

„Das Traumreich, in das sich Kubin in seinem Roman hineinbegibt, ist das Reich des mächtigen Vaters, worauf ja schon der Name des Herrschers ‚Patera' verweist. Es ist eine in sich geschlossene, unheimliche Welt ohne Sicherheit und Geborgenheit. Alles steht unter dem Bann des Vaters; in seiner Gegenwart erstarrt man zur Holzpuppe. Der Vater selbst hat (wie in dem Roman beschrieben), viele Gesichter, das Gesicht eines Jünglings, einer Frau, eines Kindes, eines Greises, eines Löwen, eines Schakals, eines Hengstes, eines Vogels, einer Schlange. Sein Antlitz ist voller Runzeln und glatt wie Stein. In ihm spiegeln sich Hochmut, Gutmütigkeit, Schadenfreude, Haß. In der Phantasie Alfred Kubins erscheint der Vater also als ein unfaßbares, übermenschliches mythisches Wesen von unendlicher Wandelbarkeit und ungeheurer Machtvollkommenheit. Beim Untergang des Traumreiches zeigt sich das eigentliche Wesen der väterlichen Welt: Sie ist Zeugung und Zerstörung zugleich. Im Orgasmus geht sie zugrunde und der Vater vernichtet sich selbst, doch in der Vernichtung verwandelt er sich in einen riesigen Phallus, der sich der Erde vermählt.

Psychodynamisch gesehen, ist der phantastische Roman ‚Die andere Seite' ein Selbstheilungsversuch. Indem sich Kubin vollkommen seiner Phantasie überläßt, taucht aus dem Unbewußten die archetypische Gestalt des dämonischen, zugleich schöpferischen und zerstörerischen Vaters auf, und es vollzieht sich spontan ein Drama, das mit dem Untergang der väterlichen Welt endet."

Diese Interpretation *Winkler*s kann uns als ein kurzes Beispiel psychodynamischer Auslegung dichterischer Phantasie gelten.

Ich möchte versuchen, die Legitimität solchen Deutens zu verteidigen, indem ich zunächst die mögliche Kritik vorbringe. Erst nachdem wir das Pro und Kontra sorgsam erwogen haben, können wir urteilen.

Wir beginnen also mit der Kritik. Obschon sie letzten Endes, wie wir sehen werden, nicht stichhaltig ist, weist sie doch grundsätzlich auf Grenzen des Deutens hin.

Man könnte einwenden: Sind wir etwa sicher, daß „Patera" im Sinne des Autors aus dem Worte „Pater" stammt? Ist es nicht eine bloße Behauptung, daß die riesenhafte männliche Gestalt, die dann, sich selbst vernichtend, zu einem riesigen Phallus zusammenschrumpft, der Vater sei? Wie können wir behaupten, daß die vielen Gesichter — des Jünglings, der

Frau, des Kindes, des Greises, des Löwen, des Schakals, des Hengstes, des Vogels, der Schlange verschiedene Seiten und Ausdrucksgestalten des Vaters verkörpern?

Die Fragen mögen berechtigt klingen; denn wir können ohne stichhaltige Beweise der tiefenpsychologischen Symbolik nicht so sicher trauen. Bedeutet die Gestalt des riesenhaften Phallus in den Träumen immer den Vater? Es hat eine Zeit in der Psychoanalyse gegeben, wo man hoffte, durch das Studium der Träume und der Mythen die Chiffrensprache des Unbewußten mit derselben Eindeutigkeit zu entziffern, wie *Champollion* die ägyptischen Hieroglyphen sinngemäß rekonstruierte. Allein, die Erfahrung hat uns im Laufe der Jahrzente mehr und mehr gezeigt, daß *psychologische Symbole ihrem Wesen nach mehrdeutig* bleiben müssen: es gibt keine festen Regeln der Übersetzung, es bleibt dem Situationskontext, in dem ein Symbol auftaucht, sowie auch der Einstellung des Beobachters vorbehalten, wie sich das Verständnis gestaltet. Ein und dasselbe Traumsymbol kann z. B. in verschiedenen Weisen verstanden werden, genauso wie ein Kunstwerk jedem Zeitalter, das es befragt, ein neues Gesicht zeigt. Es gibt *verschiedene Bedeutungsebenen*, auf denen ein Traumsymbol entsprechend der psychischen Entwicklung des Patienten interpretiert werden kann.

Alles Psychische ist überdeterminiert. Es ist ferner nicht immer auf rationale Symbole reduzierbar und zerlegbar. Mancher Künstler sagt uns, daß seine Dichtung, sein Kunstwerk, nur das aussagt, was es phänomenologisch ausdrückt. *Chagall* z. B. wehrte sich gegen jeglichen Versuch, seine Bilder als Symbole aufzufassen: sie seien, meint er, *letzte* Aussagen. Der moderne Dichter oder Künstler neigt stark zur Auffassung, daß er ein Vermittler von *metaphysischen Realitäten* sei. Freilich kann man derartige Aussagen wieder als *psychischen Widerstand* in Frage stellen.

Es gibt aber im Falle *Kubin* etwas, was die Symbolik der Vaterthematik über jeden Zweifel erhebt. In der Autobiographie *Alfred Kubins* lesen wir: „In meiner trostlosen Stimmung fand ich, daß die pessimistische Weltanschauung die einzig richtige ist, und schwelgte in diesen Ideen, wodurch meine allgemeine Unzufriedenheit nur gefördert wurde. In toller, vergrübelter Stimmung notierte ich mir meist auf Spaziergängen im Englischen Garten philosophische Einfälle, und schließlich ersann ich eine seltsame Kosmogonie, deren sonderbare Grundidee ich hier anführe. Ich stellte mir vor, daß ein an sich außerzeitliches, ewig seiendes Prinzip — ich nannte es den *Vater*[6] — aus einer unergründlichen Ursache heraus das Selbstbewußtsein — den *Sohn*[6] — mit der zu ihm unscheidbar gehörigen Welt schuf. Hier war natürlich *ich selbst der Sohn*[6], der sich selbst, so lange es dem eigentlichen riesenhaften, ihn ja spiegelreflexartig, frei schaffenden Vater angenehm ist, narrt, peinigt und hetzt. *Es kann also ein derartiger Sohn jeden Augenblick mit seiner Welt verschwinden und in*

[6] Hervorhebung von mir.

der Überexistenz des Vaters aufgehoben werden. Es gibt immer nur einen Sohn, von dessen erkennendem Gesichtspunkt aus konnte man vergleichsweise allegorisch sagen, daß dieser ganz äffende und qualvolle Weltprozeß geschieht, damit an dieser Verwirrtheit der Vater erst seine allmächtige Klarheit und Endlosigkeit merkt. Mit den philosophischen und poetischen Einzelausführungen des „Sohnes als Weltwanderer" füllte ich oft in nächtlichen Stunden Dutzende von Heften, die ich vor allen Fragen und Forschungen meiner Freunde geheimhielt und nur einem einzigen zeigte und vorlas. Ich habe sie noch zum größten Teil, doch sind sie meist in so fieberhafter Hast vollgekritzelt, daß sie nicht mehr zu entziffern sind."

Die autobiographischen Notzien *Kubins* weisen auf die Berechtigung von psychoanalytischen Deutungen hin, wenn diese nicht bloß am grünen Tisch gemacht werden, sondern mit den Aussagen des „Patienten" selber konfrontiert werden können. Es gibt allerdings nun einen Idealfall, wo dies auch in der Kunst einwandfrei und voll ausreichend möglich ist: dort wo der Künstler sich selbst einer Psychoanalyse unterzieht.

Dies ist geschehen: Schon im Jahre 1920 erschien eine psychoanalytische Untersuchung expressionistischer Kunst von *O. Pfister*, einem Schüler *Freuds*. Ein expressionistischer Maler[7] hatte sich wegen depressiver Verstimmung in analytische Behandlung begeben. Im Verlauf der Therapie fertigte der Künstler als Patient einige Porträtskizzen des Therapeuten, ein skizzenhaftes Selbstproträt und ein ebenso skizzenhaftes Porträt seiner Frau an. Diese Zeichnungen wurden von *Pfister* mit Hilfe der psychoanalytischen Methode angegangen. Der Therapeut sammelte also alle Einfälle seines Patienten zu den einzelnen Bilddetails. Dabei ergab sich zu den Porträts, die den Therapeuten darstellen sollten, daß der Maler Züge seines Vaters und seiner selbst auf den Arzt projiziert hatte, daß es also in der analytischen Therapie wie üblich zu einer Übertragung gekommen war, die in den Porträts des Therapeuten ihren Niederschlag fand. Der Maler hatte seinen Therapeuten als bedrohlich, brutal und destruktiv erlebt und ihn in den expressionistischen Zeichnungen entsprechend abgebildet. Auch dann, wenn der Künstler versuchte, eine realistische Porträtzeichnung des Therapeuten anzufertigen, mischten sich Züge des Vaters ein. Im weiteren Verlauf der Therapie fand der Künstler heraus, daß alle von ihm früher gemalten Bilder von „erlittener oder ausübender Grausamkeit verzerrt" seien. In seine Bilder hatte sich jeweils von ihm selbst unbemerkt seine eigene Grundhaltung, letztlich die unbewältigte Kindheit, eingeschlichen. *Pfister* bemerkt dazu: „Die infantile Wirklichkeit legt mit der größten Frechheit ihre Eier in das Nest der Gegenwart und macht den Künstler zum Opfer eines fatalen Anachronismus."

Dazu *Winkler:* „Die Untersuchung von *Pfister* erscheint deshalb von Interesse, weil hier am Paradigma eines expressionistischen Malers gezeigt wird, daß im Expressionismus unter Umständen eine Entstellung und Verfälschung objektiver Gegebenheiten stattfindet, ohne daß sich der Künstler darüber klar ist, was er eigentlich darstellt. *Pfister* vertrat sogar den Standpunkt, daß die Abkehr des modernen Künstler von der Realität notwendigerweise zu projektiven Verzerrungen führen müsse."

---

[7] Die folgende Zusammenfassung stammt von *Winkler.*

2. *Droge, Dichtung und das Problem der geistigen Produktivität*

Drogen können auf mehrfache Art die dichterische Produktion anregen. Einmal z. B. durch Beschleunigung und Aktivierung der psychischen Prozesse, der Assoziationen, der Einfälle. Dabei werden unter Umständen nicht nur die Denkverbindungen reicher; es kommt auch zu einer zeitweisen Auflösung der Grenze zwischen Ich und Es, Bewußtsein und Unbewußtem, Subjekt und Umwelt. Hier setzt nun ein *zweiter* Mechanismus ein; die verschiedenen Sinnesorgane, und insbesondere das visuelle, können durch Drogen in einen Zustand der Tätigkeit versetzt werden, der in eine Halluzinose mündet. Die Sinneswahrnehmungen werden farbiger, reicher, intensiver; schließlich werden Dinge wahrgenommen, die in der Außenwelt nicht, nur in der Erinnerung, in der Phantasie existieren. Manche Vorstellungen sind echte Neuschöpfungen, nicht nur Aktivierungen von Gedächtnisspuren. Die denkerische Verarbeitung der Sinnestäuschungen bereichert den psychischen Stoff, welcher Gegenstand der Dichtung ist; eine reiche, manigfaltige Szenerie erscheint dem Subjekt.

Sicher ist es aber, daß solche Augenblicke erhöhter Dichterkraft immer *kurz und vorübergehend* sind. Keine Droge vermag es, das Nervensystem auf die Länge in einem Zustand der erhöhten schöpferischen Tätigkeit zu halten. *Vielmehr folgen derartigen Zuständen solche der Mattheit und der Depression.* Freilich gibt es auch psychotische Zustände, vorübergehender oder chronischer Natur, welche durch Drogen induziert sind.

In jedem Fall häufig und wichtig ist der Umstand, daß wohl im Zusammenhang mit dem Mißbrauch des Rauschmittels und mit der Stimmung des Dichters, Momente der *Ekstase* früher oder später mit solchen des *Entsetzens* abwechseln. Die belebenden Sinnestäuschungen weichen solchen, die Angst und Grauen einflößen. Besonders treten letztere dann auf, wenn das Nervensystem schon gewisse Anzeichen der chronischen Vergiftung durch die Droge zeigt.

Unter den *Dichtern,* die unter der Einwirkung von Drogen beachtliche Verse komponierten, möchte ich klassische Beispiele anführen: *Baudelaire, Coleridge, Grabbe, de Quincey, Dupouy*. Diese Dichter, die ja im letzten Jahrhundert lebten, hatten also keinen Zugang zu den modernen Psychomimetika, wie LSD und Mescaline; das Mittel, das ihnen zur Verfügung stand, war besonders das *Opium.* Aber schon hier zeigt sich das Problem, das heute modern anmutet.

Sind bedeutende Dichterwerke spezifisch unter jenem Einfluß von Drogen entstanden?

Diese Frage möchte ich mit zwei Argumenten *negativ* beantworten. *Erstens* haben wir nicht den Beweis, daß die Droge Schöpfungen zustandebrachte, welche bei den betreffenden Dichtern nicht auch in nüchternem

Zustand zustandegekommen wären. Der Ruhm von *Coleridge* und anderen Dichtern hängt nicht von den Versen ab, die sie unter der Einwirkung der Droge komponiert haben. Solche Verse dürfen zwar als hervorragend beurteilt werden, aber *sie erreichen eben kaum ein höheres Formniveau als solche, welche der Dichter im Normalzustand komponierte.*

Zweitens liefert die veränderte Bewußtseinslage der Dichtung nur scheinbar ein reicheres Material. Zwar sind die vielen Sinnestäuschungen eine reiche Quelle von dichterischen Bildern und Sinnbildern. *Die Kehrseite dieser Bereicherung ist aber die, daß es sich bloß um Stimmungsbilder handelt, während eine ausholende große Konzeption, welche sich normalerweise über Tage und Wochen ausdehnt, fehlen muß, ja durch die wechselnden Stimmungen eher verunmöglicht wird.* Einzelne Gedichte und bunte Darstellungen, kaum aber wesentliche Stellungnahmen zu den wesentlichen Phänomenen des Lebens und des Todes wollen gelingen. Solche Dichtungen überdauern kaum die ekstatische Phase, sie sind Produkte der Stimmung.

Baudelaire, der sich zu zeitweiligem und vorsichtig dosiertem Gebrauch des Opiums bekennt, beurteilt selber diese Form der Evasion negativ, nicht nur weil sie zur Selbsttäuschung führt, sondern wegen der „grundsätzlichen Immoralität des Versuches, etwas gegen nichts einzuhandeln und die Pforten des Himmels durch ein in die Hand des himmlischen Torwächters gedrücktes Trinkgeld aufzuschließen".

Wir wollen hier einige Dichtungen nennen, die unter dem Einfluß von Drogen entstanden sind.

Zum Beispiel „The World of Dreams" von *George Grabbe.* Es ist nachgewiesen worden, daß dieser englische Dichter hervorragende Verse unter dem Einfluß der Droge gedichtet hat. Das Opium regte nicht bloß seine Nerventätigkeit an; es gab vor allem Anlaß zu einem lebhaften, halluzinatorischen Erleben, zu mannigfaltigen farbigen, akustischen und visuellen Sinnestäuschungen, welche die Erlebenswelt erweiterten und bereicherten. Der Dichter riecht und sieht z. B. wunderbare Blumen, die nur in seinen Sinnestäuschungen existieren, und er drückt seine Empfindungen in Versen aus.

> „A garden this? Oh, lovely breeze!
> oh flowers that with such freshness bloom!
> Flowers shall I call such forms as these,
> or this delicious air perfume?
> Oh! this from better worlds must come;
> on earth such beauty who can meet?
> No! this is not the native home
> of things so pure, so bright, so sweet!

Aber diese genußbringenden Sinnestäuschungen verwandeln sich immer wieder in solche, die Grauen und Angst einflößen. Auch diese werden mit derselben Macht des Wortes geschildert; ungebrochen bleibt die dichterische Ausdruckskraft, Erschütterung erfüllt den Dichter. Er erlebt, wie Geister ihn in weite, gotische Hallen versetzen, wo Könige, Kaiser, Kalifen und andere seltsame Gestalten, totenblaß, ernst, groß, majestätisch, eingefroren, feierlich und schweigsam dasitzen und ein seltsames, unaussprechliches Entsetzen ausstrahlen:

„I know not how, but I am brought
into a large and Gothic Hall,
seated with those I never sought –
Kings, Caliphs, Kaisers, – silent all;
pale as the dead; enrobed, and tall,
majestic, frozen, solemn, still,
they wake my fears, my wits appeal,
and with both scorn and terror fill."

„L'opium aggrandit ce qui n'a pas bornes,
Allonge l'illimité
approfondit le temps",

schreibt seinerseits *Baudelaire*. Und *de Quincey* (nach *Abrams*):

„Time is no more. I pause and yet I flee.
A million ages wrap me round with night.
I drain a million ages of delight.
I hold the future in my memory."

In den „asiatischen Erinnerungen" schildert *de Quincey*, wie er Tausende von Jahren mit Göttern und Wildtieren in den Urwäldern Asiens lebte; er wurde in steinernen Särgen unzählige Male begraben; er lag mit Mumien und Sphinxen am Herzen der ewigen Pyramiden. Auch Raumhalluzinationen erstaunten ihn: Die Berge hoben sich zu schwindelnder Höhe, zwischen ihnen stemmten sich unendliche Räume, weiter als Savannen und Urwälder. Dann plötzlich orientalische Landschaften, in der Ferne Kuppeln und Dome einer großen Stadt!

„Manches Mal schien es mir, als ob ich in einer Nacht siebzig oder hundert Jahre gelebt hätte;

manches andere Mal hatte ich ein Zeitgefühl, das weit über die Grenzen einer jeglichen menschlichen Erfahrung hinausgeht." Derartige Erlebnisse findet man bei allen drogeninduzierten Zuständen der Dichter, so bei *Dupouy:*

„Dieser See ist immens, ohne Grund noch Ufer; die einrahmenden Berge sind von unglaublicher Höhe", und er, der Autor, lebt in einer unendlichen Zeit, er braucht 10 000 oder 20 000 Jahre, um den See zu durchqueren. Architektonische Landschaften gehen in Wolken über, diese wiederum in transparente Seen und letztere, durch die Alchemie des Opiums, in unbegrenzte Meere. Das eine Bild gleitet ins andere und erweitert sich in Unendlichkeiten.

„Oh let me now possession take
of this – It cannot be a dream."

And is it true? Oh joy extreme!
All whom I loved, and thought them dead
far down in lethes's flowing stream.
And now, by heavenly favour led,
due meet – and one, the fairest, best,
among them – ever welcome guest!"

Synästhesien (Empfindungsverdichtungen aus verschiedenen Sinnesgebieten) werden geschildert: die Musik gleicht einem Geruch, das goldene Licht ist süß, wunderbare Gerüche sind hörbar, die Farbe ist eine Symphonie, man kann das Gehen eines Insektes auf dem Grund, das Aufblühen einer Blume hören[8].

Der Dichter *Dupouy* meint:

„L'ouie devient d'une délicatesse exquise, moindres bruits sont percus ... la marche d'un insecte sur le sol ... le froissement d'une herbe ... et si ce bruit revêt une intensité tant soit peu marquée, l'oreille est douleureusement affectée."

Aber die Kehrseite ist das Grauen. Von *Coleridge* schreibt *Abrams:* „Für flüchtige Augenblicke der Erholung und der Offenbarung mußte er mit einem Verlust der Schöpferkraft und sogar des moralischen Sinnes, sowie auch mit lebenslanger körperlicher und geistiger Qual bezahlen."

Coleridge selber drückt es so aus:

„Ein düsteres Licht – purpurner Blitz – Glanz von Kristallen – ein blaues Leuchten, grünes Aufblitzen, Feuerstrahlen mitten in einem ewigen, wahnsinnigen Elend. Im Inneren Trostlosigkeit, eine entsetzliche große Dunkelheit."

In dieser Spannung steht der Mensch freilich als Ganzes, als Lebensgeschichte und Seinsproblem. Schon *Baudelaire* bemerkte, daß durch die Stimulierung des Rausches tiefenpsychologische Motive der Psyche zum Vorschein kommen: „Die tiefen Tragödien der Kindheit aber – Kinderarme, auf immer vom Hals ihrer Mütter losgerissen – leben stets verborgen unter den anderen Legenden. Die Leidenschaft und die Krankheit besitzen nicht die chemische Qualität, diese unsterblichen Eindrücke auszubrennen."

Aber es ist doch verschieden, ob manche Schicht der Seele durch einen vorübergehenden Reiz, im Sinne des exogenen Reaktionstypus, aktiviert wird oder in die düstere Landschaft der Psychose durch längere geistige Verarbeitung des Krankheitserlebens gehoben wird.
Bei dem ersten Fall, also bei den Gedichten, die wir als Beispiele anführten, spürt man im Hintergrund den beobachtenden, noch gesunden Geist, der die Halluzinose, die Eigentätigkeit der Sinne erstaunt wahrnimmt.
Im letzteren Fall beginnt aber eine grundsätzliche Veränderung des Geistes, welche die Schärfe der Selbstbeobachtung stellenweise aufhebt, dafür

[8] Es ist interessant, daß solche Sprechwendungen in der neueren Lyrik ganz unabhängig von der Drogeneinnahme entstehen; vergleiche Kapitel 7.

aber das Erleben in einen Spannungsbogen setzt, wo Tod und Ursprung des Lebens mitringen. An diesem Punkt werden aber die Grenzen zwischen dem „organischen" und dem „endogenen" Zustand unscharf. Es ist interessant, solche dem Kliniker bekannte Unschärfe auch in den literarischen Dokumenten vorzufinden. Ich denke hier z. B. an den in einem anderen Kapitel besprochenen Aureliaroman von *Nerval,* wo manche Stelle an das Erleben einer exogenen Halluzinose durch täuschende Ähnlichkeit erinnern könnte. Man beachte etwa folgende Zeilen:

„Außer der Wandelbahn hatten wir noch einen Saal, dessen senkrecht vergitterte Fenster ins Grüne hinausgingen. Wenn ich hinter diesen Scheiben die Linie der äußeren Baulichkeiten sah, gewahrte ich, wie sich die Fassade und die Fenster in tausend mit Arabesken geschmückte Pavillons zerteilten; darüber erhoben sich Ausschnitte und Spitzen, die mir die kaiserlichen Kioske, die den Bosporus umgeben, ins Gedächtnis riefen. Das führte natürlich meinen Geist zur Beschäftigung mit dem Orient. Gegen zwei Uhr brachte man mich ins Bad und ich glaubte mich von den Walküren, den Töchtern Odins, bedient, die mich zur Unsterblichkeit erheben wollten, indem sie nach und nach meinen Körper von allem Unreinen befreiten. Abends ging ich heiter im Mondschein spazieren, und wenn ich meine Augen zu den Bäumen erhob, schienen sich die Blätter eigenartig zu rollen, so daß sie Bilder von Kavalieren und Damen bildeten, die von aufgeputzen Pferden getragen wurden."

Oder auch:

„Eines Nachts sang und sprach ich in einer Art Ekstase. Einer der Bediensteten holte mich aus meiner Zelle und ließ mich in ein Parterrezimmer hinuntergehen, wo er mich einschloß. Ich setzte meinen Traum fort, und obwohl ich aufrecht stand, glaubte ich mich in einer Art orientalischen Kiosk eingeschlossen. Ich untersuchte alle Winkel und erkannte, daß es achteckig war. Ein Divan beherrschte die ganzen Wände; diese schienen mir aus dickem Spiegelglas geformt, jenseits dessen ich Schätze, Schals und Stikkereien sah. Eine vom Mond erhellte Landschaft erschien mir durch das Türgitter und ich glaubte die Formen von Baumstümpfen und Felsen zu erkennen. Ich hatte dort schon in irgendeiner anderen Existenz geweilt und glaubte die tiefen Grotten von Ellorah zu erkennen."

Werden uns da wundersame Szenen wie in den obigen englischen Gedichten vom Himmel gezaubert?
Die dichterische Verarbeitung einer Schizophrenie ist aber mehr als das. Der geistige Bogen, der sich phantastisch zwischen Leben und Tod spannt, ist atemberaubend; wir spüren, daß er durch uns alle geht, daß der Dichter um sein Sein oder Nichtsein ringt. Erst auf diesem Hintergrund beachten wir die äußerliche Ähnlichkeit mancher Erlebnisse des geisteskranken Dichters mit der exogenen Halluzinose.

3. Soziale Fragwürdigkeit in der neueren Dichtung

Seit mindestens 100 Jahren leben wir in einer Epoche, wo die Sozietät ihren Sinn, den Grundbestimmungen des ihr anvertrauten Menschen zu einer wesensmäßigen Entfaltung zu verhelfen, zunehmend verliert. Die sich daraus ergebende Sinnlosigkeit der Existenz macht sich in einer menschlichen Weise kund, wo Anklage, Verzweiflung, Resignation, persönliches Scheitern und psychische Krankheit konfluieren.

Die Sinnlosigkeit des Daseins erschüttert beim Dichter entweder den syntaktischen Aufbau der Sprache oder den Inhalt des Erlebens.

In einem früheren Kapitel haben wir wesentliche Aspekte der modernen Literatur unter dem Gesichtspunkt untersucht, daß die Sprache als Mittel der sozialen Verständigung aufgegeben und als Klangmittel auf der Suche nach einer rein ästhetischen Wahrheit verwendet wird. Der Sinn des Satzes als Träger der Sprache, dieser Urboden der Sprache selber, aus dem sie — unter dem Druck der Notwendigkeit der mitmenschlichen Kommunikation — geboren wurde, wird verloren. Es ist ein Verlust, der die Sprache nicht vernichtet, weil er aus dem Wissen um eine letzte Sinnlosigkeit der sprachlichen Pseudoverständigung in einem Zeitalter der grundsätzlichen Nichtverständigung entsteht. Das heißt, die Sinnlosigkeit bezieht ihre sprachliche Legitimität aus einer Infragestellung des Menschen und wird so zu einem Suchen nach Wahrheit mitten im Absurden.

Eine andere Stufe der Infragestellung ist aber diejenige, welche die Form der verbalen Kommunikation, den sinnvollen Satz intakt läßt, ihn aber in einer bewußten Sinnlosigkeit der Verständigung schwingen läßt. Die Sozietät erscheint sinnlos.

Das Thema der *Psychopathologie der Gesellschaft* ist ein Randthema unseres Buches, das aber nicht unerwähnt bleiben darf. Seit Jahrzehnten drückt die Literatur immer wieder aus, daß wir in einer fragwürdigen Gesellschaft, in einer fragwürdigen Welt leben. Die literarischen Dokumente dafür sind unzählig und alles andere als ein Randthema. *Das Thema an sich ist uralt* und mit der Klage des Dichters über die Existenz verwoben. Aber seit einigen Jahrzehnten ist das soziale Moment unüberhörbar, es ist eine Grundlage der Dichtung geworden.

Man kann einwenden, daß der Terminus „Psychopathologie" nicht ausreicht, um diese Verhältnisse zu schildern; daß dieses Wort in der Sicht einer gesellschaftlichen Situation geprägt wurde, welche die Fähigkeit heute nicht besitzt, darüber zu urteilen, was psychische Gesundheit des Menschen ist. Indem sie nicht mehr fähig ist, sich des einzelnen Menschen anzunehmen, darf sie sich ebensowenig anmaßen, diesen zu beurteilen.

Gewiß erscheint uns der Dichter, der in der Trostlosigkeit der heutigen mitmenschlichen Situation untergeht, wie ein psychisch Leidender; er scheint mit den psychopathologischen Gestalten, die er schildert, eins geworden zu sein. Verkörpert er aber nicht doch jene Kassandra, die uns vielleicht auf übersehene, auf lange Sicht unübersehbare Wahrheiten stößt?

Ist nicht gerade das, was die Psychiatrie früherer Zeitalter Psychopathologie nennen würde, die eigentliche Lage sehr, sehr vieler heutiger Menschen? Und ist nicht das, was man als gesunde Norm in einem konservativen Sinn wählt, eine Fiktion oder ein Selbstbetrug geworden?

Bevor wir die Frage der Psychopathologie der Gesellschaft im Spiegel der Dichtung untersuchen, müssen wir uns also fragen, was wir unter diesem Begriff verstehen. Wir können uns der Frage nähern, wenn wir das *Problem der Beziehung zwischen Psychopathologie und menschlichem Versagen* berühren. Diese beiden Begriffe, Psychopathologie und Versagen, bezeichnen zwei verschiedene Problemkreise, die sich aber an einem wesentlichen Punkt berühren. Auf der anderen Seite sieht es zunächst so aus, als ob wir uns dort, wo wir von einer Psychopathologie der Gesellschaft sprechen, von dem klassischen Standort des moralischen Systems ausgehen, demzufolge man von *Kindheit an lernt,* daß ausbeutende Konkurrenz zu den Realitäten des Lebens gehört, daß Geld- und Besitzstreben ein heiliges Recht des Menschen darstellen. Man wird kaum jemandem einen Empfindungsmangel für die Leiden, die z. B. aus dem Verhalten zum Mitmenschen erwachsen können, anrechnen dürfen; denn da ist man selber in der Blindheit Opfer des gesellschaftlichen Systems. Die gesellschaftliche Betrachtungsweise entlastet also den Einzelnen teilweise, weil dieser — was man auch immer von seinem Verhalten denken mag — eben durch eine höhere soziale Instanz, in deren Abhängigkeit er aufgewachsen ist, im Sinne des betreffenden Verhaltens konditioniert worden ist. Auf der anderen Seite fehlt aber der gesellschaftlichen Betrachtungsweise jene Möglichkeit weitgehend, die wir bei der Psychiatrie des Einzelnen mindestens in Betracht ziehen, oder annehmen müssen: die Möglichkeit nämlich, das inkriminierte Verhalten als einen Krankheitsfall zu betrachten. Denn was heißt Krankheit aller Menschen? War etwa der Verfall Roms oder die Sünde Adams (eines Menschen, der die Menschheit überhaupt darstellt) auch seelische Krankheit?

Daraus ergibt sich deutlich, daß eine psychopathologische Theorie der Gesellschaft der Medizin den Terminus „Pathologie" nur entlehnt, ohne aber anders zu denken als in Kategorien von Gut und Böse. Psychiater, die heute von einer Psychopathologie der Gesellschaft sprechen, wie z. B. *Fromm,* unterscheiden sich, wie ich meine, nicht wesentlich von rein soziologisch eingestellten Gesellschaftskritikern, weil sie beide die Verborgenheit jener sozialen Mechanismen und Dynamismen enthüllen, denen zufolge die Existenz von vielen Einzelnen in irgendeiner wesentlichen Weise eingeengt wird.

Dadurch wird freilich der Begriff einer Psychopathologie der Gesellschaft recht vage, d. h. er kann alles in sich schließen, was man von einem anderen Gesichtspunkt aus lediglich als eine Dekadenz oder einen ethischen Zerfall der Gesellschaft verstehen kann. Und doch scheint mir der Begriff nicht ganz unpassend, zeigt er doch *überindividuelle* Momente, die das leidende oder kranke Individuum konstituieren und determinieren.

Diese Problematik könnte uns sehr weit führen. Mein Anliegen beschränkt sich hier jedoch auf einen bloßen Hinweis auf die heutige Lage der Dichtung durch einige Beispiele.

Die dramatische Version von *Enzio D'Enrico* „La Foresta" — „Der Wald" — kann als ein typisches Beispiel dafür angeführt werden, wie moderne Dichter mit dem Gestaltungsmangel des „absurden Theaters" die Psychopathologie der Gesellschaft darstellen. Sein Wald besteht nicht, wie der Zuschauer beim Öffnen des Vorhanges vermutet, aus dürren Bäumen, sondern erweist sich in voller Beleuchtung als Schrott, als Zivilisationsschutt des technischen Zeitalters. („Eisenkonstruktionen und Reste irgendwelcher technischer Bauten, eine schmale und hohe Ruine eines verfallenen Hauses, das Gerippe eines Krans, von dem Eisenkabel wie Skelette herabbaumeln, ein verstümmelter Schornstein, die Reste eines artesischen Brunnens, ein Galgen ohne Schlinge, einige Telegraphenmasten und eine Benzintanksäule.")
In dieser beklemmenden Szenerie streifen seltsame Gestalten umher, „Waldbewohner", die im Gegensatz zu den Ahnen bereits so weit entpersönlicht sind, daß sie sich ihrer Namen nicht mehr erinnern. Ein Tankwart bewacht unentwegt seine Tankstelle, obwohl es hier längst keine Straßen mehr gibt; sein Chef „hat ihn wahrscheinlich vergessen". Ein Professor, der das Unterrichten aufgab, als er begriff, „daß die ganze Weisheit der Philosophen zu nichts zu gebrauchen ist", lebt in der Hoffnung auf irgend etwas, das uns endlich von draußen erreichen möge. Aber es geschieht nichts von der Geburt bis zum Tode. Ein General verbringt im „Wald" seine Zeit damit, „zwecklose Maschinen" zu konstruieren. Der Junge schließlich, „ein Ästhet, ein Träumer", fürchtet die Welt der „wahren Geschichten" und will niemals zurückkehren in die Menge, die auf der Straße herumläuft, die schwitzt, die sich durchs Telefon anlügt, „mit Ekel im Halse". Sie alle sind in eine Endsituation geraten, und da sie einander nicht mehr verstehen können, haben sie auch die Fähigkeit verloren, zu handeln. Schwermütig meditieren sie über die ihrem Untergang ausgelieferte Menschheit und stellen düstere Zukunftsprognosen: „Die nächsten Generationen werden nur Räderwerk sein. Sie werden mit den Robotern Arm in Arm gehen . . . Die Welt wird von Robotern regiert werden." Unsägliche Verlorenheit der wie gelähmt dem Ende ihres Daseins entgegenstarrenden „Waldmenschen". Das Thema der Derealisation, der Entwicklung und der Entfremdung der Welt ist in einem anderen Sinn — den wir hier nicht untersuchen — ein Grundakkord der Werke von *Kafka*, ein Motiv, das wir auch sozial verstehen können.
Man lese z. B. „Beschreibung eines Kampfes". Thema der Erzählung ist das Problem des ungesicherten Weltbezuges, eines Kampfes mit den Dingen, dem sich das denkende Bewußtsein nur unter der Bedingung völliger Selbstpreisgabe entziehen kann: „Ich hoffe von Ihnen zu erfahren",

schreibt er, „wie es sich mit den Dingen eigentlich verhält, die um mich wie ein Schneefall versinken, während vor anderen schon ein klassisches Schnapsglas auf dem Tisch fest wie ein Denkmal steht." Das große Gewicht der Erzählung besteht im Beweis dessen, daß es unmöglich ist zu leben. Der Kampf wird mit einer„ Seekrankheit auf festem Land" verglichen. Sobald sich das denkende Bewußtsein von der Natur abwendet, verlieren alle Dinge „ihre schöne Begrenzung" und erscheinen wie „schreckliche kahle Wände". Sie haben eine „so launische Vorliebe für den Brei unseres Gehirnes". Schlüsselsatz der Erzählung ist der Ausruf des Helden: „Was sollen unsere Lungen tun! Atmen sie rasch, ersticken sie an inneren Giften; atmen sie langsam, ersticken sie an nicht atembarer Luft, an den empörten Dingen. Wenn sie aber ihr Tempo suchen wollen, gehen sie schon am Suchen zugrunde."

Die „nicht atembare Luft" ist kein individuelles Phänomen mehr. Heute ist die Luft bereits im buchstäblichen Sinne schwer atembar geworden, der Dichter nimmt das Unheil vorweg.

Das Thema der Entpersönlichung, der Selbstverfremdung, des Identitätsverlustes bis zur Körperhalluzination ist seit *Rilke* und *Kafka* in der Literatur üblich geworden und scheint mit dem heutigen Empfinden in einem oft verborgenen Zusammenhang zu stehen, wenn der Mensch aus einer ihn personalisierenden Gemeinschaft ausgegliedert ist. Die Einsamkeit, die ihn auf sich selber zurückwirft, löst ihn auf.

Im *„Frost"* von *Thomas Bernhard* wird die Erlebnisweise eines Mannes geschildert, der am Rande der Gesellschaft und der Geisteskrankheit lebt. Der Autor sagt uns nie, ob der Mann offensichtlich psychotisch ist; der Leser soll selbst entscheiden.

Dieser Mann, für die Dorfleute ein Verrückter, ist ein Leidender; er leidet am „Frost", dem Frost in der ganzen Welt, der in die Seele gedrungen ist. Er hat das Gefühl, sein Kopf sei riesig angewachsen und kaum noch zu tragen. Auch dieses Erleben läßt sich als stellvertretendes Leiden der Welt verstehen. Charakteristisch ist das Wortmaterial, das der Autor verwendet: Kälte, finster, fürchterlich, entsetzt, tödlich, Angst, Ekel, Krankheit, Schlachthaus, infam, Verbrechen. Alle Wahrnehmungen und Reflexionen stehen im Zeichen des Entsetzens. Aus der Realität entwickeln sich Bilder des Grauens („Fetzen von Kindern auf den Bäumen" — in der Zeit kurz nach dem Krieg). Die Lebensphänomene — auch die Kunst — werden ausschließlich in ihren negativen Momenten erfaßt und verworfen. So erscheinen am Ende die Menschen als Besessene (sie „gehen da in ihren furchtbaren Fiebern herum"). Die Welt wird zur Hölle („alles ist die Hölle, Himmel und Erde und Erde und Himmel sind die Hölle"). Für diese wahnhaft verengte, aber höchst intensive Grunderfahrung einer kalten und höllischen Welt werden immer wieder neue Beispiele zu grotesken Übersteigerungen aufeinander getürmt.

Zwischen Halluzination, Traum, Entpersönlichung und Ichverlust liegt ein

Bereich des Erlebens, den die moderne Dichtung zum doppelsinnigen Symbol des Daseins erhebt: zum Symbol der Psychopathologie des Einzelnen und zum Symbol der grundsätzlichen Situation des Menschen in unserer Zeit. Ein Kennzeichen solcher Dichtung besteht darin, daß der Dichter uns implicite mit dieser Doppelsinnigkeit der Bedeutung konfrontiert und es dem Leser überläßt, die Grenze zwischen Persönlichem und Überpersönlichem zu ziehen.

Es bleibt unserem Jahrhundert der Zerrüttung das Privileg vorbehalten, nicht nur in der Dichtung und Kunst, sondern auch im Rahmen der verstehenden Psychopathologie in jene Sphäre zu treten, wo uns die Zerrform des Menschlichen und in ihr doch wieder das voll Menschliche erscheint.

In den 1956 erschienenen Erzählungen von *Alvarez* „Die Mitte der Hölle" nimmt die Wirklichkeit derart phantastische Züge an, daß sie den Menschen verwirrt und ihn jedes Gefühls der Geborgenheit in einer sicheren Welt beraubt. Der Mensch ist einsam einem Leben ausgesetzt, das voller Rätsel für ihn ist (wie dies schon die Titel der Erzählungen ausdrücken: „Alles umsonst", „Das Ende"). Der Mensch steht mitten in der Hölle, dem Zentrum eines undurchdringlichen Weltgebäudes, in dem er allenfalls einige wenige Räume, niemals aber die Wirklichkeit des Ganzen zu erkennen vermag.

Weniger zerrüttend, aber ebenso offensichtlich fließend sind in vielen Geschichten des modernen Schriftstellers *Cortazar* die Übergänge zwischen dem Realen und dem Imaginären. Ein seelisches Zwischenreich öffnet sich, die Dinge verlieren ihre Individualität, werden durchsichtig, vertauschbar; die Zeit ist aufgehoben. Indem *Cortazar* das Unbewußte freisetzt, bildhaft vergegenwärtigt, aber nicht deutet, verleiht er dem erdichteten Leben die Dimension des Wunderbaren, des Magischen und des Psychopathologischen. Einige in der Ichform beschriebene Erlebnisse beschwören unheimliche und märchenhafte Töne, so z. B. in der Erzählung „Lejana", dem Tagebuch eines jungen Mädchens: Als angstvoll suchender Schatten gelangt das Mädchen auf seiner Hochzeitsreise an den im Traum geschauten Ort, wo es in einer zigeunerhaften Bettlerin sein wahres Selbst erkennt. Indem der Wahn des Mädchens Wirklichkeit wird, zerbricht er. Der Beziehungs- und Beobachtungswahn wird von *Cortazar* in seiner Erzählung „Omnibus" traumhaft allegorisch geschildert. In dieser Erzählung nimmt das Unwirkliche Gestalt an: Ein junges Liebespaar glaubt sich von den Mitfahrenden derart beobachtet, daß in der Vorstellung der beiden aus der peinlichen Situation eine bedrohliche wird. Die akustische Halluzination, das Stimmenhören, ist dagegen der Hauptinhalt einer anderen Erzählung Cortazars, der „Casa tomata". In diesem Haus hören die wunderlichen Bewohner Stimmen in den unbewohnten Zimmern. Das ältliche Geschwisterpaar fühlt sich immer mehr in die Enge getrieben und muß schließlich, der Macht der Stimmen weichend, aus dem Haus fliehen.

Desintegration, Regression, Introversion sind nach *Winkler* drei Wesensmerkmale der modernen Dichtung und Kunst. Es sei dazu bemerkt, daß Desintegration, Regression und Introversion auch drei Merkmale der Psychopathologie sind. In der Schizophrenie erreichen sie ihre letzte Radikalität: die Desintegration als Ichspaltung, wovon wir früher gesprochen haben, die Regression als ein Rückfall in archaische Mechanismen, wie das paleologische Denken, schließlich die Introversion, die in der Schizophrenie die radikale Ausdrucksform des Autismus erreicht: der Kranke sieht von der Realität und ihren Forderungen ab, er baut sich eine eigene innere Welt nach seinen Wünschen, Bedürfnissen und Ängsten, aus denen sich der Schein objektiver Wirklichkeit ergibt.

Desintegration, Regression und Introversion können also klinisch als schizophrene Symptome, psychodynamisch aber als Vorgänge aufgefaßt werden, die sowohl in der modernen Dichtung als auch in der Psychopathologie beobachtet werden können. Und doch wird im Kleide derselben deskriptiven Worte vom Ich etwas anderes erlebt.

Wenn wir nun erstaunen über diese Zweideutigkeit der Phänomene – hier Psychopathologie, dort Symbol der Existenz –, dann mögen wir an den physiologischen Traum denken, den die Natur selbst an eine Scheidelinie, einen Kreuzweg, ein Zusammenfließen von persönlichen (auch unlösbaren u. U. neurotischen und psychotischen) Konflikten und allgemeinen Grundsituationen des Menschen stellt. Die Träume eines Menschen ermöglichen es uns meistens nicht, zu entscheiden, ob sich etwas in ihnen psychopathologischen Ausdruck verschafft, geschweige, daß wir uns an eine klinische Diagnose heranwagen könnten. Und doch beobachten wir bei einem Patienten, den wir gut kennen, in seinen Träumen vieles, was die klinische Beobachtung ergänzt und vertieft.

Der Traum ist manchmal gleichzeitig sowohl ein Kunstwerk als auch ein Dokument der Psychopathologie. Er stellt selbst bei Menschen, die keine Dichter sind, ein Kunstwerk dar. Durch seine Verdichtungen, durch die bald großartigen, bald seltsamen Symbole, durch Veränderungen des Raum- und des Zeitgefühles, der persönlichen Identität, durch Verkürzungen langer geschichtlicher Lebensabschnitte, durch Amplifizierung von Sekundärerlebnissen, durch die Vermischung wacher Gedanken mit solchen, die uns scheinbar unbekannt waren und nun aus der Tiefe der Seele auftauchen, durch seine prophetischen und visionären Ausblicke, durch seine Fähigkeit, all die menschlichen Situationen der Liebe, des Todes, der Grausamkeit, der Angst, auszudrücken, durch das Beschwören von tief in der Seele verwurzelten Archetypen, wo der Drache und die Sphinx, der Teufel und der Engel, die beiden Hälften der Welt und der Seele auftauchen, durch das alles kann der Traum innerpsychische Vorgänge in einer äußerst aussagekräftigen, prägnanten Sprache oft in wenigen Sekunden in einem unvergeßlichen Bild ausdrücken. Die Übersetzung differenzierter Gedanken in eine archaische Bildersprache, die Teilung der Person in viele Akteure, die technischen Mittel der Gestaltung im Traum sind so mannigfaltig verwendet wie kaum anderswo. Kein einzelner Künstler ist im Stande, in seinem Eigendasein die Fülle der Bilder zu entdecken, welche in den Träumen der Menschheit verborgen liegen. Aber wie viel Psychopathologie verbirgt sich freilich auch in den Träumen! Wie oft wird der ganze Leidensweg einer Neurose, ja einer Psychose erst durch die Rekonstruktion der Träume voll sichtbar! Wie viele Phänomene der Verdrängung, der verstellenden Abwehr, wie viele Darstellungen der Unlösbarkeit eines Leidens, eines Konfliktes werden in unübertrefflichen Bildern dargestellt! Wir staunen oft, welch großer Künstler das Unbewußte auch bei sehr einfachen Menschen sein kann und wie oft diese Fähigkeit des Unbewußten in keinem Verhältnis zu der Bildung oder der Intelligenz der Persönlichkeit steht. Die Tatsache, daß der Traum sowohl Verbindungen zur Psychopathologie als auch zur Normalpsychologie hat, liegt in einem Punkt verankert, den entdeckt und hervorgehoben zu haben das große Verdienst Sigmund *Freuds* ist: Die menschliche Psyche arbeitet im Traum mit Mechanismen, die ganz anderen Gesetzen als denen der Logik, der wachen Psyche entsprechen und die *Freud* als „primäre Prozesse" bezeichnete. Daß aber primäre Prozesse die Welt des heutigen Dichters mehr als früher charakterisieren, liegt im Verhältnis zu einer fragwürdigen sozialen Realität, an die es keine freiheitsstiftende Anpassung mehr gibt.

Aber das Problem der krankmachenden Umgebung des Menschen in seiner Sozietät ist an sich freilich älter als dieses Jahrhundert. So möchte ich diesen Beispielen aus der modernen Literatur ein anderes aus der Literatur des letzten Jahrhunderts gegenüberstellen. Es weist nicht in dieselbe Gedankenrichtung, vielmehr wird hier ein anderes grundlegendes Problem der sozialen Pathologie aufgeworfen, das sich auf die Frage zuspitzen läßt, ob unsere jahrhundertealte Einstellung zum psychisch Leidenden, insbesondere zum Geisteskranken, nicht selbst ein allgemeines psychopathologisches Moment gewesen ist, in einem gewissen Sinne zerstörerischer als die Krankheit an sich.

Im „Krankenzimmer Nr. 6" wird vom russischen Dichter *Tschechow* ein altes Provinzkrankenhaus in den neunziger Jahren geschildert. Der Krankensaal Nr. 6 beherbergt die Geisteskranken, darunter den aus einer adligen Familie stammenden Beamten Gromov, der an Verfolgungswahn leidet. Der Chef des Krankenhauses, Dr. Ragin, hatte ihn für geisteskrank erklärt und in den Krankensaal Nr. 6 eingewiesen. Ragin kommt dann durch Zufall mit Gromov ins Gespräch und erkennt, daß dieser Geisteskranke der einzige Vernünftige in dem Provinznest ist. Das ist freilich ein paradoxer dichterischer Einfall, der einen verborgenen Sinn enthält. Es dürfte dem Dichter nicht entgangen sein, daß sich in den Wahnideen eines Geisteskranken in einer verschrobenen, realitätsfremden Sprache eine Absage an unsere Wirklichkeit, an unsere Ideale und Sicherheiten verbirgt, welche wie der Wahrheit zweite Hälfte anmuten kann.

Der Mann, der unter Verfolgungsideen leidet, mag damit die grundsätzliche Bodenlosigkeit der menschlichen Beziehungen ausdrücken; der Junge, der Vergiftungsideen äußert, weiß in seinem Unbewußten, daß er nie geliebt wurde; ein dritter, der für eine absurde Zukunftsutopie lebt, kann sich nicht wie die anderen in den Fragwürdigkeiten unseres realen Lebens zurechtfinden, usw. Das alles sagt *Tschechow* nicht explicite. Aber die fortan häufig geführten Unterhaltungen der beiden Männer über Leben, Krankheit und Tod, über die „Verwandlung der Materie", über die drükkende Gegenwart und die lichte Zukunft, liefern nun dem intrigierenden Arzt Chobtov den Vorwand, Ragin selbst als geistesgestört zu erklären und ihn von seinem Posten entfernen zu lassen. Wiederum ein paradoxer dichterischer Einfall! Will der Dichter damit aber nicht die bittere Wahrheit aussprechen, daß die Gesellschaft das tiefere Gespräch mit dem Geisteskranken fürchtet? Es sind mir persönlich Fälle bekannt, wo die psychotherapeutische Auseinandersetzung eines Arztes mit einem Schizophrenen in ein Wespennest von Affekten und aggressiven Reaktionen in der nächsten Umgebung des Kranken stach und den Psychotherapeuten in seiner psychiatrischen Klinik so unbeliebt machte, daß er diese verlassen mußte.

Eindrucksvoll schildert *Tschechow*, wie sich sehr bald ein soziales Vakuum um den Mann ausdehnt, der es wagt, mit dem Geisteskranken zu sprechen. Man schickt ihn zunächst auf Reisen; man nimmt ihm die Wohnung; man versagt ihm die Pension. Freunde, die früher, ohne ihn zu verstehen, wenn er sprach, ihm doch zunickten, schauen ihn verdutzt und feindselig an. Am Ende sperrt man ihn selbst in den Krankensaal Nr. 6. Hat er bisher alles widerstandslos mit sich geschehen lassen, so bäumt er sich, als er durchs Fenster des Stadtgefängnisses sieht, gegen die Einschließung auf. Nikita, der Wächter des Krankensaales, schlägt ihn nieder, und Ragin stirbt an den Folgen eines Blutsturzes.
Daß die Utopie Gromovs im Saal der Geisteskranken reift, die liberale Resignation Ragins dort endet, kennzeichnet die Verkehrtheit der geschilderten Welt. Wir könnten, so meint einmal Ragin in einem Gespräch mit Gromov, als er ihm noch als Arzt gegenübersteht, vielleicht unsere Rollen tauschen; nur ein Zufall des Lebens hat uns geschieden. Der Krankensaal, in der Erzählung Schauplatz, Auslöser und Endpunkt der tragischen Schicksale Ragins und Gromovs, wurde von den Zeitgenossen als Symbol der allgemeinen Zustände aufgefaßt. „*Tschechows* Krankensaal ist Rußland", schrieb *N. S. Leskow*. Wir möchten beifügen, daß dem Dichter über die Schilderung des zaristischen Rußland hinaus eine ironische Infragestellung der uralten Härte der gesunden Menschen gegen den psychisch Leidenden gelungen ist; unausgesprochen wird hier gesagt, daß die Verdrängung, welche die gesellschaftlichen Gleichgewichte aufrechterhalten hilft, eine Auflehnung dagegen nicht gestattet. Eine solche Erzählung ist also dichterisch ausgedrückte Psychopathologie der Gesellschaft. Es wird von der Psychopathologie des Einzelnen berichtet, allerdings in einer Weise, die den Einzelnen als Spiegelbild der Verzerrungen und Widersprüche, in denen er lebt, schildert. Die beiden Haupthelden dieser Erzählung werden in verschiedener Weise zu Stellvertretern einer sozialen Psychopathologie, die als solche verborgen bleibt und dafür Einzelne zerstört. Entweder tritt der Einzelne in eine hoffnungslose Opposition mit einer seine tieferen Interessen nicht mehr berücksichtigenden Gesellschaft; oder er wird bis in sein Unbewußtes und seinen Geist hinein durch die Konflikte gespalten, welche die anderen auf ihn abwälzen.
Dieser Gedankengang des Dichters ist heute kein seltsamer Einfall mehr; Psychiater und Soziologen (*Siirala* u. a.) wissen heute in wissenschaftlichen Untersuchungen von diesem Sachverhalt zu berichten. Es ist die Einsicht herangereift, daß das, was wir Geisteskrankheit nennen, manchmal die Übersetzung einer aussichtslosen, kollektiven Problematik in die psychiatrische Sprache sein kann, um ein Bewußtsein der sozialen Konflikte durch die Psychiatrisierung eines Sündenbockes zu verdrängen.
Es ist erstaunlich, daß eine solche Einsicht von einem Dichter zu einer Zeit entwickelt wurde, als weder Philosophie noch Medizin eine Ahnung davon hatten. Dichter wissen heute in einer differenzierten Sprache wie-

der davon zu künden. Es wäre z. B. nicht schwer, dasselbe Thema in manchen Erzählungen *Kafkas* wiederzufinden. Oder denken wir an die Romane des amerikanischen Schriftstellers *Richard Wright*. Alle seine Erzählungen, wie z. B. sein bekannter Roman „Der schwarze Traum", schildern die Situation der ausweglosen Angst, in die ein Mensch getrieben wird, weil er anders ist als die anderen. Bei ihm beruht dieses Anderssein auf der dunkleren Hautfarbe. In dieser Situation bleibt also den Protagonisten seiner Bücher nur die Wahl zwischen Demütigung oder Gewalttat.

Eine solche Problematik verdient es, als soziale Psychopathologie bezeichnet zu werden, obschon ihre Wurzeln außerhalb der Psychiatrie sind. Sie liegen aber im Grunde auch außerhalb der individuellen Moral, weil der Einzelne von den gesellschaftlichen Verhältnissen bis in sein Unbewußtes konditioniert und gesteuert wird, obwohl ihm jene die Illusion der Freiheit lassen.

Ist aber der manifest Erkrankte oder für krank gehaltene Einzelne zum Stellvertreter einer allgemeinen Problematik geworden, so liegt in seinem Schicksal der Charakter einer tragischen Sühne. Er wird zum Träger eines allgemeinen Konfliktes, einer sozialen Konfliktsituation, die ihn braucht, um sich zu transzendieren. Wir befinden uns hier in einem Grenzgebiet, wo Psychiatrie, Philosophie und Dichtung in einer eigentümlichen Weise an einem anthropologischen Schnittpunkt konfluieren. In diesem Sinne verstanden ist die Psychopathologie die eigentliche Lage des Menschen.

G. EPILEPSIE

Dostojewskijs „Idiot" — der „Heilige Kranke"

Von Therese Wagner-Simon

Es gibt in der Weltliteratur ein wesentliches Beispiel der psychischen Grenzsituation, die den Menschen als einen Abnormen hinstellt, während man doch, gerade durch seine besondere Weise zu sein, in das eigentliche Zentrum der Existenz hineinblicken kann. Es ist der „Idiot", jener Fürst Myschkin, der als nahezu geheilter Epileptiker aus einer Schweizer Anstalt nach Rußland zurückkehrt und dort während nur einiger Monate in einen solchen Wirbel dramatischer Geschehnisse verstrickt wird, daß er am Schluß des Romans in völlige geistige Umnachtung versinkt. Ein Scheiternder also, ein kindhafter Mensch, der die Spielregeln der mondänen Gesellschaft, in die er geraten ist, ständig verletzt; ein Liebender, der vor der Schönheit erliegt, im Abglanz des „Vollendeten" gebannt ist und sich — wohl ebendeshalb — für die Endlichkeit seines Begehrens nicht einsetzen kann; ein Ritter von der traurigen Gestalt, als Don Quichotte belächelt; ein Narr, der sich im Glauben an das Gute in der Seele selbst der Bösewichte nicht beirren läßt; ein Kranker, der sich zuviel zugemutet hat und auf dem Höhepunkt der Spannung im epileptischen Anfall zusammenbricht — und dennoch der Mittelpunkt, der das ganze Geschehen trägt, auf den alle Handelnden sich hin bewegen; der Mitleidvolle, der in ihrer aller Herzen liest; der Wissende, der durch die Sünde durch und so zuerst das Unglück sieht; der Demütige, der in seinen Niederlagen immer größer wird. „Demut, das ist die allerschrecklichste Kraft, die es auf der Welt gibt!" schrieb *Dostojewskij* in sein Notizbuch, als er sich mit der Persönlichkeit des Fürsten Myschkin beschäftigte.

Und in einem Brief vom 1. Januar 1868[1] äußert er sich zu dem Roman, dessen Gestaltung ihm große Schwierigkeiten machte, so daß er gerade einen Teil des druckfertigen Manuskripts vernichtet hatte:

> „Die Idee ist die alte und von mir immer bevorzugte; sie ist aber so schwierig, daß ich bisher noch nie den Mut hatte, sie auszuführen ... Die Grundidee ist die Darstellung eines wahrhaft vollkommenen und schönen Menschen. Und dies ist schwieriger als irgend etwas in der Welt, besonders aber heutzutage. Alle Dichter, nicht nur die unsrigen, sondern auch die europäischen, die die Darstellung des *Positiv*-Schönen versucht haben, waren der Aufgabe nicht gewachsen, denn sie ist unendlich schwer ... Es gibt in der Welt nur eine einzige positiv-schöne Gestalt: Christus, diese unendlich schöne Gestalt ist selbstverständlich ein unendliches Wunder ..."

---

1 *F. M. Dostojewskij:* Gesammelte Briefe. 1833–1881, München (Piper) 1966, S. 251 f.

Und um es ganz deutlich werden zu lassen, steht im Notizbuch die Eintragung: „Der Fürst-Christus. Wie aber soll man Christi Antlitz im Fürsten offenbaren?"[2] Zweifellos also wollte *Dostojewskij* in seinem Fürsten Myschkin ein Christus-Symbol gestalten[3]. Warum aber, so müssen wir fragen, ließ er ihn als zugleich Kranken, als Epileptiker, in Erscheinung treten? Es kann kein Zufall, es muß vielmehr ein wesentlicher Beweggrund gewesen sein, daß er Myschkin, dessen ganzes Sein auf Christus deutet, gleichsam zu einem „dunklen Christus" *(Benedetti)*, dem der „Pfahl im Fleische" saß, werden ließ. Um uns der Beantwortung dieser Frage zu nähern, wollen wir uns zunächst in Erinnerung rufen, daß die Epilepsie seit alten Zeiten als „morbus sacer", heilige Krankheit, galt. Wir werden auf das Krankheitsverständnis der Antike später zurückkommen. Bleiben wir noch bei dem Erstaunen, das diese Gedankenverbindung in uns auslöst: Das Christus-Symbol ein Epileptiker, ein ungeheuerlicher Einfall! Wie konnte *Dostojewskij* auf diesen absurden Gedanken kommen? Wie reimt sich das zu der zitierten Briefstelle, die Grundidee sei „die Darstellung eines wahrhaft vollkommenen und schönen Menschen"? *Dostojewskij* war sich der Zumutung an den Leser bewußt und äußerte später, der „Idiot" sei „eine verfehlte Idee", aber er hielt daran fest, daß dieses Werk sein bestes Buch sei. Wirklich fand es von seinem Erscheinen an seine besonderen Liebhaber, was den Dichter zu einer aufschlußreichen brieflichen Äußerung veranlaßte[4]:

„Sie urteilen über meine Romane ..., mir hat es gefallen, daß Sie den ‚Idioten' als den besten von allen hervorheben. Stellen Sie sich vor, daß ich dieses Urteil an die fünfzigmal, wenn nicht schon öfters gehört habe. Das Buch verkauft sich jedes Jahr und sogar von Jahr zu Jahr mehr. Ich habe das jetzt vom ‚Idioten' gesagt, weil alle, die von ihm als meinem besten Werk sprechen, etwas Besonderes in ihrer Mentalität aufweisen, das mich immer wieder überrascht und mir gefallen hat."

Es muß sich um ein eigentümliches Angesprochenwerden der Tiefenseele durch gerade dieses Werk handeln, so daß wir vermuten dürfen, auch der ungeheuerliche Einfall des Dichters, sein Christus-Symbol als Epileptiker darzustellen, stamme aus Motivationen, die ihm selber nicht völlig bewußt geworden sind, — greift doch das intuitive Wissen der Dichter immer wieder in den Urgrund seelischen Seins. Lassen wir uns die hier zu erschließenden Dimensionen allmählich in den Blick rücken, indem wir uns zunächst dem Roman selber zuwenden und die Handlung kurz zusammenfassen:

Fürst Myschkin, der seine Eltern früh verlor, wurde mit zweiundzwanzig Jahren zur Behandlung seiner Epilepsie von seinem Vormund in die Schweiz geschickt, wo eine wesentliche Besserung erzielt wurde, so daß der Arzt ihm empfiehlt, nach Rußland zurück-

---

[2] Zitiert nach *Zenta Maurina:* Dostojewskij, Memmingen 1952, S. 19 f.

[3] *Romano Guardini:* Religiöse Gestalten in Dostojewskijs Werk, München 1964, S. 357 ff.

[4] Gesammelte Briefe, S. 453.

zukehren, besonders da er sich dort um eine Erbschaft zu kümmern hat. Im Zuge nach Petersburg begegnet er bereits der zweiten männlichen Hauptfigur des Romans, seinem späteren Rivalen Rogoschin, der sich mit ihm auf den ersten Blick befreundet. Direkt vom Bahnhof aus begibt er sich zu seinen entfernten aber einzigen Petersburger Verwandten, den Jepantschins, die ihn zuerst zögernd aber zusehends herzlicher empfangen. Doch die ganze Atmosphäre ist gereizt und spannungsgeladen, was sich in den häufigen Affektausbrüchen der handelnden Personen zeigt, von denen nur Myschkin, der Epileptiker, frei bleibt. Im Mittelpunkt der allgemeinen Aufmerksamkeit steht eine junge Frau, Nastasia Filippowna, von der schon im Zuge Rogoschin, der ihr leidenschaftlich verfallen ist, gesprochen hatte. Doch auch die anderen männlichen Hauptgestalten des Romans werben offen oder verhüllt um die Liebe dieser „Anima-Figur". Es geht nun darum, daß Nastasia, die früh verwaist und von ihrem Vormund Totzkij erzogen und dann mißbraucht worden war, mit dem Sekretär des Generals Jepantschin verheiratet werden soll, damit Totzkij von seinen Verpflichtungen frei wird und eine standesgemäße Ehe eingehen kann. Er ist ein alter Freund des Generals und hat dessen älteste Tochter im Sinn. Der ehrgeizige Sekretär Gawrila Ivolgin soll für die Heirat mit der „Gefallenen" reichlich entschädigt werden; er befindet sich aber in einem Dilemma zwischen seiner Geldgier und seiner aufkeimenden Neigung zu der schönen und faszinierenden jungen Frau, — andererseits aber den beträchtlichen Widerständen seiner Familie wie auch eigenen Ressentiments wegen ihres hochmütigen Betragens. Seine Gereiztheit entlädt sich sogleich gegen Myschkin, der seine Hingerissenheit beim Anblick einer Photographie Nastasias nicht verschweigen konnte. Nur zögernd folgt Myschkin deshalb der Empfehlung des Generals, in der Wohnung von Gawrilas Eltern ein Zimmer zu mieten; er wird schon bei seinem Eintritt in einen leidenschaftlichen Auftritt verwickelt, als Nastasia Filippowna unvermutet in der Wohnung auftaucht, im Moment, da sie Gegenstand einer hitzigen Familiendebatte ist. Es kommt zu einer tumultuarischen Szene, als Rogoschin, der ihr gefolgt ist, mit einem Rudel Trinkgenossen lärmend eindringt. Auf dem Höhepunkt der Spannung hebt Gawrila die Hand gegen seine stichelnde Schwester, doch Fürst Myschkin tritt dazwischen und empfängt stellvertretend eine heftige Ohrfeige, die der Schwester bestimmt war. Bei dieser Gelegenheit gibt er eine jener tiefen Antworten, mit denen der Dichter ihn begabt: „Oh, wie werden Sie sich dessen schämen!" —

Am Abend des gleichen Tages findet eine Einladung bei Nastasia Filippowna statt, die ihren fünfundzwanzigsten Geburtstag feiert und bei diesem Anlaß ihre Entscheidung über die Verlobung bekanntgeben will. Myschkin, der seit dem ersten Anblick von dieser Frau gefesselt ist, erscheint ungeladen – ebenso ungeladen folgt etwas später Rogoschin mit seiner Bande, um Nastasia für hunderttausend Rubel von Gawrila loszukaufen. In dieser für sie erniedrigenden Situation erklärt der Fürst ihr vor allen Anwesenden seine Liebe und bittet sie um ihre Hand. Obwohl auch sie sich zu ihm hingezogen fühlt, lehnt sie — in einer Mischung von Stolz, Demut und verzweifelter Selbstaufgabe, seinen Antrag ab. Mit den Worten: „Lebe wohl, Fürst, ich habe zum ersten Mal einen wirklichen Menschen gesehen!" verläßt sie mit Rogoschin an der Spitze seines lärmenden Gefolges ihre Wohnung.

Nach diesem dramatischen Tag, der von einer wahren Affektflut beherrscht ist, folgt eine Ebbe in der Handlung — ein sich wiederholendes typisches Merkmal des Romans. Fürst Myschkin geht für mehrere Monate nach Moskau, um die Erbschaft zu regeln. Dort halten sich während einiger Zeit auch Rogoschin und Nastasia auf, die sich wiederholt von dem einen Bewerber zum andern flüchtet. Zu Beginn des Sommers beziehen dann die Jepantschins ihr Haus in der Sommerfrische, und auch Myschkin mietet sich bald darauf in ihrer Nähe ein. Doch bevor er übersiedelt, sucht er noch einmal Rogoschin in dessen Petersburger Stadthaus auf, um sich mit ihm auszusprechen und von Nastasia zurückzutreten. In dem abgründigen Gespräch, in welchem jeder sein Wissen um die geheimsten Regungen des anderen offenbart, gelingt es Myschkin momentweise, das haßerfüllte Mißtrauen seines Rivalen zu beschwichtigen: dieser führt ihn zu seiner alten Mutter, damit sie ihn segne; die beiden tauschen ihre Kreuze zum Zeichen der Brüderschaft, — doch wenige Stunden später lauert Rogoschin dem Fürsten auf, um ihn mit dem gleichen Gartenmesser, das Myschkin vorher zu seiner Verwunderung auf Rogoschins Schreibtisch bemerkt hatte und das dann in seiner Aura eine Rolle spielte, zu erstechen. In diesem Moment bricht Myschkin, der sich ihm zuerst voll zugewandt hatte, mit den Worten: „Parfen, ich glaube nicht daran!" mit einem furchtbaren Schrei im epileptischen Anfall zusammen. Dieser Anfall rettet ihm das Leben, denn Rogoschin flieht entsetzt.

Fürst Myschkin erholt sich dann von der Attacke in dem zuvor gemieteten Landhäuschen, wird aber zugleich wieder schonungslos in die Intriguen seiner Umwelt verstrickt, die allerdings durch seine eigene Ambivalenz zwischen der Schicksalsliebe zu Nastasia und einer unbeholfenen Verliebtheit in Aglaja Jepantschin ständig Nahrung erhalten. Schließlich wird er von Aglaja vor ihrer ganzen Familie in einen Heiratsantrag hineinmanövriert, macht sich dann aber beim Verlobungsempfang im Hause der zukünftigen Schwiegereltern durch sein Benehmen und einen weiteren epileptischen Anfall unmöglich. Aglaja kann ihn noch nicht aufgeben und sucht Nastasia auf. In einer eifersuchtsgeladenen Szene geht sie in ihren Beleidigungen gegenüber ihrer Rivalin zu weit, so daß der Fürst sich an deren Seite stellt. Damit findet sein Schwanken ein Ende: Nastasia drängt nun auf die im großen Stil arrangierte Hochzeit, doch als sie im Begriff ist, in den Wagen zu steigen, um zur Kirche zu fahren, wo der Fürst sie erwartet, erblickt sie in der gaffenden Menge Rogoschin, stößt den Arm ihres Brautführes zurück und wirft sich ihm, todessüchtig, in die Arme. Er führt sie in sein Haus und ersticht sie dort mit dem gleichen Messer, das er gegen Myschkin erhoben hatte. Dann holt er diesen, der schon versucht hatte, in das verschlossene Haus einzudringen, und führt ihn zu der Toten. Es folgt die schauerliche Leichenwache, während derer beide in ein Delirium verfallen, aus dem Rogoschin nach langer Krankheit erwacht, um seine Strafe anzutreten. Der Fürst aber wird in die Schweizer Anstalt zurückgebracht und versinkt in epileptischer Demenz.

Um in diesen dramatischen Ereignissen mit ihrem tragischen Ausgang dennoch die „Idee" des Dichters nicht aus den Augen zu verlieren, sollten wir uns vergegenwärtigen, daß der Roman sich von Anbeginn in zwei Ebenen abspielt: der realen, oft grausamen Bühne des Geschehens — und jener immer wieder hereinbrechenden „zweiten Wirklichkeit", da in biblischer Gleichnissprache von Erlebnissen berichtet wird, über denen als Motto das Christus-Wort stehen könnte: „Mein Reich ist nicht von dieser Welt." Die Analogie „Der Fürst-Christus" ist nicht zu übersehen!

So sehr einerseits das Wort „Idiot" in seiner unmittelbaren, klinischen Bedeutung gemeint und oft drastisch genug zu hören ist, dürfte zugleich die ursprüngliche gelten, auf die *Evdokimov*[5] hingewiesen hat: „Idiot" bedeutet im Griechischen ein besonderes, andersartiges, verschiedenes Wesen." In einer Fußnote bemerkt der Verfasser ergänzend: „Zum Thema Jesus schreibt *Nietzsche*: ‚Wenn man sich der harten Sprache des Physiologen bedienen wollte, wäre ein ganz anderes Wort hier eher angebracht, das Wort ‚Idiot'. *Jaspers* (Nietzsche und das Christentum) bemerkt: „*Nietzsche* versteht das Wort in dem Sinne, in dem *Dostojewskij* seinen Fürsten Myschkin den ‚Idioten' nennt. Es ist ein verblüffendes Zusammentreffen, jeder wechselseitige Einfluß ist materiell ausgeschlossen."

[5] *Paul Evdokimov*: Der Abstieg in die Hölle, Salzburg 1965, S. 225.

Wir meinen, wie die zwei Ebenen des Geschehens, so sind auch diese beiden Wortbedeutungen neben- und ineinander zu sehen, was im Rahmen des russischen Glaubenslebens durch die aus dem russischen Volkstum nicht wegzudenkenden „Gottesnarren" veranschaulicht wird. *Walter Nigg* führt dazu in seinem Kapitel „Dostojewskij's ‚Idiot'" aus[6]:

„Die armen Narren gehören zur russischen Christenheit, die allezeit ein vom Abendland verschiedenes, geistiges Klima aufwies. Man kennt die östliche Frömmigkeit zu wenig, wenn man nichts von den Jurodstow weiß, wie das russische Wort für Torheit um Christi willen heißt . . . Durch den Raum der russischen Christenheit schritten immer wieder Gottesnarren, . . . auch das Starzentum ist ohne sie nicht völlig zu verstehen.
Im alten Rußland betrachtete man die Gottesnarren als Wesen, die in ihrer Einfältigkeit so geboren wurden. Die ‚So-Geborenen' und die ‚Blödsinnigen', aber zugleich auch die ‚Seligen' und die ‚Gottesgefälligen' genossen ungeachtet ihrer körperlich-geistigen Behinderung eine von seltsamen Schauern eingeflößte Verehrung . . ."

Nigg erwähnt, daß sowohl *Tolstoj*, wie *Leskow* in ihrer Dichtung die Figur des Blöden in Gott wunderbar gestaltet haben. „Doch die mächtigste, alle andern in den Schatten drängende Darstellung des russischen Narren in Christo liegt in Dostojewskijs Dichtung vor . . ."
Wirklich zeigt der „Idiot" wesentliche Züge dieser „So-Geborenen": Auch er ist ein heimatloser Wanderer, erst arm, dann den Wert des Geldes, das er erhält, nicht schätzend und — wie die freiwilligen Gottesnarren — bei aller Torheit in der Welt noch Repräsentant eines höheren Verstandes, der ihre Maßstäbe in Frage stellt. Gleich zu Beginn des Romans kennzeichnet *Dostojewskij* die Wanderer-Erscheinung des für die kalte, nächtliche Reise mit einem ungenügenden Mantel Gekleideten, der schon wegen seiner Ausstattung mehrfach belächelt wird:

„Der Besitzer des Mantels mit der Kapuze war ein ebenfalls sechs- oder siebenundzwanzigjähriger junger Mann, von mehr als mittelgroßem Wuchs, mit sehr blonden, dichten Haaren, eingefallenen Wangen und einem dünnen, fast ganz weißen Spitzbart. Er besaß große, ruhige, blaue Augen, in deren Blick etwas Stilles, aber Drückendes lag, und die jenen seltsamen Ausdruck hatten, an welchem viele, vom ersten Moment an ein epileptisches Individuum erkennen. Das Gesicht des jungen Mannes war übrigens angenehm und fein, aber farblos und jetzt ganz blau vor Kälte. In seinen Händen baumelte ein dünnes Bündel aus verblaßtem, alten Foulard, das sein ganzes Reisegepäck zu enthalten schien."

Dieses armselige Bündel bringt ihn verschiedentlich in ein schiefes Licht wie im Hause des Generals Jepantschin, dem er seinen unerwarteten Besuch freimütig begründet:

„Ich war länger als vier Jahre nicht mehr in Rußland; und wie bin ich von hier abgereist! Ich war beinahe nicht zurechnungsfähig! Ich habe schon damals so wenig von allem gewußt, jetzt weiß ich aber noch weniger. Ich brauche gute Menschen . . ."

Und im weiteren Verlauf des Gespräches berichtet er dem General, daß er

[6] *Walter Nigg:* Der christliche Narr, Zürich 1956, S. 350 ff.

„nach dem Tode seiner Eltern als kleines Kind zurückgeblieben und auf dem Lande aufgewachsen" war, „wo er sein ganzes Leben verbrachte, da seine Gesundheit nach Landluft verlangte . . ., daß er sich zwar an alles erinnere, aber nur weniges erschöpfend erklären könne, da ihm vieles ganz unverständlich sei. Seine häufigen Krankheitsanfälle hätten ihn beinahe ganz zum Idioten gemacht (Der Fürst gebrauchte dieses Wort: Idiot.) Er erzählte schließlich, Pawlistschew[7] wäre einmal in Berlin dem Schweizer Professor Schneider begegnet, der sich speziell mit solchen Krankheiten befaßte und in der Schweiz, im Kanton Wallis, eine Anstalt besaß, wo er nach seiner eigenen Methode mit kaltem Wasser und Gymnastik behandelte, er kurierte Idioten und Wahnsinnige, unterrichtete dabei auch und überwachte überhaupt die geistige Entwicklung; Pawlistschew habe ihn vor ungefähr fünf Jahren zu ihm in die Schweiz geschickt . . . Schneider . . . habe ihn nicht endgültig geheilt, seinen Zustand aber sehr gebessert, und jetzt sei er von ihm endlich auf eigenen Wunsch und infolge eines zufällig eingetretenen Umstandes nach Rußland geschickt worden."

Der Ruf seines Leidens eilt ihm voraus, als er dann bei der Generalin, einer geborenen Prinzessin Myschkin, und ihren drei Töchtern eingeführt wird, und erbringt ihm eine der vielen Demütigungen, die er gelassen beantwortet:

„Hat man Ihnen beim Essen die Serviette umgebunden, Fürst?"
„Ich glaube, man hat sie mir früher einmal, als ich sieben Jahre alt war, umgebunden, jetzt lege ich mir die Serviette beim Essen gewöhnlich auf den Schoß."
„So ist es recht. Und wie ist es mit Ihren Anfällen?"
„Mit den Anfällen?" fragte der Fürst ein wenig erstaunt.
„Ich habe jetzt ziemlich selten Anfälle. Ich weiß übrigens nicht; man sagt, das hiesige Klima würde mir schaden."
„Er spricht gut", bemerkte die Generalin, sich an die Töchter wendend, indem sie bei jedem Wort des Fürsten zu nicken fortfuhr, „ich hätte es gar nicht erwartet . . ."

Als er aber seine Gastgeberin immer mehr durch seine höflichen und klugen Antworten beeindruckt, flüstert die Älteste der Jüngsten (Aglaja) zu:

„Dieser Fürst ist vielleicht gar kein Idiot, sondern ein Betrüger."
„Ganz gewiß, ich habe das längst bemerkt", antwortete Aglaja, „es ist häßlich von ihm, eine Rolle zu spielen. Glaubt er denn dadurch zu gewinnen?"

Doch dann, als Myschkin von seinen ersten Eindrücken in der Schweiz berichten soll, beginnt er unvermeidlicherweise wieder mit seiner Krankheit:

„Als man mich aus Rußland hinbrachte, und wir dabei durch verschiedene deutsche Städte kamen, schaute ich sie mir nur schweigend an und erkundigte mich, soviel ich weiß, gar nicht danach. Das war nach einer Reihe langer, qualvoller Krankheitsanfälle; wenn die Krankheit aber zunahm und die Anfälle sich ein paarmal hintereinander wiederholten, verfiel ich immer in eine Art Stumpfsinn, verlor gänzlich das Gedächtnis, und der logische Gedankengang schien trotz der Arbeit des Verstandes zu stocken. Ich konnte nicht mehr als zwei, drei Ideen hintereinander folgerichtig verbinden. Wenigstens scheint es mir so. Wenn die Anfälle aber nachließen, wurde ich wieder gesund und kräftig wie jetzt. Ich erinnere mich, daß ich unsagbar traurig war; ich wollte sogar weinen; ich staunte und beunruhigte mich fortwährend; es machte auf mich einen

[7] Ein Freund seiner Eltern, sein Gönner.

furchtbaren Eindruck, daß alles fremd war. Das Fremde bedrückte mich. Ich erinnere mich, daß ich mich endlich eines Abends in Basel, bei der Ankunft in der Schweiz, von diesem Dunkel erlöst fühlte, und durch den Schrei eines Esels auf dem Stadtmarkt geweckt wurde. Der Esel fiel mir auf und gefiel mir aus irgendeinem Grunde außerordentlich gut, zugleich schien es sich aber auch in meinem Kopfe zu lichten ..."
„Seitdem liebe ich die Esel sehr. Ich fühle direkt Sympathie für sie. Ich begann mich nach ihnen zu erkundigen, denn ich hatte nie zuvor einen gesehen, und ich überzeugte mich sofort davon, daß es sehr nützliche Tiere sind; sie sind fleißig, stark, geduldig, ausdauernd und billig, und dank diesem Esel begann die ganze Schweiz mir plötzlich zu gefallen, so daß meine vorherige Traurigkeit ganz verging."

Die gewollten und ungewollten Anspielungen, die diese Erzählung auslöst, beantwortet der Fürst mit der größten Heiterkeit, wie er überhaupt verletzende und peinliche Situationen häufig von der „lustigen" Seite nimmt.

„Es ist sehr gut, daß Sie lachen. Ich sehe, daß Sie der gutmütigste junge Mann der Welt sind", sagte die Generalin.
„Ich bin nicht immer gutmütig", antwortete der Fürst.

Und als die Generalin den immer noch zum Lachen geneigten Töchtern gegenüber betont, der Fürst sei „außerordentlich gescheit", erwidert Alexandra, die Älteste, unvermutet:

„Auch das vom Esel war gescheit, ... der Fürst hat seinen krankhaften Zustand sehr interessant beschrieben. Alles wurde durch eine äußerliche Einwirkung wieder gut, und seine Umgebung begann ihm zu gefallen. *Es hat mich immer interssiert, wie Menschen verrückt werden und dann wieder genesen. Besonders aber, wenn das so plötzlich geschieht.*"[8]

Was Myschkin beschrieben hat, ist das Erlebnis der „Entfremdung": „Es machte auf mich einen furchtbaren Eindruck, daß alles fremd war. Das Fremde bedrückte mich." Durch einen unmittelbaren Sinneseindruck: den Schrei eines Esels, den der Kranke dann wahrnimmt, kommt es dann aber zu einem „plötzlichen Umdrehen des Ich-Bildes", wie *Szondi*[9] es als typisch für die paroxysmale Entfremdung beschrieben hat, wobei er an praktischen Fällen „die sukzessive Kontrastwirkung der paroxysmalen und inflativen Ich-Existenzen" illustriert, die „strukturell zusammengehören", und als Beispiel für ähnliche sukzessive Phasenwechsel *Dostojewskij* nennt, der „neben seinen krankhaften religiösen Inflationen auch ausgeprägte Mordvorstellungen hatte. Er konnte seine beiden Ich-Existenzen in seinen Romanen — einmal sukzessiv, ein andermal simultan — erleben". *Szondi* führt in diesem Zusammenhang „Die Brüder Karamasow" an; „Der Idiot" blieb noch unberücksichtigt, obwohl er von dieser Thematik geprägt ist.
Wir wenden uns erneut der Begebenheit mit dem Esel zu; in ihr klingt das Don Quichotte-Motiv an, ein Grundgedanke des Romans, mit dem sich

[8] Hervorhebung von mir.
[9] *L. Szondi:* Ich – Analyse, Bern 1956, S. 302 ff.

Dostojewskij eingehend auseinandergesetzt hatte, was u. a. durch den weiteren Wortlaut der von uns im Anfang zitierten Briefstelle belegt ist, deren letzten abgebrochenen Satz wir nun vollständig geben[10]:

„Es gibt in der Welt nur eine einzige positiv-schöne Gestalt: Christus, diese unendlich schöne Gestalt ist selbstverständlich ein unendliches Wunder (das ganze Evangelium Johannis ist von diesem Gedanken erfüllt: Johannes sieht das Wunder in der Fleischwerdung, in der Erscheinung des Schönen).
Ich bin mit meinen Erklärungen zu weit gegangen. Ich will nur noch erwähnen, daß von allen schönen Gestalten in den christlichen Literaturen mir die des Don Quichotte am vollkommensten erscheint. Don Quichotte ist aber nur darum schön, weil er zugleich lächerlich ist ... Der Leser spürt Mitleid und Sympathie mit dem verspotteten und sich seines Wertes nicht bewußten Schönen ..."

Die Gedankenverbindung über Don Quichotte, dem „armen Ritter", der durch die Lande reitet und für das Gute ficht, zu Christus verdichtet sich in der Charakterisierung des Fürsten Myschkin. Wie sehr der Dichter sich dennoch scheute, seine eigene dahinterliegende Identifizierung mit Christus auszuführen, zeigt der — aus der logischen Gedankenfolge herausfallende Satz: „Ich bin mit meinen Erklärungen zu weit gegangen", mit dem er sich wieder zurücknimmt. Zu seiner „Idee" jedoch gehörte, daß sie „eine innere Wahrheit, aber keinen äußeren Effekt" in sich schließt; der „vollkommen schöne Mensch" oder auch einfach „der gute Mensch", als welcher Myschkin gerade auch von den „Bösen" erfaßt wird, muß in der Gesellschaft lächerlich wirken. Oder, wie *Nigg* sagt: „Das Lächerliche ist das Gute, in dieser Erkenntnis ist noch einmal das ganze Geheimnis des christlichen Narren zusammengefaßt."[11] Wir wollen — psychologischerseits — dabei nicht unerwähnt lassen, welche notwendige Funktion in der Gesellschaft der Narr hat: „als willkommener Kehrichteimer unserer Ängste und Unsicherheiten"[12], als Möglichkeit, sowohl den eigenen Schatten, wie die nicht zum Leben gelangende Licht-Seite auf diese Gestalt zu projizieren. Gerade dieser Aspekt wird im Verhältnis etlicher Personen des Romans zu Myschkin sehr anschaulich, so vor allem bei der ihn liebenden Aglaja und ihrer Mutter, der Generalin, wie auch bei dem spottsüchtigen todkranken Hippolyt. Kehren wir zu dem die Krankheit transzendierenden Element und noch einmal zu der Begebenheit mit dem Esel zurück: Führt sie nicht über das Sinneserlebnis, in dem der Kranke sich wieder findet, über das Don Quichotte-Motiv hinaus zugleich in die biblische Gleichnissprache?
Noch deutlicher wird dies, als der Fürst — nach Einschaltung einer jener „grausamen" Episoden, mit denen wir uns später noch befassen werden, von seinem Leben in der Schweiz mit den Kindern berichtet, insbesondere von seiner Mitleids-Liebe zur „Sünderin" Marie. (Maria-Magdalena!) Er

[10] Briefe, S. 251 f.

[11] A.a.O. S. 402.

[12] Vgl. das auch zu unserem Thema aufschlußreiche Buch von *Harvey Cox:* Das Fest der Narren, Stuttgart 1970, S. 184.

kommt aus der Welt der Kinder, man könnte auch sagen: dem Paradies in die Welt der Erwachsenen, deren Maßstäbe ihm nicht einleuchtend sind, so daß er Anstoß erregt. In diesem Zusammenhang enthält die sich zur Heiligenlegende verdichtende Erzählung vom Leidensweg der jungen Marie, dem „gefallenen" Mädchen aus dem Dorf im Kanton Wallis, wo die Anstalt lag, eine Fülle von Analogien. Myschkin, der sich zu der Verstoßenen im Bruderkusse neigt, sieht sie mit den Augen des Herzens und erklärt ihr, daß er sie „auch gleich zu Beginn durchaus nicht für schuldig, sondern nur für unglücklich gehalten" hätte. Indem er dann den Kindern, die die Verfemte verfolgten und mit Kot bewarfen, ihre von innen erschlossene Geschichte erzählt, wandelt er ihren Sinn, so daß die Kinder beginnen, Marie wie einen Menschen zu grüßen, sie schließlich ernähren, kleiden und die Kranke zuletzt pflegen. (Ein schönes Beispiel der Umwandlung aggressiver Tendenzen!) Im Tode wird die von den Kindern kreierte „Himmelsbraut" des Fürsten bekränzt und trauernd zu Grabe getragen. Aber die „Pharisäer und Schriftgelehrten" können eine derartige Umwandlung nicht zulassen. Myschkin berichtet der Generalin und ihren Töchtern:

„Seit dieser Beerdigung begann mich aber das ganze Dorf der Kinder wegen zu verfolgen. Die hauptsächlichsten Anstifter waren der Pastor und der Schullehrer. Es wurde den Kindern streng verboten, mich auch nur zu sehen, und Schneider mußte sich verpflichten, das zu überwachen. Wir kamen aber doch zusammen und verständigten uns von weitem durch Zeichen. Sie schickten mir kleine Briefe. Nach und nach kam die Sache wieder in das alte Geleise, es ging uns damals aber sehr gut: ich war den Kindern durch diese Verfolgung nur noch näher getreten. Im letzten Jahre söhnte ich mich mit Thibaut und mit dem Pastor sogar beinahe aus. Schneider sprach und stritt mit mir aber viel über mein schädliches „System", mit Kindern umzugehen. Was war denn das für ein System! Endlich äußerte Schneider vor meiner Abreise den sehr seltsamen Gedanken, er habe sich endgültig davon überzeugt, daß ich selbst ein vollkommenes Kind wäre, ich sähe nur nach dem Wuchs und dem Gesichte aus wie ein Erwachsener; der Entwicklung, dem Herzen, dem Charakter und vielleicht selbst dem Verstande nach wäre ich jedoch nicht erwachsen und würde, auch wenn ich sechzig Jahre alt werden sollte, so bleiben. Ich lachte sehr darüber: er hat natürlich unrecht, denn ich bin doch kein Kind. Nur das eine ist daran wahr: Ich liebe es wirklich nicht, mit erwachsenen Menschen zu verkehren, und zwar — wie ich längst bemerkt habe — deshalb nicht, weil ich es nicht verstehe. Was sie mir auch sagen, wie gut sie zu mir auch sein mögen, ich fühle mich doch aus irgendeinem Grunde mit ihnen nicht wohl und freue mich furchtbar, wenn ich schnell zu meinen Kameraden gehen kann, meine Kameraden waren aber stets Kinder, aber nicht deshalb, weil ich selbst ein Kind bin, sondern einfach, weil es mich zu ihnen hinzog."

Hier wird die Diagnose des behandelnden Arztes angetönt, der die mangelnde Realitätsanpassung seines Patienten offensichtlich als eine Art von Infantilismus deutete. Im Fortgang der Erzählung des Fürsten über seinen Entschluß, nach Rußland zurückzukehren, bricht dann aber wieder die Analogie mit der „zweiten Wirklichkeit" durch:

„Ich saß im Waggon und dachte: Jetzt gehe ich zu den Menschen hin; ich weiß vielleicht nichts davon, es hat für mich aber doch ein neues Leben begonnen. Ich beschloß, meine Aufgabe ehrlich und entschlossen auszuführen. Es wird mir mit den Menschen vielleicht bange und langweilig sein. Ich habe mir vor allem vorgenommen, mit allen höflich und offen zu sein; mehr wird wohl niemand von mir verlangen. Vielleicht wird man mich auch hier für ein Kind halten, man soll es nur tun! Alle halten mich aus irgendeinem Grunde auch für einen Idioten; ich war einmal wirklich so krank, so daß ich damals fast ein Idiot war; was für ein Idiot bin ich aber jetzt, wenn ich selbst verstehe, daß man mich für einen Idioten hält? Ich komme irgend wohin und denke mir: ‚Man glaubt, daß ich ein Idiot bin, dabei bin ich doch vernünftig, sie wissen nur nichts davon . . .' Ich habe oft diesen Gedanken."

Eine „andere" Art von Verstand zeichnet sich hier im Selbstbewußtsein des „Idioten" ab: die der ursprünglichen griechischen Wortbedeutung. In ahnungsvoller Stimmung erfaßt er auch die „Umwälzung", die in seinem Schicksal eingetreten ist, als er das Leben mit den Kindern aufgab: „Ich habe dort viel zuviel zurückgelassen. Alles ist verschwunden."

Vernehmen wir nun, was die Tiefenpsychologen zu dem Krankheitskern des Buches, dem morbus sacer, bisher erschlossen haben: Daß der Dichter einen Aspekt der eigenen Persönlichkeit in seinen Geschöpfen zur Darstellung bringt, war der Ausgangspunkt von *Freuds* Deutung der „Brüder Karamasow"[13]. Hiernach „übertrug" *Dostojewskij* seine Todeswünsche dem eigenen Vater gegenüber auf drei der Brüder, von denen einer: der Epileptiker(!) Smerdjakow die Tat vollbrachte. Daß *Dostojewskij* selber unter seinem tyrannischen, jähzornigen, puritanisch-bigotten und geizigen Vater schwer gelitten hat, steht durch die Fülle des erschlossenen Nachlasses außer Zweifel. Der letzte Brief des achtzehnjährigen Jünglings an den Vater[14], der die Überweisung des jeweils fälligen Monatswechsels beharrlich verzögerte, zeugt von der beengten und demütigenden Situation, in der er den Sohn hielt. In diesem hat sich zweifellos viel verdrängte Empörung aufgestaut. Noch bevor er die in jenem Briefe geradezu erflehte Summe bestätigen konnte, wurde der Vater von seinen Leibeigenen auf seinem Landgut erschlagen. Die Nachricht von diesem Ereignis soll den ersten typischen epileptischen Anfall des Dichters begleitet haben. *Freuds* Deutungsschema, wonach der Anfall den Wert einer Bestrafung hat, weil man einen anderen (meistens Vater oder Mutter) totgewünscht hat und nun, durch Identifizierung mit diesem Toten, dieser andere wird, versucht, den epileptischen Anlaß psychodynamisch zu verstehen. *Freud* vermutete also eine innige Verbindung von *Dostojewskijs* eigenen familiären Konflikten, seiner Krankheit und seinem dichterischen Schaffen. Seine Auffassung vom „funktionellen" Charakter der Epilepsie *Dostojewskijs*, d. h. daß die epileptische Reaktion sich der Neurose zur Verfügung stellte, erinnert an die neuesten Forschungen über die Hystero-Epilepsie[15]; anderseits ist sie aber durch biographische Daten, die *Freud* noch unbekannt

---

[13] *S. Freud:* Dostojewski und die Vatertötung (zuerst erschienen 1928). Ges. Schr. Bd. XIV.

[14] Briefe, S. 20 ff.

[15] *F. Rabe:* Die Kombination hysterischer und epileptischer Anfälle, Berlin 1970.

blieben, auch widerlegt. So ist vor allem *Freuds* zwar sehr vorsichtig geäußerte Hypothese, *Dostojewskij* wäre von seinen epileptischen Anfällen, die den Sinn einer Selbstbestrafung für den Todeswunsch gegen den gehaßten Vater gehabt hätten, im sibirischen Straflager frei geblieben, da ja nun „Väterchen Zar" die unbewußt verlangte Strafe vollzog, widerlegt, und zwar einmal durch *Dostojewskij*s Briefe aus jener Zeit, die sein Entsetzen über das vermehrte Auftreten der Anfälle ausdrücken, wie auch durch Aussagen von Zeitgenossen. Die erbliche Bedingtheit seines Leidens ist auch durch den Tod seines „beinahe krankhaft geliebten" Sohnes Ljescha erwiesen, der im Alter von drei Jahren — in der Genfer Zeit des Ehepaares *Dostojewskij* — im Jahre 1877 im status epilepticus starb.
Vermutet wird indessen von den aus *Freuds* Schule hervorgegangenen Forschern, daß die „abnorme Triebabfuhr", die sich im epileptischen Anfall äußert, mit schweren, verdrängten Aggressionen und Todeswünschen zusammenhängt. So schreibt *Szondi*: „Die *Psychoanalyse*, besonders die *Traumdeutungen* von Epileptikern, zeigen die Verdrängung krimineller, zumeist sadistischer Ansprüche" (*Stekel*, *Jung* usw.).[16] *Szondi* verweist auf einen Fall in *Jung*s Schrift „Psychologie und Erziehung"[17], der in unserem Zusammenhang eine Bedeutung gewinnt, wirft er doch ein Licht auf einen mit Gehörs-Halluzinationen verbundenen Angstanfall des neunjährigen *Fjodor Dostojewskij*, den der Dichter später im „Tagebuch eines Schriftstellers" beschrieben hat[18]. Es kann vermutet werden, daß derartige, mit Gesichts- oder Gehörshalluzinationen verbundene Angstanfälle zu den Vorstadien der Epilepsie gehören, auch wenn sich noch kein typischer Anfall ereignet hat. Um der Parallelität des *Jungschen* Fallbeispiels mit *Dostojewskij*s Kindheitserinnerung willen dürfte es gerechtfertigt sein, die entsprechende Darstellung hier in extenso zum Abdruck zu bringen:

Jung spricht von Fällen epileptischer Kinder und führt aus: „... Es ist mir natürlich hier nicht möglich, alle die vielfachen Formen des epileptischen Zustandes aufzuzählen; ich will aber, um die Symptomatologie zu illustrieren, den Fall eines kleinen Knaben erwähnen, der mit etwa sieben Jahren anfing, sonderbar zu werden. Allmählich entwickelte er einen ziemlich unangenehmen und reizbaren Charakter. Gelegentlich hatte er Wutanfälle, während denen er einmal gegen seine kleine Schwester eine Schere mit solcher Kraft warf, daß sie ihr den Schädelknochen gerade über dem Auge durchbohrte. Er tötete seine Schwester beinahe. Da seine Eltern nicht daran dachten, einen Psychiater zuzuziehen, blieb der Fall unerkannt, und er wurde als böses Kind behandelt. Mit zwölf Jahren hatte er den ersten objektiv beobachteten epileptischen Anfall, und erst dann wurde seine Krankheit verstanden. Trotz großer Schwierigkeiten konnte ich von dem Jungen herausbekommen, daß er mit sechs Jahren plötzlich von der Angst vor einem unbekannten Wesen befallen wurde. Er hatte, wenn er allein war, das Gefühl, es sei jemand zugegen. Später gewahrte er einen kleinen Mann mit einem Bart, den er zwar nie zuvor gesehen hatte, dessen Gesichtszüge er aber mit allen Einzelheiten beschreiben konnte.

---

[16] *L. Szondi:* Triebpathologie, Bern 1952, S. 493.
[17] Zürich 1946, S. 15 ff.
[18] In der Erzählung „Der Bauer Marei", in: Tagebuch eines Schriftstellers, München 1972, S. 141 ff.

Dieser Mann erschien plötzlich einmal und beängstigte ihn so, daß er damals zum erstenmal weglief und sich versteckte. Es war schwierig, herauszufinden, warum der Mann so erschreckend war. Der Knabe war sichtlich verwirrt über etwas, das er wie ein schreckliches Geheimnis behandelte. Es brauchte viele Stunden, um ihn so zutraulich zu machen, daß er es mir gestehen konnte. Er sagte: ‚Dieser Mann versuchte, mir etwas Schreckliches zu übergeben. Ich kann nicht sagen, was es war, es war fürchterlich. Er kam immer näher und näher und bestand immer mehr darauf, daß ich es nehmen sollte. Aber ich war so beängstigt, daß ich immer fortlief und es nicht nahm.' Während er es sagte, wurde er blaß und fing an, vor Furcht zu zittern. Als es mir schließlich gelang, ihn zu beruhigen, sagte er: ‚Dieser Mann versuchte, mir eine *Schuld* zu übergeben.' ‚Aber was für eine Schuld?' fragte ich. Da stand der Knabe auf, schaute mißtrauisch um sich und sagte beinahe flüsternd: ‚Es war Mord.' Als er acht Jahre alt war, hätte er beinahe, wie oben erwähnt, seine Schwester getötet. Später dauerten die Angstanfälle an, aber die Vision veränderte sich. Der schreckliche Mann kam nicht wieder, aber es war die Gestalt einer Nonne, einer Art Krankenschwester, zuerst mit verhülltem Gesicht, aber seit kurzem unverhüllt, das einen höchst beängstigenden Ausdruck zeigte, ein Gesicht, bleich wie der Tod. Im Alter zwischen sieben und acht Jahren wurde er von dieser Gestalt verfolgt. Die Wutanfälle hörten trotz wachsender Erregbarkeit auf, aber statt dessen begannen die manifesten epileptischen Anfälle. Ersichtlich bedeutete die Vision der Nonne die Umwandlung der inkompatiblen kriminellen Tendenz, symbolisiert durch den bärtigen Mann, in die manifeste Krankheit."

Lassen wir nun die im „Tagebuch eines Schriftstellers" berichtete Kindheitserinnerung *Dostojewskijs* auf uns wirken (in der Zusammenfassung durch *Zenta Maurina*):

„... er ist neun Jahre alt, es ist Spätsommer; ein trockener, klarer, windig-kühler Tag auf dem Lande. Der scheue, einsame Knabe war, sich selbst überlassen, vom Hause weggelaufen und in das Gebüsch am Rande eines tiefen Abhanges gekrochen, wo er Käfer und Eidechsen beobachtete und sich einen handlichen Stock suchte, um Frösche aufzustöbern. Eine plötzliche Gehörs-Halluzination ließ ihn vor Schrecken erstarren; er glaubte, jemand rufen zu hören: ‚Ein Wolf! Ein Wolf!' Vor Angst schreiend rannte er ins Feld, wo Marius, ein Leibeigener seines Vaters, pflügte. Atemlos umklammerte er die Arme des Bauern und schrie: ‚Ein Wolf! Ein Wolf!' Der breitschultrige Knecht unterbrach seine Arbeit und sah erstaunt in seines jungen Herrn zuckendes, angstverzerrtes Gesicht. Er zog ihn an seine Brust, liebkoste die blutleeren Wangen, berührte mit seinen klobigen Fingern, an denen noch die Erde klebte, die zitternden Lippen des Jungen und tröstete ihn zärtlich: Da sei ja gar kein Wolf, da könne ja gar keiner sein. Er bekreuzigte das Kind und bekreuzigte auch sich selbst."

Wir können hier vermuten, daß der Knabe *Fjodor Dostojewskij*, ähnlich wie *Jungs* kleiner Patient, seine Aggressivität sich selbst entfremdet, zu einer Teilpersönlichkeit abgespalten hat, von der er in der erschreckenden Halluzination des Wolfes verfolgt wird. Interessant ist, daß — wie *Zenta Maurina* weiter berichtet — *Dostojewskij* diese Erinnerung sein ganzes Leben lang „wie eine Reliquie" aufbewahrte, und daß sich während der Strafzeit das Bild des Leibeigenen Marius zu einem Heiligen verklärte. Schon in diesem Vorstadium seiner späteren Epilepsie zeigt sich die für seine Psychologie typische Spannung zwischen gut und böse in der Verbindung grober Affekte mit „heiligen" Erfahrungen.

Sowohl das Beispiel von *Jung*, wie diese Kindheitserinnerung zeigen verwandte Züge mit der Stimmung, die den Fürsten Myschkin vor seinem großen Anfall erfüllt. Auch das Schuldgefühl, das in *Jung*s Beispiel so deutlich wird, überfällt Myschkin, der sich in seinem ziellosen Umherwandern fragt: „Bin ich denn an allem schuld?" Erst in der epileptischen Aura scheint alle Last der Schuld sich aufzuhellen. Er befindet sich in „qualvoll gespannter und unruhiger Stimmung" und empfindet „gleichzeitig ein unbezwingbares Bedürfnis nach Einsamkeit", die ihm jedoch bald unerträglich wird. Sein „eigentümliches Suchen", das sich in Wahrheit auf das Messer bezieht, das er bei Rogoschin auf dem Tische liegen gesehen hatte, erscheint ihm krankhaft.

Er fühlt sich „. . . fast in derselben Stimmung, die früher seinen epileptischen Anfällen vorausgegangen war. Er wußte, daß er in den Stunden vor einem Anfall stets ungewöhnlich zerstreut gewesen war . . . Er dachte unter anderem auch daran, daß in seinem früheren epileptischen Zustand kurz vor jedem Anfall (wenn der Anfall nicht gerade nachts im Schlaf kam) ganz plötzlich mitten in der Traurigkeit, der inneren Finsternis, des Bedrücktseins und der Qual, sein Gehirn sich für Augenblicke gleichsam blitzartig erhellte und alle seine Lebenskräfte sich mit einem Schlage krampfhaft anspannten. Die Empfindung des Lebens, des Bewußtseins verzehnfachte sich in diesen Augenblicken, die nur die Dauer eines Blitzes hatten. Der Verstand, das Herz waren plötzlich von ungewöhnlichem Licht erfüllt; alle Aufregung, alle Zweifel, alle Unruhe löste sich gleichsam in eine höhere Ruhe auf, in eine Ruhe voll klarer, harmonischer Freude und Hoffnung, voll Sinn und letzter Schöpfungsursache. Aber diese Momente, diese Lichtblitze waren erst eine Vorahnung jener einen Sekunde, in der dann der Anfall eintrat (länger als eine Sekunde währte es nie). Diese Sekunde war allerdings unerträglich. Wenn er später in bereits gesundem Zustande über diese Sekunde nachdachte, mußte er sich sagen, daß doch all diese Lichterscheinungen und Augenblicke eines höheren Bewußtseins und einer höheren Empfindung seines Ich, und folglich auch eines höheren Seins, schließlich nichts anderes waren als eine Unterbrechung des normalen Zustandes, eben als seine Krankheit; war aber das der Fall, so konnte man es doch keineswegs als höheres Sein, sondern im Gegenteil nur als ein niedrigstes betrichten. Und doch, trotz alledem, kam er zu guter Letzt zu einer überaus paradoxen Schlußfolgerung: ‚Was ist denn dabei, daß es Krankheit ist?' meinte er schließlich, ‚was geht es mich an, daß diese Anspannung nicht normal ist, wenn das Resultat, wenn der Augenblick dieser Empfindung, nachher bei der Erinnerung an ihn und beim Überdenken bereits in gesundem Zustand, sich als höchste Stufe der Harmonie, der Schönheit erweist, als ein unerhörtes und zuvor niegeahntes Gefühl der Fülle, des Maßes, des Ausgleichs und des erregten, wie im Gebet sich steigernden Zusammenfließens mit der höchsten Synthese des Lebens?' Diese nebelhaften Ausdrücke kamen ihm selbst sehr verständlich vor, nur fand er sie noch viel zu schwach. Daran aber, daß dies wirklich ‚Schönheit und Gebet', daß dies wirklich ‚höchste Synthese des Lebens' war, daran konnte er nicht zweifeln, ja, konnte er Zweifel überhaupt nicht für zulässig halten. Denn das waren doch in diesem Moment nicht irgendwelche geträumten Visionen, wie nach dem Genuß von Haschisch, Opium oder Alkohol, die die Denkfähigkeit herabsetzen und die Seele verzerren, unnormale und unwirkliche Trugbilder. Das konnte er nach dem Vergehen des krankhaften Zustandes völlig klar beurteilen. Jene Augenblicke waren vielmehr eine außergewöhnliche Steigerung des Selbstbewußtseins – wenn man diesen Zustand mit einem einzigen Wort bezeichnen soll –, des Selbstbewußtseins und zugleich eines im höchsten Grade unmittelbaren Selbstgefühls. Wenn er in jener Sekunde, das heißt, im allerletzten Augenblick des Bewußtseins, vor dem Anfall, sich manchmal noch klar und bewußt zu sagen vermochte: ‚Ja, für diesen Augenblick kann man das ganze Leben hingeben!' so war dieser eine Augenblick wohl etwas Einzigartiges und auch das ganze Leben wert. Übrigens: für den dialektischen Teil seines Folgeschlusses konnte er nicht einstehen, der Stumpfsinn, die seelische Finsternis, die Idiotie standen ihm als Folgeerscheinungen dieser ‚höchsten Augenblicke' klar vor Augen. Darüber würde er im Ernst natürlich nicht disputiert haben. In seiner Schlußfolgerung, das heißt in seiner Einschätzung dieses Augenblicks lag zweifellos ein Fehler, aber die Tatsache der Empfindungen, ihre Realität gab ihm doch zu denken und machte ihn einigermaßen befangen . . ."

Wir berühren hier den Nerv unseres Themas, denn es sind sich sowohl die Zeitgenossen *Dostojewskijs*, wie seine modernen Interpreten darin einig, daß der Dichter in den epileptischen Anfällen des „Idioten" mit ihren Vorstadien sein eigenes Krankheitserlebnis dargestellt hat. In diesem Zusammenhang verdient die in *Freuds*[20] genialer Studie zitierte Arbeit von *René Fülöp-Miller*: „Dostojewkskis Heilige Krankheit"[21] unsere besondere Aufmerksamkeit, bringt sie doch eine Fülle an hochinteressanter Information darüber, wie eng *Dostojewskijs* Schaffen mit seiner Krankheit verknüpft war, so daß er „deshalb auch in seiner Epilepsie ein Geschenk Gottes erblickt und sie gleich den Alten die „heilige Krankheit" genannt hat. *Fülöp-Miller* konnte „an Hand der biographischen Aufzeichnungen Dostojewskis „. . . behaupten, daß die schöpferisch stärksten Zeiten mit denen der epileptischen Aura, des ‚Prodromalzustandes' zusammenfielen . . ." Er befaßt sich sodann mit der Frage, wann *Dostojewskijs* Krankheit zuerst aufgetreten ist, und ergänzt die Vermutungen, daß die epileptischen Anfälle sich erst in der sibirischen Verbannung gezeigt hätten, mit dem Bericht von *Dostojewskijs* Arzt und Freund Dr. Janowski, „Dostojewskij habe schon lange vor dem Zuchthaus an einer der Epilepsie sehr ähnlichen Nervenkrankheit gelitten, die aber erst im ‚Totenhaus', . . . und zwar durch die verheerenden Anstrengungen und Qualen der Zwangsarbeit, die Formen der eigentlichen Epilepsie angenommen habe." Die weiteren Ausführungen *Fülöp-Millers* sind für das Krankheitsbild so aufschlußreich, daß wir einen Teil daraus wörtlich wiedergeben; sie stützen sich auf eine Beschreibung der Entstehung seiner Krankheit und ihres Charakters, die Dostojewskij in einem Gespräche seinem Freunde Swewoloff Solowjoff gegeben hatte, der ihn zum Zwecke eines biographischen Artikels um Daten über sein Leben bat.

„‚Meine Nerven sind schon seit meiner Kindheit zerrüttet', sagte Dostojewskij seinem Freunde, ‚zwei Jahre etwa, bevor ich nach Sibirien ging, gleichzeitig mit den verschiedenen literarischen Widerwärtigkeiten und Streitigkeiten, hatte auch eine seltsame und unerträgliche Nervenkrankheit mich zu quälen begonnen. Ich kann heute die widerwärtigen Gefühle, unter denen ich damals zu leiden hatte, nicht mehr schildern, die Erinnerung daran ist mir jedoch lebendig geblieben. Ich hatte damals oft das Gefühl, ich müsse sofort sterben, und tatsächlich kam dann auch Etwas, was dem wirklichen Tod vollkommen ähnlich zu sein schien, der Zustand verging bald wieder, und deshalb hatte

[20] *Freud*, a.a.O.

[21] *René Fülöp-Miller:* Dostojewskis „Heilige Krankheit". (Dargestellt auf Grund des kürzlich aufgefundenen Dostojewski-Nachlasses), in: Wissen und Leben 17, Zürich 1924, Heft 19/20.

ich mich auch stets vor einem lethargischen Einschlafen gefürchtet. Wie seltsam nun: kaum war ich verhaftet, und schon war diese ganze widerwärtige Krankheit vergangen. Weder auf dem Wege noch auch im sibirischen Kerker oder jemals später haben sich diese Zustände wiederholt; ich wurde plötzlich gesund, kräftig, frisch und ruhig ... Während der Kerkerhaft jedoch haben sich die ersten epileptischen Anfälle gemeldet, die mich seither nicht mehr verlassen wollten. Alles was sich mit mir bis zu dem ersten epileptischen Anfall ereignet hat, selbst der kleinste Vorfall meines Lebens, wie auch jede Person, welcher ich bis dahin begegnet war, ebenso wie alles, was ich vorher gelesen und gehört hatte, ist mir bis in die kleinsten Details in Erinnerung geblieben; alles jedoch, was sich nach dem ersten Anfall ereignet hat, habe ich immer wieder vergessen und auch jetzt erinnere ich mich sehr oft nicht an Personen, die ich sehr gut gekannt hatte, und so habe ich auch alles vergessen, was ich nach der Kerkerhaft geschrieben habe, weshalb ich alles von Neuem lesen mußte, denn ich hatte sogar die Namen meiner Romangestalten vollständig vergessen.' Soweit die eigenen Schilderungen des Dichters, die uns sein Freund Solowjoff über seine tragische Krankheit aufbewahrt hat ... Über die Nachwirkungen dieser Anfälle erhalten wir gleichfalls durch Dostojewskijs Freund S. Solowjoff Auskunft, der oft Gelegenheit hatte, mit dem Dichter nach dessen epileptischen Anfällen beisammen zu sein. ‚Fast immer nach seinen quälenden epileptischen Anfällen kam er zu mir', berichtete Solowjoff, ‚so daß mehrere gemeinsame Bekannte, als sie hörten, Dostojewski habe wieder einen Anfall erlitten, ihn nachher zumeist bei mir aufzusuchen pflegten. Der arme Fedor Michailowitsch hatte genügend Zeit, sich an die Anfälle zu gewöhnen, ebenso wie auch alle seine näheren Bekannten, weshalb sie später darin auch nichts Schreckliches mehr sahen, sondern eine Erscheinung, die jeder im Verkehre mit Dostojewski als etwas ganz natürliches betrachten mußte. Oft jedoch waren die Anfälle von schrecklichen Folgen begleitet, denn die Nerven des Dichters waren nachher derart zerrüttet, daß er durch seine Gereiztheit und seine Eigenheiten geradezu unerträglich geworden war. So erschien Dostojewski einmal, als er mich nach einem dieser Anfälle besuchte, wie eine schwarze Wolke in meinem Zimmer, hatte auch vollständig vergessen, zu grüßen, und suchte offenbar einen Vorwand zu Streit und Beleidigungen. Natürlich hatte er selbst in jedem meiner Worte eine Kränkung erblickt oder die Absicht, ihn zu ärgern, und zu reizen, auch bemängelte er alles in meinem Zimmer, nichts stand auf dem richtigen Platz und nichts fand er so, wie es sein sollte; bald war es ihm zu licht im Zimmer, bald wieder viel zu dunkel ... bot ich ihm starken Tee an, wie er ihn sonst zu trinken liebte, so wies er ihn mit der Bemerkung zurück, ich hätte ihm Bier eingeschenkt statt Tee, hatte ich ihm dagegen schwächeren Tee kredenzt, so sagte er wieder geärgert, dies sei kein Tee, sondern bloß heißes Wasser. Versuchte ich zu scherzen, um ihn zum Lachen zu bringen, so wurde es noch ärger, denn er glaubte nun, man lachte über ihn. Dennoch ist es mir immer gelungen, ihn bald wieder zu beruhigen, ich brauchte ihn nur geschickt auf eines seiner Lieblingsthemen zu bringen, und allmählich begann er wieder zu reden und wurde auch wieder lebhaft, ja nach Verlauf einer Stunde war er bereits in der besten Stimmung; nur sein erschreckend bleiches Gesicht, seine leuchtenden Augen und sein schweres Atmen verrieten den überstandenen Anfall; traf er aber an einem solchen Tage zufällig mit anderen ihm unbekannten Personen zusammen, so hatte der krankhafte Zustand einen weitaus komplizierteren Ablauf ...'

Der Charakter dieser Schwermut, die ihn nach solchen Anfällen überwältigt hat, bestand nach Dostojewskis eigenen Worten darin, daß er sich als Verbrecher erschien und das Gefühl nicht los werden konnte, eine ihm unbekannte Schuld, eine große Missetat verübt zu haben, die ihn jetzt niederdrücke.

Auch Suworin beschreibt in seinem vor kurzem aufgefundenen Tagebuch eine Begegnung mit Dostojewski nach einem seiner epileptischen Anfälle: ‚Sein Gesicht glich dem eines Menschen, der soeben ein Dampfbad verlassen hat; es erschien ganz mit Schweißtropfen bedeckt. Offenbar war es mir nicht gelungen, mein Erstaunen über sein sonderbares Aussehen zu unterdrücken, denn kaum, daß er mich begrüßt, sagte er: „Ja, wissen Sie, ich habe gerade einen epileptischen Anfall gehabt."'

Jetzt aber, nachdem uns Dostojewskis Nachlaß zugänglich geworden und uns Dostojewskis eigene Aufzeichnungen über seine Krankheit in die Hände gekommen sind, wird unsere Kenntnis von jenen Zuständen in wertvollster Weise ergänzt. Dostojewski, von dem sein früherer Arzt und Freund Dr. Janowski berichtet, er habe einen starken Hang zur hypochondrischen Selbstbeobachtung gehabt, hat, wie wir jetzt sehen, über seine Anfälle ein förmliches Tagebuch geführt. Sein Bruder Andrej berichtet gelegentlich, Dostojewski habe schon vor der Verbannung jede Nacht einen Zettel auf sein Tischchen gelegt, mit der Aufschrift: ‚Heute kann ich möglicherweise in lethargischen Schlaf verfallen, nicht vor so und so viel Tagen begraben.' Vielleicht wollte er angesichts des großen Einflusses seiner Krankheit auf seine schöpferische Tätigkeit durch diese Notizen den funktionellen Zusammenhang zwischen seiner Arbeit und der Krankheit wie auch die Gesetzmäßigkeit jener geheimnisvollen Anfälle herausfinden, und er hat bei der Aufzeichnung der Anfälle, die in seinen Notizheften mit der Überschrift ‚Pripadki' versehen sind, eine gewisse Regel eingehalten. Dostojewski bezeichnet stets die genaue Zeit, zu der sich der Anfall ereignet, dann den Charakter des Anfalls, ob dieser schwerer oder leichter Natur gewesen sei, und schließlich widmet er auch einige Bemerkungen dem Wetter, das zur Zeit seiner Anfälle herrschte, denn es schien ihm, daß die Anfälle auch vom Wetter irgendwie beeinflußt seien. Über die häufige Wiederkehr der epileptischen Anfälle berichten uns auch die Notizbücher Dostojewskis, die voll sind von Bemerkungen über die Krankheit . . ."

Wir greifen nach diesen Abklärungen unser Thema wieder auf und wollen uns nun jenen Personen und Elementen des Romans zuwenden, in welche der Dichter die zur Psychologie der Epilepsie gehörenden ungebändigten und groben Affekte investierte.

Da ist Myschkins Gegenspieler, Rogoschin, der von seiner Leidenschaft Getriebene, der dazu bestimmt ist, Nastasia Filippowna, die Frau, der sie beide verfallen sind, zu töten; dem Liebe und Haß zusammenschlagen in der gleichen verzehrenden Flamme; auf den das Wort von Balzac gemünzt sein könnte: „Denn es liegt in der menschlichen Natur, . . . das zu zerstören, was sie nicht besitzen kann."

Zwischen diesen beiden Gegenpolen und Rivalen besteht — wie zwischen Myschkin und Nastasia — ein uranfängliches Erkennen, eine brüderliche Verbundenheit — und könnte es anders sein? Rogoschin ist „der dunkle Bruder" des Fürsten, sein Schatten. Gerade Rogoschin, der potentielle Mörder, hat einen Sinn für die „zweite Wirklichkeit, die mit Myschkin auf den Plan tritt. „Fürst, ich weiß nicht, warum ich dich liebgewonnen habe . . . Komm zu mir, Fürst", sagte er, als sie sich nach der Ankunft des Zuges in Petersburg trennen. Und als Myschkin eine Frage nach seiner Beziehung zu den Frauen abgewehrt hatte: „Wenn es so ist, so bist du gar nicht von dieser Welt, und Gott liebt solche wie du es bist." Ganz deutlich wird die Analogie, nachdem Ganja den Fürsten geohrfeigt hatte: „Er wird es büßen!" schrie Rogoschin, „du wirst dich schämen, Ganja, daß du ein solches . . . Lamm (er konnte kein anderes Wort finden) beleidigt hast!"

Es käme einer Verflachung gleich, wollte man in dieser dämonischen Natur, diesem maßlos Liebenden und von seiner Eifersucht Besessenen nichts als einen „Wüstling" sehen. Schon die zitierten Aussprüche zeigen, daß in diesem dumpfen Triebmenschen, der daherkommt, „wie ein schmutziger Bauer, mit unsauberen Fingernägeln und groben Stiefeln, einen großen Brillantring an der ungewaschenen Hand", — daß in ihm Quellen der mitmenschlichen und übermenschlichen Liebe strömen. In dem „dunklen Bruder" lebt auch Lichtes, — wie sich anderseits in Myschkins Tiefenseele Dunkles, Schuldhaftes findet. Betrachten wir deshalb Myschkins Dunkelheiten: So verdrängt er massiv die wirkliche Beschaffenheit seiner Liebe zu Nastasia, versucht, sie abzuwehren, indem er sie nach dem Muster seiner früheren „Mitleidsliebe" zu Marie deutet. Das Auftauchen des verdrängten Komplexes zeigt sich etwa bei seinem Erröten anläßlich des merkwürdigen Gesprächsthemas, das Nastasia den bei ihrer Geburtstagsfeier versammelten Gästen gab mit der Aufforderung, jeder solle von seiner schlechtesten Handlung erzählen. Bevor er beginnt, wendet sich einer der Gäste folgendermaßen an den Fürsten:

„Gestatten Sie einmal eine Frage, Fürst: glauben Sie nicht, wie auch ich, daß es auf der Welt viel mehr Diebe wie ehrliche Leute gibt, und daß selbst der anständigste Mensch einmal im Leben etwas gestohlen hat? . . . Wie ist Ihre Meinung darüber?"

Eine der anwesenden Damen protestiert gegen diesen Unsinn und erklärt, sie hätte nie etwas gestohlen. Der erste Gast erwidert:

„Sie haben nie etwas gestohlen, Darja Alexejewna; was wird aber der Fürst sagen, der plötzlich ganz rot geworden ist." „Mir scheint, daß Sie recht haben, aber sehr übertrieben", sagte der Fürst, der aus irgendeinem Grunde tatsächlich errötet war. „Und haben Sie etwas gestohlen, Fürst?"

Die anderen Gäste protestieren erneut, und Nastasia fordert den Schwätzer auf, nun endlich von sich selber zu sprechen.

„Sofort, Nastasia Filippowna; wenn aber der Fürst es eingestanden hat — denn ich behaupte, daß der Fürst es so gut wie eingestanden hat — was hätte dann erst jemand anders gesagt . . ., wenn er erst einmal die Wahrheit zu gestehen wünschte? . . ."

Erinnern wir uns daran, daß Nastasia an diesem Abend vor allen Geladenen ihre Entscheidung über ihre Verlobung mit Gawrila, dem Sekretär des Generals Jepantschin, bekanntgeben wollte, dem dafür, daß er sie „übernahm", von dem ebenfalls anwesenden „Beschützer" Tozkij eine beträchtliche Summe in Aussicht gestellt war, die aber Rogoschin, der auch wenig später mit seiner ganzen Bande hereinbrach, mit hunderttausend Rubel überbieten wollte. In den frühen Morgenstunden desselben Tages hatte Rogoschin im Zuge nach Petersburg dem Fürsten, seinem Reisegefährten, von seiner heillosen Leidenschaft zu Nastasia gesprochen. Indem dieser nun ungebeten bei der Abendgesellschaft erschien, wurde seine Absicht, mit den Bewerbern zu konkurrieren, allen Anwesenden klar. Mit anderen Worten: er war im Begriff, seinem neu erworbenen Freunde Rogoschin die Braut zu stehlen. Und daß er nicht weniger hingerissen war als dieser, wenn auch die feinen Affekte des Mitleids und der Achtung vor der Person der Begehrten diese Faszination zügelten, zeigt die kleine Szene bei seinem Eintritt:

ia begrüßt ihn und entschuldigt sich dafür, „‚daß ich Sie vorhin in der Eile ein- n vergessen habe ...' Indem sie das sagte, blickte sie den Fürsten forschend an, :h sein Kommen erklären zu können. Der Fürst hätte auf ihre liebenswürdigen vielleicht etwas erwidert, wenn er nicht so geblendet und betroffen gewesen daß er keinen Ton hervorbringen konnte. Nastasia Filippowna bemerkte das mit ligung. Sie war an diesem Abend in großer Toilette und machte einen ganz rdentlichen Eindruck. Sie nahm ihn bei der Hand und führte ihn zu den Gästen . Bevor sie den Salon betraten, blieb der Fürst plötzlich stehen und flüsterte ihr rregt und rasch zu: ‚An Ihnen ist alles vollendet ... selbst, daß Sie schmächtig eich sind ... Man möchte Sie sich gar nicht anders vorstellen ... Ich habe mir so scht zu Ihnen zu kommen ... ich ... verzeihen Sie ...!"

ist der unverwechselbare Ton der erotischen Liebe. Zwischen Mysch- ınd Nastasia „erwacht ein Eros tiefster Art", wie *Guardini*[22] sagt, „eine Liebe, die eigentlich nur aus Leid besteht, ganz ins Metaphysi- nein ins Religiöse weisend ..." In dieser Ausrichtung auf das Abso- nöchten wir Fürst Myschkin und Nastasia Filippowna als eines der n Liebespaare der Weltliteratur bezeichnen. Ihre Geschichte verläuft von jeder Erfüllung, schwingt hin und her im Einander-suchen und ıder-vermeiden, — man könnte sie eine Geschichte der Verschonung en, darin jeder den andern überbietet, in keuscher Ungläubigkeit so- dem eigenen Gefühl gegenüber, wie der Möglichkeit, Liebe im an- erweckt zu haben, — wie auch fähig zu sein, diese entsprechend zu ern. Ein Beispiel dessen, was „Wesensliebe" bedeutet *(Dürckheim)*, Erkennen, das von Anbeginn besteht, jene Anziehungskraft, die Wesen des andern ausgeht, jenes Verlangen, das über sich hinaus- weil „die Liebe immer größer ist als ihr Anlaß" *(Rilke)*.

ia „existiert unter der Kategorie der Vollendung" *(Guardini)*[23], „... und zwar ner Natur heraus, die Größe hat. Sie ist so, daß sie alle Konsequenzen zu Ende muß. Sie muß ganz und groß sein, was sie ist, und ganz und groß leben, was in ben gelangt. Sie muß ihre Gestalt und die Gestalt ihres Schicksals ganz vollbrin- oviel ich sehe, ist das bei keiner andern Dostojewskijschen Gestalt der Fall. Hier- t Nastasias Filippownas Einzigkeit. Von hier aus ist sie Myschkin, der auch ein er ist, ebenbürtig."

sem Liebesschicksal fallen die beiden Ebenen ineinander: die atemlo- tensität der realen Begegnung, die auch viel Qual bringt, und der se Bereich, in dem die beiden einander „schon gesehen" haben, — eher kannten, in dem Myschkin für die ihren Untergang wählende zum Erlösersymbol wird, was sie — bei der Ablehnung seines An- — antönt mit den Worten: „Ich habe einen Menschen gesehen." vir ergänzen mit *Guardini:* „des Menschen Sohn".

rdini, a.a.O. S. 383.

[23] A.a.O. S. 381.

Doch vergessen wir um der symbolhaften Züge den wirklichen Myschkin nicht, der um dieser Liebe willen schuldig wird, indem er der Versuchung der Schönheit erliegt. So wird er später das Rogoschin gegebene Versprechen brechen und dennoch Nastasias Haus aufsuchen, weil er dem Verlangen, sie zu sehen, nicht mehr widerstehen kann. Doch während er sich von Rogoschins „brennenden Augen" verfolgt fühlt, während er das Messer, das bei ihrem letzten Gespräch auf Rogoschins Tisch lag und für anderes bestimmt schien als das Buch über die Geschichte Rußlands aufzuschneiden, in den Auslagen der Läden sucht, überfällt ihn bei seinem ruhelosen Umherwandern in der Aura die Erkenntnis: „Bin ich denn an allem schuld?" Er schilt sich einen Ehrlosen, der den Freund verdächtigt, und errötet vor Scham. So läßt sich Rogoschin, der Mörder, als Myschkins abgespaltene Teilpersönlichkeit verstehen, die ihn verfolgt wie uns nur das verfolgen kann, was ganz zu uns gehört, Rogoschin gleichsam der wiederkehrende „Wolf" aus des Dichters Kindheitserinnerung, der Wolf, auf dessen „brennende Augen" Myschkins Blick immer wieder trifft. Rogoschin, der Mörder, ist Myschkins Schatten, an ihn geheftet als sein Gegenspieler[24], der ihn töten will, vor dem er flieht in den epileptischen Anfall und zuletzt in geistige Umnachtung — durch Rogoschin wird er uns noch einmal „ein dunkler Christus". Das Ausmaß seiner Dunkelheiten, seine Nähe zu Schuld und Aggresivität zeigt sich aber auch dort, wo er sich auf der vordergründigen realen Ebene bewegt, der grausamen, ja oft geradezu sadistischen Bühne des Geschehens, auf die wir im Anfang verwiesen. So nimmt der Gedanke an Tod und Tötung, der sich als eigentliches Leitmotiv durch das Buch zieht, eine hervorragende Stelle in seiner Phantasie ein. Myschkin erscheint so übervoll davon, daß er ganz fremde Gesprächspartner mit diesen Inhalten gleichsam überschwemmt. Bereits zu Beginn gibt er, im Vorzimmer des Generals, dem Kammerdiener eine in dieser Situation völlig deplacierte eingehende Schilderung von der Hinrichtung eines Menschen, und wenig später, im Gespräch mit der Generalin und ihren Töchtern, verbreitet er sich wieder über dieses Thema. Es kann kein Zweifel darüber bestehen, daß der Dichter den Fürsten Myschkin, mit dem er sich so weitgehend identifizierte, zum Medium der eigenen periodischen paroxysmalen Entladungen machte. Zugleich aber kommen wir der Beantwortung unserer zentralen Frage näher, wie *Dostojewski* darauf verfallen konnte, das Christus-Symbol als Epileptiker darzustellen:

Im seelischen Wandlungsgeschehen vollzieht sich eine Überbrückung der Gegensätze, so daß Verbrechen und Krankheit einerseits, Erlösertum an-

[24] *G. Benedetti:* Der Doppelgänger bedeutet die Spaltung des Bewußtseins; der Riß geht durch das Ich. Der Gegenspieler bedeutet die „Spaltung" zwischen Bewußtsein und Unbewußtsein. Die erstere ist, bildlich gesprochen, eine vertikale, die zweite eine horizontale Spaltung.

derseits, miteinander ins Gespräch kommen[25]. Dieses vermutlich zum größten Teil unbewußte Bemühen um die Integration des Schattens, wie es in der *Jung*schen Psychologie heißt, fiel jedenfalls *Freud* auf und veranlaßte ihn zu den — seiner Deutungsweise entsprechenden — Bemerkungen in der genannten Arbeit[26]: „*Dostojewskis* Sympathie für den Verbrecher ist in der Tat schrankenlos, sie geht weit über das Mitleid hinaus, auf das der Unglückliche Anspruch hat, *erinnert an die heilige Scheu, mit der das Altertum den Epileptiker und den Geistesgestörten betrachtet hat.*" Wie *Freud* befassen sich wohl alle nachdenklichen Leser und Deuter des Dichters mit der Frage, welche Motivationen *Dostojewskij* immer wieder dazu veranlaßten, sowohl Verbrecher wie „heiligmäßige" Gestalten darzustellen und in innige Beziehung zueinander zu setzen. Die Rückführung auf den „Vaterkomplex" allein reicht doch nicht aus, selbst nicht das Zusammenleben mit Kriminellen aller Art, das er als politischer Häftling im sibirischen Straflager zu erdulden hatte, obwohl seine Gesichtszüge dort jene besondere Prägung erhielten, die *Thomas Mann*[27] als das „tiefe verbrecherische Heiligenantlitz Dostojewskis" bezeichnete. Es besteht die Möglichkeit, mit *Szondi*[28] zu vermuten, daß das Vorkommen von aggressiven und von „heiligen" Menschen im Ahnenbild des Dichters einen Grundstein zu seiner Weltanschauung legte. Dieser Gedanke scheint bestätigt durch die Familienforschung, die *Dostojewskijs* russisch-französischer Biograph *H. Troyat* vorlegte. Vernehmen wir mit den Worten des bekannten französischen Schriftstellers, was im Jahre 1606 über die Vorfahren des Dichters, Marie Dostojewskij, den standesamtlichen Akten zu entnehmen ist[29]:

„Il faisait froid. La neige bloquait les fenêtres. Et des corbeaux volaient au-dessus de la plaine blanche, comme des chiffons de deuil soulevés par le vent. Marie ordonna de chauffer les étuves et pria son époux d'aller prendre un bain. Il lui obéit, soit qu'il l'aimât, soit qu'il éprouvât lui-même le besoin de se laver.
Ce souci d'hygiène devait lui être fatal: en sortant de la cabane en planches destinée aux ablutions seigneuriales, il fut assailli par Yan Toura, un individu à la solde de sa femme, qui le blessa d'un coup de feu. La victime poussa un hurlement atroce et se rua vers la maison. Les portes en avaient été barricadées sur l'ordre de Marie. Tandis que

---

[25] Indem *Dostojewskij* im „Idiot" darstellt, daß dem Krankheitsträger zugleich Heilungsqualitäten innewohnen, befindet er sich nahe der antiken Idee, wonach „die Krankheit eine hohe Dignität" hatte, wie *C. A. Meier* in seinem Werk „Antike Inkubation und Moderne Psychotherapie" (Zürich 1949, S. 16 ff.) ausgeführt hat. Er erläutert dort an den Asklepios-Mysterien, „daß der antike Mensch in der Krankheit die Wirkung eines Göttlichen sieht, welches daher wiederum nur durch ein Göttliches, oder einen Gott, geheilt werden kann . . .", der selber „die Krankheit *und* das Heilmittel ist".

[26] *Freud*, a.a.O. S. 414.

[27] *Th. Mann:* Neue Studien, Berlin und Frankfurt 1948, S. 89 f.

[28] *L. Szondi:* Schicksalsanalytische Therapie, Bern 1963, S. 524 f.

[29] *H. Troyat*, Dostoievsky, Paris 1960. (Troyat versichert in seinem Vorwort: „Il n'y a pas un détail, dans ce livre, qui ne soit pas conforme aux documents que j'ai consultés.")

l'infortuné frappait du poing au battant, son agresseur le rejoignit et l'acheva d'un revers de sabre.
‚Emmenez-le au diable', dit Marie à ceux qui lui rapportèrent le cadavre.
On étendit le mort sur une civière, on le recouvrit d'un vieux drap. ‚Près de l'entrée, il y avait des flaques de sang que léchaient les chiens et les porcs.' (Actes édités par la commission chargée de la reconstitution des anciens états civils, Tome XVIII).
Le fils aîné de Marie, menacé à son tour, s'enfuit chez un voisin et ouvrit une instruction qui se termina par la condamnation à mort de la mégère. Entre temps, elle avait contracté un second mariage."

Diese Geschichte könnte in der Tat, wie *Troyat* bemerkt, das Thema eines Romans von *Dostojewskij* gewesen sein! Ein anderer Ahn des Dichters, Raphael Ivanovitsch Dostojewskij, wurde wegen Gaunerei und Unterschlagung öffentlicher Gelder angeklagt; wiederum ein anderer, Shashny Dostojewskij, und dessen Sohn nahmen 1634 an der Ermordung eines Militärstarosten teil; ein Philipp Dostojewskij wurde 1649 wegen blutiger Streifzüge und organisierter Plünderungen auf den Gütern seiner Nachbarn angeklagt. *Troyat* kommentiert seine Erhebungen dahin, daß die bunte Menge an Dieben, Mördern, Intriganten einerseits und Richtern, Priestern und Visionären anderseits, durch welche sich in jeder Generation das Gute mit dem Bösen mischte, das Werk *Dostojewskij*s vorzuzeichnen scheint.
Vermerken wir noch, daß sich im 17. Jahrhundert ein Zweig der Familie in der Ukraine niederließ, dem überwiegend orthodoxe Mönche und Priester entstammen, die ihr Leben Gott weihten und sich im Unbekannten verloren. Ein Akindj Dostojewskij stand sogar in Kiew im Rufe der Heiligkeit. Der Vater des Dichters, Michael Andrejewitsch Dostojewskij, sollte ebenfalls, wie seine Vorfahren, Priester werden, und es löste einen eigentlichen Skandal aus, als er bereits im Alter von 15 Jahren beschloß, Medizin zu studieren. Er verließ das Elternhaus, heimlich von seiner Mutter unterstützt, und studierte in Moskau, wo er ohne jede Beziehungen und mit wenig Geld seine Existenz mit großer Energie aufbaute und später leitender Arzt am Armenspital wurde. Er heiratete eine sanfte, sensible und ihm völlig ergebene fromme Frau, nach deren relativ frühem Tode er der Trunksucht und dem haltlosen Geschlechtsleben verfiel. Seine despotische Brutalität gegenüber den Leibeigenen auf seinem Landgut reizte diese zum Äußersten, so daß er schließlich von ihnen zu Tode gefoltert wurde. Dieser gewalttätige, jähzornige, mißtrauische und geizige Mensch hatte anfallsmäßige depressive Verstimmungen, in denen er sentimental zerfloß. Das Hin- und Herpendeln zwischen sado-masochistischen Affektausbrüchen dürfte in seinem Sohn Schreck, Furcht, Angst, Wut und Haß ausgelöst haben. Der grausame Tod des Quälgeistes, der zugleich die Befreiung von einem unerträglichen Druck bedeutete, hat daher zweifellos schwere Schuldgefühle mobilisiert. Die Kenntnis des Verlaufs dieser Ermordung des Vaters, wie sie *Troyat*[30] berichtet, dürfte die Deutung der Wirkung

[30] A.a.O. S. 51 f.

auf den Sohn um einige Nuancen bereichern und noch tiefer verständlich machen, daß der Versuch der Verarbeitung sich durch sein ganzes Werk zieht. Auch im „Idiot", mit dem er sich so weitgehend identifizierte, hat diese Auseinandersetzung ihren Niederschlag gefunden. Vernehmen wir zunächst *Troyats* Bericht, der sich anhört wie die Realisierung eines grauenvollen „Ahnentraums":

„En 1839, les paysans fomentèrent un complot pour tuer le ‚mauvais seigneur'. Certain matin de juin, le major convoque tous les moujiks pour charrier le fumier. Trois d'entre eux, habitant le hameau de Tchéremachny, manquent à l'appel. ‚Pourquoi' demande Mikhail Andréiévitch. ‚Ils sont malades' répond le staroste. Le major écume et brandit son gourdin ferré: ‚Je vais les guérir avec ça! ...'
Arrivé à Tchéremanchny, le docteur aperçoit ses trois ‚malades' en train de baguenauder dans la rue. ‚Pourquoi n'êtes-vous pas à la corvée?' ‚Nous sommes fatigués', dit l'un. Le major les frappe avec son bâton. Ils s'enfuient dans une cour déserte. Lorsque le seigneur y pénètre à leur suite, l'un d'eux, Vassili Nikitkine, gaillard énorme, à la gueule brute, lui saisit les bras par derrière. Les autres ne bougent pas, engourdis de frousse.
‚Alors quoi? A-t-on juré, oui ou non?' s'exclame Vassili. A cet appel, les moujiks se ruent sur l'infortuné, le ligotent et l'étendent par terre.
On ne le frappe pas, par crainte des traces. On lui desserre les dents avec un couteau. On lui verse de l'alcool dans le gosier, malgré ses soubresauts et ses râles. Puis, on le bâillonne pur l'étouffer. Mais le major a la vie dure. Alors, l'un des misérables lui serre les parties génitales à pleine poigne. Le corps du supplicié se tord, se raidit, se relâche. ‚Il a son compte.'
On hisse le moribond dans la voiture ...
Cependent, un souci de convenances religieuses tourmente les assassins. On ne laisse pas mourir un chrétien, si détestable soit-il, sans qu'il se soit d'abord confessé. Qui faire? Les trois compères déposent le major au pied d'un chêne, et repartent pour chercher le pope du village voisin. Lorsque le prêtre arrive sur les lieux, Mikhail Andréiévitch respire encore, mais ne peut plus parler. Le prêtre accepte la confession muette et recueille le dernier souffle du vieux Dostoievsky. ‚Que lui as-tu fait?' demande-t-il ensuite au cocher. Et l'autre lui répond: ‚C'est une congestion.' ..."

Die hochgradige Sensibilität des Sohnes muß, wie auch *Schön*[31] bemerkt, die Mitschuld an dieser Tat empfunden haben. (Entsprechend motivierte der Dichter denn auch später, in den „Brüdern Karamasow", die Selbstbezichtigung Ivans, während doch Smerdjakow den Vater erschlagen hatte.)
Zwanzig Jahre später erörtert der Dichter, gleich zu Beginn seines Romans „Der Idiot" des langen und breiten die Frage nach der „radikalsten Angst": Fürst Myschkin erzählt im Vorzimmer des Generals, völlig beziehungslos zur Situation, von einer Hinrichtung in Lyon, zu der ihn sein Arzt, Professor Schneider, mitgenommen hatte. Durch den Mund Myschkins „entlädt" der Dichter seine eigenen Affekte im Gedanken an die „größeren" oder geringeren Qualen der verschiedenen Todesarten. Dabei vergleicht er einen zum Tode Verurteilten, der in den allerletzten Minuten und Sekunden dem definitiven Ende mit vollem Bewußtsein entgegensehen muß, mit einem, der „von Räubern ermordet wird", und trotz aller

---

[31] *R. C. Schön:* Dostojewskis Weg zu sich selbst. Inaugural-Dissertation, Freiburg i. Br. 1957, S. 62.

körperlichen Qualen doch „noch bis zum letzten Augenblick die Hoffnung auf Rettung hat".

Das erste Thema, das Myschkin wenig später im Gespräch mit der Generalin aufs ausführlichste wieder aufnimmt, bezieht sich auf *Dostojewskijs* eigene Verurteilung mit seinen politischen Gesinnungsfreunden zum Tode. Als die Gruppe junger Intellektueller bereits auf dem Schafott stand, die ersten drei Kameraden in das weiße Totenhemd gekleidet und an die Exekutionspfähle gebunden waren, der Trommelwirbel erklang und fünfzehn Soldaten in fünfzehn Schritt Entfernung auf die drei Gefesselten zielten, trat der Auditor noch einmal in die Mitte des Schafotts, der dort vor wenigen Minuten den Urteilsspruch „Hinrichtung durch Erschießen" verkündet hatte und verlas nun die Amnestie des Zaren und den neuen Urteilsspruch: „Verschickung nach Sibirien zur Zwangsarbeit." Der Zar hatte sich eine grausame Komödie ausgedacht, in der er im letzten Moment die Rolle des allmächtigen Retters spielte. *Dostojewskij*, der, wie seine Kameraden, völlig gefaßt der Hinrichtung entgegensah, kam, indem er das eigene Martyrium mit dem des Vaters verglich, zur Schlußfolgerung, daß dieser weniger gelitten hatte, was ein Licht auf seine Auseinandersetzung mit seinen Schuldgefühlen wirft. Denn, wie *Freud*[32] zum Thema Vatermord bemerkt: „Es ist ja gleichgültig, wer die Tat wirklich ausgeführt hat, für die Psychologie kommt es nur darauf an, wer sie in seinem Gefühl gewollt, und als sie geschehen, willkommen geheißen hat."

„Von dieser Qual und diesem Entsetzen hat auch Christus gesprochen"; schließt *Dostojewskij* den eigenen Erlebnisbericht, den er Myschkin in den Mund legt. Die Identifizierung durch das Martyrium mit Christus (es folgte ja das Martyrium des „Totenhauses"!) führt schließlich zu einer merkwürdigen Vermischung auch der Todesart des Vaters mit der Kreuzigung Christi. Sie ereignet sich anläßlich des Aufenthaltes des Ehepaares *Dostojewskij* in Basel, im Jahre 1867, als bei einem Besuche des Basler Kunstmuseums *Holbeins* Gemälde „Christus im Grabe" den Dichter aufs tiefste erschütterte. Er stieg sogar auf einen Stuhl, um das Gesicht des toten Christus noch deutlicher zu sehen, und wurde so erregt, daß seine Gattin fürchtete, er bekäme einen epileptischen Anfall. Er erklärte ihr, „daß *Holbein* ein hervorragender Künstler und Dichter" sei. Die Gattin ertrug den Anblick des Bildes jedoch nicht und verließ den Saal. *Schöns* Hypothese, daß beide Gatten in diesem Bild eine Ähnlichkeit mit *Dostojewskij* selber entdeckten, ist durchaus einleuchtend: Anna Grigorjewna wurde an ihres Gatten leichenblasse und entstellte Züge im epileptischen Anfall erinnert, während dieser selbst sich durch sein Leiden, wie durch die seinerzeitige Verurteilung zum Tode und das Martyrium des Straflagers mit dem Leiden Christi identifizierte. *Schön* weist auf *Dostojewskijs* auffällige Reaktion hin, *Holbein* einen „hervorragenden Dichter" zu nennen. Er erkennt

[32] A.a.O. S. 413.

darin eine Verschiebung: Indirekt identifizierte er sich mit Holbein, in Wirklichkeit aber mit dem toten Christus, was er jedoch als blasphemisch unterdrückt haben mag. Die Gestaltung dieser Bild-Begegnung im „Idioten" macht *Schöns* Interpretation, auch im Hinblick auf die spätere Vermischung mit dem inneren Bild des toten Vaters, einleuchtend. Das *Holbein*-Bild wird dreimal erwähnt! Myschkin begegnet einer Kopie bezeichnenderweise im Hause des „dunklen Bruders", des Mörders Rogoschin, den er zu jenem abgründigen Gespräch über ihrer beider Beziehung zu Nastasia Filippowna aufgesucht hat. Dieses Gespräch, bei welchem das auf dem Tische liegende Gartenmesser, mit dem dann wenige Stunden später Rogoschin den Mordanschlag auf den Fürsten machte und zuletzt Nastasia tötete, immer wieder Myschkins Blick auf sich zog, verlief in einer eigentlichen „Mordatmosphäre". Das Gleiche gilt von seiner ersten nur flüchtigen Erwähnung anläßlich des Hinrichtungsberichtes, den der Fürst zu Anfang des Romans im Salon der Generalin vor dieser und ihren Töchtern gab. Am weitläufigsten aber wird das *Holbein*-Bild von einem wirklich „Zum Tode Verurteilten" interpretiert, nämlich von Hippolyt, einem achtzehnjährigen Jüngling im Endstadium der Tuberkulose, dem der Arzt mitgeteilt hat, daß er nur noch zwei bis drei Wochen zu leben hat. Anläßlich des Geburtstages des Fürsten verliest er in einer „weißen Sommernacht" vor den Gästen, die sich auf Myschkins Veranda versammelt haben, eine „Erklärung" in der Art einer Konfession. Hierbei schildert er eingehend das Bild und dessen Wirkung, aber merkwürdigerweise gibt der Dichter, in dessen Erinnerung es sich transformiert haben muß, eine von dem wirklichen Gemälde wesentlich abweichende Beschreibung. Er schildert nämlich einen Erschlagenen, und es scheint, daß seine Phantasien über das vermutete Aussehen seines erschlagenen Vaters diese Erinnerungstäuschung bewirkten. Durch den Mund Hippolyts erklärt *Dostojewskij:*

„Auf diesem Bild ist der soeben vom Kreuz abgenommene Christus dargestellt. Ich glaube, die Maler haben die Gewohnheit, Christus sowohl auf dem Kreuze wie auch nach seiner Abnahme vom Kreuz noch immer mit einem außerordentlich schönen Gesicht darzustellen; sie bestreben sich, ihm diese seine Schönheit selbst in den größten Qualen zu erhalten. Auf dem Bilde Rogoschins konnte aber keine Rede von Schönheit sein; das war die echte Leiche eines Menschen, der noch vor der Kreuzigung, während der Kreuztragung und beim Niederfallen von der Last des Kreuzes, unter den Schlägen der Wache und des Volkes, unendliche Qualen und Wunden litt, um endlich sechs Stunden lang (nach meiner Berechnung) die Pein der Kreuzigung zu erdulden. Es ist das Gesicht eines eben vom Kreuze abgenommenen Menschen, das sehr viel Lebendiges und Warmes bewahrt hat, noch nichts ist erstarrt, so daß der Tote noch immer zu leiden scheint (das hat der Künstler sehr gut ausgedrückt); dafür ist das Gesicht aber gar nicht geschont; da ist alles naturgetreu, und die Leiche eines Menschen, wer er auch gewesen sein mochte, mußte nach solchen Qualen wirklich so ausschauen ...
Auf dem Bilde ist das Gesicht entsetzlich zerschlagen, verschwollen, mit furchtbaren, blutigen, blauen Flecken, mit offenen Augen und schielenden Pupillen dargestellt: die großen hervorgequollenen Augäpfel haben einen toten, gläsernen Glanz."

Jeder Besucher des Basler Kunstmuseums kann sich davon überzeugen, daß *Holbeins* allerdings äußerst realistische Darstellung des Leichnams dessen schmerzgezeichnetes Gesicht keineswegs mit Schwellungen und blutigen Flecken oder andern Anzeichen erlittener Brutalitäten wiedergegeben hat. Der Dichter erlitt offenbar in seiner Erregung eine Überflutung mit mehrdeutig motivierten Inhalten.

Nach allem mutet *Thomas Manns* kühnes Wort vom „tiefen, verbrecherischen Heiligenantlitz *Dostojewskis*" wie eine intuitive Zusammenfassung dessen an, was uns von dem Dichter sowohl lebensgeschichtlich wie erbbiologisch erschlossen ist. Ein hintergründiges Wissen darum, daß Verbrechen und Gebrechen zusammenhängen können und nach Heilung verlangen, begegnet uns auch in *Dostojewskijs* eigener Krankheitserfahrung, die er auf die Personen seines intimsten Romans projizierte. Die zum „Zeichen" erhobene Gestalt Myschkins weist auf den, „der dir alle deine Sünden vergibt und heilet alle deine Gebrechen" (Psalm 103).

Nun begreifen wir, daß es keinen „normalen" Ausgang für diesen Roman geben konnte: Nicht nur der Epileptiker, auch das in ihm heraufbeschworene „Heilands"-Symbol stehen „Jenseits der Norm". Wir ahnen auch, weshalb *Dostojewskij* äußerte, der Roman sei „vom Ende her zu verstehen", ja, nur „auf das Ende hin geschrieben" worden. Das „Ende" ist der Tod Nastasias durch das Messer Rogoschins, die gespenstische Leichenwache der beiden Gegenspieler und Myschkins endgültiges Versinken in geistiger Umnachtung, während er immer noch, erbarmungsvoll, dem delirierenden Mörder über Haar und Wangen streicht. Er wendet sich nicht von ihm ab, sondern legt sich zu ihm und tröstet ihn — man könnte sagen: er fällt mit seinem Schatten zusammen. Dieses alles ereignet sich so folgerichtig, trifft den Leser auch keineswegs unvorbereitet, daß die Erschütterung von einem unterschwelligen Einverständnis getragen bleibt. Es dürfte letztlich auf ein uraltes Menschheitswissen zurückzuführen sein, das in der christlichen Überlieferung im Kreuzestod Christi in Erscheinung tritt, jenem Scheitern in der Realität, das doch Erlösungsbedeutung hat.

Literatur

Buytendijk, Frederik J. J..: Psychologie des Romans, Otto Müller, Salzburg 1966.

Carp, E. A. D. E.: Rodion Raskolnikow (a psychopathological study), Strengholt, Amsterdam 1951.

Chizhevsky, Dmitri: The Theme of the Double in Dostoevsky, in: Dostoevsky, ed. by René Wellek, Englewood Cliffs, N. J. 1962.

Cox, Harvey: Das Fest der Narren. Kreuz-Verlag, Stuttgart 1970.

Dempf, Alois: Die drei Laster. Dostojewskis Tiefenpsychologie, Alber, München 1946.

Dostijewskij, A. G.: Die Lebenserinnerungen der Gattin Dostojewskis hg. v. R. Fülöp-Miller und F. Eckstein, Piper, München 1925.

—: Das Tagebuch der Gattin Dostojewskis, hg. v. R. Fülöp-Miller und F. Eckstein, Piper, München 1925.
Dostojewski, F. M.: Werke, Piper, München, und S. Fischer, Frankfurt.
—: Gesammelte Briefe. 1833—1881, Piper, München 1966.
Dürckheim, Karlfried Graf: Durchbruch zum Wesen, Niehans, Zürich 1954.
Erikson, Erik H.: Identität und Lebenszyklus, Suhrkamp, Frankfurt a. M. 1966.
—: Der junge Mann Luther, Rowohlt Taschenbuch, Reinbek 1970.
Evdomikov, Paul: Der Abstieg in die Hölle, Otto Müller Verlag, Salzburg 1965.
Freud, S.: Dostojewski und die Vatertötung, Int. Psychoanalyt. Verlag, Wien 1930 (Zuerst erschienen 1928, Ges. Schr. Bd. XII, S. 11 ff.
—: Zwang, Paranoia und Perversion. Studienausgabe, Bd. VII, S. Fischer, Frankfurt a. M. 1973.
Fülöp-Miller, R.: Dostojewskis „Heilige Krankheit". (Dargestellt auf Grund des kürzlich aufgefundenen Dostojewski-Nachlasses), in: Wissen und Leben 17, Zürich 1924, H. 19/20.
Guardini, Romano: Religiöse Gestalten in Dostojewskis Werk, Kösel, München 1964.
Janz, D. und *Tellenbach, H.:* Epileptiker-Gestalten Dostojewskis. Studenten-Seminar 1964. In: Jahrbuch f. Psychologie Psychotherapie und Medizin. Anthropologie 14, 1966, H. 1.
Jung, C. G.: Über die Beziehungen der analytischen Psychologie zum dichterischen Kunstwerk, in: Seelenprobleme der Gegenwart, Rascher, Zürich 1931.
—: Psychologie und Erziehung, Rascher, Zürich, 1946.
Kent, Leonard J.: The Subconscious in Gogol and Dostoevskij, and its Antecendents, Mouton, The Hague, Paris 1969.
Kerényi, Karl: Der göttliche Arzt, hg. v. der Ciba AG, Basel 1948.
Kleist, K.: Episodische Dämmerzustände, Georg Thieme Verlag, Leipzig 1926.
Lavrin, Janko: F. M. Dostojewskij, Rowohlt, Reinbek 1963.
Lord, Robert: Dostoesky, Essays and Perspectives, Chatto & Windus, London 1970.
Mackiewicz, Stanislaw: Der Spieler seines Lebens: F. M. Dostojewskij, Thomas Verlag, Zürich 1952.
Mann, Thomas: Dostojewski — mit Maßen, in: Neue Studien, Suhrkamp, Frankfurt a. M. 1948.
Maurina, Zenta: Dostojewskij. Menschengestalter und Gottsucher, Dietrich, Memmingen 1952.
Meier, C. A.: Antike Inkubation und Moderne Psychotherapie, Rascher, Zürich 1949.
Neufeld, Jolan: Dostojewski, Skizze zu seiner Psychoanalyse, Internat. Psychoanalyt. Verlag, Leipzig, Wien, Zürich 1923.
Neumann, Erich: Kunst und schöpferisches Unbewußtes, Rascher, Zürich 1954.
—: Der schöpferische Mensch und die große Erfahrung, in: Eranos-Jahrbuch, Bd. XXV, 1956.
Nigg, Walter: Der christliche Narr, Artemis-Verlag, Zürich und Stuttgart 1956.
—: Prophetische Denker, Artemis-Verlag, Zürich und Stuttgart 1957.
Pauly, Robert: L'épilepsie de Dostoievsky, Journal de Médecine de Bordeau 125, No. 8, Aug. 1948, 337—345.
Pluygers, Claire: Note introductive pour une lecture Szondienne de l'oeuvre de Dostoievski. Université Catholique de Louvain. Faculté de Psychologie et des Sciences de l'Education, 1972.
Rabe, F.: Die Kombination hysterischer und epileptischer Anfälle, Springer, Berlin 1970.
Rank, O.: Die Don Juan-Gestalt, Internat. Psychoanal. Verlag, Leipzig, Wien Zürich 1924.
—: Der Doppelgänger, Internat. Psychoanal. Verlag Leipzig, Wien, Zürich 1925.
—: Der Künstler und andere Beiträge zur Psychoanalyse des dichterischen Schaffens, Internat. Psychoanal. Verlag, Leipzig, Wien, Zürich 1925.
Reber, Natalie: Studien zum Motiv des Doppelgängers bei Dostojevskij und E. Th. A.

Hoffmann. Marburger Abhandlungen zur Geschichte und Kultur Osteuropas Bd. 6, Kommissionsverlag Wilh. Schmitz, Giessen 1964.
Schmidt, Trudy: F. M. Dostojewski: Leiden und Leistung, Radiovortrag Basel 1971.
Schön, R. C.: Dostojewskis Weg zu sich selbst. Eine tiefenpsychologische Betrachtung seines Lebens in den Jahren 1867 und 1868, unter besonderer Berücksichtigung seiner Epilepsie, Inaugural-Dissertation, Freiburg i. Br. 1957.
Szondi, Leopold: Triebpathologie, Huber, Bern 1952.
–: Ich-Analyse, Huber, Bern 1956.
–: Schicksalsanalytische Therapie, Huber, Bern 1963.
–: Kain Gestalten des Bösen, Huber, Bern 1969.
–: Moses Antwort auf Kain, Huber, Bern 1973.
Thiess, Frank: Dostojewski. Realismus am Rande der Transzendenz, Seewald Verlag, Stuttgart 1971.
Thurneysen, Eduard: Dostojewski, Zwingli Verlag, Zürich und Stuttgart 1963.
Troyat, Henri: Dostoievsky, Fayard, Paris 1966.
Zauner, J.: Aggression und Anfallgeschehen. Zs. f. Psycho-somat. Medizin XI, 1965, H. 3.

II. Teil

Psychopathologie in der Kunst und Kunst in der Psychopathologie

1. Entgrenzung der Realität in der modernen Kunst

Die moderne Kunst wird hier unter dem besonderen Aspekt untersucht, daß sie über die Grenzen geht, welche im konventionellen Dasein den gesunden Menschen vom Geisteskranken unterscheidet. Sie leistet damit einen Beitrag zum Verständnis des letzteren. Sie gewinnt ihre Inspiration aus der Welt des Unbewußten, und sie entwickelt Formgesetze, welche sich in der Innenwelt des psychotischen Menschen wiederfinden lassen.

Vielleicht kann kein anderer Begriff wie derjenige der „Entgrenzung" uns der Realität dieser letzten Problematik näher bringen. Realität ist in der Schizophrenie „entgrenzt" ebenso wie in der modernen Kunst.

Die Art und Weise der Entgrenzung ist freilich verschieden, und die Beachtung der Scheidelinie zwischen schizophrener und nicht schizophrener Bildnerei ist wesentlich. Aber das Gemeinsame zu erfahren ist ebenfalls wichtig, weil es uns einen Schritt weiter in die Welt des psychisch Kranken führen kann. Das *Unbewußte* wird freilich im Erleben der modernen abstrakten Lyrik oder der surrealistischen Malerei anders als in der psychologischen Wissenschaft erforscht. In dieser hat man den Gegenstand sozusagen „vor sich": man untersucht ihn sachlich. In jener will man in diesem Gegenstand aufgehen, sich von ihm erfassen lassen. Die spontane Assoziation, die unkontrollierte Phantasie dienen dem Künstler als wichtige Mittel.

Aber der Künstler bleibt dennoch Forscher — er ist nicht umsonst in einem experimentierenden Zeitalter aufgewachsen. Und zur Forschung gehört, bei aller Spontaneität der Inspiration, eine kühle Berechnung, ein Kalkül, das eben den modernen, dem Unbewußten nahestehenden Künstler zu einem „Architekten des Geistes" macht.

So führt die moderne Kunst in eine Dialektik zwischen der Bereitschaft, Objekt psychischer Mächte zu sein, und dem bewußten, souveränen Willen sie zu formen, um ihnen überlegten und überlegenen Ausdruck zu verleihen. Daher ist die moderne künstlerische Form sich bei aller Verwandtschaft mit den „Zerrbildern" *(Plokker)* schizophrener Patienten ihres Auftrages bewußt, auch wenn die Grenze, die Scheidelinie im konkreten Falle nicht immer anschaulich wird.

Die geistige Entsprechung, die ich in dieser Gegenüberstellung erfasse, weist auf eine Offenheit des modernen Geistes für das Erleben der psychischen Grenzsituation hin, in der wir uns neu verstehen. Dies geschieht aber, indem wir lernen, den uns „Ent-rückten" nicht bloß als „Ver-rückten" zu verstehen, d. h. indem wir in eine Beziehung zu ihm treten, nicht einfach im Sinne der humanistischen Psychiatrie oder einer geistreich vergleichenden Psychoanalyse, sondern auch im Sinne einer Formanalyse des Ausdruckes.

Wir wollen im folgenden versuchen, auf eine wesentliche Form der modernen Malerei, auf sog. „phantastische Kunst", einzugehen, um aus ihrer Form- und Inhaltsanalyse Berührungen und Überschneidungen mit der Welt des Schizophrenen zu erschließen und zu bedenken.

Es seien hier einige Merkmale herausgehoben:

1. Auflösung des Sinns

Wenn Desintegration, Aufsplitterung, Fragmentierung, Desorganisierung Begriffe sind, mit denen man oft die schizophrene Welt schildert, so stellt sich die Frage, was für eine Bewandtnis die Verwandtschaft dieser Phänomene mit denjenigen *Tendenzen der modernen Kunst* hat, die *das allgemeine Bild der Realität zerstören und ins Sinnlose verzerren.*

Diese Tendenzen melden sich indessen seit bald einem halben Jahrhundert. Das Wort, zum Unsinnigen, Alogischen verstümmelt und in abstrusen Ketten aneinandergereiht, war nach dem ersten Weltkrieg die Grundsubstanz schon des Dadaismus, die später in surrealistische Programme mit neuen Inhalten umgeprägt wurde. Hier einige treffende Schilderungen surrealistischer Bilder: „Die Gegenstände sind unwirklich, aber die genaue Malerei gibt ihnen den Anschein der Wirklichkeit" *(Schneede).*

„Das Bild konstituiert eine aus der Phantasie und ihren psychischen Implikationen gewonnene Gegenwelt, die für den Betrachter befremdlich bleiben muß, weil sie trotz ihrer Erscheinungsweisen subjektiven Charakter haben muß." (Ebd.)

„Diese Kunstgebilde stehen in bestimmten räumlichen Verhältnissen zueinander, sie werfen Schatten, sie treten so genau umrissen als Objekte in Erscheinung, daß man sich wundert, sie nicht identifizieren zu können." (Ebd.)

„Diese sehr präzis gemalten Bilder erwecken den Eindruck, als habe der Maler in ihnen zugleich Möglichkeiten der Malerei reflektiert, indem er eine scheinbare Identität von Bild und Abbild schuf, die vom Betrachter notwendigerweise als Doppeldeutigkeit wahrgenommen wird, weil das Abgebildete sich nie mit dem Bild, als einem materialen Farbträger, decken kann." „Die Wirklichkeit des Abbildes wird ersetzt durch die Wirklichkeit des Bildes." (Ebd.)

Surrealistische Maler fragmentieren die Realität, um aus den Fragmenten eine andere Realität zu synthetisieren.

Georg Trakl, Selbstbildnis (1914)

Oscar Dominguez, Die elektrosexuelle Nähmaschine (1934)

R. Magritte, Kamin mit Dampflokomotive

R. Magritte, Brustkorb

„Der Körper ist einem Satz vergleichbar, der uns zur Zergliederung anregt, um über eine endlose Folge von Anagrammen zur Neugestaltung seiner wahrhaften Inhalte zu gelangen", schreibt der Maler *Hans Bellmer.* Unabhängig davon, ob in der surrealistischen Kunst nicht Zusammengehöriges vereint wird, oder ob das neu zusammengefügt wird, was inhaltlich miteinander in Verbindung steht, immer wird eine Wirklichkeit anderer Ordnung gesucht.
Charakteristisch für die Schizophrenie ist anderseits ein intrapsychischer Vorgang, nach dem Vorstellungen aus dem assoziativen Gesamtzusammenhang abgespalten werden, um dann durch neuartige Teilassoziationen zu unnatürlichen Gebilden wieder zusammengebracht zu werden. In der Sprache führt ein solcher Vorgang zu *Neologismen.* Aber auch in schizophrenen Bildern beobachten wir, wie Ohren, Augen usw. transponiert und in neuartigen Zusammenhängen mit anderen Körperelementen auftreten. Die zu Bildbausteinen reduzierten Naturdinge bekommen ein Eigenleben, sie lösen sich aus dem natürlichen Sinnzusammenhang heraus.
Die Synthese von Fragmenten zu ganz neuartigen Dingkombinationen, losgelöst vom Zwang der totalen Naturansicht, gilt innerhalb der modernen Kunst etwa als „synthetischer Kubismus".

Eine Problematik des Verständnisses hebt hier an, die Deutung moderner Kunst und psychopathologischer Inhalte. Schauen wir uns die Struktur des Verstehens in der Beziehung zu letzteren an!
In der Psychiatrie versuchen wir, den schizophrenen Kranken inhaltlich-affektiv zu verstehen; wir sind etwa darum bemüht, uns in ihn einzufühlen, das Bizarre der Gedanken und der Emotionen auf einen rationalen Inhalt zurückzuführen, um es zu entziffern. Diese Haltung, welche besonders die Psychotherapie von der rein deskriptiven Psychiatrie unterscheidet, bringt uns zwar dem Kranken einen wesentlichen Schritt näher; sie kann uns aber zugleich das Geheimnis seines Andersseins verdecken, welches doch im Nichtverstehbaren liegt. Die Schizophrenie dehnt sich nämlich innerhalb einer dialektischen Spannung zwischen zwei entgegengesetzten Polen, dem Verschlüsselten — das entziffert werden kann — und dem radikal Entgrenzten, Entstalteten, Entrationalisierten, aus.
Wenn das Verstehen und Entziffern einerseits wichtig ist, weil die Nichtbeachtung den Kranken in die Isolierung der Kommunikationslosigkeit verbannt, kommt die Nichtbeachtung des zweiten Momentes dem Versuch gleich, uns des schizophrenen Sonderbereiches mit den Mitteln der Rationalität zu bemächtigen.
Ich vermute nun, daß die beiden Anliegen des verschlüsselten, letzten Endes verstehbaren Ausdruckes einerseits und des radikal Widersinnigen anderseits vom Surrealismus parallel-spiegelbildlich zur schizophrenen Situation vorgezeigt werden. Dadurch schafft diese Malerei eine großartige Entsprechung zur psychopathologischen Entgrenzung; eine Entspre-

chung nämlich, die krankheitsmäßiges Naturgeschehen in geistige Absicht verwandelt und somit vermenschlicht. Vermenschlichung heißt dann nicht Aufhebung des radikal Unverständlichen, sondern dessen Rückführung in die menschliche Mitte. Grenzen des Verstehbaren treten in der modernen Kunst ähnlich wie in der Psychopathologie auf; aber immer so, daß das Bild uns ergreift und eine menschliche Beziehung schafft.

Zum Bild von *Dominguez* „Die elektrosexuelle Nähmaschine" schreibt der Kunsthistoriker *Schneede:* „Die schwer aufzuschlüsselnde Bildform ist noch nicht das Ergebnis eines in komplizierter Weise sich ausdrückenden Gedankenganges, der irgendeine Bedeutung verbirgt, sondern das Produkt einer Verfahrensweise, die disparate Bildelemente zueinander ins Verhältnis setzt oder ineinander überführt und es dabei beläßt. Die Bedeutung ist identisch mit dem Dargestellten; was rätselhaft angelegt ist, muß rätselhaft und unauflösbar bleiben, und zwar nicht aus Respekt des Interpreten vor den tiefen Absichten des Künstlers, *sondern weil die Unauflösbarkeit das Prinzip solcher Bilder ist*[1]. (Siehe Abbildung)
Diese letzte Unverständlichkeit, die uns an die Unverständlichkeit des Geisteskranken erinnert, steht in einem dialektischen Gegensatz zur Tatsache, daß die phantastische Kunst eine Beziehung zum Unbewußten aufweist, welche manchen Ausdruck doch als symbolisch verstehen läßt, ja dieses Verständnis geradezu aufdrängt. Auch hier zeigen sich bedeutsame Parallelen zum kranken Erleben. Freilich ist der Kranke in der Konfrontation mit dem Gesunden nicht zur überlegenen Ablehnung unserer ihn deutenden Vernunft fähig, im Gegensatz zum Künstler; dieser vollzieht den rebellischen Schritt, den der unmündige Patient nicht anders als im Autismus vollziehen kann. Der Künstler kann uns mit unseren eigenen Denkmitteln in Frage stellen. Er kann einen rationalen Anspruch erheben, in seiner Irrationalität absolut ernst genommen zu werden.
Das symbolische Begriffliche ist rational. Die rein schöpferische Phantasie sprengt die Fesseln des Rationalen. Hier vollzieht die phantastische Kunst stellvertretend für das Schizophrene einen Schritt in die Freiheit einer absolut sinnlosen Welt, die beim Kranken dagegen als Unfreiheit auftreten muß.
Die Durchtränkung der Realität durch das Unbewußte, durch die tiefenseelischen Inhalte rufen in uns einerseits den Eindruck des „Symbols" hervor. Man denke etwa an das berühmte Bild eines *Salvador Dali:* „Vorahnung des Bürgerkrieges" ein großartiges Symbol des überindividuellen, sozialen zerrissenen Selbst! „Der obere, weibliche Teil ist von einem Kopf gekrönt, dessen Antlitz höchstes Entsetzen, grenzenlose Verzweiflung und unmenschliche Qual widerspiegelt. Die grotesken Dimensionen, die an abnormste pathologische Mißbildungen erinnern, wie z. B. die aus der

[1] Hervorhebung von mir.

Hüfte wachsenden Arme, deren eine Hand die rotentzündete Brust umkrallt, das aus der Schulter ragende Bein — sind tatsächlich nicht nur die ungeheuerliche Vision des Bürgerkrieges, sondern des Krieges überhaupt, gleichzeitig auch das Ringen des menschlichen Selbst in der Krankheit und Entstaltung" *(Wyss)*.

Aber auf der anderen Seite ist der Begriff des Symbolischen beim Verständnis der surrealistischen Kunst oft fragwürdig. „Eine derartige Deutung des Bildes als Symbolträger würde jedoch einen gewissen Gegensatz zu den Prinzipien surrealistischer Malerei bilden" *(Schneede)*.

Trotzdem finden wir die bewußte Verwendung des Symbols als die eine Seite der Dialektik zwischen Realität und ihrer Negation in der surrealistischen Malerei immer wieder.

Bei *Bellmer* werden z. B. die von *Freud* als verdrängt erkannten sexuellen Wünsche explizit behandelt. In seinem späteren Werk demonstriert *Bellmer* die Kongruenz der Körperöffnungen Auge, Ohr, Mund mit Vagina und Anus; er verknüpft Schenkel mit Busen, Penis mit Bein, Gelenk mit Eichel. „Eine große Rolle spielt bei *Dali* die Angst vor der Impotenz; in der „Beständigkeit der Erinnerung" sieht man innerhalb einer summarisch angegebenen Landschaft ... ein amorphes, liegendes Gebilde ... das Gebilde ist wiederum ein gekipptes Selbstportrait, dem der Mund fehlt. Nimmt man den Mund als Symbol für das weibliche Geschlechtsorgan ... so ließe sich das Fehlen eines solchen Mundes als Projektion der Impotenzfurcht auf den Partner verstehen." Siehe auch die Interpretation der „weichen Uhren" im gleichen Bilde: „Wie die Zunge und dieses zungenartige Gebilde wäre die Uhr . . . Symbol des schlaffen Penis" *(Schneede zu Dali)*. Was uns, (wie ja auch bei der schizophrenen Bildnerei) auffällt, ist die *Nichtverdrängung*, das offen zu Tage Liegende der Verknüpfungen, die *Freud* im Halbdunkel des Unbewußten entdeckt. Das hat übrigens *Freud* selbst erkannt, wenn er *Dali* schreibt: „In Ihren Bildern suche ich nicht das Unbewußte, sondern das Bewußte. In Bildern der Meister — Leonardo oder Ingres — ist das, was mich interessiert, was mir mysteriös und beunruhigend vorkommt, gerade die Suche nach unbewußten, rätselhaften Ideen, die in dem Bilde verborgen sind. Bei ihnen liegt das Mysteriöse auf der Hand. Das Bild ist nur der Mechanismus, der das Geheimnis aufdeckt."

Offenes Sich-Aufdrängen des in der Neurose Verdrängten ist bekanntlich ein schizophrenes Merkmal. Der Unterschied etwa eines *Dali* zum Schizophrenen ist aber der, daß dieser nicht wie Dali solche Tiefen bewußt aufgreift. Sie drängen sich ihm auf, weil sie losgelöst von den sie hemmenden, konturierenden, in Reaktionsbildungen strukturierenden, in Sublimierungsprozessen organisierten Ichvorgängen sind. Dieser Unterschied ist für das geübte Auge in der Diskrepanz zwischen Souveränität der Handhabung beim Künstler und Unvollkommenheit der Gestaltung beim Kranken sichtbar: Selbst die zerfahrene Assoziation ist beim gesunden

Maler ein Meisterwerk der differenzierten Präzision; beim Kranken aber ist sie oft ein Ding der Unklarheit. Gerade der Zusammenhang von Klarheit und Unsinn ist das Verblüffende des surrealistischen Kunstwerkes, das eben schockieren will und überlegen auftritt.

Kinder können ihre eigenen Komplexe malen, zeichnen und im Baukasten darstellen. Es fehlt ihnen noch die Reflektiertheit des Erwachsenen, der um die Realität weiß. Die Sinne sind beim Kinde „doppelt ausgerichtet" auf die außerpsychische, bereits sozialisierte Realität und auf die intrapsychische autistische Wirklichkeit. Die Sinne können daher bei diesem doppelten Verkehr von Innen und Außen halluzinatorisch arbeiten. Ihnen haftet bei dieser bildhaften Vorstellungskraft noch ein Rest von jener ersten halluzinatorischen Tätigkeit an, die im postnatalen physiologischen Erleben vermutet wird.

Der erwachsene surrealistische Maler erschließt aber die intrapsychische komplexhafte Wirklichkeit erst durch das Wissen, etwa durch die Begegnung mit der Psychoanalyse. Das unmittelbar sich aufdrängende Unbewußte steht ihm also ferner als dem Schizophrenen, der mit seiner regressiven Tendenz dem Kinde wohl näher ist. Aber durch Absicht und Übung kommt der moderne Maler jener Darstellungskunst durchaus nahe. „Stimuliert durch die Lektüre Sigmund *Freuds*, drückt *Dali* Kindheitserlebnisse in übernommenen oder eigenen Metaphern aus. Als Kind hatte Dali häufig die Furcht, gefressen zu werden. Gottesanbeterinnen (in „Illuminierte Freuden") verschlingen das Männchen nach dem Geschlechtsakt."

„Angst und Bedrohung im Mann-Frau-Verhältnis werden modifiziert im Bilde des grimmigen Löwen und des weiblichen Kopfes." „Die Vorstellung, beim Geschlechtsakt verschlungen zu werden, läßt in der Masturbation die Sicherheit finden, die vom abgewandten jungen Mann symbolisiert wird" *(Schneede)*.

Daß unsere verständliche Wirklichkeit in der phantastischen Kunst durch das Unbewußte durchbrochen und verformt wird, diese These soll durch die Worte der Künstler selber begründet werden.

„*Unbewußt* habe ich in meinen Bildern das Spielzeug festgehalten, das ich für mich aus Bambusrohren, leeren Patronen, Muscheln, Nüssen, Körnern, Papierröhrchen, Schleifen von jungen Mädchen und Süßigkeitsschachteln bastelte." So schildert *Roy* die Bezogenheit seiner Kunst auf die fernliegenden Erlebnisse seiner Kindheit. Man denke etwa an sein Bild „Elektrifikation auf dem Lande" als Illustration dieser Worte. „*Roys* Bilder", schreibt indessen *Schneede*, „obschon sie sich realistischer Stilmittel bedienen, sind ... keineswegs realistisch. Die Art der Kombination von Landschaft und individuellem Gegenstandsrepertoire und die Art der disproportionierten Behandlung sind zu widersprüchlich und zu befremdend, um realistisch genannt werden zu können." In Wirklichkeit geschieht hier eben eine Verfremdung der Realität durch eine zweite Realität, die normalerweise nur psychisch ist und hier in die räumliche Dimension transponiert wird[2].

Durch diese Technik der Sichtbarmachung des Begriffes, bzw. der abstrakten Imago, oder gar der unbewußten Erinnerung, erreicht der Maler eine spezifische Wirkung; die eigentliche Realität ist nicht mehr die konventionelle, welche uns die Sinne vermitteln; das Innere, das *Unbewußte* ist so sehr zu einer Realität geworden, daß es wie das schizophrene Symbol sinnlichen Charakter gewinnt und die eigentliche Realität verdrängt. Man könnte diesen Sachverhalt als „umgekehrte Verdrängung" bezeichnen, die konventionelle Realität verdrängt nicht mehr das Unbewußte, sondern umgekehrt.

Das ist aber ein Vorgang, der spiegelbildlich verläuft zu demjenigen, den wir Psychiater im seelischen Leben unserer Patienten wahrnehmen. Die Verdrängung der Wirklichkeit durch ein übermächtig gewordenes Unbewußtes tritt auch in der Psychose, in der Halluzination auf. Verdienen es dann die Bilder eines modernen Künstlers, „halluzinatorisch" genannt zu werden?

Gewiß ist es möglich, dieses Wort zu verwenden. Man wird sich an die These erinnern, daß „primäre Prozesse" in den Werken der modernen Künstler eine Vorrangstellung gewonnen haben. Aber die Verwendung dieser Begriffe kann uns über die Tatsache nicht hinwegtäuschen, daß zwischen den Halluzinationen eines Schizophrenen und den bedachten Realitätsverformungen eines modernen Künstlers doch ein großer Unterschied besteht. Der nicht schizophrene Künstler verfügt über ein intaktes Ich, das von den „primären Prozessen" des Unbewußten niemals ganz überschwemmt wird und deshalb das Detail meistens mit Wirklichkeitstreue darstellen kann. Nur ein Teil des Geschehens ist bei diesen beiden

[2] Es besteht freilich die Möglichkeit, solche Symbole in der Kunst durch ihre Ähnlichkeit mit den Symbolen von psychoanalytisch behandelten Patienten zu deuten; wobei die Frage allerdings offen bleibt, ob die Ähnlichkeit der Bilder eine rein formale ist oder auf eine Ähnlichkeit der ihnen zugrundeliegenden psychischen Strukturen, also auf eine neurotische Dimension der Künstler oder der ihnen eigenen weltgeschichtlichen Lage hinweist.

Kohut schildert uns z. B. bei seinen narzißtischen Patienten, wie die Inhalte ihrer Träume, die gewöhnlich voller Menschen waren, sich anläßlich der Trennungen vom Analytiker änderten: sie bestanden dann aus komplizierten Maschinen, elektrischen Drähten und sich im Leerlauf drehenden Rädern. Drähte, Räder und andere Maschinenteile wurden als Anspielungen auf jene Körperteile interpretiert, über die sich der Patient, wenn er sich in der Kindheit übergangen und verlassen gefühlt hatte, Sorgen und Phantasien gemacht hatte.

Ist der Verlust an Objektbeziehungen hüben und drüben, bei den narzißtisch-neurotischen Kranken von *Kohut* und bei vielen Menschen, die heute in einer an tragenden Objekten verarmten Welt leben, ähnlich? Sprechen dann die Kunstproduktionen von „normalen Menschen" für ihre durch die Kunst sublimierten narzißtisch-neurotischen Strukturen; oder muß zu der existentiellen Verlassenheit das individualspezifische Schicksal hinzukommen, damit das Bild eine pathologische Bedeutung bekommt?

Menschen, dem gesunden Künstler und dem Schizophrenen, gleich: nämlich die Bezogenheit auf das Unbewußte in der Interpretation der Sinneswirklichkeit. Das ist freilich noch nicht die ganze Kette, aus der die Krankheit besteht. Jedoch stellt die Gemeinsamkeit der Beobachtungen die Möglichkeit dar, uns dem Kranken zu nähern.

Ist das Unbewußte, das der Künstler wiedergibt, dasselbe, das der Psychiater bei seinen Patienten beobachtet?

Die Motive – etwa die *sexuelle Thematik* – mögen dieselben sein. Aber etwas Tieferes verbindet hier Psychodynamik und phantastische Kunst: der Psychiater nimmt die Realität des Unbewußten seiner Patienten so ernst, daß die soziale Realität, die uns sonst hilft, die Grenzen unseres Weltbildes zu ziehen, gegenüber dem, was für den Patienten Realität heißt, weniger wichtig ist. Der Künstler verwirklicht dasselbe Anliegen, wenn er surrealistisch die Realität von dieser zweiten Realität durchdringen läßt. Zum Gradivabild *Massons* schreibt *Schneede:* „Surrealistisch ist weniger die Methodik der Herstellung als der Bezug zu *Freud,* das Interesse an der Identität der Realitäts- und Bewußtseinsebene. Parallel zu *Freud* leistet Masson seinen Beitrag zur Sichtbarmachung des Unsichtbaren, indem er die bei Jensen verschlüsselten sexuellen Beziehungen etwa durch die muschelartig weit geöffnete Vagina andeutete."

2. Die Form des Gedankenganges

Durch seine Entdeckung des Unbewußten hat *Freud* einen Geist angerufen, der „vocatus et non vocatus" überall präsent ist. Formale Merkmale der von *Freud* entdeckten psychischen Struktur des Unbewußten sind in der surrealistischen Kunst vorhanden. Denken wir z. B. an jene Umkehrung des Satzbaus, nach der Subjekt und Objekt im Vorstellungsgang ihre Stelle wechseln, wie dies eben in der Traumarbeit vorkommt. Eine solche Verschränkung, die zum Werk des „primären Prozesses" gehört, findet z. B. eine (unbeabsichtigte?) bildliche Darstellung dort, wo *Delvaux* den Mythos von Pygmalion malt: dieser umarmt nicht ein Abbild von Aphrodite, wie in der wirklichen Sage, sondern die Göttin ein Abbild von Pygmalion.

Bellmer stellt seinerseits „jene Puppe her, die ein bildliches Pendant zum Sprachspiel des vorwärts und rückwärts gleichermaßen lesbaren Palindroms ist: auf den Kopf gestellt, verändert die Puppe ihren Sinn und ihr Aussehen nicht; Busen und Gesäß sind im oberen wie im unteren Teil identisch".

Bellmer selber schreibt: „Sowie durch die intuitive Stellung des Kinns die Analogie Geschlecht-Achsel angedeutet ist, überlagern und vermischen die beiden Bilder ihren Inhalt. Das Geschlecht projiziert sich auf die Achsel, das Bein natürlich auf den Arm, der Fuß auf die Hand, die Zehen auf die Finger."

Solche Mechanismen finden sich in der Bildnerei Schizophrener massenhaft, denn sie spiegeln den primären Prozeß des Unbewußten wider. *Bellmer* bemerkt jedoch im Folgenden etwas, was zu den Schizophrenen gerade nicht paßt und auf einmal auf den Unterschied mitten im Gemeinsamen hinweist: dadurch entsteht eine seltsame Mischung aus Realem und Virtuellem, aus dem Erlaubten und dem Verbotenen der beiden Komponenten.

Für den Kranken gibt es gerade diese klare Unterscheidung (welche bewußte Mischung voraussetzt) *nicht*, weil die Grenze zum vornherein desintegriert, verwischt, vom Wahn weggespült oder unklar ist. *So ist der Surrealist der Architekt, der Schizophrene aber der Gefangene seiner Mischung und seiner Welt.*

Der Zufall, die zufällige Klangassoziation, das flüchtige Nebeneinander, die Ideenflucht spielen eine große Rolle im abnormen Gedankenbau vieler psychiatrischer Patienten. Wo die normale assoziative Spannung gesenkt ist, wo ein leitender, formender Grundgedanke als Schrittmacher und Orchesterdirektor wegfällt, drängen sich die verschiedensten Einfälle im assoziativen Strom auf. Es fehlt dem Ich eine organisierende Gestalt, die eine konstante Richtung und Strukturierung in der zeitlichen Sequenz einhalten würde; jeglicher periphere Gedanke, jeglicher flüchtige Eindruck und Einfall kann den assoziativen Strom an sich reißen, die Richtung beeinflußen.

„Verteilen Sie mit einem breiten Pinsel schwarze Gouache, an verschiedenen Stellen verschieden verdünnt, auf ein Blatt weißes Glanzpapier, und bedecken Sie es sogleich mit einem zweiten Blatt, auf dem Sie mit dem Handrücken einen nicht zu starken Druck ausüben. Heben Sie langsam vom oberen Rand her dieses zweite Blatt ab, so wie man bei Abziehbildern verfährt, und legen Sie es wieder auf, heben Sie es wieder ab, bis alles fast ganz getrocknet ist" *(Breton)*. Figuren werden entdeckt, die dann mit dem Pinsel herausgearbeitet werden.

Beim normalen Menschen, der in der psychoanalytischen Sitzung „frei assoziiert", wird der logische Schrittmacher nur teilweise durch das Unbewußte ersetzt: an Stelle der logischen Kontrolle tritt nämlich der Komplex auf. Aber beim psychotischen Menschen ist die Lage verwirrter; nicht einmal eine innere durchhaltende Triebfeder läßt sich nachweisen; selbst ein zufälliges Geräusch lenkt den Gedankengang plötzlich in eine andere Richtung, eine summende Fliege bringt den Patienten, der von einem wichtigen Anliegen erzählen wollte, auf ganz andere Gedanken.

In einem gewissen Sinn finden wir diesen Zufall in vielen Produkten der modernen phantastischen Malerei wieder. Der Künstler läßt sich in seinem Plan von peripheren Dingen leiten, die ihm ganz unbeabsichtigt zustoßen; die Kardinalpunkte verschieben sich radikal.

„‚Décalcomanie ohne vorgefaßtes Objekt' nennt *Dominguez* seine Technik. Das Bild ist ein zufälliges — wenn auch nachträglich häufig korrigiertes oder ergänztes Ergebnis eines mechanischen Vorganges. Ein bestimmtes Ausdrucks- oder Gestaltungsziel liegt bei Beginn der Arbeit vor; wie bei der automatischen Niederschrift und bei der Frottage haben der Herstellungsprozeß und der Inspirationsvorgang größere Bedeutung als das Produkt" *(Schneede)*.

Nun ist eine solche Lockerung der Assoziationen keineswegs das einzige Beispiel, das uns Psychiatern bekannt ist. Das Gegenstück dazu ist die feste Assoziation, welche zwei Dinge in Verbindung setzt, die etwas Gemeinsames haben, ungeachtet der vielen Verschiedenheiten, welche normalerweise die beiden Dinge trennen. Dasselbe findet man in der surrealistischen Kunst. Wenn *Magritte* eine Felswand malt, deren obere Kante eine aus Stein geformte Vogelgestalt darstellt, und dann am Fuße des Berges ein (wirklichkeitsgetreues) Nest mit Vogeleiern malt, so hebt er Gemeinsames oder Verwandtes hervor (Vogel-Vogeleier) im Widerspruch dazu, daß der Vogel oben am Berg eine zufällige Verformung der Bergwand ist, während das Nest von einem wirklichen Vogel zu stammen scheint. Vogeleier und Bergwand sind zwei völlig verschiedene Dinge, die nur dann im abnormen Gedankengang verbunden werden, wenn eine Assoziation die trennenden Merkmale bindet. Dann wird die Assoziation überwertig, während die trennenden Merkmale in den Hintergrund treten.

Bei *Schneede* lesen wir über *Magritte:* „Die Kombination darf nicht willkürlich sein; sie muß uns zwingen, um rätselhaft zu wirken, auf einem logischen Sprung basieren und auf jenen Zufall verzichten, der für *Marx* eine so bedeutsame Rolle spielte."

Welcher logische Sprung? Beachten wir folgende Zeilen von *Magritte* selber:

„Eines Nachts im Jahre 1936 erwachte ich in einem Raum, in den man einen Käfig mit einem darin schlafenden Vogel gestellt hatte. Ein großartiger Irrtum ließ mich im Käfig ein Ei an Stelle des Vogels sehen. Und damals erfaßte ich ein neues und poetisches Geheimnis, weil der Schock, den ich da erlebte, genau durch die Verwandtschaft zweier Objekte, nämlich Käfig und Ei, hervorgerufen worden war. Seit dieser Entdeckung versuchte ich herauszufinden, ob auch andere Gegenstände ... indem sie ein für sie spezifisches und vorbestimmtes Element ans Licht brachten, dieselbe offensichtliche Poesie ausdrücken konnten ..." Für die Lösung des jeweiligen Problems hatte er drei Themen angegeben: „Das Objekt, dann jenes Ding, das ihm im Schatten des Bewußtseins zugeordnet war, und dann das Licht, in dem dieses Ding sichtbar werden konnte."

„Jenes Ding" das, wie sich *Magritte* ausdrückt, „im Schatten des Bewußtseins dem Objekt zugeordnet ist", kann normalerweise nicht ins Licht treten, weil dem Objekt viele andere wesentliche Aspekte der Realität zugeordnet sind, die eben zuerst ausgeschaltet werden müssen, damit die eine Assoziation überwertig wird. Warum wird sie es? Beim Kranken ist eine solche Ausschaltung und Verzerrung der Denk-Assoziationen eine Störung, die möglicherweise das Wesen eines „primären Symptoms" im Sinne *E. Bleulers* ist, also einen psychobiologischen Ursprung hat. *Magritte* spricht aber von einem „poetischen Geheimnis". Hier sehen wir, daß der moderne Maler und der Schizophrene nur ein Stück Weg gemeinsam haben, jedoch in zwei völlig verschiedenen Welten leben. Jeder Psychiater weiß, wie der schizophrenen „Zerfahrenheit" nichts ferner liegt als ein poetisches Geheimnis. Weder für den Kranken selber, noch für seinen Partner gibt es auch nur einen Hauch davon.

Wenn der Maler *Dali* aber schreibt: „Der einzige Unterschied zwischen mir und einem Verrückten besteht darin, daß ich allerdings nicht verrückt bin", drückt er vielleicht unwissend die Distanz zwischen seiner „paranoisch-kritischen Methode" und der Situation eines wirklichen Patienten aus.

Das poetische Geheimnis des surrealitischen Malers ergibt sich aus dem Wissen um beide Wirklichkeiten, aus dem dialektischen Verhältnis des Schocks und der Spiegelung, aus einem Kompositions- und Kombinationsbewußtsein, das dem psychischen Patienten gerade mitten in all seinem Komponieren und Kombinieren abgeht, weil die eine Wirklichkeit fehlt und die andere auf keinem Hintergrund mit der ersten verglichen werden kann.

Das poetische Geheimnis mancher schizophrener Kunstwerke liegt auf einer anderen Ebene: dort nämlich, wo mitten in der autistischen Isolation plötzlich eine echte Kundgabe möglich wird und uns aus einer wirklich anderen Welt ergreift. Die Dynamik der Kommunikation mitten im abgerissenen Faden berührt und bewegt uns.

3. Die Frage der Selbstidentität

Die moderne Tiefenpsychologie ist darum bemüht, in die Erlebnisse des psychotischen Menschen, etwa der Depersonalisation, der Verwischung von Innen und Außen, der Selbst- und Weltentgrenzung, einzudringen. Diese Thematik ist der modernen Kunst nicht fremd, auch wenn sie aus der Psychopathologie vielleicht keine direkte Inspiration gewonnen hat und auf einer anderen Ebene verfährt. Eine Konvergenz ist hier im Geist unseres Zeitalters begründet. Das Thema der Realität in der Irrealität durch die Gegenüberstellung von Bild und Abbild verdichtet sich in der Auflösung der Selbstidentität. Bezeichnend sind hier die Kommentare der Sachverständigen zu den Bildern der Künstler. Es drängen sich uns Psychiatern Begriffe aus unserer Berufswelt auf; und es bleibt nur die Frage bestehen, ob die Ähnlichkeit der Worte über die anderen Unterschiede hinwegtäuscht, oder ob sich doch tiefere Verwandtschaften erfassen lassen.

Aber der Künstler weiß jedenfalls von der Dialektik zwischen seinem Erleben und der allgemein verständlichen Realität. Sein der letzteren verpflichtetes Ich liefert sich also nie radikal aus, ist nie dem Verfall preisgegeben. Diese Freiheit und Aktivität des Ichs zeigt sich in der ständigen

Durchdringung von erster und zweiter Wirklichkeit, von der sinngemäßen und der konstruierten, was gerade den surrealistischen Effekt begründet.

Für die moderne phantastische Malerei ist also das Unsichtbare, der alogische Raum- und Zeitbegriff, die Klangassoziation, das Bizarre und Unerwartete kennzeichnend. Es vollzieht sich formtechnisch eine Annäherung an die schizophrene Bildnerei. Der Schizophrene steckt anderseits zu sehr im Sog der Krankheitsdynamik, der Entnaturalisierung und Desintegrierung, als daß sein Ich imstande wäre, daraus ein „Programm" zu machen. Der schizophrene Patient ist viel mehr von der furchtbaren Wirklichkeit der unsichtbaren Dinge, die bei ihm zur Darstellung drängen, überzeugt. Wenn er bei der Darstellung dieser unwirklichen Wirklichkeit die gemeinsame Realität zerstört, so deswegen, weil seine „Innerlichkeit" diejenige der abgespaltenen, außerhalb des Ichs liegenden Dinge ist; es ist eine private, furchtbare Transzendenz, die sich zu keinem sozialkritischen Programm formen kann.

Die Zerstörung der Realität ist bei ihm ein erlittener Vorgang. Hierin ist ein wesentlicher Unterschied zwischen der schizophrenen Bildnerei und der normalen Kunst begründet. Der Kunst des Kranken haftet ein Zug der Hilflosigkeit an, den der Erfahrene bei keinem auch noch so befremdenden Gemälde eines Gesunden wiederfindet. Bei ihm ist das Ich trotz aller Auslieferung mächtig. Es kann sich hinter seinem Werk rekomponieren, kann sich in der Zerstörung gestalten, kann sich am schöpferischen Einfall freuen. Die Realität wird in der phantastischen Kunst unter anderen in drei Weisen verformt:

a) Durch das unbewußte Erleben, welches über die Symbole zur Darstellung dringt.

b) Durch die „sinnlose", frei assoziierende Phantasie.

c) Durch die semantische Analyse der Wortbegriffe und der Beziehung zwischen den Gegenständen bzw. den Objektrepräsentationen.

In allen drei Fällen liegt der wesentliche Unterschied zwischen dem gesunden und dem kranken Künstler wohl darin, daß der erste die Freiheit hat, die Gestaltung der Realitätsverformung zu *wollen*, die sich dem Kranken dagegen aufdrängt.

2. Strukturunterschiede und Ähnlichkeiten zwischen phantastischer Kunst und schizophrener Bildnerei

Das hier zu behandelnde Hauptproblem betrifft die Gegenüberstellung von moderner und schizophrener Malerei.

Wir können die Strukturunterschiede und -ähnlichkeiten zwischen dem schizophrenen und nichtschizophrenen Bild untersuchen, indem wir uns

zunächst den Formprozessen zuwenden, welche den Stilmerkmalen zugrundeliegen.
Wir haben erwähnt, daß Phänomene der *Verdichtung* und *Verschiebung*, ja der Zertrümmerung der natürlichen Gestalt die schizophrene Sprache kennzeichnen. Wir haben solche Phänomene der Verdichtung und Verschiebung aber auch in der modernen Lyrik und in den Träumen gesunder Menschen beobachtet, und wir sind zum Schluß gekommen, daß es die sich aufdrängende Tätigkeit des *Unbewußten* ist, welche sich sowohl bei manchen Produktionen moderner Dichter als auch in den Träumen der Nichtgeisteskranken und schließlich in den Symptomen der Schizophrenen kundtut. Wir werden deshalb nicht überrascht sein, dieselben Formgesetze nun auch in der Bildnerei von schizophrenen Kranken wiederzufinden. Wir erfahren tatsächlich, daß die Formbehandlung des schizophrenen Malers sich mit Begriffen wie *Deformation, Dislokation, Verdrehung, Zerstückelung, Dismembration, Verdichtung,* schildern läßt, die zum Teil an die Termini erinnern, mit welchen *Freud* die primitiven Formgesetze des Denkens, die sogenannten „primären Prozesse" kennzeichnet. Im Folgenden möchte ich zunächst anhand einiger bildlicher Illustrationen zeigen, wie die „primären Prozesse" beim gesunden Maler arbeiten. Ich wähle dafür einige Bilder von *Magritte,* um aus der Fülle der vielen individuellen Variationen ein Paradigma herauszuheben.

Ein Kamin hat normalerweise einen Rauchabzug, durch den der Rauch aufsteigt. Auch eine Dampflokomotive hat einen rauchenden Kamin, also zeigt das Bild die beiden Gegenstände als zusammengehörig: Die Lokomotive fährt aus dem Kamin! (Siehe Abbildung)
Eine solche Art des Denkens ist auch für den schizophrenen Kranken typisch. Eine Patientin sagt z. B.: ich bin eine Jungfrau, Maria ist eine Jungfrau, also bin ich die Jungfrau Maria. Zwei verschiedene Subjekte, die Patientin und Maria, werden als identisch verstanden und zusammengebracht, weil sie identische Prädikate besitzen — genauso, wie ein Cheminé und eine Dampflokomotive im Bilde zusammengebracht werden, weil sie ein gemeinsames Attribut, das „rauchende" Kamin, besitzen. *Arieti* sagt, daß die schizophrene Gedankenorganisation den Grundgesetzen der aristotelischen Logik, nach denen wir zwischen Ähnlichkeiten und Identitäten unterscheiden, oft nicht mehr folge; vielmehr bewegen sich die Gedanken nach einer sog. „Paleologik", die, wie *Freud* nachgewiesen hat, der Struktur der archaischen psychischen Vorgänge, der unbewußten psychischen Akte, also der „primären Prozesse" entspricht.
Kasanin und *Cameron* haben einen Grundzug des schizophrenen Gedankenganges im Begriff der „Overinclusion", des „Übereinschlusses", geschildert. Sie meinen, daß Vorstellungen bei Schizophrenen keine scharfen, ichbesetzten Grenzen haben, so daß andere Inhalte in ihren Bereich eindringen. Schon *Eugen Bleuler* hat ein halbes Jahrhundert früher dassel-

be Phänomen geschildert. *Federn* hat mit seinem Begriff der fehlenden „Ichgrenzen" in der Schizophrenie auf denselben Sachverhalt Bezug genommen. Der schizophrene Patient meint z. B., daß „es im Hause brenne", weil er Liebesgefühle spürt; denn ein Liebesfeuer kann brennen. Auch das Volkslied meint doch: „Kein Feuer, keine Kohle kann brennen so heiß, wie heimliche Liebe, von der niemand weiß." Aber der Dichter bedient sich des Wortes „brennen" in einem übertragenen, metaphorischen Sinne, während der Schizophrene nicht unterscheiden kann und „brennendes Feuer" wörtlich versteht. Attribute des Feuers, z. B. seine physikalischen Eigenschaften, werden also auf die Vorstellung der Liebe übertragen, weil diese andere, nicht physikalische Eigenschaften, z. B. unsere emotionellen Antworten auf den Anblick der Flammen, enthalten kann.

Kehren wir nun zu *Magritte* zurück! Er will uns einen „Brustkorb" malen. Sowohl das deutsche Wort „Brust-Korb", wie das entsprechende englische („ribble-cage") oder italienische („gabbia toracica") bestehen aus zwei Worten, die einzeln für sich genommen etwas ganz anderes meinen: Korb, cage, gabbia. Warum sollte der Maler nicht einen Käfig malen, mit einem Vogel dazu? (Siehe Abbildung)

Ein Gegenbeispiel aus der Psychopathologie: ein italienischer Schizophrener analysiert das Wort „polizia" (Polizei). Es bestehe, findet er, aus einer Verkürzung des Wortes „Poliklinik" und aus „zia = Tante"; es bedeute also, daß die Tante in die Poliklink geht.

Wenn wir von der Persönlichkeit dieser beiden Menschen, des Malers und des Schizophrenen, absehen, können wir dann sagen, daß bei ihnen in gleicher Weise eine „Schizophrenie" der Assoziationen besteht? Freilich, *Magritte* weiß um das Wortspiel. Ist aber der Schizophrene in seinem Wahn immer so gefangen, daß er vom Wortspiel nichts wüßte? Oft wirkt gerade er spielerisch, man bekommt fast den Eindruck, er will sich über seinen Gesprächspartner moquieren. Mancher Psychiater bekommt deshalb den Eindruck, daß der Kranke, etwa durch seine läppische, hebephrene Abwehr, die Leute von sich fernhalten will. Vergessen wir aber nicht die Unterschiede der Situation, ja der strukturellen Voraussetzung des assoziativen Sprunges! Beim schizophrenen Kranken müssen wir einen „Objektverlust" annehmen. Die Welt der Objekte verblaßt, wie schon *Freud* meinte, als er davon sprach, daß der Kranke seine Libido von den Objekten zurückzieht. Die Objekte, meinte *Freud*, werden libidinös übersetzt. Sie werden als Dinge, nicht mehr als Zeichen, als Hinweise auf Dinge gebraucht. Man kann sich darüber Gedanken machen, warum das geschieht. Man kann sich z. B. vorstellen, daß der Kranke, welcher bei seinem desintegrierenden Ich keinen wesentlichen Einfluß auf die Welt der Objekte ausübt und vielmehr von ihrer Wahrnehmung desintegriert wird, sich durch eine Entkoppelung der Sprache aus den äußeren Objekten eine innere Objektwelt schafft, die er frei, nach eigenem Gutdünken, manipulieren kann. Man könnte aber auch so argumentieren, daß die assoziative Spannung zwischen den Vorstellungen und also auch der Zusammenhang zwischen dem Wortzeichen und der Objektgestalt verloren gehen; das schizophrene Ich leidet an einer Grundstörung der Kreativität, in dem Sinne nämlich, daß es sich nicht konstituieren kann. Das Überwuchern von schizophrenen Symbolen täuscht uns über die Unfähigkeit hinweg, funktionsfähige Symbole zu schaffen. Die schizophrenen Symbole meinen im Grunde oft nichts, wie im Falle der „Tante, die zur Poliklinik geht"; denn in diesem Falle hatte der Kranke nicht einmal eine Tante.

Was meinen aber die surrealistischen Symbole? — Auch nichts: die Künstler lehnen eine symbolische Interpretation ihrer Werke ab. Allein, die eindrucksvolle Formgestaltung, welche ja das Wirken des „sekundären Prozesses" verrät, macht es dem Betrachter leichter, sich aus dem gewollt Sinn-losen einen Sinn zu holen, wenn er will. Ich kann z. B. mit dem „Brustkorb" von Magritte etwas anfangen. Der Maler gab diesem Bild die Überschrift: „Der Psychotherapeut!" Phantasieren wir — in der Kunst ist es uns gestattet! —, daß die Vogelgestalt die in ihrer psychischen Krankheit gefangene Seele des Patienten darstellt, dann ist deren Integrierung in die Innerlichkeit des Psychotherapeuten als eine Introjizierung des Patienten in den Therapeuten begreifbar. Ein derartiges psychisches Phänomen kommt bei starken Übertragungs- und Gegenübertragungsvorgängen tatsächlich vor, und zwar so, daß der schizophrene Patient eine vorübergehende Selbstidentität dadurch gewinnt, daß er sich in einem psychisch fremden, aber dualisierten Rahmen organisiert; in einer solchen Symbiose gewinnt er seine eigene Welt. Im Spiegel der Gegenübertragung bedeutet aber ein solcher Vorgang die starke Identifizierung des Psychotherapeuten mit manchen Ängsten, Sorgen, Leiden eines Patienten, so daß er sie als die eigenen erleben kann. Ich habe tatsächlich Sätze von schizophrenen Patienten gehört, die vom Bild eines *Magritte* keine Ahnung hatten und doch buchstäblich meinten: „Manchmal habe ich das Gefühl, als ob ich im Innern des Psychotherapeuten wäre."

Das Bild von *Magritte* weist auch einen anderen für die Psychotherapie bedeutsamen Zug auf; die Introjizierung bedeutet für den Patienten zunächst nicht Freiheit. Vielmehr muß er die Möglichkeit, sich in einem mitmenschlichen Raum zu konstituieren, nicht selten mit dem Erleben bezahlen, daß er sich in dieser Situation gefangen fühlt. Ist der Patient ein Schizophrener, so kann sich dieses Erleben in den Worten ausdrücken, daß er vom Therapeuten eingesperrt, verfolgt und vergegenständlicht werde. Also folgt die „negative Übertragung" der positiven auf dem Fuße. Es gehört zum psychotherapeutischen Geist, zu merken, wann das „innerliche Nest" der positiven Übertragung zu einer Gefahr für den Patienten wird, der hinter den Gittern der Identitätskonfusion sitzt und noch nicht gelernt hat, sich davon im Erleben zu trennen. Erst wenn der Therapeut die richtige Gegenübertragung hat, kann ein solcher Patient zu sich selber kommen. Was aber in der Übertragung geschieht, ist von grundsätzlicher Bedeutung für die Konstituierung einer neuen Selbstidentität des Patienten im Ganzen; indem er nämlich lernt, die in der negativen Übertragung als Gefangenschaft erlebte Symbiose zu sprengen, beginnt er auch über die Gitter der früheren, krankheitsbegründenden Vorgänge zu fliehen.

Ich bin nun überzeugt, daß der Maler beim Entwurf seines Bildes keine Ahnung von der Möglichkeit solcher Gedankengänge hatte. Man muß nicht nur in Kontakt mit der Psychotherapie gekommen sein, sondern diese Vorgänge selber, vor allem mit schizophrenen Patienten erfahren haben, um so zu denken. Die Frage taucht auf, wie es möglich ist, daß ein Bild so viel mehr aussagt, als der eigentlichen Absicht zugrunde liegt. Schlüpft manchmal eine unbewußte symbolische Bedeutung in Bilder hinein, die sich als nicht symbolisch verstehen; weil das Symbol strukturmäßig zur menschlichen Psyche gehört?

Stammt das Kunstwerk aus einem menschlichen Urgrund, so daß dieses für die verschiedenen Gesichtspunkte offen wird und deswegen fähig, auch Menschen, die in einem anderen Zeitalter, unter verschiedenen sozialen Bedingungen leben, etwas zu sagen?

Grundsätzlich wäre es aber möglich, auch viele schizophrene Werke so zu „interpretieren". Ja, die Interpretation in der Psychotherapie der Schizophrenie hat nur stellenweise die Möglichkeit und die Aufgabe, objektive Verhältnisse aufzudecken; oft geht es lediglich darum, schizophrene Gestalten, (Gedanken, Bilder usw.) in sinnvollere, rational-strukturierte Vorstellungen des Therapeuten zu übersetzen, welche dem Kranken weniger sein Unbewußtes als vielmehr die Anwesenheit des Therapeuten in seiner Welt aufzeigen. Alles ist also deutbar; und nichts ist total in der Deutung enthalten — hüben und drüben, in der Schizophrenie und in der Kunst. Dann müssen wir wieder fragen: Worin liegt der Unterschied? Alle diese meine Ausführungen sind z. T. ein Kreisen um Fragen, die nie endgültig beantwortet, aber von verschiedenen Gesichtspunkten her meditiert werden können. Ein zentraler Gesichtspunkt ist, wie ich schon betont habe, die verschiedene Art und Weise, wie schizophrene und nichtschizophrene Künstler Begriffe in Formen gestalten. Man beachte z. B. die verschiedene Handhabung der Verdrehung. (Siehe Abbildungen)

Verdrehung, das sei kurz vorweggenommen, ist eine besondere Form der Dislokation, eine Distorsion des dargestellten Körpers, welche darin besteht, daß die Raumorientierung uneinheitlich ist: ein Teil des Körpers, z. B. der Oberkörper, erscheint in Vorderansicht, ein anderer Teil in seitlicher Stellung usw. Ein hebephrener Kranker zeichnete zwei weibliche Figuren, von denen eine in Frontalansicht wiedergegeben ist; bei der anderen ist der untere Körperteil von hinten, der obere von vorne dargestellt. Dabei weist der Oberkörper eine leichte Drehung auf. Der Kranke führte diese ganz „unnatürliche" Distorsion auf seine Absicht zurück, eine Bewegung darzustellen, meinte jedoch, daß es ihm nicht gut gelungen sei.

Der schizophrene Kranke ist unbeholfen, *Magritte* liebt dagegen das Paradoxe. Er will schockieren und zum Nachdenken anregen. Magritte sagt, er befasse sich mit einer „Untersuchung der Realität", indem er ganz bewußt nach sprachlichen Teilähnlichkeiten der Begriffe suche. Seine Methode bestehe darin, wie *White* feststellt, unabhängige Gegenstände infolge der sprachlichen Struktur ihrer Benennungen oder, wie in diesem Fall, der spiegelbildlichen Form zusammenzubringen. Seine Methode ist eine „Investigation of pictorial semantics", welche die Realität des Sichtbaren konstituiert. Somit besteht schon in der bewußten Absicht eine Überlegenheit gegenüber dem Kranken. Das verschiedene Formniveau, das vom Gesunden und vom Kranken erreicht wird, hängt zu einem wesentlichen Teil damit zusammen, daß beim Kranken die Zerrform (Distorsion, Deformation, Dislokation usw.) ein Erleben des Ichs widerspiegelt, das von diesem nicht ganz gestaltet werden kann, weil es über die gestaltenden Kräfte nicht verfügt, ja diese teilweise auflöst. Weiter wird das verschiedene Formniveau auch dadurch bestimmt, daß die schizophrene Zerrform meistens ein an sich krankhaftes, schwer abnormes Erleben widerspiegelt, z. B. im Sinne der Halluzination, die nur für den Erlebenden eine Bedeutung hat. In der schizophrenen Malerei drückt sich dies z. B. in der besonderen Art und Weise aus, wie der Kranke seinen Körper empfindet. Wir haben es also mit der Darstellung von abnormen, subjektiven Zuständen, die dem Nicht-Schizophrenen fremd sind, zu tun. Schizophrene Patienten berichten uns oft davon, wie ihre Leiber verformt, magnetisiert, in Wirbel aufgesogen, in Stücke zerschnitten werden. Die Fragmentierung, die Deformation der Körpergestalt in ihren Zeichnungen hat deshalb eine ganz andere Ausdrucksbedeutung als ähnliche Motive bei den Bildern moderner Maler. Deformation ist ein kennzeichnendes Symptom des schizophrenen Gestaltens — eine künstlerische Entsprechung der Gefühle der Derealisation und der Depersonalisation.
Die Sonderbarkeit der Erlebnisse schließt sowohl die Möglichkeit des Darstellenden aus, sich mit allgemeinem menschlichem Empfinden eins zu fühlen, wie auch diejenige des Beobachters, sich mit dem schizophrenen Künstler ganz zu identifizieren.

Gibt es nun eine Möglichkeit, anthropologische Strukturen in der schizophrenen Malerei und in der nicht schizophrenen Kunst zu untersuchen, ohne sich auf die einzelnen formalen Stilmerkmale beziehen zu müssen? Der Vorgang des Kunstschaffens selber, insbesondere die Bezugnahme des schaffenden Menschen auf sich selbst, auf das Gegenständliche, auf seine Mitmenschen, sind wesentliche Aspekte des kreativen Vollzuges. Es stellen sich dann Fragen wie:
1. Welches ist die Freiheit und die Selbstzucht des Menschen in seinem kreativen Schaffen? Das heißt, welche Möglichkeiten hat er zur Verfügung, sein Unbewußtes zu steuern, die unbewußten Inhalte in die frei ge-

wählte Form umzusetzen, die primären Prozesse, also die Formgesetze des unbewußten Denkens, in den großen gewollten Zusammenhang zu integrieren?
2. Welches ist dabei der *Kommunikationswille* des Künstlers, wie ist er auf ein inwendig anwesendes Publikum, auf einen Mitmenschen gerichtet?
3. Wie stark und differenziert ist das Selbstverwirklichungsstreben des so Schaffenden?
Diese drei Fragen wiederholen bereits Gesagtes, schöpfen aber das Thema noch nicht aus.

1. Freiheit, Selbstkontrolle

Verdichtung, Übereinschluß (Overinclusion), Verschiebung, Fragmentierung und ähnliche Vorgänge erscheinen sowohl in den Träumen wie auch in den Psychosen als Prozesse, die dem Träumer resp. dem geistig Kranken aufgezwungen werden: *Er ist in ihrem Banne.* Der gesunde Künstler aber (der Einblick in die primären Prozesse gewinnt) verfällt ihnen nicht; er gibt sie wider, er stellt sie dar, er nimmt von ihnen wieder Abstand, sobald er sich von seinem Kunstwerk dem sozialen Leben zuwendet.
Der Künstler mag dem Unbewußten einen Schritt näher sein als der Psychiater, weil er mitten in seinem Kunstschaffen oft in den Bann des Unbewußten gerät. Aber er bleibt dennoch auch in einem solchen Vorgang überlegen, indem ihm die Fähigkeit eigen ist, durch die Gestaltung Distanz zu gewinnen, durch die Form zu beherrschen (primäre Prozesse durch sekundäre zu gliedern) und so letzten Endes in der Welt der Verbindlichkeit zu verbleiben, wo er mündig und selbständig mit uns kommuniziert.
Bei einer Regression auf die paleopsychische Ausdrucksweise hat der abstrakte Maler und der moderne Lyriker die Freiheit, zu den Gesetzen der Logik zurückzukehren, in denen es überall darum geht, verbindliche Kommunikationsformen zu finden.
Es besteht hier also ein Unterschied zwischen schizophrener und nichtschizophrener Kunst. Als Kriterium des Unterschiedes darf die verschiedene Entscheidungsfreiheit gelten. Das eine Mal — im Falle der Schizophrenie — wird z. B. die „Verfremdung" des Daseins *passiv* erlitten, das andere Mal ist die Verfremdung ein Mittel des künstlerischen Ausdruckes; der Künstler beabsichtigt diesen Ausdruck, um über dem so Ausgedrückten zu stehen. Diese Überlegenheit zeigt sich schon darin, daß er unser soziales Leben teilt. Erst beim Schizophrenen erleben wir, vor allem in den Zuständen der akuten Psychose, Formen des Gestaltens, die schließlich in einem vollständigen Chaos untergehen.
Form- und Wortsalat, um einen Ausdruck zu verwenden, den die alten Psychiater prägten, sind dann keine Kunst mehr, sie machen uns vielmehr

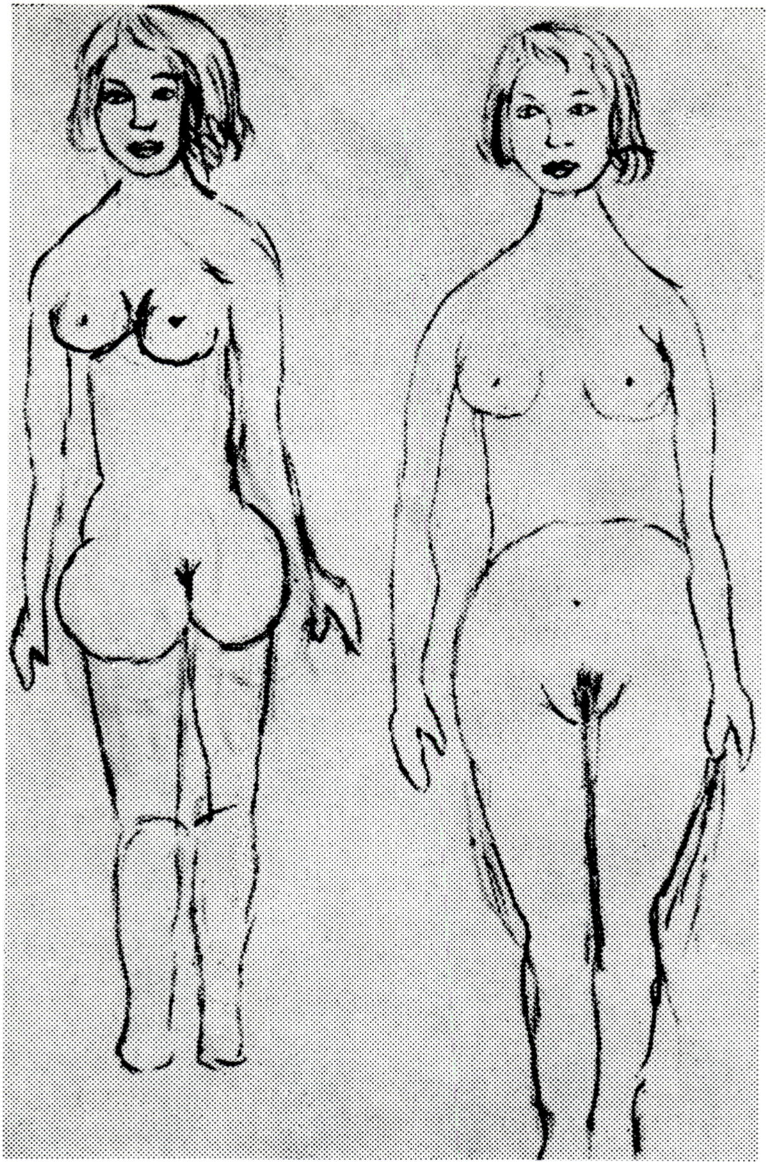

Patientenzeichnung, Zwei Frauen

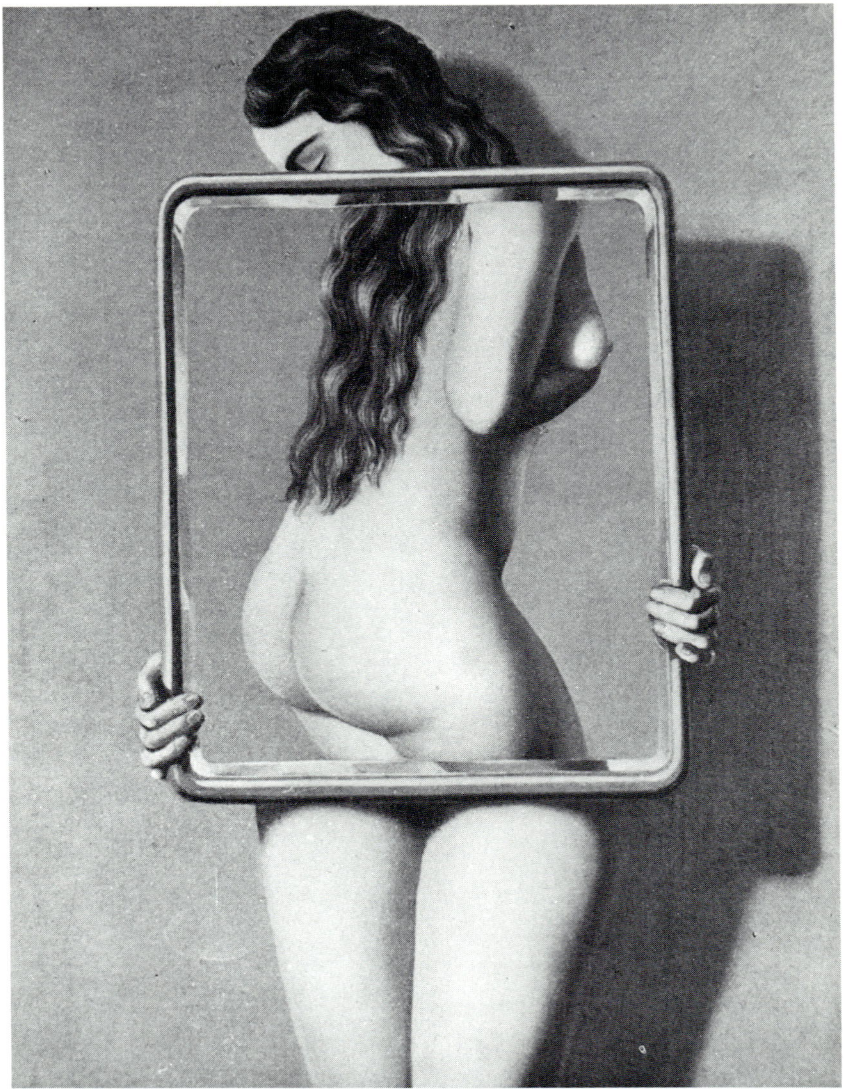

R. Magritte, Frau mit Doppelkörper

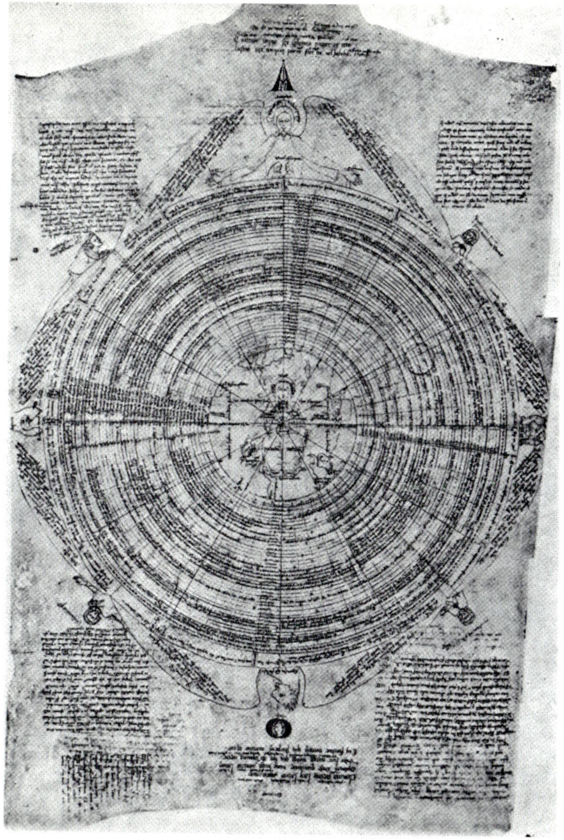

Zeichnung eines psychotischen Priesters (14. Jahrhundert)

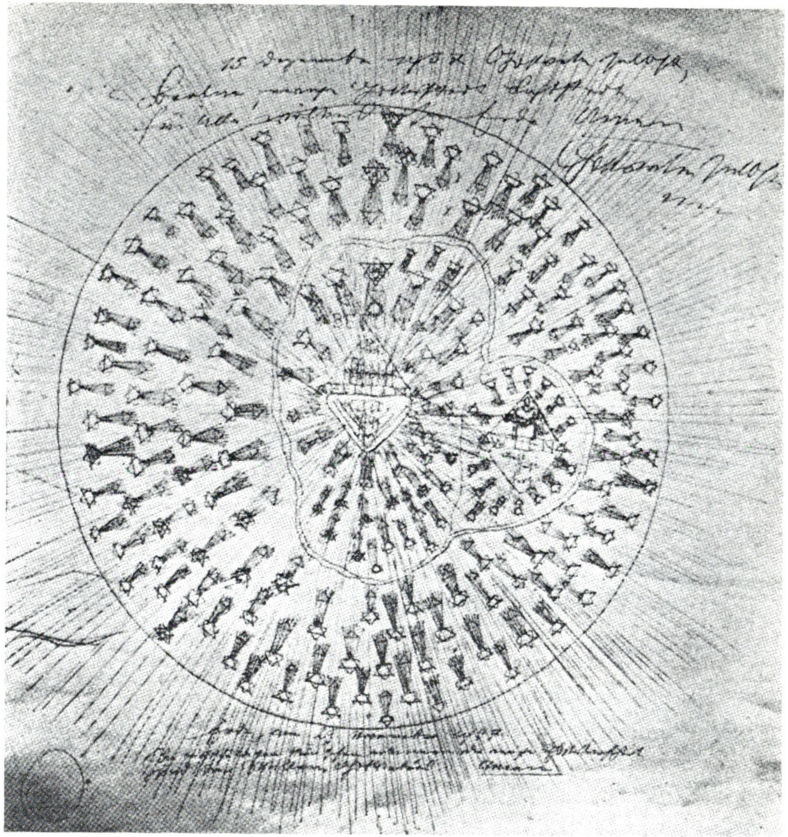

Zeichnung eines psychotischen Architekten (20. Jahrhundert),
Berlin, ewige Stadt für alle Völker auf Erden

J. Plokker, Schizophrenes Mädchen

deutlich, auf welche Grenze schließlich die „künstlerische" Produktion der Schizophrenie stößt, wenn Desintegration und Autismus ihren Höhepunkt erreicht haben.

Wenn die unbewußten Vorgänge überwiegen, so daß jegliche Kommunikation, Verbindlichkeit, jegliche Spannung in der Ordnung, jegliche Struktur der Anpassung versagt, dann erscheint uns eine solche Kunst eher wie eine Explosion als eine Gestaltung.

Wir können den Unterschied zwischen schizophrener und nicht schizophrener abstrakter Kunst durch ein Modell der modernen Physik veranschaulichen. Wir vergleichen die unbewußten (primären) Prozesse mit den Atomkräften, welche in der Desintegration des Atoms frei werden. Wenn die Atomdesintegration *kontrolliert* bleibt, wie etwa in den Atomreaktoren, wenn also gesteuerte Atomkettenreaktionen eine begrenzte Menge an Energie freisetzen, so ist das Schlußergebnis der Reaktion ein Energiegewinn und eine gestaltende Bereicherung unserer technischen Welt. Wenn aber die Atomdesintegration unkontrolliert und augenblicklich geschieht, kommt es zu einem akuten Vorgang, zu einer Atomexplosion. Destruktion ist dann das Ergebnis. Phantastische Kunst ist in diesem Vergleich eine gesteuerte Atomkettenreaktion. Die unbewußten Vorgänge werden durch die bewußten so gesteuert, daß eine verbindliche Kommunikationsform entstehen kann.

Schizophrenes Kunstgestalten schließt an sich eine kreative, bewußte Kontrolle nicht aus. Ja, es kann sogar sein, daß die künstlerische Produktion dieser Kranken in der Psychose fruchtbarer ist als außerhalb derselben, wo die völlige Anpassung an die Konvention jegliche Spannung und Originalität ausschließt. Während echte, nicht schizophrene Dichter und Maler eine solche Spannung und Originalität, eine gewisse Nähe zum Unbewußten, wie *Kris* meinte, stets behalten, scheinen manche Patienten erst durch die Schizophrenie teilweise und vorübergehend schöpferisch zu werden[3]. Sie verlieren später mit ihren psychotischen Symptomen jegliche künstlerische Fähigkeit des Ausdrucks. Aber schon deshalb, weil die Nähe zum Unbewußten beim Kranken durch das Walten der Psychose bedingt ist, kann die schizophrene Kunst niemals jene Höhen erreichen, die der nicht schizophrene Künstler erreichen kann. Erst dort, wo das Unbewußte sich allmählich Ausdruck verschafft, ohne die Reichhaltigkeit und die Mannigfaltigkeit der sekundären Denkprozesse zu zerstören, haben wir das wahre, große Kunstwerk.

Die Weigerung, sich den Formgesetzen unterzuordnen, also die formalen Zusammenhänge restlos aus der uns sichtbaren Welt zu beziehen, ist freilich ein Kennzeichen der modernen Kunst, der autistischen Malerei. Daher

[3] *Forkert-Schultze* berichtet von einem schizophrenen Musiker: „Die Melodik ist eingängig ... einige melodische und rhythmische Floskeln werden mit Vorliebe verwendet. Der Ausdrucksbereich, also die Spannungsweite, ist nicht groß; ein gleichmäßiges Pathos durchzieht alle Sätze. Demgegenüber waren seine Improvisationen auf dem Flügel voll zarter Lyrik und dazu gegensätzlich recht handfester Dramatik, gespielt in einer Technik, die etwa an Schumann gemahnte. Der Erfindungsreichtum war erstaunlich; erst wenn ihm nach ein bis zwei Stunden nichts Rechtes mehr einfiel, geriet er in ein einförmiges Klingeln ..."

die Ähnlichkeit zwischen den beiden Kunstformen, der schizophrenen und der modernen. Aber Verweigerung der Norm ist nicht dasselbe wie Freiheitsverlust. Der normale Künstler, der die Integration und die Anpassung „verweigert" — um die Eigenwilligkeit seines Erlebens gegen eine ihm von den Anderen diktierte Gesetzmäßigkeit zu verteidigen —, kann sich immer, freiwillig, aus seinem Zustand der Verweigerung in einen der Anpassung, der sich anpassenden Bewältigung der Formwelt zurückziehen. Gerade diese Flexibilität, dieser freiwillige, sich zurückholenkönnende Charakter — dem zufolge der moderne Künstler ein Mensch ist, der sich wie wir alle in der Welt verhalten kann — bietet bei der modernen Kunst eine wichtige Abgrenzungsmöglichkeit gegenüber der schizophrenen Malerei.

2. *Die Frage der Selbstmitteilung*

Es gibt in jedem Kunstschaffen verschiedene Stufen der Bewußtheit, sowie der Gemeinschaft mit einem idealen Zuschauer oder Zuhörer. Es bestehen, anders ausgedrückt, verschiedene Stufen der Ichtätigkeit, die durch eine unterschiedliche Offenheit auf das Unbewußte und eine ebenfalls unterschiedliche Beteiligung der Selbstbeobachtungsfunktion gekennzeichnet sind. In der Phase der Inspiration dürfte das Ich manchmal für Einfälle offen sein, die aus seinem Unbewußten derart strömen, daß es sein eigenes Werk nicht immer verstehen kann[4].
In der Phase der kritischen Selbstbeobachtung identifiziert sich dagegen der Künstler mit seinem Publikum. Diese Bewußtseinsstufe, die vornehmlich eine Selbstbeobachtungsfunktion ist, scheint bei den künstlerischen Produktionen von Schizophrenen eine geringere Rolle zu spielen als beim normalen Menschen. Der abstrakte Maler ist immer, bei aller Eigenwilligkeit seiner Ausdrucksweise, seines Stiles, auf den Zuschauer hin orientiert; er will ihn ansprechen und erschüttern. Der Schizophrene sieht von einem Zuschauer in dem Sinne ab, daß er sich nicht in ihn einfühlt, weil er auch in der Kunst autistisch bleibt.
Der Umgang mit schizophrenen Patienten berechtigt zur Feststellung, die schon *Kris* machte, daß ein ästhetischer Eindruck auf das Publikum dem Kranken fern liegt, ein besonderer Kommunikationswille sei nicht vorhanden. Vielmehr scheint sich der Kranke von seinem Werk eine magische Wirkung auf die Mitmenschen oder das Universum zu erhoffen. Die Vorstellung, durch das eigene Kunstwerk auf die Außenwelt wirken zu können, ist beim Schizophrenen eher magisch als ästhetisch bestimmt.

[4] Umgekehrt ist die Phase der Verarbeitung durch ein Bewußtsein gekennzeichnet, das sich am antizipierten Urteil des Mitmenschen orientiert; wohingegen der Kontakt mit dem eigenen Unbewußten geringer geworden ist. In dieser Phase ist der Künstler sein eigener Zuschauer, Zuhörer; er prüft, wieviel von seinem Werk der Kritik standhalten kann.

Der Kranke will nicht beeindrucken und erschüttern, er will sich beweisen, so daß die Macht seiner These durch seine Werke ausstrahlt. Der Schizophrene gleicht in mancher Hinsicht mehr dem prähistorischen Maler als dem heutigen Künstler. Jener bezweckte mit seinen Tierbildern eine rituelle Einwirkung auf das lebenswichtige Objekt seiner Jagd, das er durch die Abbildung beherrschen wollte.

3. *Die Frage der Selbstverwirklichung*

Die kommunikative Dimension ist in jedem Kunst- und Dichterwerk mit dem Anliegen der Selbstverwirklichung verbunden und verwandt. Kein Dichter schreibt nur für seine Zuhörer, kein Maler gestaltet nur für seine Zuschauer. Jeder Künstler sucht in der Beziehung zu seinem Kunstwerk auch eine Selbstverwirklichung, ein Bannen der bedrängenden Ängste, ein Gestalten der Impulse, eine Entwicklung seines Ichs über die Spiegelung in seinen Werken. Wer spricht und gestaltet, übt eine Kraft aus, er prägt der Existenz sein Spiegelbild auf, er findet sich selber, indem er sein Weltbild findet.

Im Gegensatz zum Wunsch der Mitteilung, der in der autistischen Psychose erlahmt, ist das Streben nach Selbstverwirklichung jedem malenden oder dichtenden Schizophrenen eigen. Vielleicht ist dieses Streben nach Selbstverwirklichung durch die Kunst für das Subjekt nirgends so bedeutsam wie bei manchen Schizophrenien, wo man bei einigen Kranken den Eindruck gewinnt, daß sie sich zur Heilung durchmalen.

Es ist eine Einsicht *Freuds*, daß der Mensch aus einer psychischen Tätigkeit, die sich nicht an die Objekte in der Außenwelt richtet, sondern sich ihrer selbst wegen vollzieht, Lust schöpfen kann. Die menschliche Psyche wird sich tätig ihrer selbst gewiß, ihr Hauptziel liegt in der Selbstvergewisserung.

Seit den ersten Formulierungen *Freuds* hat es nicht an Forschern und Denkern gefehlt, die solche Gedanken wiederaufgenommen oder, nicht um sie wissend, doch Beweise zu ihren Gunsten vorgebracht haben.

Von *Harlow* stammmen z. B. Experimente, bei denen Affen stundenlang an Problemrätseln arbeiten, deren Lösung ihnen keine andere Befriedigung einbringt als die, daß sie am Ende die richtige Lösung finden.

Der Psychoanalytiker *Kris* hat die Ansicht geäußert, daß das ästhetische Empfinden auf einer psychischen Tätigkeit um ihrer selbst willen beruhen dürfte.

Der Biologe *Portmann* seinerseits hat die These vertreten, daß etliche Verhaltensweisen bestimmter Tierarten nur als Ausdruck eines Bedürfnisses verstanden werden könnten, sich in ihrer Innerlichkeit zu zeigen.

Manches spricht in der Tat dafür, daß das Kunstwerk dem Künstler Spiegel und konkretisierende Imago seines Selbst ist. Dafür spricht unter anderem die Beobachtung, daß man zu den Gegenständen des eigenen schöpferischen Tuns in eine ähnliche Beziehung treten kann wie zu sich selber. Das selbsterschaffene Kunstobjekt ist gewissermaßen ein erweiter-

tes Ich. Minderwertigkeitsgefühle des Ichs beziehen sich gerne auch auf die Produkte der eigenen Tätigkeit; diese werden dagegen vom narzißtischen Menschen idealisiert. Die Psychoanalyse erklärt diesen Sachverhalt so, daß das Kunstwerk mit narzißtischer Libido besetzt wird.
Selbstverwirklichung durch die Kunst ist ein Phänomen, das man bei Gesunden und bei Kranken, bei Erwachsenen und bei Kindern beobachtet. Wir wollen dem Prozeß der Ichwerdung durch den künstlerischen Ausdruck bei Kindern ebenfalls einige Zeilen widmen.

Zwei amerikanische Psychiater, *Itmar Yahalom* und *Robert Kohrmann*, hatten in Los Angeles und in Chicago Gelegenheit, eine Gruppe von schizophrenen Kindern im therapeutischen Milieu einer äußerst genauen Beobachtung zu unterziehen. Sie beschreiben zwei Phänomene, die mit der charakteristischen Verzerrung der Selbstwahrnehmung in der Schizophrenie des Kindes im Zusammenhang stehen: stereotype Muskelbewegungen und das Auftauchen eines Gesichtes in Kritzelzeichnungen. Die Kreiselbewegungen, das Gekritzel und die Perversionen werden als verzweifelte Versuche gedeutet, das unerreichbare mütterliche Gesicht zu fassen. In dem in den Zeichnungen auftauchenden Gesicht wird eine verschüttete Erinnerung sichtbar, die mit dem frühen Erleben des „absolut Guten" vor der Versagung zusammenhängt, der Fusion von Mutter und Selbst.
Anderseits sprechen diese kindlichen Erfahrungen dafür, daß erst durch diese Zeichnungen dieser jungen Patienten verschüttete Affekte der Angst verarbeitet werden. Genaue Beobachtungen legen die Vermutung nahe, daß das schizophrene Kind seine frühesten Wahrnehmungen wiedererlebt, wenn es sie erstmals als Gesichtsform zeichnet. Diese frühesten Wahrnehmungen lagen verschüttet unter den mechanischen Ausdrucksmodi einschließlich der repetitiven Zeichnungen. So war es z. B. bei einem Kind, das Hunderte von Autos oder unerkennbare Formen zeichnete, ohne irgendwelche Angst oder andere Affekte zu zeigen, so, als hätte es seine affektiven Wurzeln verloren. Nichts antwortete innerlich auf die äußere Wahrnehmung. Nachdem das Kind das Stadium erreicht hatte, wo es das Gesicht zeichnete, zeigte es Angst vor einer Gefahr, die aus der stagnierenden Erinnerung emportauchte; es sagte: „Nicht vom Auto überfahren!" rannte zu seiner Beschützerin und warf sich ihr in die Arme.

Solche Kinderzeichnungen, die im therapeutischen Prozeß entstehen, mit wesentlichen frühen Erlebnissen des Kindes in Verbindung stehen, seine Kommunikationsweisen mit der menschlichen Umwelt ausdrücken, werden als ergreifende Dokumente der kindlichen Menschwerdung verstanden. Dieses Erleben der Ergriffenheit ist umso stärker ausgeprägt, je näher man in der Psychotherapie dem kleinen Patienten steht. Es ist dies schon eine erste, emotionelle Antwort auf seine Isolierung und seine tastenden Kontaktversuche. Das Ergriffensein des Therapeuten, der solche Zeugnisse einer beginnenden Kommunikation des Kindes schön findet, ist nicht wesentlich verschieden vom Empfinden einer Mutter, die das eigene Kind als schön erlebt. Wir sehen daraus, daß unser menschliches Erleben in Anbetracht solcher psychopathologischer Dokumente von unserer Beziehung zu dem sich in ihnen Ausdrückenden abhängt. Kunsterleben hat eine kommunikative Dimension und kann erst durch Freilegung dieser anthropologischen Struktur erforscht werden.

Zeichnungen sind also Symbole der Selbstverwirklichung. Die Gespaltenheit der Selbstverwirklichung in der Schizophrenie spiegelt sich in der Gespaltenheit der schizophrenen Bildnerei.

3. Struktur der schizophrenen Kunst

1. Es ist behauptet worden, daß der Schizophrenie zumindest in einigen Abschnitten ihres Verlaufes ein eigentümlicher schöpferischer Zug innewohnen kann, der sich aus dem Streben des sich psychotisch auflösenden Ichs nach integrierenden Gestalten und Gestaltungen ergibt und daß deshalb auch einfache Menschen, die in ihren gesunden Tagen nie ein Gedicht geschrieben oder ein Bild gemalt haben, nun dichten und malen. Das Qualitätsniveau ist bei ihnen freilich verschieden von demjenigen, das wir bei großen Geistern antreffen — nichtsdestoweniger bleibt die Frage aufregend, ob Schizophrenie, Spaltung des Geistes, nicht auch den Keim zu einem schöpferischen Kampf um den Geist enthalte.

Arnold beobachtete bei jenen schizophrenen Kranken, die am Anfang der Psychose künstlerisch produktiv werden — sie machen allerdings nicht mehr als ca. 5 % der Erkrankten aus —, eine *Intensivierung der Erlebnisfähigkeit:* Die Gegenstände werden in den Augen der Kranken plastischer, die Schwarz-weiß-Gegensätze schärfer, die Farben heller. Wahrnehmungen und Vorstellungen ändern sich nicht nur quantitativ, sondern auch qualitativ, sie werden beweglicher, lebendiger. Der Patient entwickelt neben seinem Krankheitsgefühl auch dasjenige der Produktivität, wie wir es übrigens deutlich an den Schilderungen von *Strindberg, Nerval* und anderen gesehen haben. Eine früher nie empfundene Schönheit durchdringt alle Dinge, die farbiger und wirklicher werden. Die Intensivierung des Erlebens ergibt sich nicht nur aus der Steigerung der normalen Formen der Empfindung, sondern auch daraus, daß neue *Formen des Empfindens* entwickelt werden. Früher voneinander getrennte Bilder werden z. B. ineinander integriert, *Verdichtungen* lassen *neue* Gegenstände und Vorstellungen entstehen, die Verwischung der Grenzen zwischen Ich und Umwelt führt nicht nur zu quälenden Depersonalisationserlebnissen, sondern auch zu solchen der Beseeligung und Bereicherung.

Schizophrene Formen, Gestalten und Bilder vermögen uns künstlerisch mehr zu beeindrucken als schizophrene Gedichte. Während man beim Anhören eines durchschnittlichen schizophrenen Gedichtes relativ leicht das Banale, die Gedankenleere, das Wenigsagende verspürt, ist man dagegen angesichts eines schizophrenen Bildes manchmal im Zweifel, ob da nicht künstlerische Höhe und geistige Spannung erreicht wird.

Die Tatsache, daß schizophrene Patienten bei zeichnerischen Darstellungen im allgemeinen besser abschneiden als bei dichterischen, scheint mir in dem sehr archaischen Ausdruckscharakter des Bildes im Vergleich zum Wort begründet. Das Bild, das Erfassen und Gestalten von Bildern, ist phylogenetisch älter als das Wort. Die Jäger der vorgeschichtlichen Zeit konnten schon, wie uns z. B. die Bildnereien von Lascaux und Altamira lehren, meisterhaft Formen erfassen und wiedergeben, und zwar in einer Epoche, als noch keine literarischen Dokumente einer Sprache vorlagen, als Schriftzeichen noch nicht existierten. Auch der geschichtliche Mensch ist dieser Tradition seiner Ahnen verpflichtet, bestehen doch seine Träume, wie Psychoanalytiker längst erkannt haben, in erster Linie aus Bildern und erst sekundär aus Worten und Begriffen. In den Träumen bewegen wir uns in einer Bilderwelt voller Bedeutungen und Intuitionen. Worte, Sätze, Begriffe scheinen einer höheren, späteren Differenzierung des menschlichen Geistes zu entspringen.

Der Schizophrene aber hat diese Integrationshöhe teilweise verloren, weil die Wortassoziation und die grammatikalischen Verbindungen bei ihm einer anderen, in der Paleopsyche verwurzelten logischen Struktur entspringen. Zwar kann er sich musikalischer und mathematischer Symbole bedienen, aber seine Virtuosität bleibt dabei meist instrumental. Die spannendsten Darstellungen seines inneren Dramas vermag er eher in Bildern als in Geschichten auszudrücken. Studien über schizophrene bildende Kunst sind im Vergleich zu denjenigen über schizophrene Dichtungen dementsprechend schon rein zahlenmäßig bedeutungsvoller.

Die Meinungen sowohl der Kunstkritiker wie auch der Psychiater zur Frage, ob die Bildnerei Schizophrener im allgemeinen als Kunst bezeichnet werden darf, sind gegensätzlich. Der Kulturphilosoph *Malraux* meinte z. B., daß Darstellungen von Geisteskranken zu den eindrucksvollsten Kunstgattungen zu zählen seien, die der Mensch je geschaffen habe.

In seinem 1921 erschienenen Grundwerk über die Bildnerei schizophrener Kranker, das eine neue Epoche des Forschens und des Verstehens auf diesem Gebiet eröffnete, suchte der Psychiater *Prinzhorn* nach „seelischen Äußerungen und entsprechenden anschaulichen Gestaltungen, die bei allen Menschen unter gleichen Bedingungen zwangsläufig fast gleich sein würden, ähnlich wie die psychologischen Vorgänge".

Es fehlt aber nicht an skeptischen Gegenstimmen: *Bader* meint, daß Kunstwerke bei Schizophrenen sehr selten sind (It is a rare fact to find work by mental patients which can lay any claim to real artistic merit above and beyond its purely medical interest). *Plokker* weist seinerseits auf die schizophrenen Zerrformen hin und meint: „Das typisch Menschliche sind nicht die aus dem Unbewußten durchbrechenden Strebungen, sondern die spezifische Weise ihrer Beherrschung, deren Ordnungen und Formen." Selbst *Navratil* [1], der das schizophrene Kunstschaffen durchaus würdigt, schreibt: „Das schizophrene Gestalten ist entweder durch Überbetonung oder durch den Verlust formaler Kategorien gekennzeichnet. Strenger Formalismus und Zerstörung der Form sind — wie die schizophrene Malerei am eindringlichsten zeigt — nahe miteinander verwandt. Beide Methoden tun der natürlichen Umwelt Gewalt an. Darin liegt das Gemeinsame der entgegengesetzten Tendenzen und ihre Beziehung zur Schizophrenie."

Auseinanderweichende Werturteile miteinander zu vergleichen ist insofern schwierig, als letzten Endes das subjektive Angesprochenwerden darüber entscheidet, was Kunst ist. Es ist aber möglich, Ähnlichkeiten und Unterschiede in den anthropologischen Strukturen freizulegen, welche schizophrener und nichtschizophrener Kunst zugrundeliegen. Schizophrenie hebt an sich den Menschen nicht auf. *M. Bleuler* schreibt: „Es besteht die Möglichkeit, die Betrachtungen über die schizophrene Kunst als Versuche aufzufassen, im Schizophrenen das allgemein Menschliche zu finden und zu erfassen, liegt doch in all den Abwendungen von der Gemeinschaft ein Tasten nach Gemeinschaft, die er in einer neu zu schöpfenden Welt zu finden hofft."

2. *Ist es aber möglich, aus den schizophrenen Produktionen, neben dem Menschlichen, eine spezifisch schizophrene Qualität herauszuarbeiten?* Psychiater, die eher diagnostisch denken, das Wesentliche an den Kranken weniger in der Identifikation mit ihren menschlichen Aspekten als vielmehr im Erfassen ihrer krankheitsbedingten Zerrformen des Menschlichen sehen, haben in ihrem Forschen eher diesen Gesichtspunkt gewählt. In einer 1962 erschienenen Monographie hat z. B. *H. Rennert* einen Katalog von Merkmalen der schizophrenen Malerei nach formalen und inhaltlichen Kriterien aufgestellt, der nicht von der klinischen Symptomatologie, sondern von den in den Bildnereien Schizophrener vorgefundenen Sachverhalten ausgeht. Als Kennzeichen der schizophrenen Malerei wird von *Rennert* in formaler Hinsicht die Regression des bildnerischen Ausdruckes (z. B. Rückfall in primitive oder infantile Darstellungsweisen), die Verzerrung des bildnerischen Ausdruckes (z. B. barock-verschnörkelte Formen), die Verdichtung des bildnerischen Ausdruckes (z. B. gedrängtes Durcheinander, randvolle Überladung, Einbau von Schriftelementen, Kombinationen heterogener Materialien), die Umformung des bildnerischen Ausdruckes (Neomorphismen, wie Kombination des Menschen oder einzelner Körperteile mit unbelebten Objekten), die Stereotypien des bildnerischen Ausdruckes (z. B. ornamentale Stereotypie, flächenfüllende Iteration von Figuren, Symbolen usw., stereotype Wiederholungen einzelner Motive durch ganze Bildserien), Erstarrung des bildnerischen Ausdruckes (z. B. Geometrisierung und Schematisierung) sowie Zerfall des bildnerischen Ausdruckes (z. B. Mißachtung der räumlichen Beziehung zwischen den einzelnen Bildelementen, Verlust der Komposition, Auflösung der Physiognomie der Menschen oder Tiere) aufgeführt. Als typische Inhalte schizophrener Bildnerei nennt *Rennert* u. a. geometrisch lineare Darstellungen, geschlossen-ornamentale Kompositionen, technisch-konstruktive, landkarten-ähnliche, magische oder allegorische Darstellungen in einer an

byzantinische Kunst oder Glasmalerei erinnernden Komposition. Schließlich weist er darauf hin, daß von Schizophrenen oft bestimmte Details bevorzugt werden.

Ähnliche Gedankengänge finden sich bei *Plokker*.

So wichtig solche psychopathologischen Beobachtungen sind, können wir nicht verkennen, daß die Zerstörung der Form (ein Vorgang, der uns auch in der modernen Dichtung begegnet) auch ein „transpsychopathologisches Problem" ist, das überall dort in Erscheinung tritt, wo Gefühlslagen gegen den Widerstand einer realitätsorientierten Ratio zum Ausdruck drängen – wie in gewissen Bereichen der modernen bildenden Kunst. Über letztere stellt der Psychiater *Conrad* z. B. folgende Gedankengänge an: „Seine (des modernen Künstlers) Bilder werden ausgestaltet auf einer Stufe, wo gewissermaßen das Niveau des Gegenständlichen noch gar nicht erreicht ist, sondern wo wir uns noch auf dem Niveau des Gefühlsartigen, Emotionellen, des Irgendwie-Gestimmtseins, des Physiognomischen befinden. Er will bewußt nicht mehr geben, als diese physiognomische Qualität. So können Physiognomien des Chaotischen, Wuchernden, Berstenden, Stürzenden, des Unheimlich-Düsteren, Geheimnisvoll-Räumlichen oder des Flächigen, Glasigen, Sandigen, Spröden oder des Quellenden, Tropfenden, Schleimigen oder des Luftigen, Verblassenden, Zerreißlichen usw. entstehen. Die Fülle der Nuancen ist unendlich, es ist gewissermaßen eine neue Welt entdeckt worden, eine ungeheure Fülle von nuancierten Qualitäten liegt auf einmal vor uns; kein Wunder, daß der Künstler hier wie das Kind im Märchenland auf Entdeckungsreisen geht. Die Kunst hat die Gestaltungsqualität entdeckt, sie hat entdeckt, was die Psychologie schon seit 1896 wußte, als *v. Ehrenfels* erstmals diesen Begriff aufstellte, daß Gebilde Eigenschaften haben können, auch wenn sie keinerlei gegenständlichen Sinn haben." Ähnliche Gedankengänge finden sich heute wiederholt in der Psychiatrie.

Winkler meint in diesem Zusammenhang: „So zerstückelte und verzerrte *Stockhausen* in seinem ‚Gesang der Jünglinge im Feuerofen' den auf Tonband aufgenommenen Knabenchor, so daß nur noch unartikulierte Laute übrigblieben, die er als denaturiertes Tonmaterial nach eigenem Gutdünken mit elektronischen Geräuschen durcheinander mixte. Die formale Desintegration brachte eine Fülle neuer Gestaltungsmöglichkeiten mit sich. Die vom Künstler bereits errungenen Freiheitsgrade steigerten sich in ein Vielfaches. Thematisch und formal gänzlich ungebunden, konnte er nach Belieben schalten und walten. Es galt nicht mehr als Schändung der Musen, sondern als ein interessantes künstlerisches Experiment, mit einem Pinsel nach der Leinwand zu werfen oder die Modelle in Farbe zu tunken und über die Leinwand zu rollen."

Die Frage, die sich hier stellt, ist also dieselbe, der wir schon bei der Besprechung der Zusammenhänge zwischen schizophrener und moderner Dichtung begegneten: sind manche der aufgezählten Stilmerkmale schizophrener Bildnerei nicht auch in der modernen phantastischen Kunst anzutreffen? Der Einbau von Schriftelementen, das „gedrängte Durcheinander", die „Kombination" heterogener Materialien sind zu einem legitimen Mittel des künstlerischen Ausdruckes geworden; die Neomorphismen in Form einer „Kombination des Menschen oder einzelner Körperteile mit unbelebten Objekten sind im Surrealismus nichts Ungewöhnliches", meint mit Recht *Winkler*. Und weiter: „Durch die Deskription einzelner Merkmale schizophrener Bildnereien ist das essentiell Schizophrene, das diese Bilder kennzeichnet, nicht in den Griff zu bekommen. Deshalb läßt uns auch die bloße Deskription von Einzelmerkmalen, so subtil sie auch immer sein mag, letztlich unbefriedigt. Schon *Prinzhorn* lehnte es ab, den Versuch zu unternehmen, ‚das Wesen schizophrener Gestaltung an äußeren Merkmalen darzulegen'." Schließlich: „Zu bedenken ist hier, daß es kein einziges Symptom gibt, das für eine Schizophrenie spezifisch ist. Die Diagnose einer Schizophrenie kann vielmehr nur dann gestellt werden, wenn eine Reihe bestimmter psychopathologischer Phänomene vorgefunden werden (ohne daß diese körperlich begründet sind) und der Gesamteindruck der Schizophrenie entstanden ist."

3. Man kann sich nun der Frage nach Ähnlichkeiten zwischen moderner Kunst und schizophrener Bildnerei von einem *historischen Gesichtspunkt* aus nähern. Besitzen schizophrene und moderne Kunst gemeinsame Stilmerkmale, weil die schizophrene Bildnerei eine Anlehnung an den Stil unseres Jahrhunderts erfährt; oder weil sie intrapsychischen, durch verschiedene Faktoren — nicht nur durch die Krankheit — bedingten inneren Gesetzmäßigkeiten entspringen? Mit anderen Worten: zeichneten, malten schizophrene Patienten in früheren Jahrhunderten ähnlich wie unsere heutigen Kranken? Oder drückten sie sich damals in den zu ihrer Zeit vorherrschenden Stilformen aus?

Im ersten Fall müßten wir annehmen, daß es einen zeitlosen „schizophrenen Stil" gebe, der eine relative (niemals vollständige) Autonomie gegenüber den wechselnden Kulturströmungen aufweist. Die Ähnlichkeit moderner Kunst mit schizophrenen Produktionen wäre dann nicht etwa der Ausdruck dessen, daß der schizophrene Maler, ähnlich dem geistesgesunden Maler, mehr oder weniger ein Kind seiner Zeit ist; vielmehr müßten wir dann die umgekehrte Frage aufwerfen, ob sich unser Zeitempfinden aus irgendeinem psychologischen Grunde demjenigen des Schizophrenen nähert? Im zweiten Fall wäre dann das „Geheimnis" der schizophrenen Kunst anders enträtselt: letztere ließe sich nicht auf eine spezifisch schizophrene Denkstruktur zurückführen, sie wäre vielmehr soziologisch bedingt. Nun ist die aufgeworfene Frage insofern nicht leicht zu beantworten, als sich frühere Jahrhunderte derartige Probleme, die uns heute bewegen, gar nicht stellten und daher kein Material sammelten, das uns heute zum Vergleich dienen könnte. Eine Forschung auf psychischem Gebiet existierte früher überhaupt nicht, psychiatrische Diagnosen wurden nicht gestellt.

Trotzdem sind uns einige wenige eindrucksvolle Dokumente schizophrener Kunst aus früheren Zeiten, sogar aus dem *Mittelalter*, überliefert. Wenn ich hier das Wort „schizophren" anwende, handelt es sich freilich um eine „Rekonstruktion": der Terminus, den *Eugen Bleuler* erst 1911 prägte, existierte damals noch nicht; eine Krankheit aber, die dem heutigen Schizophreniebegriff entsprechen würde, läßt sich aus den Lebensberichten und Aufzeichnungen, die wir von einzelnen Kranken besitzen, wohl rekonstruieren.

Ich erwähne hier einen einzigen Fall, nicht etwa deswegen, weil er einmalig in der Geschichte früherer Jahrhunderte dastehen würde, sondern weil er uns ein klares Beispiel liefert. Der italienische Priester *Opicium de Canistris*, der 1296—1350 in Italien lebte, hat uns neben seiner Autobiographie 27 große Zeichnungen hinterlassen, die er alle in der Zeit zwischen 1334—1336 anfertigte. Aus den Aufzeichnungen und Kommentaren des Autors ergibt sich eindeutig, daß er nach einer zwangsneurotischen Jugend geisteskrank wurde. Lebenslauf und Kunst dieses an sich geistig wenig bedeutsamen, aber infolge seiner wunderlichen Erlebnisse schon für seine Zeit auffällig gewordenen Mannes sind 1936 von einem Historiker *Salomon* sehr genau erforscht worden.

Ich fasse die wesentlichen Befunde stichwortartig zusammen, die wir aus der Zeit seiner geistigen Erkrankung, welche ja auch mit der künstlerischen Schaffensperiode seines Lebens zusammenfällt, besitzen: Träume und Visonen, die im Sinne eines Größenwahnes strukturiert erscheinen und ansatzweise an diejenigen eines *Swedenborg* oder *Nerval* erinnern, Erlebnisse der Appersonierung, denen entsprechend der Autor glaubte, unter dem Einfluß überirdischer Kräfte, bei sonst völliger Auslöschung der Persönlichkeit, trotz gelähmtem rechtem Arm und intellektuellem Siechtum zu schaffen; vor allem aber eine wesentliche Veränderung seines Gedankenganges gegenüber der Zeit vor seiner Erkrankung. Der letzte Befund ist für die Diagnose deswegen wichtig, weil Beeinflussung und visionäre Erlebnisse im Mittelalter kaum vom damals verbreiteten mystischen sozialen Empfinden zu unterscheiden sind. Anders mit der Denkstruktur: Abnorme Gedanken und Ausdrücke, wie wir sie nach der Erkrankung beobachten, finden sich in den uns überlieferten früheren Schriften des Autors nicht. Der Historiker *Salomon* hat bei der Analyse der späteren Schriften den Eindruck, einen ganz anderen Menschen als den früheren vorzufinden, der unklare, dunkle Spekulationen aufstellt; trotz der Kraft einzelner Gedanken fällt die Denkspaltung auf („the thought is of a disjunct charakter"); Klang- und zerfahrene Assoziationen sind häufig; Inkoheränz des Denkens, Wechsel der Vorstellungen, Mangel an Zusammenhängen, versteckte Sinnbedeutungen („hidded meanings"), Überde-

terminierungen erschweren die Übersetzung seiner an sich schon rhetorisch nicht sehr glänzenden lateinischen Sprache.
Angesichts der Sorgfalt des uns vom Autor überlieferten schriftlichen Materials sind wir also hier in der seltenen Lage, das Krankheitsbild nach über acht Jahrhunderten Geschichte gemäß den heute geläufigen Maßstäben zu rekonstruieren und es als Schizophrenie mit Wahrscheinlichkeit zu diagnostizieren. Was die Bilder anbetrifft, so fällt schon die rein äußere, sinnfällige Ähnlichkeit mancher typischer Zeichnungen des Autors, wie etwa der „Autobiographie", mit den schizophrenen Produktionen unserer Zeit auf. Wie nahe sind sich diese Bilder in ihrem Stil, wie viel weniger unterscheiden sie sich voneinander als die gotische von der zeitgenössischen Malerei!

Dem Bild von *Opicium* sei ein von *E. Kris* wiedergegebenes gegenübergestellt. Es stammt von einem psychotischen Architekten aus unserem Jahrhundert, das, wie andere Bilder dieses Autors, das Thema der Sphäre, der vollkommenen Ganzheit, behandelt. In der Mitte des Kreises ist, wie im Bilde vom *Opicium*, das „Sanctum Sanctorium" mit demselben Bogen dargestellt. Eine Inschrift trägt die Worte: „Berlin, ewige Stadt Gottes für alle Völker auf Erden." Der Patient hält sich für den rechtmäßigen Gottessohn anstelle von Christus. (Siehe Abbildungen)
Schon solche Befunde zeigen, daß der *schizophrene Maler nicht so sehr vom Stil der Zeit, in welcher er lebt, wie von gewissen intrapsychischen Gesetzmäßigkeiten beeinflußt sein muß, welche sich in seinem Werk widerspiegeln.*
Ganz allgemein würde ich hier sagen, daß seine Intention weniger die ist, einen Zuschauer anzusprechen, als vielmehr die, sich selber in seinem Kunstwerk häuslich einzurichten. Mancher schizophrene Maler scheint wie unabhängig vom Bedürfnis, sich im Ausdruck mitzuteilen; *er vermummt sich, er will die Anderen im Grunde nicht erreichen, und er wird deswegen in seinem Ausdruck weniger von Faktoren beeinflußt, die seinen Mitmenschen gemeinsam und wichtig sind.*
4. Ein Merkmal des schizophrenen Stils, das hier sichtbar wird, ist die Tendenz, eigene Affekte, Stellungnahmen, Auffassungen usw. in kosmognomischen Systemen wiederzugeben. Es werden Symbole geschaffen, welche kaum das Anliegen haben, anzusprechen, sondern eher dasjenige, zusammenfassend und systematisch wie Traktate zu wirken. Wir merken z. B., daß um das Bild der Jungfrau in der „Autobiographie" von *Opicium* vierzig Kreise konzentrisch angeordnet sind, die dem Alter des Patienten genau entsprechen; daß jeder Kreis 366 Buchstaben enthält, deren Zahl also derjenigen der Tage in einem Jahr entspricht; daß diese Buchstaben in große Gruppen unterteilt sind, welche die symbolische Zahl „sieben" darstellen; daß der Hintergrund des inneren Kreises eine (für den Zuschauer der wiedergegebenen Darstellung unsichtbare) geographische Mappe des Erdteils

ist, in dem der Autor lebte (Mittelmeer, afrikanische Küste, Peloponnes); daß auf dem Mantel der Jungfrau die Umrisse Italiens, der Heimat des Patienten, zu sehen sind; daß die zwei Füße der Jungfrau von ihm als „Ehemann" resp. „Ehefrau" bezeichnet worden sind, womit der Autor nach seinem Kommentar mit dem Bilde sagen will, daß er selber aus einer gesetzlichen Ehe stammt und legitimes Kind seiner Eltern ist[5]: aus all dem müssen wir den Schluß ziehen, daß der Kranke mit seinen Symbolen seine Existenz rechtfertigen und begründen, sie auslegen und zusammenfassen will.

Es kann u. U. geschehen, daß es einem solchen Patienten bei der Verwirklichung seines Anliegens zufällig gelingt, wunderliche, packende Symbole zu schaffen; aber es ist auch unverkennbar, daß ein solcher Patient entfernt ist von dem, was der Philosoph *Heidegger* als Kunst definiert: „Das Wesen der Dinge aussagen." Was hier ausgesagt wird, ist eben nicht das Wesen der Dinge, des Lebens, des Todes, der großen Momente der Seele oder auch der bescheidenen und doch so wichtigen Gegenstände unseres Alltagsleben, sondern eine Konstruktion des eigenen Selbst. Der schizophrene Patient will Ordnung schaffen in seinem Selbst, es auf einen für ihn faßbaren Nenner zurückführen. Ihm fehlt infolge der Krankheit jenes Seinsgefühl, das unsere Existenz wortlos begründet und berechtigt, er muß das fehlende Seinsgefühl vielmehr durch ein Theorem seiner Existenz ersetzen. Daher auch etwa die Präokkupation, die menschliche Gestalt in Kreisen und geometrischen Formen einzuschließen, um ihr so Bedeutung und Vollgültigkeit zu verleihen; daher die starre Geometrisierung, bei welcher es nicht darum geht, aus den Körpern strahlende, das Ganze durchziehende und energisierende Kräfte auszudrücken (wie wir es z. B. heute bei manchen Bildern des modernen Malers *Erni* spüren), sondern darum, die auseinanderberstende Welt in ein paranoides Wahnsystem einzuspinnen.

Wir können an solchen schizophrenen Bildern die technische Art und Weise bobachten, wie das psychotische Theorem ausgeführt wird. Wenn wir diese Art und Weise als symbolische beschreiben, sind wir unbefriedigt. Wir werden dabei zwar der Tatsache gerecht, daß die Bildinhalte *metaphorischen* Stellenwert haben, Stellvertreter von abstrakten Gedanken sind (so entspricht die Zahl der Kreise bei *Opicium* etwa der altersmäßigen Jahreszahl des Künstlers). Wir haben jedoch damit eine spezifisch schizophrene Qualität noch nicht erfaßt. Das Symbol ist nämlich ein durchgehendes Merkmal der Kunst überhaupt. *Was hier aber auffällt, ist die besondere Struktur des Symboles.* Versuchen wir, diese Struktur an Hand eines Bildes zunächst rein phänomenologisch, deskriptiv zu erfassen, bevor wir sie begrifflich formulieren. Wenn die beiden Füße der heiligen Jungfrau die verheirateten Eltern des Künstlers darstellen sollen, so

[5] Unsere Abbildung läßt nicht alle diese Einsichten erkennen.

liegt in einer solchen Darstellung ein Phänomen vor, das wir als sogenannte „Verdichtung" kennengelernt haben: zwei an sich ganz verschiedene Vorstellungen, nämlich einerseits diejenige, daß die Muttergottes ein heiliges, göttliches Wesen ist, und andererseits die, daß der Patient aus dem geheiligten Ehebund zweier Menschen hervorgeht, werden zusammengebracht und in einem einzigen Bild der Heiligkeit ausgedrückt. Es werden in der Verdichtung private und weltanschauliche Interessen des Künstlers, paranoide Abstammungssorgen und künstlerische Impulse, soziale Beeinträchtigungsgefühle und Erlösungsabsichten verschmolzen. Gerade dies Heterogene, der Zusammenschluß des normalerweise nicht Zusammenpassenden, die „Overinclusion" verschiedenster Lebensbereiche in einen Gedankengang, der nicht den kühlen Schritt des gesunden, formstiftenden Geistes hat, mutet eben schizophren an. Die einzelne Linie in den Zeichnungen von *Opicium* hat mehrere Bedeutungen, d. h. sie ist in den verschiedenen Bildern integriert, die sich mehrmals überschneiden. Dieses Symptom ist an und für sich nicht psychopathologisch, erst seine Häufigkeit fällt auf und weist dann in eine psychopathologische Richtung. *Das Spiel mit den Formen, zusammen mit dem ebenso häufigen Wortspiel ist ein Teil der typischen Symptomatologie schizophrener Produktionen.* Im Ganzen fällt bei den Zeichnungen von Opicium die Tendenz auf, die Welt zu organisieren — ein titanischer Versuch, den man ebenfalls bei vielen heutigen schizophrenen Bildnereien wiederfindet und der als eine Abwehr gegen die Phantasie eigener totaler Zerstörung oder Auflösung interpretiert werden darf. Die Organisierung der Welt wird in den Zeichnungen mit der Technik bewältigt, einzelne Symbole in immer umgreifendere Symbolkreise einzuschreiben, wobei private Bedeutungen, allerlei Banalitäten mit allgemeinen Philosophien vermischt werden. Die Häufigkeit, mit der eine gegenständliche Gestalt, etwa der Umriß einer Küste, in eine menschliche Gestalt übergeht, läßt an Phänomene denken, die man heute mit solchen Begriffen wie Übereinschluß, Kontaminierung, Verdichtung, Verwechslung von innen und außen, Entgestaltung der Realität faßt und schildert.

Verdichtungen sind nun in der nicht-psychotischen Kunst alles andere als selten. Sie wurden von *Freud* durch die Traumanalyse entdeckt, und sie gelten seitdem als ein wesentliches Merkmal der uralten Funktionsweise der menschlichen Psyche, des sog. „primären Prozesses". Die menschliche Psyche denkt auf dem Weg ihrer Evolution in strukturell verschiedenen Weisen; es gibt in der Tiefe der erwachsenen menschlichen Psyche eine Paläopsyche, die nicht nach der aristotelischen Logik, entsprechend den sog. „sekundären Prozessen", sondern nach anderen, eben den „primären Prozessen", strukturiert ist, deren Hauptmerkmale die Verdichtung und Verschiebung, also die große Beweglichkeit der sich gegenseitig vermischenden und ersetzenden, überschneidenden und kondensierenden Vorstellungen, bzw. psychischen Energien ist. Daß im Innersten der menschlichen Psyche tatsächlich diese uralte Schicht vorhanden ist, welche der uns vertrauten Welt nicht entspricht, machen nicht nur die Träume der Gesunden und die Produktionen der Schizophrenen, sondern auch die Werke und die Meinungen vieler moderner Künstler klar. So schreibt z. B. der zeitgenössische Maler *Magritte:* „Es gibt eine geheime Affinität zwischen gewissen Bildern. Es ist möglich, ein neues Bild aus den früheren zu gewinnen, das etwas Endgültiges, Richtiges aussagt." Dieses Bild sei streng vorausbestimmt und stelle etwas einst Bekanntes, aber in den Tiefen der Seele Verlorenes dar („Strictly predestined something already known but lost in the depth of mind").

Warum wirken Verdichtungen und Verschiebungen in der echten Kunst oft vielsagend? Weil sie nicht nur alleinstehende „primäre Prozesse" darstellen, sondern sich im Rahmen großartiger „sekundärer Prozesse" *wirkungsvoll und geheimnisvoll* ausnehmen. Das ist auch die Meinung des Psychiaters *Arieti. Gabriel White* versucht dies in bezug auf den Maler *Magritte* so auszudrücken: „His method has been to bring together totally unrelated objects. The Analysis of pictorial language was the relation between images and words, the relation between images of the body and images of objects."

Also ist eine scharfsinnige Absicht, ein Mitteilungswille, ein wacher und origineller Geist, kurz: ein großartiger „sekundärer Prozeß" bei der Gestaltung mit dabei, er *kontrolliert die Paläopsyche in ihren primären Prozessen.*

Für den Schizophrenen ist aber gerade die Schwäche solcher sekundärer Prozesse, der gestaltenden Ichstruktur, charakteristisch. So kann es vorkommen, daß das Bild der heiligen Maria mit einem uns gar nicht interessierenden, völlig egozentrischen Interesse des Patienten zusammenfällt, dem Bedürfnis, die Ehe seiner Eltern zu rechtfertigen. Die beiden Vorstellungen werden miteinander verschmolzen, ohne daß irgendeine planende Absicht im Sinne der sekundären Prozesse des Denkens wirksam wäre. Nicht einfach das Auftauchen des Unbewußten an sich, sondern auch das Fehlen des gestaltenden Formenempfindens drückt die schizophrene Bildnerei manchmal auf ein Niveau herab, wo uns ihr künstlerischer Anspruch nicht überzeugt.

Mit dem Begriff der *Zerfahrenheit* hat *Eugen Bleuler* in der Schizophrenie ein Symptom erfaßt, das sich dem oben beschriebenen nähert. Wir sprechen nämlich dann von Zerfahrenheit, wenn sich das assoziative Netz im Gefüge der Gedanken des Patienten lockert, so daß *einige normale Assoziationen verschwinden, während andere überwertig werden.* Zum Beispiel nimmt bei dem erwähnten Patienten die Sorge, sich zu beweisen und auszulegen, überhand, während das natürliche Gefühl für die relative Unverträglichkeit von Bild und Traktat abnimmt. Das Bild wird zum Lehrbuch, die Imago der Jungfrau ist dem Patienten nur ein Anlaß, sich lehrerhaft breit auszulassen darüber, was sein Leben bedeuten soll.

5. Schizophrene Psychosen bewegen sich in ihren künstlerischen Äußerungen zwischen den beiden Polen des Chaotischen einerseits und des Formalismus andererseits. Während Bilder einer vulkanischen Explosion bis zur Zerstörung der ganzen Formwelt die akute Psychose charakterisieren, finden sich Manierismus, Geometrisierung, Stereotypisierung bei chronischen Zuständen. Versuchen wir hier eine Parallele mit unserer Gesunden Kulturwelt zu ziehen. Wir kennen in unserer Geschichte Zeiten der großen Transformation, der Infragestellung vieler herkömmlicher Werte, wo neue Grundrichtungen des Denkens in Erscheinung treten, die das Empfinden und das soziale Zusammenleben für Jahrhunderte bestimmen. In solchen Zeiten, wo der Verlust vertrauter, herkömmlicher oder auch abgedroschener und nicht mehr schöpferischer Formen droht, treten manchmal neue Gedanken in symbolischer Gestaltung auf: Kreuz und Brunnen, Fisch und Schlange, Blut und Dorn. Die soziale Funktion derartiger Symbole ist die, eine neue Spannung in Bildern, in Worten, in Gestalten zu erfassen, welche sowohl die Nähe des Irrationalen, des Unbewußten, als auch den Gestaltungsdrang des Denkens ausdrücken. Dies wird dadurch erreicht, daß das emotionell Geladene mit einem uns vertrauten Bild verbunden wird, welches das neue in einen älteren Zusammenhang einzuordnen hilft, das alte Bild aber in einem neuen Kontext versteht. Erst dann, wenn es dem Menschen gelungen ist, Symbole zu finden und sich diese zunehmend anhäufen, fühlt er sich im neuen Gehäuse wirklich zu Hause. Freilich sind die symbolbildenden Prozesse, ähnlich den Abwehrmechanismen des Charakters, dem Subjekt meistens nicht bewußt. Das gilt für den Kranken wie für den Gesunden. Daß dem gesunden surrealistischen Maler u. U. die Bedeutung der einzelnen Bildbestandteile selbst nicht voll bewußt ist, stellen *Drobec* und *Strotzka* unter Beweis. Sie begaben sich zu zwei namhaften Surrealisten ins Atelier und unterhielten sich mit ihnen über ihre Bilder. Für viele Einzelheiten konnten die Maler keine anderen Erklärungen finden als rein formale. Nun führten *Drobec* und *Strotzka* im Einverständnis mit den Künstlern eine Narkoanalyse durch und ließen sie in der unterschwelligen Narkose zu einzelnen Bilddetails assoziieren. Dabei stellte sich heraus, daß manche Bilddetails eine hintergründige Bedeutung hatten, die dem Maler bislang entgangen war (nach *Winkler*).

Das geschieht nun auch in den sich künstlerisch ausdrückenden schizophrenen Abläufen. Am Anfang ist das Neue überwältigend, was daraus zu erklären ist, daß viele Gestalten am Anfang eines desintegrierenden schizophrenen Prozesses zusammenbrechen. Durch die Entwicklung einer reichen Symbolik, wo neben den individuellen Erinnerungen auch archetypische Motive aus früheren Stadien der Kultur oder aus primitiven Kulturen zum Ausdruck kommen, werden die beunruhigenden Affekte organisiert. Das Ich des Kranken trachtet nach der Beherrschung des Affektes durch das Symbol und somit auch nach dem allmählichen Ausscheiden der unangenehmen, subjektiven Komponenten des Affekts aus dem Symbol. Symbole werden so von chronischen, ruhigen Kranken als Ersatz eines ursprünglichen Affektes verwendet, als eine Repräsentanz. In der bildnerischen Manipulierung der Symbole hantiert der Kranke mit seiner Welt, er fühlt sich an die Mächte, die ihn zerstören, nicht mehr ausgeliefert.

Die besondere Vorliebe des Schizophrenen für Symbolgestaltung ist in dem Sinne zu verstehen, daß affektive Eruptionen seine rationale Welt oft zu desintegrieren drohen. Diese Affekte werden in Gestalten eingefangen, auf sie projiziert, als Geschehnisse in der Außenwelt erlebt, womit das Ich versucht, von ihnen Abstand zu nehmen, sie bildhaft zu verarbeiten. Die Übersetzung eines Affektes in ein Bild, das so zum Sinnbild wird, ist schon in der Kindheit der erste Akt einer Rationalisierung und Objektivierung des subjektiven Zustandes.

Man braucht nur einen Schizophrenen im akuten Stadium seiner Psychose zu beobachten, um zu erleben, wie auf unheimliche Weise die selbstverständlichsten Zusammenhänge unserer rationalen Welt für ihn in die Brüche gehen, während unfaßbare psychische Bewegungen, die keinen Vergleich mit der Realität zulassen, die Gestalt von Dämonen, Fabelwesen und magischen Kräften annehmen.

In der Phase, die der akuten Desintegration unmittelbar folgt, ist eine reiche, ungemein lebendige Produktion von Symbolen zu beobachten. Es ist diese mannigfaltige Symbolik, die sich nicht selten sogar auf dem Boden eines einfachen, bescheidenen Geistes entwickelt, welche manchmal beeindruckt.

6. Folgendes sei noch festgehalten: Bilder schizophrener Kranker wirken auf den Zuschauer verschieden, je nach der Krankheitsphase, in der sie entstanden sind. Zu Beginn der Psychose drückt das Bild sowohl die unheimliche Stimmung des Patienten wie auch das Auseinanderfallen seines Weltbildes aus. Die Formen der Gegenstände lösen sich auf, dynamische Spannungen, die wie Eruptionen aus dem Unbewußten aussehen, drücken sich in unruhigen Linien und Farbkontrasten aus. Fabeltiere, Drachen, Geisterwesen stampfen aus einem bedrohlichen Urgrund hervor, erhalten kosmische Züge, greifen den Patienten an. Das arme Ich, das oft zu einer winzigen Gestalt zusammenschrumpft, gerät aus den Fugen. Verfolgungen spannen sich in universale Dimensionen.

Manchmal kann der gestaltende Wille des Kranken die einzelnen Themata noch festhalten; andere Male aber quälen die Affekte die formende Gestalt derart, daß das Bild lediglich die Spannungen der Persönlichkeit wiedergibt.

Es scheint, daß die Darstellung solcher Spannungen künstlerisches Niveau erreichen kann, selbst wenn der Kranke außerhalb der Psychose keine malerische Begabung besitzt, weil der psychotische Ausdrucksdrang und das erschütternde Erleben schöpferisch wirken. Anders in den Restitutionsphasen, in den Perioden der Besserung, wo es beim Kranken zu einer relativen Wiederherstellung des desintegrierten Ichgefühls kommt. Durch systematische Wahnbildungen aller Art versucht der Kranke sich Rechenschaft von den Vorgängen, die er früher vorwiegend emotionell erlebte, zu geben; er versucht, auf den Trümmern der psychotischen Vergangenheit wieder eine zusammenhängende Welt aufzubauen, und sei diese auch eine wahnhafte. Gestalten nehmen ruhigere Konturen an, die Realität wird in dekorativen Formen eingefangen, bestimmte Motive und Abläufe werden zu Schwerpunkten des Bildes. Nicht selten führt aber der Gestaltungswille des Kranken beim Mangel an Toleranz für gefährliche Spannweiten und für erschütternde Affekte zu einer Erstarrung des Weltbildes, die wie die Umkehr der früheren Auflösung wirkt. Es kommt zur Stereotypisierung und Geometrisierung des Bildes.

Navratil [1] schildert diese Folge von verschiedenen Phasen im Krankheitsverlauf folgendermaßen: „Im akuten Stadium seiner schizophrenen Psychose geraten alle Ordnungsgefüge des Denkens und Erlebens ins Wanken. In der Phase der Restitution kommt es zu einem Neubau jener Ordnungen. ‚Die Wiedergewinnung' einer ‚Weltanschauung', sei es in Form einer Philosophie oder einer künstlerischen Gestaltung, ist für den Kranken von umso größerer Bedeutung, je weniger eine Heilung, d. h. eine volle Wiederherstellung seiner kommunikativen Fähigkeiten erreicht wird. Spontane Tätigkeit bei Schizophrenen entsteht, wie Kunst, aus dem Bemühen um eine Sinnesdeutung des Lebens, eine geistige Daseinsbewältigung, ist Entwurf eines neuen Mythos, der dem durch die Psychose aus der Geborgenheit gerissenen Menschen wieder inneren Halt zu geben vermag."

Wir können aus diesem Überblick einige Schlüsse ziehen. Die schizophrene Selbstverwirklichung in der Kunst ist wesenmäßig nicht verschieden von derjenigen, welche sich auch in einem Wahnsystem ausdrücken kann. Das psychotische Selbst versteht sich durch Formen nicht weniger als durch begriffliche Konstruktionen. Die Bildnerei dient also nicht selten der Sicherung des Wahnes, der Objektivierung der Affekte, der Abwehr der desintegrierenden Impulse oder dem Einschluß solcher Impulse in einer vom Ich gesteuerten Form, kurz der Stabilisierung und Integrierung des Ichs. Das autistische, selbstbezogene Moment ist in solchen Formen der Selbstverwirklichung unverkennbar. Das Überindividuelle in der Kunst, die Identifizierung mit den universellen Gedanken des Menschen, die Transzendierung des eigenen Selbst in einer universellen Sorge gelingen in der Schizophrenie nicht sehr häufig — in der Malerei wie in der Dichtung. Wenn aber die Konflikte und die Desintegrationen des Ichs den Sprung über sich hinaus nicht verhindern, kann gerade das Leiden, das aus der Schizophrenie hervorgeht, jene eigentümliche Atmosphäre der Größe erzeugen, die wir etwa bei den Bildern des kranken van Gogh beobachten, der wir aber gelegentlich auch im Bilde eines anonymen Kranken plötzlich begegnen können, z. B. im ergreifenden Bildnis eines schizo-

van Gogh

phrenen Mädchens durch eine schizophrene Mitpatientin. Es ist der kranken Künstlerin wie einem Modigliani gelungen, in der schmerzlichen Asymmetrie der Formen die trostlose Verlassenheit und die autistische, hoffnungslose Weltabwendung des Geisteskranken zu erfassen (vgl. Abb.).

Rückblick

Psychiatrie und Kunst berühren sich auf mehreren Ebenen.

1. Eine erste Ebene besteht in der bewußten Zuwendung des Dichters zum Geisteskranken, als zu seinem Mitmenschen. Die Geisteskrankheit wird human expliziert: freilich nicht nur, um sie als Antithese dem gesunden menschlichen Geist entgegenzustellen, sondern auch um an ihr den sonderbarsten, schmerzlichsten Weg des Menschen aufzuzeigen. Im Gegensatz zur darstellenden Psychiatrie, die die geschilderten Krankheitsbilder immer der Norm gegenüberstellt und erst in dieser Gegenüberstellung erkennt und erklärt, nennt die Dichtung das Psychopathologische nicht einmal beim Namen. Schizophrenie heißt in der Dichtung z. B. nicht Schizophrenie, sondern allenfalls Wahnsinn. Dieser spricht uns dann als menschliches Phänomen außerhalb der wissenschaftlichen Kategorien an. Auch wenn in der Dichtung eine genaue Darstellung der eigentlichen Geisteskrankheit zu beobachten ist, so immer im Hinblick darauf, sich in die extreme Tragik dieses Erlebens einzufühlen. Dasselbe, was mit der Etikette einer naturwissenschaftlichen Diagnose abgegrenzt oder durch eine Therapie neutralisiert wird, erscheint uns in der Dichtung als das ergreifende, unentrinnbare Schicksal des einzelnen Menschen und somit auch als ein Symbol der tragischen menschlichen Tiefe. Es geht dann nicht um Fachwörter, die das abnorme Verhalten katalogisieren; es geht nicht um psychoanalytische Versuche, die Störung in ihrem Entstehungsmechanismus begrifflich aufzugliedern, um psychotherapeutische und psychopharmakologische Verfahren zur Beseitigung der Krankheit. Vielmehr *staunen wir über die menschliche Erscheinung,* wir betrachten sie in ihrer Reinheit und Radikalität als Ausdruck einer Sonderstellung des Menschlichen. Nichts erscheint uns da unverständlich. Im Seltenen und Außergewöhnlichen spiegelt sich die Not des Ganzen.

2. Dann kennen wir die Dichtung und Kunst als Darstellung der extremen affektiven Spannungen des Menschen, welche krankhaft enden können: im Freitod, im Erleben des einsamen Andersseins. Es handelt sich oft um Grenzsituationen des Menschlichen. Die Dichtung erhellt hier Grenzgebiete zwischen Norm und Psychopathologie. Sie ermöglicht, sich in die Psychopathologie einzufühlen, sie als Steigerung des Menschlichen zu erkennen. Die Dichter selber zeigen uns hier die Möglichkeit, das Menschliche in der psychischen Krankheit zu erkennen; der Psychiater kommentiert sie. Man denke an Äußerungen wie:

a) *Böll:* „Die demütigste aller Gestalten *Dostojewskis,* gleichzeitig von hoher Sensibilität und Intellektualität, ist Fürst Myschkin, der Idiot; er ist nicht verständnisvoll, er ist einsichtig; die *Epilepsie,* an der auch Dostojewski litt, *macht Myschkin auf eine ekstatische Weise einsichtig in die psychischen Hintergründe des Verbrechens wie des Mitleids,* der Sünde wie der Unschuld. Myschkin ist der kühnste Versuch, Christus als den mitleidenden in der Literatur leibhaftig zu machen. Er ist zeitverloren und doch in der Zeit, voller Wirklichkeitssinn und doch weltfremd ..."

b) In einem Brief vom Dezember 1911 an Lou Andreas zeigt uns *Rilke,* wie „aus der Annahme des Ausgesetztseins auch die Möglichkeiten und Kräfte des Bestehens erwachsen", so daß er den Malte nicht so sehr als einen Untergang sieht, sondern vielmehr als eine „eigentümlich dunkle Himmelfahrt in eine vernachlässigte abgelegene Stelle des Himmels" empfindet. Und in einem Brief von 1912 aus dem Schloß Duino meint er: „Diese Aufzeichnungen, indem sie ein Maß an sehr angewachsenen Leiden zeigen, deuten an, bis zu welcher Höhe die Seligkeit steigen könnte, die mit der Fülle dieser selben Kräfte zu leisten wäre."

3. Daneben spiegelt sich die allfällige persönliche Psychopathologie des Dichters und Künstlers auch in seinem Werk. Durch seine dichterisch gestaltete Psychopathologie wird der Dichter und Künstler Spiegel unzähliger ihm ähnlicher Kranker. Die Beziehung zwischen Psychopathologie und Dichtung besteht aber nicht bloß in der Psychopathologie mancher Dichter; unabhängig von der Persönlichkeit des Dichters gebührt der Dichtung die Aufgabe, menschliche Verhaltensweisen, welche im Alltagsleben unangepaßt, ja abnorm krankhaft aussehen mögen, als ein uns betreffendes Schicksal zu gestalten. Die Psychopathologie des Dichters läßt uns insbesondere das Schicksal des einfachen Geisteskranken, dem die Natur keine dichterische Kraft verliehen hat, besser verstehen, das Mitmenschliche und den Ansatz zum Schöpferischen in seinen Aussagen entdecken.

4. Die Psychopathologie des Dichters und Künstlers wird transzendiert in der Bewältigung derselben durch die Kreativität. Daß Dichtung und Kunst Bewältigung von Ausnahmezuständen ist, beweisen sowohl die Aussagen der schöpferischen Geister, wie auch ihr gelegentliches Scheitern im Leben. Der Maler *Braque* z. B. beschreibt sich folgendermaßen: Er sei außerordentlich sensitiv gegenüber der „Atmosphäre", die ihn umgebe; dadurch bilde sich eine Art „Imprägnation"; daraus werde eine Art Halluzination, welche sich in einen Zwang verwandle. Um sich davon zu befreien, müsse er malen, als ginge es auf Leben und Tod. Besonders in der Schizophrenie taucht die Frage der Kreativität auf. Der Neurotiker leidet am gesetzlich-fundamentalen Problem; der Schizophrene leidet an einer eigentlichen Grundstörung der Kreativität, an der Unmöglichkeit, sein Ich zu konstituieren; immer dient ihm die Welt zu einem titanischen Versuch, die verlorene Synthese wieder zu entwerfen.

5. Schließlich spiegelt sich in der Dichtung und der Kunst nicht nur die Psychopathologie des Dichters, sondern auch jene seines Zeitalters und seiner Sozietät.

Man spricht und man schreibt heute viel von der Vereinsamung des Menschen in einer anonymen technisierten Welt. Die selbstverständliche Beziehung zu den natürlichen Ordnungen scheint verloren und scheitert in einem Suchen, das unerfüllt bleibt. Weil die Fragen der existentiellen Verunsicherung, der verlorenen Selbstidentität, der mangelnden Weltgeborgenheit den heutigen Menschen beunruhigen, lassen sie ihn in einen Raum rücken, wo der Kranke ihm — uns — näher tritt. Dieses uns Nähertreten des Geisteskranken ist in meiner Arbeit die Aufgabe, um die es geht.

6. Die psychiatrische Erfahrung des Schöpferischen gibt der Psychiatrie den schöpferischen Zug, wandelt sich in einen schöpferischen Aspekt der Psychiatrie. Dieses Anliegen geht durch das ganze Buch hindurch.

7. Das Zwischengebiet von Psychiatrie und schöpferischem Geist reicht an einen Ursprung der Existenz. Dem Menschen, der sich in der Geisteskrankheit auflöst, kommt keine Erfahrung der Liebe zu. Es geht ihm nicht nur der Mitmensch, sondern auch das eigene Selbst verloren. Auch der Dichter, dieser von der großen Sehnsucht erfüllte Mensch, ist dann genau so verloren wie jeder gewöhnliche Kranke; und er muß am Ende verstummen. Aber wo Geisteskrankheit noch Grenzsituation ist, kommt vielleicht — und gerade beim Dichter, der über der Geisteskrankheit steht — der Ruf nach jenem Ursprung am stärksten und am tragischsten. „Alle Menschen", meinte *Georg Trakl*, „sind der Liebe wert." Das war sein „Gefühl in den Augenblicken totenähnlichen Seins".

22. 4. 85

Literatur*

Abrams, M. H.: The Milk of Paradise, New York 1962.
Alberti, B.: Poèmes, Paris 1952.
Álvarez, Mureno H.: El centro del inferno, Buenos Aires 1956.
Andrejew, L.: Die schwarzen Masken, Schauspiel, Uraufführung Petersburg 1909.
Arieti, S.: Interpretation of Schizofrenia, New York 1974.
Arnold, O. H.: Über schöpferische Leistungen im Beginn schizophrener Psychosen. Wiener Zs. für Nervenheilk. und deren Grenzgebiete 7, S. 188–206, Wien 1953.
Bader, A.: Geisteskranker oder Künstler? Der Fall Friedrich Schröder-Sonnenstern, Bern 1971.
Balint, M.: Therapeutische Aspekte der Regression, Stuttgart 1968.
Barron, F.: Personal Soundness in University Graduate Students, Berkeley 1954.
Bastide, R.: Signification de la psychose dans l'évolution de l'homme et des structures sociales, in: *P. Doucet* et *C. Laurin,* Problèmatique de la psychose, Amsterdam 1969.
Baudelaire, Ch.: Spleen (Trübsinn). Übersetzung von *Stefan George,* Düsseldorf, München 1950.
Baudelaire, Ch.: Oeuvres complètes, Paris 1954.
Bellmer, H.: Die Puppe, Berlin 1962.
Benedetti, G.: Der psychisch Leidende und seine Welt, Stuttgart 1964.
Benn, G.: Gesammelte Werke, Wiesbaden 1959.
Bernhard, Th.: Frost, Frankfurt 1963.
Bleuler, E.: Dementia Praecox, Leipzig 1911; New York 1958.
Bleuler, E. u. M.: Lehrbuch der Psychiatrie, 12. Aufl. Stuttgart 1973.
Bleuler, M.: Vorwort zu *Navratil* [1].
Böll, H.: Der Dichter und seine Stadt, Dostojewski und Petersburg, Westdeutscher Rundfunk, Frühjahr 1974.
Braun, A.: Krankheit und Tod im Schicksal bedeutender Menschen, Darmstadt 1969.
Breton, A.: Der Surrealismus und die Malerei, Berlin 1967.
Byron, G. Lord: Zu meinem 37. Geburtstag. Zitiert nach *Oeschger.*
Cameron, N.: Experimental Analysis of Schizophrenic Thinking, in: Language and Thought in Schizophrenia, by *J. S. Kasanin,* Berkely 1954.
Celan, P.: Ausgewählte Gedichte, 3. Aufl. Frankfurt 1970.
Charles d'Orleans: Schwermut eines Prinzen, der 25. Jahre gefangen war, Poésies, Paris 1923–1927.
Coleridge, J.: Complete Poetical Works, Oxford 1912.
Conrad, K.: Zitiert nach *Winkler.*
Cortazar, J.: Das besetzte Haus, Bestiareo, Buenos Aires, 1951. Deutsche Übersetzung, Berlin 1963.
Dali, S.: La femme visible, Paris 1930.
D'Enrico, E.: Der Wald, dramatische Vision. Deutsche Übersetzung von *G. Riechert,* Berlin 1959.
Dostojewskij, F. M.: Der Doppelgänger, Hamburg 1970.
Dupouy, R.: Les Opiomanes, Paris 1912.
Dettmering, P.: Dichtung und Psychoanalyse, München 1969.
Dracoulides, N. N.: Psychoanalyse de l'artiste et de son oeuvre, Genf 1953.
Drobec: Zitiert nach *Winkler.*

* Die Literatur zu den Beiträgen von Frau Dr. *Wagner* und Herrn Prof. *Wiesmann* ist dort angeführt.

Eissler, K. R.: The Relation of Exploring and Understanding in Psychoanalysis of the Child. Psyche 11: 141–171 (1970).
Eliot, T. S.: Ausgewählte Gedichte, Frankfurt 1951.
Federn, P.: Ego Psychology and the Psychosis, New York 1952.
Flaubert, G.: Oevres de jeunesse inédites, 2. Bd. S. 163, 174, 181, Paris 1910.
Friedrich, H.: Die Struktur der modernen Lyrik, Hamburg 1956.
Freud, S.: Die Traumdeutung, II. Bd. Gesammelte Werke, London 1942.
Freud, S.: in: *S. Dali,* The Secret Life of Salvador Dali, New York 1942.
Fromm-Reichmann, F.: Principles of Intensive Psychotherapy, Chicago 1950.
Garcia Lorca, F.: Gedichte (Auswahl), Stuttgart 1952.
Garschin, V.: Die rote Blume, in: Die Erzählungen, übertragen v. *V. Tornius,* Leipzig 1956. Russisch: Krasinyi cvetov, Petersburg 1883.
Gebsattel, E. V. v.: Prolegomena zu einer medizinischen Anthropologie, Berlin 1954.
Gogh, V. van: Briefe an seinen Bruder, Berlin 1914.
Gogol. N. V.: Aufzeichnungen eines Wahnsinnigen, Petersburg 1835. Deutsche Übersetzung in: Sämtliche Erzählungen, München 1961.
Grabbe, G.: The World of Dreams. Zitiert nach *Abrams.*
Gryphius, A.: An sich selbst, in: Werke, hg. von *H. Palm,* III. Bd. Tübingen 1884.
Guillén, S.: Lobgesang in Auswahl, Zürich 1952.
Hellingrath, F. N. v.: Pindarübertragungen von Hölderlin, Jena 1911.
Hoffmannsthal, H. v.: Reitergeschichte, Wien 1899.
Hölderlin, F.: Gedichte, Zürich 1944.
Jaspers, K.: Strindberg und van Gogh, München 1949.
Jimenez, J. R.: Eleja, in: Pàinas excojidas, Madrid (Gredos) 1958.
Jung, C. G.: Über das Phänomen des Geistes in Kunst und Wissenschaft, in: Gesammelte Werke, 15. Bd., Olten 1941.
Kafka, F.: Brief an den Vater 1949, erschienen 1952, München 1960.
Kafka, F.: Beschreibung eines Kampfes, Erzählung, Prag 1936.
Kayser, W.: Das Groteske in Malerei und Dichtung, Hamburg 1960.
Kindler: Bei den Romanzusammenfassungen folgten wir teilweise dem Text im Kindlerlexikon der Literatur, Zürich 1965.
Kohut, H.: Narzißmus. Eine Theorie der psychoanalytischen Behandlung narzißtischer Persönlichkeitsstörungen, Stuttgart 1973.
Kretschmer, E.: Körperbau und Charakter, Berlin 1951 [1].
Kretschmer, E.: Medizinische Psychologie, 13. Aufl. Stuttgart 1971 [2].
Kretschmer, E.: Geniale Menschen, Berlin 1948 [3].
Kris, E.: Psychoanalytical Explorations in Art, London 1953.
Kubin, A.: Die andere Seite, München 1909.
Lafourgue, R.: Jean Jacques Rousseau. Imago 16: 145–172 (1932).
Lange, H.: Hölderlin, Stuttgart 1909.
Lenau, N.: An die Melancholie, in: Sämtliche Werke und Briefe, Bd. I, S. 117, Leipzig 1910.
Leopardi, G.: Briefe an Pietro Giordani, 1817 und 1818 in: Epistolario, Bd. I, Florenz 1934.
Litamann, C.: Schumann, Zitiert nach *Muschg,* 1910.
Lombroso, C.: Genie und Irrsinn, Leipzig 1887.
Magritte, R.: Catalogue of an Exhibition of Paintings the Arts Council at the Tate Gallery, London 1969.
Mahn, P.: Guy de Maupassant. Zitiert nach *Braun.*
Mallarmé, S.: Oeuvres complètes, 2. Aufl. Paris 1951.
Malraux, A.: Zitiert nach *Winkler.*
Maupassant, G. de: Der Horla, Paris 1887
Milton, J.: L'Allegro, in: The Poetical Works of John Milton, Oxford 1955.
Momigliano, A.: Storia della letteratura italiana, Milano 1971.

Montaigne, M. de: Genie und Irrsinn, aus: Essais II, 12, in: Oeuvres complètes, S. 471, Paris 1962.
Munch, E.: Mit einer Einleitung von *O. Benesch,* Köln 1960.
Munch, E.: Von *J. H. Langaard* und *R. Revold,* Stuttgart 1963.
Muschg, W.: Tragische Literaturgeschichte, Bern 1957.
Navratil, L.: Schizophrenie und Kunst, 4. Aufl. München 1972 [1].
Navratil, L.: Schizophrenie und Sprache, München 1966 [2].
Neruda, P.: Todo el Amor, Buenos Aires 1964.
Nerval, G. de: Aurelia, deutsch und französisch, Frankfurt 1961.
Nerval, G. de: El Desdichado (Pechvogel). Zitiert nach *Oeschger.*
Nietzsche, F.: An die Melancholie. Zitiert nach *Oeschger.*
Oeschger, J.: Melancholie, Basel 1965.
Panero, L.: Zitiert nach Historia F. S. Sainz de Robles, Antologia de la Poesia Espanola, S. 1805, Madrid 1950.
Parin, P.: Buchbesprechung von Dettmering. Psyche 11: 24 (1970).
Pfister, O.: Zitiert nach *Winkler.*
Pirandelllo, L.: Die vergessene Maske, Novelle per un anno, Mailand 1950.
Plokker, J. H.: Zerrbilder, Stuttgart 1969.
Portmann, A.: Biologie und Geist, Zürich 1936.
Prinzhorn, H.: Bildnerei der Geisteskranken, Berlin 1923.
Quevedo, V. de: Alterswehmut, in: Obras completas, Madrid (Aguilar), 1941.
Quincey, T. de: Confessions of an English Opium-Eater, London 1895.
Rahsin, E. K.: Nachwort zu: *Dostojewski.*
Ramon, J. J.: Abendschwermut und Melancholie, in: Segunda antoljia poetica, Madrid 1952.
Rank, O.: Der Künstler, Ansätze zu einer Sexualpsychologie, Wien, Leipzig 1907.
Rennert, H.: Zitiert nach *Winkler.*
Rilke, R. M.: Aufzeichnungen des Malte Laurids Brigge, Frankfurt 1968.
Rimbaud, A.: Oeuvres complètes, Paris 1946.
Rivière, J.: Zitiert nach *Friedrich.*
Salomon, R.: Opicius de Canistris, Weltbild und Bekenntnisse eines avignonesischen Klerikers des 14. Jahrhunderts. Beiträge von *A. Heimann, R. Krautheimer,* London 1936.
Sander, E.: Einführung zu *Guy de Maupassant,* Genf.
Schneede, U. M.: Die Malerei des Surrealismus, Köln 1973.
Schneider, K.: Klinische Psychopathologie, 7. Aufl. Stuttgart 1966.
Seelemann, B.: unpubliziertes Manuskript.
Seneca, L. A.: Ad Lucilium epistulae morales III. 25–26.
Siirala, M.: Die Schizophrenie des Einzelnen und der Allgemeinheit, Göttingen 1963.
Smith, M.: Social Psychology and Human Values, Chicago 1969.
Staub, H.: Nachwort zu *G. de Nerval:* Aurelia, Zürich 1960.
Steckel, W.: Dichtung und Neurose, Bausteine zur Psychologie des Künstlers und des Kunstwerkes, Wiesbaden 1909.
Strindberg, A.: Inferno, Stockholm 1897. Deutsche Übersetzung: Werke, Bd. 1, München 1959.
Strotzka, H.: Zitiert nach *Winkler.*
Trakl, G.: Die Dichtungen, Salzburg 1938.
Tschechow, A.: Krankensaal Nr. 6, in: Werke, hg. v. *R. Hoffmann,* Wien 1958.
Valéry, P.: Oeuvres complètes, I. II, Paris 1957–60.
Verbeek, E.: Arthur Rimbaud, Amsterdam 1957.
Vial, A. M.: persönliche Mitteilung.
Walter von der Vogelweide: Elegie.
Volmat, R.: L'Art psychopathologique, Paris 1956.
Weiss, P.: Der andere Hölderlin, Frankfurt 1972.

White, G.: Vorwort zu *Magritte.*
Winkler, W. Th.: Tiefenpsychologie und moderne Kunst. Med. Welt 17 (N. F.), S. 987—995, Stuttgart 1966.
Winkler, W. Th.: Kreativität in der Psychose. Med. Hochschule H. 7, Hannover 1970.
Wright, R.: Der schwarze Traum, 2. Aufl. Hamburg 1961.
Wunberg, G.: Der frühe Hofmannsthal, Berlin 1965.
Wyss, D.: Der Surrealismus, Heidelberg 1950.
Zutt, J.: Der ästhetische Erlebnisbereich und seine krankhaften Abwandlungen. Nervenarzt, Berlin 1952.

Abbildungsnachweis

Trakl, G.: Selbstbildnis (1914). Aus: Georg Trakl: Die Dichtungen. Otto Müller, Salzburg 1938.

Dominguez, O.: Die elektrosexuelle Nähmaschine (1934). Aus: U. Schneede: Die Malerei des Surrealismus. Du Mont Schauberg, Köln 1973.

Magritte, R.: Kamin mit Dampflokomotive. Aus: Catalogue of Exhibition of Paintings. The Arts Council at the Tate Gallery. London 1969.

Magritte, R.: Brustkorb (Der Psychotherapeut). Aus: Catalogue of Exhibition of Paintings. The Arts Council at the Tate Gallery. London 1969.

Patientenzeichnung: Zwei Frauen. Aus: L. Navratil: Schizophrenie und Kunst. 4. Aufl., dtv, München 1972.

Magritte, R.: Frau mit Doppelkörper. Aus: Catalogue of Exhibition of Paintings. The Arts Council at the Tate Gallery. London 1969.

Zeichnung eines psychotischen Priesters (14. Jahrhundert). Aus: E. Kris: Psychoanalytical Explorations in Art. London 1953.

Zeichnung eines psychotischen Architekten (20. Jahrhundert), Berlin ewige Stadt Gottes für alle Völker auf Erden. Aus: E. Kris: Psychoanalytical Explorations in Art. London 1953.

Plokker, J.: Schizophrenes Mädchen. Aus: J. Plokker: Zerrbilder. Hippokrates, Stuttgart 1969.

Namenregister

Sachregister